域外管辖的边界与冲突研究

汤诤 著

武汉大学出版社

WUHAN UNIVERSITY PRESS

图书在版编目(CIP)数据

域外管辖的边界与冲突研究/汤净著.—武汉：武汉大学出版社，
2023.11
ISBN 978-7-307-24044-5

Ⅰ.域…　Ⅱ.汤…　Ⅲ.管辖权—研究　Ⅳ.D992

中国国家版本馆 CIP 数据核字(2023)第 209884 号

责任编辑:张　欣　　　责任校对:汪欣怡　　　版式设计:韩闻锦

出版发行:**武汉大学出版社**　　(430072　武昌　珞珈山)
　　　　(电子邮箱: cbs22@ whu.edu.cn　网址: www.wdp.whu.edu.cn)
印刷:武汉图物印刷有限公司
开本:720×1000　1/16　　印张:21.25　　字数:356 千字　　插页:1
版次:2023 年 11 月第 1 版　　2023 年 11 月第 1 次印刷
ISBN 978-7-307-24044-5　　　定价:88.00 元

本书为国家社科基金项目"跨国立法管辖权的国际法边界与冲突研究"（项目批准号：20BFX193）的最终成果。

前　言

　　域外管辖是一个古老的国际法问题。早在 15 世纪，就已经出现了强大国家的驻外领事对该国位于外国境内的国民行使管辖权的先例。而此类实践为我们熟知的近代版本就是 19 世纪欧洲列强在中国租界上行使的"治外法权"和"领事裁判权"。域外管辖和治外法权在英文中为同一个术语（extraterritoriality），且功能有类似之处，以致中国很长一段时间将域外管辖视为违反国际法的行为予以谴责，既不承认外国域外管辖的合法性，也未建立完善的域外管辖体系。

　　缺乏对域外管辖问题的研究，在中国有意愿更加积极地参与全球治理、应对国际风险的今天，造成的障碍凸显。首先，随着中国全球化水平提高，经济的全球联动意味着外国行为很容易便传导至中国市场，给予了中国治理域外行为的需求。其次，中国逐渐走向全球治理的领导舞台，在多边措施难以推进的情况下，利用域外管辖单边治理如环境、气候、反腐败等紧迫性国际问题，是唯一有效的方法。更重要的是，一些国家积极行使域外管辖权，单边规制我国境内的行为和事项，对我国内部治理造成影响，而由于不存在成熟的域外管辖理论和体系，我国却无法有力回击外国不当域外管辖措施。

　　习近平总书记在中央全面依法治国委员会第二次会议上强调，要加快推进我国法域外适用的法律体系建设。但是国内外学术界对跨国管辖权的研究尚存概念上的模糊和理论上的不足。为了提升中国国际治理的能力，进一步发挥中国在全球治理体系中的作用，反制外国滥用管辖权损害国际经济合作和中国经济利益的行为，推进由中国倡导的"一带一路"建设和"人类命运共同体"的构建，应加强针对立法管辖权的国际法边界和应对管辖冲突的理论和实践的研究。在此基础上，构建既符合国际法规则，又符合我国需求和实力的域外管辖体系。这便是本书的写作目的。

　　特别感谢国家社科基金的资助，课题组成员廖挺、张新新、韦艳茹、王静茹、张芮栋、周官霖几位同学的资料搜集工作，以及武汉大学出版社张欣编辑的共同努力。域外管辖资料繁多、内容庞杂，本书无法全面覆盖域外管辖的所有内容，疏漏、错误在所难免，敬请专家和读者批评、指正。

汤　诤

2023 年 4 月 24 日

于武汉珞珈山

目　　录

第一章　域外管辖的概念 ·················· 1

第一节　域外管辖概述 ·················· 1

第二节　域外的概念 ·················· 2

  一、绝对域外说 ·················· 2

  二、相对域外说 ·················· 3

  三、法律责任要件域外说 ·················· 4

  四、本书采用的"域外"概念 ·················· 5

第三节　域外管辖的类型 ·················· 6

  一、管辖权的三种类型 ·················· 6

  二、域外立法管辖权 ·················· 6

  三、域外执法管辖权 ·················· 7

  四、域外司法管辖权 ·················· 9

  五、域外立法、司法和执法管辖权的关系 ·················· 13

第四节　私法和公法 ·················· 15

  一、私法领域的"域外管辖" ·················· 15

  二、公法领域的"域外管辖" ·················· 17

  三、公法与私法的区分 ·················· 17

第五节　域外管辖相关概念辨析 ·················· 19

  一、法的域外效力 ·················· 19

  二、法的域外适用 ·················· 21

  三、长臂管辖 ·················· 21

第二章　国际法上的域外立法管辖 ·················· 23

第一节　域外立法管辖的国际法基础 ·················· 23

一、"莲花号"判决 ………………………………………………… 24

二、国际习惯法 …………………………………………………… 26

三、域外立法管辖的国际法基础评述 ………………………… 46

第二节　域外立法管辖的国际法限制 …………………………… 49

一、限制域外立法的必要性 …………………………………… 49

二、国际法上是否存在限制性原则 …………………………… 52

三、主权平等与不干涉内政原则 ……………………………… 55

四、国际礼让原则 ……………………………………………… 56

五、合理性原则 ………………………………………………… 59

六、可预测性原则 ……………………………………………… 64

七、比例原则 …………………………………………………… 65

第三节　结论 ……………………………………………………… 68

第三章　域外立法的执行 ………………………………………… 70

第一节　判断国内法的域外效力 ………………………………… 70

一、反域外适用推定 …………………………………………… 71

二、反域外适用推定的法理依据 ……………………………… 71

三、反域外适用推定的例外 …………………………………… 73

四、反域外适用推定的适用 …………………………………… 77

五、小结 ………………………………………………………… 78

第二节　执法机关执行域外管制法 ……………………………… 79

一、执法管辖权 ………………………………………………… 79

二、国际执法互助 ……………………………………………… 80

三、执法机关"域外执法" …………………………………… 88

第三节　司法机关执行域外管制法 ……………………………… 93

一、司法管辖权 ………………………………………………… 93

二、依靠外国法院实施域外管制法 …………………………… 98

第四节　提高域外立法执行力的构想 …………………………… 108

一、废除公法禁忌 ……………………………………………… 108

二、建立国际合作框架 ………………………………………… 115

三、结论 ………………………………………………………… 117

第四章　域外立法的冲突与应对 ················· 119

　第一节　域外立法冲突的性质与特点 ············· 119

　第二节　域外立法冲突的协调 ··················· 120

　　一、外国主权强制 ························· 120

　　二、冲突法解决方法 ······················· 129

　第三节　不当域外管辖的应对方法 ··············· 131

　　一、阻断法 ····························· 131

　　二、反制法或其他报复措施 ··················· 143

　　三、非法律应对措施 ······················· 144

　　四、第三方争端解决机制 ··················· 147

　第四节　解决域外立法冲突的根本方法：国际合作模式 ········ 149

第五章　域外管辖实践分类研究 ················· 151

　第一节　经济制裁 ························· 151

　　一、域外管辖的必要性 ····················· 151

　　二、域外立法的国际法基础 ··················· 155

　　三、立法实践 ··························· 157

　　四、域外制裁的执行 ······················· 164

　　五、外国的回应及应对 ····················· 170

　第二节　反垄断 ··························· 182

　　一、域外管辖的必要性 ····················· 182

　　二、域外管辖的国际法原则 ··················· 183

　　三、各国立法实践 ························· 184

　　四、反垄断域外立法的执行 ··················· 191

　　五、外国的反应及应对 ····················· 204

　第三节　环境保护 ························· 206

　　一、域外立法的必要性 ····················· 206

　　二、国际法原则 ························· 207

　　三、跨国立法实践 ························· 213

　　四、环境保护域外立法的执行 ··················· 220

五、外国的反应及应对 …………………………………………… 228

第四节　反海外贿赂 ………………………………………………… 232

一、跨国立法的必要性 …………………………………………… 232

二、域外管辖的国际法原则 ……………………………………… 237

三、各国立法实践 ………………………………………………… 239

四、反海外贿赂法的执行 ………………………………………… 243

五、外国的反应和应对 …………………………………………… 249

第五节　个人数据保护 ……………………………………………… 251

一、域外管辖的必要性 …………………………………………… 251

二、国际法原则 …………………………………………………… 255

三、各国立法实践 ………………………………………………… 257

四、法的效力和执行 ……………………………………………… 263

五、外国的反应 …………………………………………………… 265

第六章　域外管辖体系重构 …………………………………………… 269

第一节　域外管辖的体系缺陷 ……………………………………… 269

一、域外管辖的现实困境 ………………………………………… 269

二、"宽松立法加限制执行"模式 ……………………………… 273

第二节　域外管辖的新理论模型："限制立法加协助执行" ……… 288

第三节　重构域外管辖理论框架 …………………………………… 291

一、域外立法管辖的理论基础重构 ……………………………… 291

二、域外管辖的冲突与协调 ……………………………………… 304

三、不当域外立法的应对及争端解决 …………………………… 306

第七章　建设中国的域外管辖法律体系 …………………………… 308

第一节　中国域外管辖体系的历史发展 …………………………… 308

第二节　中国域外立法分类研究 …………………………………… 310

一、保护国家安全 ………………………………………………… 310

二、对外制裁法 …………………………………………………… 312

三、经济监管 ……………………………………………………… 314

四、其他领域 ……………………………………………………… 316

第三节　中国域外管制法的执行 ……………………………………… 316

　　一、我国执行域外立法的现状 ……………………………………… 316

　　二、我国执行域外立法的障碍 ……………………………………… 318

第四节　中国应对域外立法冲突的措施 ……………………………… 319

第五节　中国域外管辖制度之评析 …………………………………… 320

　　一、域外立法 ………………………………………………………… 320

　　二、域外立法的执行 ………………………………………………… 324

　　三、完善中国域外管辖体系之路径 ………………………………… 325

第一章　域外管辖的概念

第一节　域外管辖概述

域外管辖权是管辖权的一种特殊类型，指国家对领域外事项行使管治的权力。属地原则是国际法上管辖权最基本的原则。1648 年《威斯特伐利亚合约》以领土为疆界划分国家的主权权力，使得主权国家对其领域内的人、物和事项享有排他的管辖权。《国家权力义务宣言草案》第 2 条规定："各国对其领土以及境内之一切人与物，除国际法公认豁免之外，有行使管辖之权。"基于属地原则的管辖权被国际社会广泛接受，成为国际秩序的核心。①

相比之下，域外管辖却极富争议。② 域外管辖是属地主义管辖的例外，也就是在某些情况下，国家的管辖权无须以领域为界限，而可能延伸到其他国家的领土之上。该主张和传统的绝对属地主义相冲突。③ 但是随着国家间交往的日益频繁，传统的绝对属地主义已经无法满足国际社会继续交往和有效治理的需要。人的流动性决定了对人的管辖无法和属地主义完全契合。拥有一国国籍或住所的人可能迁移到其他国家，并在他国领土上进行特定行为。物的流动性决定了物理上位于一国领土内的物，可能与该国只存在临时的联系。物项可以因为买卖、租赁、赠予等原因，从一国运输到另一国。在一国登记生成的物可能很快就被转移到他国。行为和法律关系则可能和多个国家发生联系。例如合

---

① 参见 Vaughan Lowe, International Law（OUP, 2007）9。

② 参见 Wade Estey, "The Five Bases of Extraterritorial Jurisdiction and the Failure of the Presumption against Extraterritoriality", （1997）21 Hastings International and Comparative Law Review 177, 177。

③ 参见 Anthony J Colangelo, "What Is Extraterritorial Jurisdiction", （2014）99 Cornell L Rev 1303, pp. 1311-1312。

同在甲国谈判、乙国签署、丙国履行。现代技术和国际市场的一体化也决定了一个行为可能发生在甲国却对乙国造成影响。为了保护本国利益,进行有效治理,国家有意愿管辖与本国利益存在真实联系的行为或事项,无论该行为或事项是否发生在本国领域内,因此便出现了域外管辖。

虽然域外管辖是全球化的必然产物,但是以领土主权为基础的威斯特伐利亚体系是当今国际秩序的核心,而以单边主义为主要特征的域外管辖无疑构成了对以属地原则为核心的国际秩序的挑战。① 国际法对域外管辖存在什么限制,如何协调域外管辖和属地管辖的冲突,如何协调多个国家域外管辖之间的冲突,是本书期待解决的问题。

第二节 域外的概念

一、绝对域外说

何为"域外"并不是一个一目了然的问题。如果要求"域外"必须是绝对的,也就是管辖权管治的对象和本国没有任何关联,那么大多国家并没有动机行使域外管辖权。当然,绝对的域外管辖并非完全不可能。站在"人类命运共同体"的角度,危害全人类共同利益的事项不论发生在何处对每个国家的利益与安全均造成威胁,也能给予所有国家管治该事项的合理性。针对国际公认的危害人类社会共同利益的国际罪行,如海盗、劫持航空器、劫持船只、贩毒等,不论罪犯者的国籍、犯罪的地点、受害人的国籍、实际利益受损的国家,每个国家均有权管辖。② 换言之,国际法出于维护国际共同利益的需要,允许国家管辖与本国无关联的事项或行为,这在国际法上被称为普遍管辖(universal jurisdiction)。③ 但是,能够成为国际公认的罪行而适用普遍管辖的案件毕竟是少数。其次,虽然有国际法的许可,有的国家仍然将存在国际条约

---

① 参见屈文生,《从治外法权到域外规治——以管辖理论为视角》,载《中国社会科学》2021 年第 4 期,第 44~66 页。

② 参见 Restatement (Third) of the Foreign Relations Law of the United States, Sec 404 (1987)。

③ 易显河著,易显书译:《普遍管辖权的概念、逻辑和现状》,载《国际法学刊》2019 年第 1 期,第 106~168 页。

作为行使普遍管辖的前提。对于许多国家而言，域外管辖权是权利而非义务。换言之，国家希望管治损害国家利益的域外行为，却不愿意适用国家的公共资源管治与本国利益无直接关联的域外行为。例如我国《刑法》第9条规定："对于中华人民共和国缔结或者参加的国际条约所规定的罪行，中华人民共和国在所承担条约义务的范围内行使刑事管辖权的，适用本法。"据此，我国虽然可以对绝对域外的犯罪事项行使刑事管辖权，但是需要有国际条约义务为前提。再次，如果危害国际公益的行为发生在无主权之地如公海、南极洲、深海、外层空间，国家行使普遍域外管辖权有必要性，但是有的危害全人类的罪行发生在主权国家境内。即使所有国家有权根据普遍性原则进行管辖，但一般应当由属地国家优先行使管辖权。最后，也有学者认为普遍管辖的事项也并非绝对"域外"，因为发生在公海的无差别针对所有国家国民的国际罪行，对本国利益仍会造成切实的威胁，即使本国公民暂时没有成为受害者。因此，"域外管辖"通常并非绝对域外。即使被管治的行为人的物理地点在国家的领域之外，但是管治的对象和主张管辖权的国家总存在其他客观或主观、直接或间接的联系。

二、相对域外说

相对域外说认为，域外管辖不是管治与本国绝对没有联系的事项，而是管辖"不完全"发生在本国领域内的事项，或者管辖与外国也存在联系的事项。① 域外管辖相对说常用的经典案例是行为人在加拿大边境射杀美国人。虽然犯罪行为发生在加拿大，但是犯罪结果发生在美国。适用相对域外说，该犯罪事项对于美国而言是"域外"犯罪，因为犯罪行为发生在美国境外，行为人也位于境外。② 适用同一标准，该犯罪对加拿大而言也是"域外"，因为犯罪结果发生在加拿大的领域之外，而损害结果是构成犯罪既遂的要件。

国际上通常拓展属地主义，将以上案例视为同属美国和加拿大的属地管辖范围内的案件。属地管辖看重的是被管辖的法律关系发生和存在的地点，也就是主体、客体和行为的物理位置。如果行为人在某国领域内进行某种行为，对

---

① 参见吴培琦：《何为"域外管辖"：溯源、正名与理论调适》，载《南大法学》2022年第1期，第18页。

② 同上注，第22页。

此人和此行为的管治属于属地管辖，不论行为是否部分发生在外国，目的是否针对外国，或者行为造成的直接损害是否发生在外国。① 同理，部分违法行为发生的国家，或者行为直接造成的损害结果发生的国家，也可以基于本国领土内的法律关系要件对该违法行为行使属地管辖。因此，很多国际法学者将属地管辖分为主观和客观两类。主观属地指行为人选择行为的地点，也就是违法行为发生地；而客观属地指行为客观结果发生的地点，也就是损害结果发生地。②或者将属地管辖分为直接和间接两类。直接属地是直接行为地，间接属地是结果发生地。据此，违法行为和结果均可以成为属地管辖的连接点。换言之，行为或结果有一项发生在领域之内便成立属地管辖。③

拓展的属地主义体现在很多国家的国内立法上。如我国《刑法》第 6 条规定："犯罪的行为或者结果有一项发生在中华人民共和国领域内的，就认为是在中华人民共和国领域内犯罪。"德国《刑法典》第 9 条第 1 款规定："犯罪行为地、不作为犯应当作为之地、犯罪构成要件结果发生之地或按照犯罪人的意图应当发生犯罪行为结果之地，均为行为地。"回到上述在加拿大边境射杀美国人的案例，该案对美国和加拿大而言，均有涉案要素发生在域外，但是由于也有构成法律责任的要素发生在境内，两国均可以基于境内的行为，行使属地管辖权。

三、法律责任要件域外说

法律责任要件说认为属地原则关注的重点是，形成法律责任的要素是否发生在境内。根据延伸的属地原则，只要部分行为或者损害结果发生在境内，国家可以对域外行为或者跨境法律关系行使属地管辖权。那么只有在构成法律责任的要件完全位于域外，延伸的属地原则不能适用，才能构成"域外"。

但是如何区分行为的直接结果和行为的影响或者效果？如果根据行为在本国领域内造成直接后果或结果行使管辖权是属地管辖而非域外管辖，那么根据行为在本国领域内造成影响行使管辖权是否也应当是属地管辖？延伸的属地原

---

① 参见 Robert Cryer et al. , An Introduction to International Criminal Law and Procedure (2010) 46。

② 参见 Cedric Ryngaert, Jurisdiction in International Law (2nd ed. , OUP, 2015) 78-79。

③ 参见 Dan E Stigall, "International Law and Limitations on the Exercise of Extraterritorial Jurisdiction in U. S. Domestic Law", (2012) 35 Hastings Int'l & Comp L Rev 323, 332。

则要求构成法律责任的要件至少有一项发生在境内，可以是违法行为或者损害结果，但是不包括不属于法律责任构成要件的长期影响或间接效果。① 对于法律责任要件完全发生在域外的事项，仅凭在境内产生间接效果而行使管辖权，属于域外管辖。② 也有学者认为，客观属地原则和效果原则的差别仅在于程度问题，以此区分属地还是域外并不科学。③ 但是程度区别足以说明为什么基于效果行使管辖权更有争议，因为域外管辖的合法性很多时候在于权力行使是否"适度"。当法律责任的构成要件位于境内时，该行为和本国构成的联系足够紧密，以至于行使管辖权成了一个理所当然的问题。而当所有的法律要件均位于域外，国家则需要解释行使管辖权不但必要（对本国产生影响）且合理。

四、本书采用的"域外"概念

本书采取的是域外管辖相对说。虽然国际上将法律责任要件位于本国领土作为属地管辖处理，但是这个属地原则属于经拓展的属地原则，也就是将属地原则拓展到管辖域外行为，实质上仍然涉及了域外的行为和事项。属地主义在跨国语境下如何拓展，以什么理由拓展，以及拓展的程度和条件，依然是存在争议且值得研究的问题。

综上所述，域外管辖系指国家对不完全发生在本国领域内且与外国存在实际联系事项和行为进行管辖的权力。域外管辖可能会出现在以下场景中：拥有立法国国籍，或者在立法国注册或登记成立的行为人在外国进行犯罪或违法行为（与本国有属人联系的行为人在外国实施的行为）；行为人在外国针对本国居民进行电信诈骗（行为人在外国实施的行为，危害结果发生在本国）；行为人在外国签署限制竞争的行业协议，对本国市场产生影响（行为人在外国的行为对本国造成影响）；行为人在外国成立反政府组织，目的是危害本国的公共安全（行为人在外国实施的以危害本国利益为目的的行为）；行为人在外国针对本国公民发动犯罪活动（行为人在外国实施的针对本国公民的行为）；行

---

① 参见吴培琦：《破解迷象：国内法域外管辖的基本形态与衍生路径》，载《苏州大学学报》2022 年第 1 期，第 149~150 页。

② 参见 Restatement (Fourth) of Foreign Relations Law § 409, Comment a (AM. LAW INST. 2018)。

③ 转引自戴龙：《日本反垄断法的域外管辖及对我国的借鉴价值》，载《上海财经大学学报》2009 年第 5 期，第 45 页。

为人在公海上劫持船只，对所有国家和国民的安全均造成了威胁（行为人在域外实施的危害国际公益的行为）。以上行为法律责任的构成要件虽然位于外国，但是行为人、行为影响、攻击目标和危害后果均涉及本国。在本国利益受到外国行为直接或者间接影响的情况下，国家将有权行使域外管辖权，规制跨国行为。

第三节　域外管辖的类型

一、管辖权的三种类型

管辖权泛指国家权力机关的权力范围，在不同的场景、针对不同的主体，有不同的含义。国家机关主要包括立法机关、司法机关、执法机关。管辖权从权力主体的角度可以分为立法管辖权、司法管辖权、执法管辖权。[1] 立法管辖权指国家制定法律法规的权力，也就是立法机关对何人、何物、何事有权制定规则予以管治。司法管辖权是司法机关对何人、何物、何事有权适用法律进行裁判。执法管辖权是拥有强制执法权的机关强行要求行为人遵守法律，采取强制措施，惩罚违法行为的权力。[2] 立法、司法和执法管辖权相互关联。立法管辖权是管辖体系的核心和基础。只有通过立法设置了行为人的权利和义务，才存在司法机关适用法律，以及执法机关执行法律的问题。而立法的最终目的，是法律得到遵守。要求行为人遵守法律，必须存在对遵守法律行为的保护，和对违反法律行为的惩罚。司法管辖权和执法管辖权以不同的方式执行法律，达到督促行为人依法行事、保护法律效力、维护法律尊严的目的。因此，域外管辖也分为域外立法、域外司法和域外执法管辖。三类域外管辖权形成了有机互动的域外管辖体系。

二、域外立法管辖权

域外立法管辖权是享有法律制定职能的国家机关行使立法权，对域外的

---

① 参见 Cedric Ryngaert, Jurisdiction in International Law (2nd ed., OUP, 2015) 9-10。

② 参见 Anthony J Colangelo, "What is Extraterritorial Jurisdiction", (2014) 99 Cornell L Rev 1303, 1309-1310。

人、物和行为进行规制的权力。虽然立法管辖通常由立法机关行使，但是其他有权制定广义规范性文件的机关，如我国的国务院或者国务院各部、委员会等直属机构，也可以行使广义上的域外立法管辖权。如我国商务部就制定了《阻断外国法律与措施不当域外适用办法》和《不可靠实体清单规定》这两部有域外效力的法规。美国国会可以制定法律授权总统作出经济制裁决定。如美国《对敌贸易法》（Trading with the Enegy Act，简称 TWEA）、《国家紧急状态法》（National Emergencies Act，简称 NEA）和《国家紧急经济权力法》（International Emergency Economic Powers Act，简称 IEEPA）允许总统在"国际紧急状态下"针对特定国家发动经济制裁。经以上法律授权的、以总统行政命令形式发布的单边次级制裁也属于典型的域外立法行为。

国际常设法院将权力机构行使域外管辖权区分为内容和形式两个方面。国际常设法院在"莲花号案"中提出，对于涉及域外行为的案件，国际法并未禁止国家在本国领土上行使管辖权。[①] 可见，国际常设法院更注重规制管辖权行使的形式。如果管辖权的行使从形式上在境内，即使内容涉及域外行为也不违反国际法。[②] 从形式上看，立法管辖权只能由立法机关在境内行使，属于立法机关在本国领域内行使的排他性的主权权力，他国不得干涉。但是从管辖权的内容上看，立法旨在规范行为人在他国领土上进行的行为，直接或间接地对外国管理内部事务的权力造成影响或一定程度的干预。因此，即使立法管辖权的行使在形式上未出国界，管辖的内容仍然决定了立法的域外性质。但是由于域外立法仅从立法内容上涉及他国领土内的事项，在形式上并未侵犯其他国家，国际法对域外立法管辖非常宽容。除非国际条约明文禁止，域外立法通常不受限制，虽然在大多国家实践上仍然出于礼让自行约束本国的域外立法权。[③]

三、域外执法管辖权

域外执法管辖指行政机关对域外行为人强制执行法律。执法需要对域外的行为人或其财产实行强制，形式上域外执法要求执法机关进入他国领域行

---

① 参见 PCIJ, SS Lotus, PCIJ Reports, Series A, No 10（1927）18。

② 参见吴培琦，《何为"域外管辖"：溯源、正名与理论调适》，载《南大法学》2022 年第 1 期，第 21 页。

③ 参见 PCIJ, SS Lotus, PCIJ Reports, Series A, No 10（1927）18-19。

使权力，直接违反国际法的主权原则。因此国际法对域外执法明文禁止，除非外国主权给予许可，任何国家或其代理人不得在外国领土上采取执法强制措施。①

既然未经目的国许可的域外执法违反国际法，那么域外执法的范围应当界定清楚。域外执法当然包括执法机关及其工作人员或者代理人物理上进入他国领土进行执法行为。但是如果执法机关并未出境，而是利用现代通讯技术对域外行为人发出警告或者处罚通知，是否属于域外执法？对此存在两个解释。第一，该行为并非执法行为，而属于"通知"。通知没有法律效力，如果行为人拒绝履行，通知本身不能对行为人实施强制或者惩罚。第二，该行为仍然属于域外执法，因为一旦通知送达则产生法律后果，也就是如果行为人拒不履行，执法机关将可以合法采取下一步惩罚措施。换言之，通知行为取消了对行为人程序上的保护，使得行为人被视为对违法和处罚知情。因此对域外行为人的"通知"是否视为执法，应当由通知的法律效果决定。如果通知本身会产生取消行为人程序保护的效果，如电子送达或者邮件送达罚款通知后，如果行为人在通知的期限内不作为，行政机关有权对行为人实施本国市场的准入限制。那么"通知"本身就是后续强制执法行为的前置措施，也属于执法行为。通知送达域外行为人意味着在域外执法，应当受到国际法的限制。

执法是否可能和立法一样，形式上位于境内而内容涉及域外呢？例如行政机关禁止本国银行或者金融机构为域外违法者提供服务，禁止域外违法者进入本国市场，或者因为域外子公司的违法行为惩罚境内母公司。这些执法行为虽然在境内执行，但是实际效果及于境外违法者并迫使其遵守本国的域外管制法。虽然国际法没有言明，但是根据国际常设法院"莲花号案"判决的推断，国际法对于域外管辖的规制采取的是形式主义原则，也就是严格控制国家及其机构物理上在外国领土行使主权权力。只要权力的行使形式上发生在境内，即使内容或者效果及于域外也没有违反国际法。因此，仅产生域外效果的执法并不应当被视作国际法所禁止的域外执法。国家在本国境内执行域外管制法，即使执法行为客观上对域外行为人发生强制效果，也没有违反"莲花号案"判决确定的域外管辖原则。

---

①　参见 PCIJ, SS Lotus, PCIJ Reports, Series A, No 10 (1927) 18-19。

四、域外司法管辖权

(一) 域外司法管辖权的性质

相比立法和执法，域外司法管辖权在国际法上的性质和原则讨论得最少，存在更多模糊之处。域外司法管辖权指司法机关对域外的人、物和行为进行审判的权力。[①]美国的主流国际法学者大多认为司法管辖权仅是立法管辖权的一个方面，[②] 因为美国法院有权通过司法程序宣布或者重申立法机关的意图，并有很大的自由裁量权根据立法意图解释法律。美国法院对美国域外管辖的理论和实践起到了很大的推进作用，对于空间效力不明的国内法，美国法院享有通过解释法律将其效力延伸至域外的权力。此外，国际常设法院在"莲花号案"中把立法管辖权和司法管辖权相提并论，认为国际法"没有普遍性禁止国家对域外的人、物和行为适用其法律或者法院行使管辖权"。[③] 换句话说，国际常设法院认为域外立法和司法管辖权遵守同样的"法无禁止则许可"原则。这也成为了将司法管辖权作为立法管辖权一部分的依据。最后，域外管辖理论源于国际刑法实践。早期国际刑事领域的域外管辖实践未明确将立法和司法管辖进行区分，只要国家对域外行为主张权力其法院就有权管辖，引渡域外行为人以行使实际司法权力，或进行缺席判决。

将司法管辖权作为立法管辖权一部分的观点混淆了两个概念，一是法院解释法律的权力，二是法院行使管辖权审判案件的权力。法院行使管辖权的目的是对实体权利和义务进行审判，需要解释适用国家法律。从这个角度看，法院解释和适用法律的行为可以属于立法管辖权的一部分，作为对立法原意的确认、深化和补充。但是解释和适用法律虽然属于司法机关的职能，却并不属于司法机关有权管理的客体范围，也不属于国际法上探讨的"管辖权"范围。从"管辖权"这一概念出发，司法管辖权回答的是司法机关对于何人、何事、何物有权行使权力进行审判，属于法院的受案权限。此外，司法机关行使管辖

---

① 参见 Satya T. Mouland, "Rethinking Adjudicative Jurisdiction in International Law", (2019) 29 Wash. L. Rev. 173。

② 参见 Robert Jennings and Arthur Watts eds, Oppenheim's International Law (1992) 456; Satya T. Mouland, "Rethinking Adjudicative Jurisdiction in International Law", (2019) 29 Washington Law Review 173, 178。

③ PCIJ, SS Lotus, PCIJ Reports, Series A, No 10 (1927) 19.

权的目的是有效的执行法律，而不是制定新的法律法规。因此，司法管辖权应当独立于立法管辖权。至于国际常设法院将司法管辖权和立法管辖权相提并论，仅仅是因为两类管辖权都只能在领域内行使，形式上不直接侵犯他国主权，所以国际常设法院认为可以对两类管辖权适用同样的国际法规则，并不代表立法管辖和司法管辖是一回事。

司法管辖权和执法管辖权也存在功能上的相似性和机制上的交叉。司法审判权的目的是正确适用国家法律解决当事人实体权利义务争议。和执法管辖权一样，司法审判权需要以立法为基础，以保证国家法律实施为目的。此外司法管辖权的核心虽然是审判权，但是在行使司法管辖权的过程中不可避免需要采取司法行政措施，如送达司法文书、取证、保全、执行判决等。这些司法行政权措施虽然由司法机关行使，但是措施的本质是国家机关对私人主体实施公法性质的管治权力，处理国家机关和私人主体之间的关系，因此和执法为同一性质。司法管辖权区别于执法管辖权的主要因素在于司法管辖权的权力机关不同，司法管辖权虽然涉及司法机关对当事人直接行使权力的措施，但是权力行使的落脚点是解决私人当事人的权利义务问题。

（二）域外司法管辖权的国际法规则

司法管辖权从形式上看只能在法院地境内行使，但是域外司法管辖权的有效行使通常需要外国当事人或证人等诉讼参与人进入法院地，或者将外国产生的证据提交到法院地。换言之，域外司法管辖形式上仍然会涉及域外的人或物，对于外国主权的冲击较域外立法管辖更大。在某些情况下，法院无须域外当事人进入法院地而对其进行缺席审判，但是缺席审判通常需要满足一定的前提，不同于域外立法管辖权可以较自由地行使。虽然域外司法管辖权有其自身的特点，但是国际法上并没有明确的司法域外管辖原则。有学者主张司法管辖权不存在国际法规范。第一，如果司法机关不当扩张司法管辖权，外国法院可以通过拒绝承认和执行判决来阻止司法管辖权对本国行为人造成不利后果，因此无须用国际法规制司法管辖权。① 第二，各国国内法上国际司法管辖权规则相差很大，许多司法管辖权规则在外国看来属于过度管辖，但是从来没有国家

---

① 参见宋晓：《域外管辖的体系构造：立法管辖与司法管辖之界分》，载《法学研究》2021 年第 43 期，第 185~186 页。

以外国司法管辖权违反了国际法为由提出抗议。①这两个理由存在一定联系。国家不抗议司法管辖权，主要因为国家可以利用对外国判决不予承认这一防线有效防止不利后果。但是存在有效国内法防御机制，不代表一定不存在国际法规则。国际法规则的存在，不以缺乏国内措施为前提。因此，司法管辖是否真的没有任何国际法规范值得进一步探讨。

1. 域外刑事司法管辖权

在实践上，域外司法管辖有刑事和民事之分。刑事司法管辖和刑事立法管辖的国际习惯法原则基本重合。② 很多国家并未明文规定涉外刑事司法管辖权，仅规定刑事实体法适用的空间范围，但是法院对属于实体法管辖范围的案件可以行使司法管辖权。有的国家则明文规定法院对于违反本国立法管辖的事项可以行使司法管辖权。刑事领域国际公约大多仅规定缔约国在某些情形下可以对跨国犯罪行使"管辖权"，却未言明属于立法还是司法管辖权。缔约国实施公约时按照公约设立的管辖权原则行使立法和司法管辖权。

国际刑事条约和国内刑事立法体现出刑事领域司法和立法管辖范围的一致性。国家可以基于属地主义、属人主义、保护性主义、普遍主义规制域外犯罪行为，也同时基于以上原则行使司法管辖权。当然，刑事司法管辖的有效行使需要行为人出现在法院地。如果行为人位于域外，法院需要通过国际司法协助将行为人引渡至本国领土上受审，由行为人所在国代为起诉，或者进行缺席审判。例如荷兰法院基于保护性原则，在"布特斯案"中对在荷兰贩毒但是身在域外的苏里南被告进行缺席审判并定罪。但是在刑事领域缺席审判的做法较少见，并未形成国际习惯。③

2. 域外民事司法管辖权

在民事领域，各国已经形成了较为成熟的涉外司法管辖权规则。由于每个

① 参见 William S. Dodge, Anthea Roberts, & Paul Stephan, "Jurisdiction to Adjudicate Under Customary International Law", Opinio Juris（Sept. 11, 2018），available at http：//opiniojuris. org/2018/09/11/33646/。

② 参见李严：《涉外刑事案件管辖权问题探析》，载《国际关系学院学报》2001 年第 4 期，第 42~43 页；倪征噢：《国际法中的司法管辖问题》，世界知识出版社 1963 年版，第 16~51 页。

③ 参见刘大群：《论国际刑法中的普遍管辖权》，载《北大国际法与比较法评论》2006 年第 7 期。

国家都有保护本国国民不受不熟悉的外国司法程序管辖的义务，出于国际礼让、对等原则、诉讼效率的考虑，各国对域外民事司法管辖设置了更多的障碍。欧陆法系要求法院地和被告存在属人联系，也就是法院地是被告的住所地或者惯常居所地。对于非本国被告，欧陆法系要求涉诉法律关系和法院地存在客观联系，也就是合同在法院地签订或履行、侵权行为或者损害结果发生在法院地、涉案标的物位于法院地等。① 普通法系则要求被告出现在法院地或者在法院地存在可以接受送达的住址或代理人。对于境外被告，则需要被告主观上将自己置于法院地的管辖范围内，法院地行使管辖权不会侵犯被告的正当程序权力，② 或者法院地管辖合适和方便。③

虽然欧陆法系和普通法系民事司法管辖权规则有很大的不同，但是均遵守一个基本原则：外国行为人或涉案行为必须和法院地有一定的联系。至于如何确定这个联系，欧陆法系主要考察法律关系和法院地的客观联系；美国则根据被告的行为推断被告和美国法院的主观联系。欧美的区别导致了国际管辖权统一立法的困难，但是一些管辖权原则却得到了国际普遍的认同，例如被告住所地的管辖、不动产所在地对不动产物权的管辖、当事人自由选择的法院对当事人之间法律关系的管辖。在这些问题上，存在大多国家的长期实践和法律确信，很难说没有形成国际习惯法。即使在民事司法管辖权的普遍性问题上没有形成国际习惯法的具体规则，但是更为抽象的管辖权原则，例如"实质联系"，仍然可能被认为是民事司法管辖的国际习惯法原则。④

此外，最新的《海牙判决公约》在间接管辖规范中列举了各类国际上普遍承认并接受的确定"实质联系"的规则：法院地是被告的惯常居所地；被告的主营业地；被告选择的起诉地；被告分支机构、代理机构或其他营业机构

---

① 例如欧盟《关于民商事案件管辖权和判决承认和执行的第一条例（修正）》第 4-26 条。

② 见美国最高法院判决 International Shoe Co. v Washington, 326 US 310（1945）。

③ 参见 Jonathan Hill & Maire Ni Shuilleabhain, Clarkson & Hill's Conflict of Laws（3rd ed. , OUP, 2016）109-110。

④ 参见 Andreas F. Lowenfeld, "International litigation and the Quest for Reasonableness", 245 Recueil des Cours 9, 81; Campbell McLachlan, "The Influence of International Law on Civil Jurisdiction", (1993) Hague Yearbook of International Law 125, 140; ALL/UNIDROIT Principles of Transnational Civil Procedure（2006）Principle 2. 1. 2; Cedric Ryngaert, Jurisdiction in International Law（OUP 2015）10。

所在地；被告明示同意的法院地；被告应诉；合同争议的合同履行地，除非被告行为明显没有和当地建立有意识的、实质的联系；不动产租赁争议中的不动产所在地；不动产物权；不动产担保的合同争议中不动产所在地；侵权行为实施地；信托争议中信托文书指定的争端解决地或者主要管理地；反诉判决中的原审法院；当事人协议指定的法院。如果外国法院根据以上所列规则之一行使管辖权，则判决符合承认与执行的条件。这些明确列举的原则即使不是为所有国家在实践中适用，也为大多数国家所承认并尊重，反映了国家长期实践中形成的共识，被海牙国际私法会议以条约的形式确认，至少形成国际民事司法管辖的许可性国际规则。

除了条约和国际习惯之外，文明国家普遍承认的一般法律原则也是国际法的渊源之一。① 而"正当程序"原则作为大多文明国家普遍认可的原则直接制约各国法院对跨国民事案件的审判。② 作为国际法基本原则的"正当程序"不同于美国国内法中更高标准的正当程序原则。国际正当程序原则要求的仅是最基本的程序公正，如《欧洲人权公约》要求每个人有权获得依法建立的、独立并中立的法庭的公正公开的审判。③ 这些基本原则也出现在美国法学会和国际统一私法协会共同发布的《跨国民事程序原则》中。但是，国际正当程序原则是否包括法院必须在本国和法律关系存在实质联系的情况下才能行使管辖权，对于这个问题的研究甚少，不存在国际共识。因此，现阶段承认民事司法管辖国际法规则的难点在于缺乏必要的实证研究以形成有力的证据，证明国际法规则或原则是否真实存在。

综上所述，国际刑事司法管辖权存在和国际刑事立法管辖一致的国际习惯法规则。在民事司法管辖领域，是否存在国际法规则或原则暂时缺乏有力的实证研究和切实的证据支持，但是不能因此认为国际法规则一定不存在。

五、域外立法、司法和执法管辖权的关系

域外立法、司法和执法相互关联，形成一个有机联系的域外管辖体系。域

---

① 《国际法院规约》第 38 条第 1（c）款。

② 参见 Charles T. Kotuby Jr., "General Principles of Law, International Due Process, and the Modern Role of Private International Law", (2013) 23 Duke Journal of Comparative and International Law 411。

③ 第 6 条第 1 款。

外立法是这个体系的核心。国家首先需要明确其确有必要对域外事项进行监管，并用立法的形式给予国内法适用于域外事项的空间效力，制定的有域外效力的法律才能成为域外管辖的起点。有了域外立法这个基础，才谈得上法律的适用和执行问题。域外司法和域外执法是实现域外立法目的的手段。国家对域外事项立法之后，需要依靠司法机关和执法机关执行法律，保障法律对域外行为人产生约束力，保证立法目的的实现。

但是，由于司法和执法管辖权均有不同程度的国际法限制，很多时候虽然存在域外立法，但是并没有有效的机制来执行有域外效力的法律。所以，如果立法国没有强有力的经济实力，将本国公共权力的影响通过市场传导至域外，域外立法很多时候只是一只没有牙的老虎，无法起到有效域外治理的目的。[1]此外，域外立法的管制对象是位于外国的实体或行为，如果存在一定程度的国际司法和执法互助，由外国法院或者执法机关代为执行法律，也可以起到域外管治的目的。但是事实上，国际上并没有成熟的行政执法互助，对域外管制法的司法互助也存在许多障碍。[2] 在这个情况下，虽然国际法允许各国自由地进行域外立法，理论上容易出现严重的立法冲突，但是实践上域外管辖冲突并非国际社会的普遍现象，主要原因在于很多域外立法并没有域外实施和执行的机制，这导致立法冲突仅停留在理论层面，且很多国家因为执行的困难，并没有太大大兴趣利用立法管辖权进行域外治理。但也是因为执行原因，使得经济实力强大的国家可以非对等地利用域外管辖这一工具，对外输出本国的政策，单边攫取本国利益，对国际社会的和平和稳定造成威胁。

因此，虽然域外立法是本书研究的核心内容，但是全面研究域外立法，不能把域外立法从法的域外效力体系中分割出来作为单一的问题研究，还必须研究域外立法的执行问题，也就是域外立法和司法、执法的互动关系。换言之研究域外管辖的边界以及冲突解决方法，需要有机结合域外立法、司法和执法，进行体系化和全民化的研究。

---

[1] 参见 Steve Coughlan et al., "Global Reach, Local Grasp: Constructing Extraterritorial Jurisdiction in the Age of Globalization", (2007) 6 Canadian Journal of Law and Technology 1, 50。

[2] 参见 William S. Dodge, "Breaking the Public Law Taboo", (2002) 43 Harv. Int'l L. J. 161。

第四节　私法和公法

一、私法领域的"域外管辖"

私法和公法均存在域外管辖问题。国际民商事交往会出现大量的跨境法律关系。例如在跨境合同关系中，不同国家的当事人在甲国签订合同，在乙国交付货物，在丙国支付货币；跨境侵权关系中，行为人在甲国行使侵权行为，侵犯了受害人在乙国的利益。这些法律关系均和多个国家相联系。

但是私法上却很少提到域外管辖这个概念。从立法角度看，国家很少制定有域外效力的民商法。相反，私法一致遵循立法上的属地主义，也就是国家仅对本国事项立法。每个国家的立法者在制定民商事法律时，考虑的通常是本国国内的需要，也就是将法律适用于国内民商事案件的情形。但是，由于每个国家的私法都是属地的，如果一个法律关系同时涉及多个国家，对这个关系的规制便要求私法突破属地边界。在私法本体上不具有域外效力时，国家只能借助其他手段，赋予本国或者他国私法其原本没有的域外效力。这个手段就是冲突法。在跨国民商事案件中，国家依赖冲突法规则决定适用哪个国家的内国民商法。私法通过冲突规则适用于跨国案件，对域外的事项和行为发生效力，而非通过立法获得直接适用于域外事项的效力。虽然冲突法上也存在"直接适用的法"或者"强制性规范"这一概念，意思是在涉外民商事案件中，有的法律不应当经过冲突规范的指引而可以直接适用。但是强制性规范的目的是保护国家重要的公共利益而非私人权利，因此严格说不应当属于私法，而属于国家管理私人行为的公法范畴。

对于国家为什么会通过冲突法给予外国私法域外效力，存在不同的学说。国胡伯的国际礼让说试图从礼让角度解释外国私法的效力。胡伯三原则包括：（1）任何主权者的法律必须在其境内行使并且约束其臣民，但在境外无效；（2）凡是居住在境内的人，包括常驻的或临时的，都可视为主权者的臣民；（3）当外国法律已在外国境内实施，根据礼让，主权者应当让它在自己的境内保持效力，只要这样做不损害自己的主权权力及臣民的利益。① 但是国际礼

---

① 参见 Ernest G Lorenzen，"Huber's De Conflictu Legum"，（1918）13 Illinois La Review 375，376。

让说的前提却是否定法的域外效力。国家之所以承认外国法的效力，仅是因为外国法已经在外国境内生效，而国家要做的只是保留外国法对行为人的效力。如果外国法并没有对域外行为产生效力，主权国家并不会将外国法的效力范围拓展到域外行为。

杜摩林的"意思自治原则"从合同自由角度给予外国法域外效力。如果当事人合意选择外国法，或者将法律关系置于外国法的管辖之下，那么该外国法便在当事人所在国的领域内发生域外效力。① 但是这个学说无法解释私人如何获得"私法立法权"。换言之，当事人可以选择适用外国法，但是这个选择需要得到当事人所在国的承认才有法律效力。那么国家为什么会允许私人主体通过自由意志排除本国法律的适用，同时给予外国法效力呢？意思自治原则并不能直接解释国家通过意思自治给予外国法域外效力的根本原因。

萨维尼的法律关系本座说把所有国家的法律置于平等地位，形成一个法律共同体，根据与法律关系的连接程度选择适用法律。萨维尼认为，任何法律关系都和一个特定的地域、场所、空间或事件有不可分割的联系。找到了法律关系本质上所属的地域，就找到了法律关系的本座，该地域的法律便应当适用。② 如果法律关系和外国关系最为密切，即使相关行为发生在法院地国，法院地仍然会对此行为适用外国法，也就给予外国法域外效力。但是，国家为什么会接纳外国法和本国法有着同样的法律地位，又为何主动将外国法的空间效力范围扩展到本国领土？法律关系本作说仍然没有解答这些根本问题。

戴西的既得权说认为凡依据外国法有效取得的权利，只要不同本国的成文法规定、公共政策、道德原则和国家主权相抵触，本国都应当得到承认。既得权说不承认外国法在本国领土上的效力，只承认当事人在外国根据外国法取得的权利。③这一学说更适合解释外国判决的承认和执行，而非外国法的适用。因为当一个跨国法律关系和数个国家均发生联系时，当事人究竟根据哪国法取得权利本不确定。在没有任何外国法院适用某国法律审判案件、切实地给予当事人权利之前，很难说当事人已经依据某外国法有效取得权利。

---

① 参见 Alex Mills, Party Autonomy in Private International Law（CUP, 2018）47-48。

② 参见 Friedrich von Savigny, System des heutigen Romischen Rechts（1840）。

③ 参见 Dicey, Conflict of Laws（1896）10-24; Beale, Treaties on the Conflict of Laws（1935）1969。

二、公法领域的"域外管辖"

虽然暂时仍无完美的理论解答法院为何要给予外国私法域外效力这个问题，但是私法取得域外效力在实践上已经较为成熟和规范，通过冲突规范将本国或者外国的国内法适用于域外民商事行为，已经成为国际民商事活动的常态。因此，现阶段最有争议的问题是公法的域外管辖问题。这也是本书讨论的核心议题。

公法是以保护国家公共利益为目的，规范国家经济社会治理的法律，调整的是国家与公民、政府与社会之间的关系。而这种涉及国家管治权的法律，才有更为严格的属地界限。超越属地界限的公法规范，直接作用于其他国家领土内的实体和行为，形成了国家与他国境内行为人、国家对他国境内社会秩序的管治，更容易侵犯他国对内的排他性管治权。与私法通过全球接受的冲突规范，被外国法院赋予域外效力相比，公法的域外效力是国家公权力强制性的体现。国家直接要求本国法律作用于域外，不论外国是否接受。国家也可能采取某些特别措施，通过公权力强制执行域外管制法。这一切都和在纯私法领域将国内法适用于涉外民事关系不同。

公法领域的域外管辖引发了一系列问题：国家在什么情况下可以直接立法规制域外行为；这种立法需要满足什么前提条件；有域外效力的公法应当如何执行才能实现立法者试图达到的域外效果；它与外国公法特别是行为地法造成的冲突如何协调。

三、公法与私法的区分

值得注意的是，公法和私法有时并不容易区分。"目的说"认为，法律属于公法还是私法，取决于其目的。亦即法律是为了惩罚违反公共正义的行为，还是仅仅为受伤害的私人提供补偿。① 类似的还有"公共利益说"，认为保护国家公共利益和政府利益的法律为公法，保护个体权利的为私法。② 但是有的

---

① 参见 Huntington v. Attrill，146 U. S. 657（1892），p. 676；cited by William S. Dodge，supra note 4，167。

② 参见 Att. Gen. （U. K.） v. Heinemann Publishers Australia Pty. Ltd.，78 A. L. R. 449，456（1988）；P. B Carter，Transnational recognition and enforcement of foreign public laws，Cambridge Law Journal，Vol. 48：417，p. 423（1989）。

法律有双重性质，如知识产权法不但保护知识产权持有者的经济利益，也体现国家对于知识产权的监管和控制。① 有的公法性质的法律，同时保护私人主体利益，允许个人提起损害赔偿诉讼。② 有的公法甚至以给予私人受害者高额惩罚性赔偿的方式，鼓励个人充当"私人检察官"，惩罚与预防违法行为，协助公法的执行。③ 由于法律目的的多重性和混合性，目的说和利益说均无法有效区分公法和私法。

"法律关系性质说"认为，定性公法还是私法主要考察法律调整的法律关系，是公权关系还是普通民商事关系。④ 国家拥有普通个体无法拥有的统治权和管理权。⑤ 公权关系是国家与个人之间的服从和权属关系。不可否认，授予、明确、规范、限制政府的公权力是公法的重要内容。但是公法并非仅仅着眼于权力的授予和规范，⑥ 也注重保护私人的权利，特别是相对弱势群体。例如劳动法、妇女儿童保护法、反垄断法、证券法中的很多规则，核心并非授权政府部门对私人行为的监管，而是出于保护其他个体的目的规范私人主体的行为。国家行政机可以利用反垄断法监管公司行为，私人公司也可以利用同样的法律请求损害赔偿。⑦ 如果仅看法律调整的法律关系性质，那么反垄断法属于

① 参见 Henry E. Smith, Intellectual Property and the New Private Law, Harvard Journal of Law & Technology, Vol. 30：1, p. 1 (2017)。

② 给予私人基于公法的诉权大量存在于美国监管法中，如保护公民权利与劳动权利的《民权法案》(Civil Rights Act)、《公平劳动标准法》(Fair labor Standards Act)；保护消费者的《消费产品安全法》(Consumer Product Safety Act)、《有毒物质控制法》(Toxic Substances Control Act)、《诚信贷款法》(Truth-in-Lending Act)；监管市场行为的《反勒索及受贿组织法》(Racketeer Influenced and Corrupt Organizations Act)、《谢尔曼法》(Sherman Antitrust Act)、《克莱顿反托拉斯法》(Clayton Anti-Trust Act)。

③ 参见 Lord Collins of Mapesbury, Adrian Briggs, Andrew Dickson, Jonathan Harris, et al, supra note 6, p. 93, n. 25; Felix D. Strebel, The enforcement of foreign judgements and foreign public law, Loyola of Los Angeles International and Comparative Law Journal, Vol. 21：55, 73 (1999)。

④ 参见 F. A. Mann, The International Enforcement of Public Rights, New York University Journal of International Law and Politics, Vol. 19：603, p. 617 (1987)。

⑤ 参见 Francisco Garcimartin & Geneviève Saumier, supra note 34, para. 35; Peter Schlosser, supra note 25, para. 25。

⑥ 参见张友渔等编：《中国大百科全书·法学卷》，中国大百科全书出版社 1984 年版，第 80 页。

⑦ 参见 William S. Dodge, "Breaking the Public Law Taboo", (2002) 43 Harv. Int'l L. J. 161, 200。

公法还是私法则难以定论。

域外管辖问题上，很多有域外效力的法律有公法和私法的双重性质。国家制定该法规制域外行为，属于行使国家管治权范畴，旨在保护公共利益，属于公法。但同时国家认识到域外违法行为可能损害私人权利，因此也给予私人主体实体请求权。此类法律不但可以由行政机关强制执行，也可以通过私人诉讼由法院协助实施。在私人诉讼中，此类法律的地位和一般民商事规则不同，由于体现了公共利益和公权力意志，此类法律将被视作"国际性强行性法律"，可以优先于一般准据法适用。此类法律也是域外管辖需要研究的对象。

本书主要讨论的是公法上的域外管辖问题，包括纯公法和公私混合的法律。若非特别说明，将不涉及纯粹的民商法。

第五节　域外管辖相关概念辨析

一、法的域外效力

与域外管辖紧密关联的一个概念是法的域外效力。法的效力可以分为立法效力和执行效力。立法效力站在立法国的角度，是立法机关给予法律本身的效力。如果立法机关行使域外立法管辖权，制定管制域外行为的法律，该法律本质上拥有域外效力。执行效力指实践上当事人遵守法律、法律对当事人的行为产生事实上的约束力或者法律后果。即使法律法规本体上有域外效力，但是只有得到执行才能真正规范域外当事人的行为，法律才能拥有执行层面的效力。[1]

立法效力和执行效力仅在立法国境内才完全正相关。换言之，立法国负责执行法律的机关，包括司法机关和行政机关，将严格遵守本国法律，在本国境内适用有域外效力的法律。如果立法国的司法或者执法机关无法在境内执行法律，域外立法若要产生现实意义上的域外效力，需要得到外国机关协助。可惜在域外，立法效力和执行效力的关联并不紧密。国家立法机关给予法律域外效力，并不代表外国法院或者行政机关会当然承认该法的域外效力

---

[1]　参见 Dan Jerker B. Svantesson，"A Jurisprudential Justification for Extraterritoriality in (Private) International Law"（2015）13 Santa Clara Journal of International Law，517。

并代为执行法律。

域外管制法的立法效力和执法效力在境外脱节的现象，和法律的属地主义有关。从法的管制对象而言，法律属地主义认为法律只能管治立法国境内的人和事。① 从法的效力而言，法的属地主义认为法律仅在立法国境内有效，在立法国境外，法律则成为一张没有效力的纸，其效力依靠域外司法和执法机关承认和授予。国家的权力机关并没有义务承认外国法律的效力。换言之，即使立法国通过立法给予法律域外效力，其他国家的司法或执法机关也无须承认该法的域外效力。国家机关依靠本国的法律规定，自主决定是否给予他国法律效力。法律本体上拥有的域外效力仅是外国法院考虑的因素之一。

既然国家无须承认外国法在本国领域内的效力，那么在什么情况下或者出于什么原因，国家可能同意给予外国法规制本国境内的人和行为的效力呢？胡伯和斯托里认为国家在其领域内给予外国法既有的效力是出于礼让，也就是一国对另一国的主权行为表示尊重。② 但是，礼让通常只有在本国利益不受损害的前提下才可能作出。因此"礼让说"更适合解释私法领域的国内法为何可以通过冲突规则被外国法院适用。这是因为私法协调平等主体之间的民商事关系，通常只涉及私人之间的权利和义务，而不涉及国家利益。立法国通常不会利用私法进行域外管治，也不会给予私法立法层面的域外效力，但是法院却可能会因为礼让适用外国私法。而在公法领域，域外管制法本身便可能冲击行为地国的主权和内部管治权，在此前提下国际礼让通常不存在。同理，行政机关也不会执行外国的域外管制法。这便形成了"公法禁忌"，也就是在以国家为受益人的公法程序中，公法即使在立法层面具有域外效力，也不会得到外国法院和行政机关的承认和执行。

因此，国家可以在公法领域行使域外立法管辖权，但是该法律仅在立法层面有域外效力。从执行层面，仅在本国执行机关执行法律时产生执行的域外效力。如果立法国无法执行法律，该公法性质域外立法通常不会被外国权力机关执行，该法律也就无法产生执行层面的域外效力。国家在私法领域不行使域外立法管辖权，因此私法在立法层面没有域外效力。但是法院通常不反对适用外

---

① 参见 Cedric Ryngaert, Jurisdiction in International Law 29（2nd ed, CUP 2015）47。

② 参见 DJ Llewelyn Davies, "The Influence of Huber's De Conflictu Legum on English Private International Law", (1937) 18 BYIL 49; J Story, Commentaries on the Conflict of Laws, Foreign and Domestic（1834）。

国私法，而会根据案件与国家之间的联系利用冲突规则确定是否适用外国私法。因此私法在执行问题上反而有域外效力。域外管辖和法的域外效力因此是两个不同的概念。

二、法的域外适用

法的域外适用是另一个容易混淆的概念。法的域外适用语义含糊不清。它可以指国内法被外国法院适用，作为涉外民商事案件准据法，这就国际私法中的法律适用问题；① 可以指国内法被立法机关赋予管治外国行为的效力，要求适用于域外行为，类似于域外立法；可以指国家机关采用措施使得国内法对域外行为人产生事实上的拘束力；② 也可以指包括确定法律域外效力、对域外主体适用法律等一系列规则建立的体系。③

域外管辖的着眼点是权力，包括国家机关对于域外管治权力的行使、限制与协调。法的域外适用是将法律适用于域外行为人或域外行为的行动或者过程。经此行动，法律产生域外效力，包括立法的域外效力或者执行法律的效力。法的域外效力指的是域外管制法产生的效果或者结果。

三、长臂管辖

长臂管辖（long-arm jurisdiction）一词源于美国跨州民事诉讼，之后扩展到跨国民事诉讼领域，涉及的是法院在跨国民商事诉讼案件中的私法管辖权。美国法院传统上对本地被告有管辖权。在 1945 年"华盛顿诉国际鞋业公司案"中，美国最高法院认为："虽然被告人的住所不在法院地州，但和该州有某种最低联系，因此该州对于该被告具有属人管辖权。"④ 允许对域外被告根据"最低限度联系"建立管辖权被形象地称为"长臂管辖权"。此后，有的州

---

① 参见沈红雨，《我国法的域外适用法律体系构建与涉外民商事诉讼管辖权制度的改革——兼论不方便法院原则和禁诉令机制的构建》，载《中国应用法学》2020 年第 5 期。

② 参见廖诗评，《国内法域外适用及其应对》，载《环球法律评论》2019 年第 3 期；李庆明，《论美国域外管辖：概念、实践及中国因应》，载《国际法研究》2019 年第 3 期。

③ 参见肖永平，焦小丁，《从司法视角看中国法域外适用体系的构建》，载《中国应用法学》2020 年第 5 期。

④ International Shoe v State of Washington, 326 U. S. 310, 326（1945）.

颁布长臂管辖法，均根据类似原则拓展司法管辖权。①

因此，狭义的长臂管辖仅限于法院对跨国民商事案件的管辖权，和域外管辖不是一个概念。但是由于长臂管辖是一个非常形象的说法，学术界也常将此术语做扩展性解释，用来形容所有突破传统属地主义对域外事项进行管辖的做法，包括域外立法、司法和执法。② 从这个意义上讲，广义的长臂管辖也可以作为域外管辖的形象性的说法。

---

① 参见 Note, "Statutes: An Extension of Long-Arm Jurisdiction", (1968) Minnesota Law Review 2897。

② 肖永平:《"长臂管辖权"的法律分析与对策研究》，载《中国法学》2019 年第 6 期。

第二章　国际法上的域外立法管辖

第一节　域外立法管辖的国际法基础

立法管辖权是一个国内法的问题，属于国家在领域内行使自己对内管治的排他性权力。但是域外立法管辖权却是一个国际法问题。国家虽然行使自己的立法权，但是立法的内容涉及域外行为。一旦国家试图治理域外行为，便不可避免地涉及外国的利益。域外立法牵涉与行为相关的多个国家的利益，包括行为人国籍国对国民的属人管治权、受害人国籍国对国民的保护权、行为地所在国对境内行为的治理权、结果发生地和影响发生地国对结果或影响的控制权。因此域外立法管辖权是一个国际法问题。

域外立法管辖权的国际法规则存在两种学说。第一种是"法无禁止即许可"说（简称"许可说"）。该观点基于常设国际法院的"莲花号案"判决，认为国家可以立法管辖本土之外的行为，除非国际法存在禁止性规则。[①] 由于国际法针对跨国立法的限制非常少，该学说对跨国立法基本上存放任的态度。第二种则是"法无授权即禁止"说（"禁止说"），认为国际习惯法已经建立了跨国立法的许可性原则，包括属地原则、国籍原则、效果原则、保护性原则和普遍管辖原则，只有符合某一许可性原则，域外立法才符合国际法。[②] 但是这些原则的具体内容和范围仍存在争议，且国际法上对这些原则缺乏明确的限

---

① 参见 PCIJ, SS Lotus, PCIJ Reports, Series A, No 10（1927）18-19；PCIL, Nationality Decrees in Tunis and Morocco, Advisory Opinion, PCIJ Reports, Series B, No 4, 23-24（1923）（"jurisdiction which in principle, belongs solely to the State, is limited by rules of international law."）。

② 参见肖永平：《"长臂管辖权"的法理分析与对策研究》，载《中国法学》2019 年第 6 期，第 41 页；Cedric Ryngaert, Jurisdiction in International Law 29（2nd ed., CUP, 2015）。

制性规定。国际法的边界不清，容易造成跨国立法管辖权的冲突。两种学说存在直接的冲突，究竟哪种学说才是域外立法管辖的理论基础，学术界存在一定的争议。

一、"莲花号"判决

（一）案情和判决

关于域外管辖权最重要的国际法案件，是国际常设法院 1927 年判决的"莲花号案"。1926 年法国轮船"莲花号"在地中海的公海与土耳其轮船"波兹-库特号"发生碰撞。"波兹-库特号"被撞沉，8 名土耳其人死亡。当"莲花号"抵达君士坦丁堡时，土耳其当局对"莲花号"上的瞭望员法国海军上尉戴蒙启动了刑事程序。法土两国请求常设国际法院裁决，土耳其对非本国国民发生于其领土之外的犯罪行为主张刑事管辖权是否"与国际法原则相冲突"。土耳其认为根据土耳其刑法第 6 条，土耳其对本国国民为受害人的案件有管辖权，而不论犯罪人的国籍或者犯罪的地点。法国政府认为，该国内法规定违反了国际法原则。国际法不允许国家单纯以受害者具有本国国籍为理由对外国人在外国的行为进行刑事处罚；国际法承认船旗国对公海上发生的事项有排他管辖权。

国际常设法院指出："国际法加之于国家的第一个、也是最重要的限制是：国家不得以任何形式在他国领土内行使权力，除非存在相反的允许性规则。从这个意义说，管辖权是属地性的。国家不能在其领土以外行使管辖权，除非能从国际习惯或从条约中找到允许这样做的依据。"但是国际常设法院同时指出："国际法不但没有禁止国家把它的法律和法院的管辖权扩大到境外的人、财产和行为，还在这方面给国家留下宽阔的选择余地。这种选择权力只在某些场合受到一些禁止性规则的限制。在其他场合，每个国家都有权采用它认为最好和最合适的方式进行域外管辖。"

"莲花号案"判决提出了几个重要原则：第一，管辖权分为立法、司法和执法管辖权，他们的域外效力不同。第二，除非有明确的限制性规定，国际法原则上允许域外立法和司法管辖。第三，除非存在明确的许可，国际法不允许域外执法管辖。

（二）判决评析

常设法院并没有对此判决作出充分的解释。该判决至少有两个问题值得商权。第一，为什么立法和司法管辖在域外管辖问题上可以归为同一类。可能的原因在于，法院的功能通常是解释法律，这是充实厘清立法内容的活动，可以被视作立法的一部分。此外，普通法系国家的法院有造法的能力，也就是准立法行为。因此，法院的工作可以作为立法管辖的一个部分看待。但是，从另一个角度看，单纯立法并不能对行为人造成影响，而迫使行为人遵守法律，必须有法院或执行机关适用法律，保护守法者或惩罚违法行为。司法的功能更重要的是法律的执行。所以，司法有立法和执法的双重性质，并不能简单地视作立法行为。①

第二，为什么国际法不禁止域外立法和司法行为，却禁止域外执法行为。立法、司法和执法管辖存在区别。立法和司法有一个共同的特点，它们都可以在境内进行，虽然内容可以涉及域外。由于立法和司法管辖权的行使物理上并未超越国家边界，形式上也就没有侵犯他国的属地管辖权。而执法则要求国家机关对域外行为人行使权力，例如逮捕行为人、对行为人采取强制措施、没收行为人的涉案工具、强制缴纳罚款等。这些权力的行使，通常要求国家机关对域外行为人或者域外财产实施物理控制手段，也就是说国家必须在行为人或者财产所在地才能进行执法行为。这就要求国家机关在他国领土内行使主权权力，直接侵犯他国主权。但是这个解释忽略了几个问题。第一，司法管辖权的行使，有时也需要对行为人或物实行控制。法院会对被告送达传票、传唤证人出庭、要求提供相关证据、要求强制执行判决等。这些行为虽然由法院作出，但是和执法有类似的特征。如果承认这一点，那么国际常设法院的判决基本上把司法行为做了狭义解释，仅包括审判的行为。而以上的强制性行为，应当定性为司法行政行为，也属于执法范畴。第二，执法机关有时无须进入行为人所在国才能执法。现代科技使得行政机关可以远程对行为人提出警告、要求提交罚款、要求整改等。这些执法行为可以在境内作出，并通过电子手段通知行为人。因此，机械地按照形式的属地性质决定域外管辖原则已经不再适用于现代的跨国管辖权。

（三）判决影响

"莲花号"最重要的影响就是确定了立法管辖权"法无禁止则许可"原

---

① 参见 Satya T. Mouland, "Rethinking Adjudicative Jurisdiction in International Law" (2019) 29 Wash. L. Rev. 173, 181-189。

则。由于国际法对立法的限制性明文规定极少，该原则容易造成立法管辖权被随意滥用。"莲花号案"从主权角度出发，尊重主权国家行使立法权的独立性和自裁性。主权国家在境内行使立法权，不受外国干涉。但是，许可说没有看到域外立法可能影响他国排他地行使对内管治权。现代主权观念虽然仍然以地域为基础，但是已经超越了传统物理上的领土原则。① 以互联网为例，互联网通过远程数据搜集、处理、共享等功能，无须任何物理行为进入外国领土，便可对外国领土上的人、物和行为发生影响，也可以侵犯外国的主权。② 此外，主权独立囊括的不仅是不以军事或者其他物理方式在他国领土上行使权力，也包括不干涉别国内政。③ 对发生在其他国家领土上的行为或者事项立法管治，即使不考虑执行，也很难说没有干涉行为地国治理领域内事务的权力。国家的立法行为发生在境内，但是立法的目的却旨在影响境外。因此域外立法要受到外国主权的限制。立法国只考虑了自身的立法意志，忽视他国有避免受外国立法干扰本国政策的权利，难免违反了主权平等原则。

其次，"莲花号案"没有给域外立法设置任何前提条件。换言之，除非国际法明文禁止，国家可以任意决定对任何域外事项立法。没有任何国际法规范的立法，容易造成国家间立法的重叠和冲突，④ 不但损害国家间正常的礼让关系，也会损害行为人所需要的法律确定性。⑤ 公法的冲突无法像私法那样用冲突法解决，加上域外管制法通常涉及国家利益，属于必须强制适用的法，立法管辖权的冲突会将行为人置于两难境地，损害法治的精神。

二、国际习惯法

虽然"莲花号案"建立的"法无禁止则许可"原则给予各国域外立法极

---

① 参见 John H. Jackson, "Sovereignty-Modern: A New Approach to an Outdated Concept", (2003) 97 the American Journal of International Law 782, 790。

② 参见张新宝、许可：《网络空间主权的治理模式及其制度构建》，载《中国社会科学》2016 年第 8 期，第 139~158 页。

③ 此外 1970 年联合国《关于各国依联合国宪章建立友好关系及合作之国际法原则之宣言》第 3 章、欧洲安全与合作会议《赫尔辛基最终法案》专门规定不干涉内政原则。

④ 参见 Dan Jerker B. Svantesson, "A Jurisprudential Justification for Extraterritoriality in (Private) International Law", (2015) 13 Santa Clara Journal of International Law 517, 532。

⑤ 参见 Lon L. Fuller, The Morality of Law 39 (2d ed. 1969)。

大自由，但是实践上主权国家很少毫无限制地行使立法管辖权。1935 年哈佛
国际法研究成果《关于犯罪管辖权的哈佛研究公约草案》（以下简称《哈佛草
案》）在研究了大量国家的立法实践和权威学术文献的基础上，总结出域外
立法管辖的国际习惯法原则。①《哈佛草案》提供了四个管辖权依据，分别为
属地原则、国籍原则、保护性原则和普遍管辖原则。② 随着实践的发展，一些
国家在实践中又创造了新的原则，并被他国效仿。以《哈佛草案》为起点，
结合国家实践经验，学者们大致认同的许可性立法原则包括属地原则、属人原
则、普遍管辖原则、保护性原则、效果原则、消极属人原则。③ 只有符合某一
许可性原则，域外立法才符合国际法。④ 域外立法的国际习惯法原则又可以简
称为"法无许可则禁止"原则。

（一）属地原则

属地原则允许国家对其领域内的实体、物项、行为行使管辖权，是国际法
管辖权原则的核心。属地原则是欧洲大陆各国普遍遵守的最重要的管辖权原
则。欧洲诸国曾经认为属地原则是绝对的，任何违反属地原则的管辖权都是对
外国主权的侵犯。然而，随着实践的发展，出于打击犯罪的目的和某些政治性
原因，以及 19 世纪兴起的民族主义，使得欧陆国家出于保护本国利益的目的，
最终纷纷将法律工具化并适用于外国的实体和行为。国家的国内法被描述成
"最好的法"，而实现实质正义、保护国家利益、将外国罪犯绳之以法这些价
值目标超越了属地权利。⑤

但是这些理由一开始难以被普通法系国家接受。虽然普通法系国家也开始
逐渐突破属地界限，但是普通法系对于这种例外持谨慎态度。英国允许议会在
必要的情况下进行域外立法。随着交通的便利和电信的发展，英国签署了一系
列打击恐怖主义犯罪、跨国贿赂犯罪的国际条约，基于条约义务行使域外管辖
权。1996 年，英国跨部门指导委员会对域外管辖的审查报告明确指出，英国

---

① 参见 "Draft Convention on Jurisdiction with Respect to Crime", 29 AJIL 439（1935）。

② 同上，Art 3-10。

③ 参见 R Jennings and A Watts, Oppenheim's International Law 456-458（9th ed OUP 1992）。

④ 参见徐崇利：《美国及其他西方国家经济立法域外适用的理论与实践评判》，《厦门大学法律评论》2001 年第 1 期，第 249~282 页。

⑤ 参见 Cedric Ryngaert, Jurisdiction in International Law（2nd ed, OUP, 2015）55。

的刑事管辖权可以在满足以下条件的前提下扩展到域外：（1）犯罪性质严重；（2）证人和证据可能在英国境内获得；（3）关于这一罪行的应受谴责性和采取域外管辖的必要性，国际上已经达成了共识；（4）行为应当受到惩罚；（5）行使管辖权符合英国的国际地位和声誉；（6）如果英国不行使管辖权则存在行为人逃避审判的可能。① 可见，虽然英国允许属地原则例外，但是适用例外的门槛较高。换句话说属地原则仍然处于核心地位。

美国在历史上也是属地管辖的坚定支持者。19 世纪，美国对属地管辖的推崇和美国刚获得独立有关，因为美国担心英国或法国这些强大的国家对美国新独立政权加以干涉。在此阶段，美国严格地执行属地管辖原则。即使美国的实力在 19 世纪末 20 世纪初快速增长，美国也并未相应地扩大管辖权的空间范围。仅在"二战"后，美国拥有了世界的主导地位，美国法院才逐渐接受了突破属地主义的效果原则。②

可见，属地原则仍然是国际法上管辖权最基本的原则。虽然随着国际交往的加深和国家利益的需要，各国普遍接受了属地原则应该有例外。但是对于例外的解释和适用，很多国家都非常慎重。如果可以适用属地原则证明管辖权的合理行使，各国仍然倾向于使用属地管辖。这就造成了对属地管辖解释的灵活化和扩大化。这种扩大化表现在两个方面：第一是拟制领土的出现。国家对领土的定义不再限定在物理领土的范围，而是将在本国注册登记的船舶和航空器作为国家领土的延伸。第二，国际法中的属地管辖，包括主观属地和客观属地原则。一方面，立法管辖权的依据来源于国家在其本国领土内行使的主权权力，它的出发点是所有国家都可以管制其领域内的所有事件和人员（不论国籍或居住地）。因此，如果行为对外国发生影响，行为实施地是行为人主观选择实施行为的地点，当然可以行使主观属地管辖。虽然属地原则通常意味着管辖权受领土限制，但是如果行为后果发生在域外，该原则也允许各国管制其域外后果，也就是允许管辖权涉及领土以外的事件（行为后果）。另一方面，根据客观属地原则，争议行为的构成要素之一（损害结果）位于境内即足以确立管辖权。结果发生地因为境内的行为后果，可以管治发生在域外但是引起后

---

① 参见 Cedric Ryngaert, Jurisdiction in International Law（2nd ed, OUP, 2015）59。

② 参见 United States v Aluminium Co of America, 148 F. 2d 416（2d Cir 1945），Cedric Ryngaert, Jurisdiction in International Law（2nd ed, OUP, 2015），62.

果的行为。①

也有学者试图将客观属地管辖进一步扩大，用客观属地原则证明法院对域外行为造成境内"效果"同样有管辖权。例如1945年"美国诉美国铝业公司案"（U. S. v. Aluminum Co. of America，简称 Alcoa）中，美国法官认为："任何国家对域外的人和发生在域外的行为，如果行为在本国境内产生本国所谴责的后果，而且其他国家也承认该行为应当承担法律责任，本国将对此有管辖权。这是已经解决了的法律问题。"②法官的判决理由将刑事责任上的客观属地原则引申到了经济行为中。③ 但是大多学者认为，Alcoa 不应当被解读为使用了客观属地原则，而是建立了一个新的域外管辖原则，即"效果原则"。客观属地原则要求被禁止行为的某一要素在法院地国的管辖范围内实施，而效果原则适用于被监管的活动及构成法律责任的要素完全发生在国外，仅在立法国造成了重大影响。这个重大影响不是行为直接导致的结果，而是间接的后果。行为和造成的影响之间可能存在中断直接因果关系的介入因素。如果一个结果不仅仅是禁止行为的附带影响，而是一部法案中确定责任的基本要素，则适用客观属地原则。④

基于客观属地原则的跨国立法是被国际法允许的。对于以下案例实施域外管辖权在实践上不存在争议。例如，行为人在中越边境越南境内开枪，射伤中国公民。被害人伤亡是犯罪既遂的要素。中国是犯罪结果发生地，可以根据客观属地原则对位于越南的犯罪行为行使立法管辖权。行为人是一个位于马来西亚的工厂，生产侵犯美国专利技术的产品。该产品进口到美国，违反美国专利法。由于产量巨大，构成刑事处罚标准。犯罪行为发生地在马来西亚和美国，结果发生地在美国。美国可以根据客观属地原则，行使立法管辖权。被告是位于中国和德国的生产商。德国公司有意生产伪劣产品，被中国公司组装，卖往日本，造成重大伤亡。违法行为发生地是德国和中国，损害结果发生地是日

---

① 参见 Dan Jerker B. Svantesson，"The Extraterritoriality of EU Data Privacy Law-Its Theoretical Justification and Its Practical Effect on U. S. Businesses"，(2014) 50 StanJ Int'l L 76，81。

② U. S. v. Aluminum Co. of America，148 F. 2d 416 (2nd Cir. 1945).

③ 参见 Cedric Ryngaert, Jurisdiction in International Law (2nd ed, OUP, 2015) 77。

④ 参见 Jaye Ellis，"Extraterritorial Exercise of Jurisdiction for Environmental Protection: Addressing Fairness Concerns"，(2012) 25 LJIL 397，401。

本。日本可以根据客观属地原则行使管辖权。德国公司在莱茵河非法倾倒工厂肥料，严重污染下游荷兰的环境。由于损害发生地在荷兰，荷兰可以根据客观属地原则行使管辖权。

但是有的国家忽视属地联系的时效性，基于曾经存在的属地联系管治所有将来的行为。这个做法主要体现在两个实例中。第一，有学者认为，对原产本国的技术和产品再出口行使域外管辖也是基于属地原则。因为产品和技术是在产品生产国和技术发明国生产和发明的，位于这些国家境内。国家立法规制这些物项再出口，属于对本国领域内的物项行使立法管辖权。但是货物与国家的属地联系是暂时的，而非永久的。国家可以对位于本国领土的货物行使属地管辖权，而不能对离开本国领土的货物继续行使属地管辖权。因此，出口到外国的货物再出口，已经脱离了属地管辖的范围。

对以上批评的回应是，国家并未对离开本国领域的物项行使管辖权，而是在物项尚处本国境内时，由出口方和进口方在合同中约定未来使用相关物项的条件。进口方同意未经生产国同意，不得再转让相关产品和技术；或者同意在物项出口后不将其转售给受制裁的实体。对物项的控制发生在物项离开生产国领土之前，并通过行为人的承诺在域外实施，因此行使的也是属地管辖权。① 但是对于域外之物再出口的管治并非基于物项与立法国的属地联系，而是合同义务。从这个角度讲，国家并未对域外之物行使属地管辖权。

第二，欧盟立法对进出欧盟的国际航班在欧盟领空之外的排放征收碳排放配额。这个做法的管辖权基础被欧盟立法者和欧盟法院解释为属地原则。理由是这些航班需要在欧盟成员国境内停泊，和欧盟建立了属地联系。② 这也属于将属地原则扩大化的实例。欧盟对其领空之外的排放征收配额，已经将管辖权延伸到了域外，而域外的航行和排放和欧盟境内的停泊没有直接的联系。虽然航班在欧盟起降，但是一旦离开欧盟领空，属地联系已经结束。换言之，欧盟利用行为人与欧盟建立的临时的属地联系，把管辖权引申到所有的域外行为，也属于对属地原则的不当扩展。

---

① 参见 Note, "Extraterritorial Application of United States Law: The case of Export Controls", (1984) 132 University of Pennsylvania Law Review 132 p. 376 (1984)。

② 参见 Case C-366/10 Air Transport Association of America, American Airlines, Continental Airlines, United Airlines v. The Secretary of State for Energy and Climate Change (ATAA Case) [2011] ECR I-000, para 124-125。

(二) 属人原则

属人原则基于行为人与国家之间的隶属关系行使管辖权。该原则也常被称为国籍原则。国际社会通常认为个人不论身在何处，对其国籍国均存在效忠或者其他公民义务，[1] 因此默认一个国家有权管辖身在外国但是持本国国籍的公民。[2] 美国最高法院在"川北诉美国"（Kawakita v United States）案中将美国叛国法适用于域外美国人。理由是美国国籍给持有者带来利益和与之相应的责任，如对国家的忠诚，不因为行为人空间位置的改变而消除。美国公民如果违反了忠诚义务即可以按照美国法律追究责任，无论叛国行为发生地在哪里。[3] 许多国家的刑法处罚本国公民在外国所做的违反本国刑法的行为。如我国《刑法》第 7 条规定："中华人民共和国公民在中华人民共和国领域外犯本法规定之罪的，适用本法，但是按照本法规定的最高刑为三年以下有期徒刑的，可以不予追究。"有学者甚至认为公民遵守国内法并非一个国际法问题，而完全属于国家主权内的事务。[4] 这种意见的局限性在于，要求一国公民在外国领土上遵守国籍国的法律作为或者不作为，可能违反行为地的法律，因而仍然会造成国家间立法权的冲突。因此，国籍原则仍是一个国际法问题。

国籍原则可以防止一国公民在外国犯罪回国后不受惩罚；行为人的域外行为在行为地和国籍国属于双重犯罪，但是行为人回国后无法引渡到行为地，从而逃脱惩罚；或者行为人在域外犯罪，但犯罪地点无法确定，因而逃脱惩罚。[5] 然而，国籍是可以变动的。行为人在行为发生后可以通过更换国籍逃避法律制裁。行为人也可能因为事后更换国籍而触犯法律。如果以上情况发生，国籍原则无法起到管辖的目的，也无法保证法律的可预测性。而在现代公司结构中，自然人或者组织可以通过设立外国公司的方式逃避国籍管辖。此外，法人国籍的认定没有普遍标准。对于按何种标准划分法人的国籍，存在的规则包括：(1) 住所地标准，即法人的住所在哪一国，就具有哪一国国籍；(2) 登

---

① 参见 Wade Estey, "The Five Bases of Extraterritorial Jurisdiction and the Failure of the Presumption against Extraterritoriality", (1997) 21 Hastings International and Comparative Law Review 177, 182。

② 参见 Kenneth R Feinberg, "Economic Coercion and Economic Sanctions: The Expansion of United States Extraterritorial Jurisdiction", (1981) 30 Am U L Rev 323, 333。

③ 参见 Kawakita v. United States, 343 U. S. 717, 734 (1952)。

④ 参见 Blackmer v United States, 284 US 421, 437 (1932)。

⑤ 参见 Cedric Ryngaert, Jurisdiction in International Law (2nd ed, OUP, 2015) 106。

记地标准，凡在一国登记（注册）而设立的法人，就具有该国国籍；（3）实际控制标准，即法人实际上由哪国人控制，就取得哪一国国籍；（4）主要营业地标准，即法人的主要营业地位于哪一国，就获得哪一国国籍。① 因此，严格执行国际原则将存在缺乏确定性和可预测性的隐患。

为了避免此类问题，也为了有效执行域外管制法，出现了两种扩大属人管辖范围的做法。一是美国经济制裁领域的域外立法根据"控制标准"扩大了属人原则。② 如1979年《出口管理法》（Export Administration Act of 1979, "EAA"）规定："美国人（United States person）是指任何美国居民或国民……任何国内企业……和任何国内企业实际控制的外国子公司或分支机构。"《与敌贸易法》规定该法适用于："（1）任何美国国民；（2）在美国的任何人；（3）根据美国法成立的或在美国有主要营业地点的任何商业企业；（4）由任何上列三类中的任何一类所拥有或控制的任何商业企业（不管其成立地点）。"在第四种类型中，任何商业企业只要为美国母公司控制，这些公司在美国境内的行为即受美国法律管辖。③ 美国法并不禁止美国公司的外国子公司与被制裁国进行贸易，只要该子公司不受母公司"控制"，大多数外国子公司在法律上被视为受子公司注册所在国法律管辖的外国人。④ 在何种情况下可以认定"控制"存在呢？《减少伊朗威胁和叙利亚人权法》（Iran Threat Reduction and Syrian Human Rights Act）将受控子公司的标准规定为：（1）美国母公司拥有50%以上股份；（2）母公司在子公司董事会中占多数；（3）母公司指导子公司经营。⑤美国出于贸易制裁的目的对"美国人"控制的外国实体进行了广泛定义，不仅包括美国人占多数股的外国子公司，还包括以其他方式控制的其他外国实体，例如通过拥有一家公司的大量少数股权、将成员安置

---

① 在1964年的"巴塞罗那电车公司"案中，国际法院认为，一国有权对受到别国侵害的本国公司实行外交保护，但确认该公司为本国公司的标准只能是登记地或住所地。然而，西方学者多认为，该案承认的划分公司国籍的标准只适用于外交保护领域，依国籍原则推行本国立法的域外效力，不在此限，也可采用资本控制或主要营业地等其他标准。

② 参见 Note, "Extraterritorial Application of United States Law: The case of Export Controls" (1984) 132 University of Pennsylvania Law Review 132, 375。

③ 参见 Foreign Assets Control Regulations, 31 C. F. R. 500。

④ 参见 Kenneth Katzman, Iran Sanctions, Congressional Research Service Rs 20871 (2022) 7。

⑤ 参见 22 U. S. C. A. § 8701。

在外国公司的董事会、通过管理合同等。① "美国人"对外国公司的所有权或控制权足以使该公司受美国法律管辖。②

与之对应，欧盟在反不正当竞争领域也采用类似做法，将管辖权延伸到发生在外国的并购。欧盟称之为"单一经济体原则"。③ 根据该原则，如果欧盟内部母公司和外国子公司可以视为单一经济体，那么欧盟可以根据对内部母公司的管控，将管辖权扩展至包括外国子公司的整个经济体。

该做法是否符合国际法并不确定。首先，国际法对公司国籍的规定，并不包括"实际控制"或者"股东国籍"。其次，独立人格是国际通行的公司法的基本原则，也就是公司独立于股东，子公司独立于母公司，各独立公司分别拥有分离的权利义务，而"控制标准"与该原则直接冲突。④ 再次，根据这一理论，一国可以通过其本国国民的投资获得对完全在另一个国家的技术和商品的控制，不能不说是对其他国家属地原则的侵犯。⑤ 因此基于"控制"扩大的国籍原则是否符合国际法存在较大争议。

第二是将属人管辖从国籍拓宽到其他属人连结点。在税收、与国家安全相关的罪行，或者严重危害国际公共利益的刑事犯罪中，已经出现以住所、惯常居所等更加新型的连结点作为国籍的补充，或者直接代替国籍的做法。如美国《第三次外国关系法重述》第411条规定，美国可以基于国籍、住所或居所向自然人或法人征税。⑥《中华人民共和国香港特别行政区维护国家安全法》第37条规定："香港特别行政区永久性居民或者在香港特别行政区成立的公司、团体等法人或者非法人组织在香港特别行政区以外实施本法规定的犯罪的，适用本法。""永久性居民"意味着行为人在香港有永久居住的权利，但是不一

---

① 参见 Stanley J. Marcuss and D. Steven Mathias, "U. S. Foreign Policy Export Controls: Do They Pass Muster Under International Law?", (1984) 2 Berkeley Journal of International Law 18。

② 参见杜涛：《经济制裁法律问题研究》，法律出版社 2015 年版，第 113 页。

③ 参见 Case 48/69, Imperial Chemical Industries Ltd. v Commission of the European Communities, para 128。

④ 参见 Deborah Senz and Hilary Charlesworth, "Building Blocks: Australia's Response to Foreign Extraterritorial Legislation", (2001) 2 Melbourne Journal International Law 76。

⑤ 参见 Note, "Extraterritorial Application of United States Law: The case of Export Controls", (1984) 132 (2) University of Pennsylvania Law Review 376。

⑥ 参见 Restatement (Third) of Foreign Relations Law (1986), § 411。

定是香港"公民"。行为人和香港的联系类似于"住所"。1988 年修订的《澳大利亚战争罪法》和 1991 年《英国战争罪法》均允许法院审理起诉时为本国公民或具有本国惯常居所的人在"二战"期间犯的罪行。

国籍更多是一个政治概念，相对国籍，住所或惯常居所更能反映自然人与国家的真实联系，以及自然人在某个国家建立从属关系的意愿。从这个角度上说，根据住所或者惯常居所行使属地管辖有其合理之处。然而，虽然住所和惯常居所是国际私法上国际民事管辖权常用的属人连结点，但是仍然较少用作国际公法领域的管辖权依据。英语世界更是直接将国际法上的属人原则称为"国际原则"（principle of nationality），字面上便已经排除了其他属人连结点。将域外立法管辖的基础从国籍延伸至住所或者居所是否符合国际习惯法也存在争议。

（三）保护性原则

保护性管辖，指国家通过立法管治并惩罚发生在该国领域外的、危害该国重要利益（vital interests）的罪行。从拿破仑的法国开始，欧洲国家为捍卫民族国家，对外国人在外国从事的涉嫌损害本国国家安全的行为主张管辖权。虽然普通法系国家早期对保护性管辖持怀疑态度，因为这个概念容易被政治化和滥用，① 但是在漫长的立法实践中，这些国家也逐渐摒弃了传统态度。保护性管辖权现在被普遍接受为国际法域外管辖权的基础之一，将近 76 个国家已经在国内立法中接受了保护性管辖原则。② 保护性原则允许国家采取任何适当的措施，保护对其生存和发展至关重要的利益。尽管国际法对这些"重大利益"的内容没有定义，但是国家主权、领土完整、政治独立和国家安全，均可以成为触发保护性管辖的"重大利益"，对此国际社会存在基本共识。③ 首先，主权是现代国际法中最基本的原则，没有人会质疑国家维护其主权和安全的最终和固有权利。④ 而领土是主权行使的地域和主权赖以存在的物理基础和必要条

---

① 参见 Cedric Ryngaert, Jurisdiction in International Law (2nd ed, OUP, 2015) 115。

② 参见 Matthew Garrod, Rethinking The Protective Principle Of Jurisdiction And Its Use In Response To International Terrorism (DPhil Thesis, the University Of Sussex 2015) 181。

③ 参见 H Lauterpacht, "Allegiance, Diplomatic Protection and Criminal Jurisdiction over Aliens", (1947) 9 The Cambridge Law Journal 330, 343。

④ 参见 Samantha Besson, "Sovereignty", Max Planck Encyclopedias of International Law (2015)。

件，独立是主权的固有内容和特征，而安全是维护主权的重要保证。因此国家基于主权行使权力自然引申至领土、独立与安全。其次，试图依靠其他国家保护这些重要利益是不现实的。各国没有为保护外国利益而规制其领土内私人行为的国际义务。① 大多国家通常对发生在其领土上专门针对外国的行动采取漠不关心的态度。② 第三，承认保护性管辖，意味着国家尊重其他主权国家的独立、安全与尊严，允许其他国家为保护自身的独立和安全，规制发生在其领土内的行为。这一做法符合国际法主权平等基本原则。

保护性管辖有三个核心要素。第一，被惩罚的行为必须威胁一个国家最"重要""基本"或"核心"的利益。保护性管辖基于行动的"性质"而不是"效果"。③ 只要该行为有可能对国家的切身利益造成损害，即使行为事实上尚未对国家造成任何实质性损害后果，行使保护性管辖也是合理的。第二，保护性管辖不需要相关国家与行为或行为人有任何属地或属人的联系。保护性管辖的依据是行为的目的或目标。如果本国是外国人在外国进行的行为所攻击的对象，便可以实施保护性管辖。第三，保护性管辖不以"双重犯罪"或者"双重可诉"为前提。换言之，保护性管辖禁止的行为不需要在行为地国也被认为是违法行为。④ 因为大多国家并不关心在其领域内实施的仅针对外国的行为，只要行为对本国利益无损害，这些国家可能并不认为行为违法。在此背景下"双重可诉"原则会破坏保护性管辖的目的。

由于保护性管辖对连接点要求比较宽松，适用该原则的唯一的关键性因素是行为所威胁的利益的性质。但是，国际法没有提供任何统一的规则或标准来评估相关利益是否是"至关重要的"（vital），每个国家都有权决定什么利益是自己的切身利益，并排除外部的干扰。因此，保护性管辖在实践上体现了

---

① 参见 Harvard Law School, "Jurisdiction with Respect to Crime", (1935) 29 Am J. Int'l L (Supp) 435, 552-553, 561。

② 参见 Harold G. Maier, "Jurisdictional Rules in Customary International Law" in Karl M. Meesen (ed), Extraterritorial Jurisdiction in Theory and Practice (1996) 69; Harvard Research on International Law, "Jurisdiction with Respect to Crime", (1935) 29 Am J. Int'l L (Supp) 435, 552。

③ 参见 Harvard Research on International Law, "Jurisdiction with Respect to Crime", (1935) 29 Am J. Int'l L (Supp) 435, 543。

④ 参见 Iain Cameron, "International Criminal Jurisdiction, Protective Principle", (2007) Max Planck Encyclopedias of International Law, para 6。

"自裁性"的特点。我国《刑法》第8条规定："外国人在中华人民共和国领域外对中华人民共和国国家或者公民犯罪，按《刑法》规定最低刑为3年以上有期徒刑的，可以适用中国《刑法》，但是按照犯罪地的法律不受处罚的除外。"这表明，即使外国人在中国领域外犯罪，只要犯罪针对的对象是中国，中国都可以行使管辖权。但是第八条存在两个缺陷。第一，第8条适用于《刑法》中所有最低刑为3年以上有期徒刑的犯罪。虽然根据量刑属于较重的罪行，但是不代表侵犯的利益当然属于国家最重要的根本利益（vital interest），或者涉及国家主权、独立和安全，从而满足保护性管辖的前提条件。第二，同时将"双重犯罪"作为保护性管辖的前提，则较为保守。如果敌对国家立法允许行为人进行危害我国安全的活动，虽然该行为威胁到我国的核心重大利益，却因为不满足"双重犯罪"前提而无法得到惩罚。相比之下，《中华人民共和国香港特别行政区维护国家安全法》（《香港国安法》）第38条规定则更加符合保护性管辖的特征。该条规定："不具有香港特别行政区永久性居民身份的人在香港特别行政区以外针对香港特别行政区实施本法规定的犯罪的，适用本法。"由于《香港国安法》规定的罪行均是维护国家和地区安全的罪行，且排除了"双重犯罪"的适用，该规定更有利于保护国家根本利益。

但是保护性原则存在被滥用的可能性。例如美国利用保护性管辖来证明次级制裁符合国际法。① 一些学者认为，在某些条件下，如果有充分证据表明国家或国际安全受到直接威胁，次级制裁符合国际法。② 但并不是所有的次级制裁均符合保护性原则。保护性原则仅适用于影响国家安全和重大利益的严重罪行，要求有充分证据显示国家安全受到真实、紧迫、直接的威胁。③ 美国次级制裁实施的范围很广，有的次级制裁措施的目的是维护美国在经济、科技领域的霸权地位，有的则是改变他国境内的政治性行为和政策。这些域外行为并不会真正危及美国的主权，也不会对美国的安全造成任何实质性影响。④ 如美国

---

① 参见 Cedric Ryngaert, Jurisdiction in International Law（2ed ed. , OUP, 2015）117。

② 参见 Jeffrey A. Meyer, "Second Thoughts on Secondary Sanctions", （2009）30 University of Pennsylvania Journal of International Law 905。

③ 参见张劲松：《论欧盟对美国经济法域外效力的法律阻却》，载《欧洲》2001年第2期，第50页。

④ 参见 Jeffrey A. Meyer, "Second Thoughts on secondary Sanctions", （2009）30 University of Pennsylvania Journal of International Law 909。

认为《赫尔姆斯-伯顿法》的立法目的是保证美国国家安全不受古巴政府的威胁，[1] 符合保护性原则。但是古巴的政治道路并不会威胁美国的安全和国家根本利益，并不符合保护性管辖的要求。[2]

不过在某些领域，学者们反而希望保护性管辖可以做扩大解释。例如欧盟将外国航班纳入欧盟碳排放交易体系。该域外措施的管辖基础，可能是保护管辖。气候变化将构成安全威胁，如果气候持续变化，其影响可能超过许多国家的应对能力，导致不稳定和暴力，对国家和国际安全造成未知的危害。因此欧盟以外地区的空气污染会对欧盟的切身利益造成威胁，从而导致保护原则的适用。[3] 但是保护管辖原则需要保护国家的"根本利益"（vital interest），且威胁必须是真实且紧迫的。全球变暖即使可能造成国家安全威胁，这种威胁也很难说是气候变化的直接后果，更不会立即发生。而且气候变暖可能引发的次生灾害是一个科学假设，并不存定论。保护管辖原则是否可以扩大并适用于全球变暖的预防措施存在较大争议。[4]

（四）普遍性原则

普遍管辖原则不需要管辖事项与管制国有任何联系，而是完全根据所管辖的事项的性质建立管辖权。针对国际社会普遍谴责的严重罪行，例如种族灭绝和酷刑，每个国家均可以维护"国际社会整体利益"为由立法惩处。[5]由于普遍管辖的事项大多在行为地亦属违法，实践上普遍管辖多用于惩处在公海或其他无主权之地发生的严重国际罪行。1993 年，国际法研究院在一项针对国际域外管辖权问题通过的决议中指出：（1）国家可以根据普遍原则，为了保护整个国际社会某种利益行使管辖权。（2）根据普遍原则，不论行为人的国籍和行为发生地，国家均可以使管辖权。（3）普遍原则可适用于成文或习惯国际法所规定的罪行，如海盗、劫机、种族灭绝、恐怖主义和贩卖毒品。（4）

---

①　参见 Brice M. Clagett, Title III of the Helm-Burton Act Does not Violate International Law（1996）368。

②　参见杜涛：《经济制裁法律问题研究》，法律出版社 2015 年版，第 139 页。

③　参见 Christina Voigt, "Up in the Air: Aviation, the EU Emissions Trading Scheme and the Question of Jurisdiction", (2011) 14 Cambridge Y. B. Eur. Legal Studies. 475, 502。

④　参见 Jacques Hartmann, "A Battle for the Skies: Applying the European Emission Trading System to International Aviation", (2013) 82 Nordic J. Int'l L. 187, 209。

⑤　参见廖诗评：《中国法域外适用法律体系：现状、问题与完善》，载《中国法学》2019 第 6 期，第 24 页。

无论被告国籍国是否是反对这些国际罪行的国际公约的签署国或批准国，国家都可行使普遍管辖权。[1]

少数国际公约明确规定了普遍管辖原则。如 1982 年《联合国海洋法公约》第 100 条规定："所有国家应尽最大可能进行合作，以制止在公海上或在任何国家管辖范围以外的任何其他地方的海盗行为。"第 105 条规定："在公海上，或在任何国家管辖范围以外的任何其他地方，每个国家均可扣押海盗船舶或飞机，和逮捕船上或机上人员并扣押船上或机上财物。扣押国的法院可判定应处的刑罚，并可决定对船舶、飞机或财产所应采取的行为，但受善意第三者的权利的限制。"1949 年《日内瓦四公约》规定："各缔约国有义务搜捕被控为曾犯或曾令人犯此种破坏本公约行为之人，并应将此种人，不分国籍，送交各该国法庭。"[2] 公约不要求行使管辖权的缔约国和犯罪或行为人有任何属地或属人联系。1973 年《禁止并惩治种族隔离罪行国际公约》第 4 条规定："本公约缔约国承诺：（a）采用任何必要的立法或其他措施来禁止并预防对于种族隔离罪行和类似的分隔主义政策或其表现的鼓励，并惩治触犯此种罪行的人；（b）采取立法、司法和行政措施，按照本国的司法管辖权，对犯有或被告发犯有本公约第二条所列举的行为的人，进行起诉，审判和惩罚，不论这些人是否住在罪行发生的国家的领土内，也不论他们是该国国民抑或其他国家的国民，抑或是无国籍人士。"

明确规定普遍管辖的国际公约毕竟是少数。很多国际公约对于国际公认的罪行仍然根据属地或者属人原则授予缔约国管辖权。不同的是，考虑到罪行性质的普遍可谴责性，公约并不限制缔约国根据国内法行使管辖权，换言之，各国国内法均可以根据普遍管辖惩罚相关行为。如 1970 年《关于制止非法劫持航空器的公约》第 4 条第 1 款规定："在下列情况下，各缔约国应采取必要措施，对罪行和对被指称的罪犯对旅客或机组所犯的同该罪行有关的任何其他暴力行为，实施管辖权：（甲）罪行是在该国登记的航空器内发生的；（乙）在其内发生罪行的航空器在该国降落时被指称的罪犯仍在该航空器内；（丙）罪行是在租来时不带机组的航空器内发生的，而承租人的主要营业地，或如承租

---

① 参见王铁崖、田如萱编：《国际法资料选编（续编）》，法律出版社 1993 年版，第 174 页。

② 第 49 条、第 50 条、第 129 条、第 146 条。

人没有这种营业地，则其永久居所，是在该国。"以上公约明确规定的管辖权是根据属地和属人联系建立的。但是公约第 4 条第 3 款规定："本公约不排斥根据本国法行使任何刑事管辖权。"此条款表明，缔约国或者任何国家对于劫持航空器罪行除了按照公约规定必须行使属地和属人管辖权的情形外，还可以根据内国法适用任何其他的管辖原则，行使管辖权。换言之，由于跨国劫持航空器罪行违反国际公共利益的性质，各国均可以根据普遍原则行使管辖权。类似的规定也存在于 1971 年《制止与国际民用航空有关的非法行为的公约》① 1983 年《反对劫持人质国际公约》② 1984 年《禁止酷刑和其他残忍、不人道或有辱人格的待遇或处罚公约》③ 1988 年《禁止非法贩运麻醉药品和精神药物公约》④ 1988 年《制止危及大陆架固定平台安全非法行为议定书》⑤ 1997 年《制止危及大陆架固定平台安全非法行为议定书》⑥ 1999 年《制止向恐怖主义提供资助的国际公约》⑦ 2005 年《制止核恐怖主义行为国际公约》⑧。这种安排反映了联合国对于普遍管辖的审慎态度。联合国尽量不明确肯定在劫持人质、酷刑、贩毒、恐怖主义、劫机等问题上普遍管辖符合国际法，而是将普遍管辖的问题留给各国国内法处理。

　　普遍管辖并非不存在争议。在普遍管辖最早适用的海盗罪，学者仍然指出海盗的目的多是抢劫财物，很难说这是侵犯全人类根本利益的行为。⑨ 普遍管辖是唯一不要求被管辖对象和国家有实际联系的管辖权原则，完全打破了管辖权的主权原则，可能破坏国际关系的稳定，并危害他国主权。因此，明确提出普遍管辖的国际公约并不多，普遍管辖仍然多为国内立法采纳为域外管辖的依据。如 2002 年德国《违反国际法的罪行法典》规制战争罪、反人道罪、种族灭绝罪。其中第 1 条规定："对于本法所列所有违反国际法的重罪，即使犯罪

---

① 第 8 条。
② 第 5 条。
③ 第 5 条。
④ 第 4 条。
⑤ 第 3 条。
⑥ 第 6 条。
⑦ 第 7 条。
⑧ 第 9 条。
⑨ 参见刘大群：《论国际刑法中的普遍管辖权》，载《北大国际法与比较法评论》2006 年第 7 期。

行为发生在国外并与德国没有联系，本法也具有管辖权。"这是在国内法中根据普遍管辖建立管辖权的实例。比利时、西班牙虽然没有类似规定，但是均允许本国法院对出现在本国领域内的在域外犯国际罪行的行为人行使审判权，事实上也实施了对于国际罪行的普遍立法管辖。① 但是国内法在进行普遍管辖时仍然进行了选择，如普遍管辖多用于战争罪、反人道罪、种族灭绝罪，对于其他国际罪行，如恐怖主义、贩毒、劫持人质等，即使国际公约不反对缔约国根据国内法进行普遍管辖，但是很多国家并未将此纳入普遍管辖的范围。而对于跨国公司境外贿赂，几乎没有国家行使普遍管辖。

当今实践中的普遍管辖原则适用范围很窄。有的学者认为，虽然普遍管辖可能引发主权国家之间的管辖冲突，也存在执行的问题，但是国际社会有效治理可能需要将普遍管辖原则的适用范围适当放宽。普遍管辖权允许各国根据罪行的性质，为保护国际社会的利益，代表国际社会行使管辖权，而不论其犯罪地点或是否存在任何其他管辖联系。② 普遍管辖原则赋予了一个国家必要的监管能力，以履行其作为"国际社会代理人"的作用，保护国际社会的基本价值。因此，一些涉及国际社会共同价值的问题，例如反跨国贿赂，应当在普遍管辖范围内。③ 此外，很多学者建议将普遍管辖扩大到环境保护领域。由于气候变化威胁到的社会价值，与传统"核心罪行"所损害的价值类似。因此可以提出，各国有能力立法预防污染环境的行为。此外，虽然普遍管辖原则尚未适用于非常严重的环境罪行，但是有理由相信普遍管辖原则可能为蓄意和非常严重的环境破坏提供一个合法的管辖基础。④ 这种行为可能被定义为"生态灭绝"。⑤ 该行为的性质和严重程度，可能类比传统"战争罪"以及"种族灭

---

① 如比利时 1999 年《惩罚严重违反国际人道主义法法案》第 7 条；西班牙 1985 年《司法权力基本法》第 23 条第 4 款。

② 参见 Sophia Kopela, "Port-State Jurisdiction, Extraterritoriality, and the Protection of Global Commons", (2016) 47 Ocean Dev. & Int'l L. 89, 106。

③ 参见杜启新、韩阳：《跨国公司境外行贿管辖权之实现》，载《中国检察官》2007 年第 3 期，第 20 页。

④ 参见 J. A. Zerk, "Extraterritorial Jurisdiction: Lessons for the Business and Human Rights Sphere from Six Regulatory Areas" (Working Paper No. 59, Harvard Corporate Social Responsibility Initiative, 2010), 188。

⑤ 参见 P Higgins, Eradicating Ecocide: Laws and Governance to Stop the Destruction of the Planet (2010)。

绝"。可惜的是，目前没有足够的国家实践来证明"生态灭绝"行为足以构成环境领域域外管辖的基础。① 其次，造成严重环境破坏的不是单一的、严重的行为，而是集体人为因素对气候变化的累积影响。普遍管辖原则在实践中尚未适用于此类共同的累积行为对人类社会造成的长期的、慢性的威胁。

（五）消极属人原则

消极属人原则允许国家基于受害人的国籍行使管辖权。它反映的是一个国家对其国民的保护，而保护海外公民的利益是国家的重要义务和职能。② 消极属人原则和保护性原则存在一定联系，特别是专门以受害人国籍为目标进行的有针对性的攻击，很多时候行为目的是对受害人的国籍国造成威胁。但是国民安全不受犯罪侵害，传统上并非行使保护性管辖的依据之一。③ 特别是事实侵害的只是个别海外公民的安全，甚至有的侵害存在一定的偶然性，比如行为人试图实施针对韩国人的犯罪，但是侵害了中国人。此时，受害人的国籍国无法基于保护性原则行使管辖权，而需要利用消极属人原则。虽然国籍仍然是行使消极属人原则最重要的连结点，但是少数国家将此原则延伸至拥有本国永久居住权的居民。④ 有的国家，如以色列、俄罗斯、塞尔维亚、印度等利用消极属人原则保护不属于本国公民，但是和本国有宗教或种族联系的外国人。⑤ 也有国家将消极属人原则适用于针对本国注册的法人。⑥ 但是消极属人原则考虑犯罪行为直接的受害人的国籍，而不包括受害人的亲属的国籍。

---

① 参见 Natalie L. Dobson, "The EU's conditioning of the extraterritorial carbon footprint: A call for an integrated approach in trade law discourse", (2018) 27 Rev. Eur. Comp. & Int'l Envtl. L. 75, 87。

② 参见 F. A. Mann (1984), The Doctrine of Jurisdiction Reconsidered after Twenty Years, 186 Recueil des Cours (1984-III) 9, 29。

③ 参见 Kenneth S. Gallant, International Criminal Jurisdiction: Whose Law Must We Obey? (OUP, 2022) 443。

④ 如丹麦《刑法》第 7 条，爱沙尼亚《刑法》第 7 条，芬兰《刑法》第 5 条，俄国《刑法》第 12 条第 3 款，瑞典《刑法》第 3 条第 5 款、澳大利亚《刑法典》第 115.1-115.4 条，以色列《刑法》第 14 条、英国《恐怖主义法》第 63C 节。

⑤ 如以色列刑法惩罚针对犹太人的犯罪，俄罗斯立法惩罚针对居住在乌克兰、格鲁吉亚、波罗的海国家俄罗斯裔人的犯罪。Kenneth S. Gallant, International Criminal Jurisdiction: Whose Law Must We Obey? (OUP, 2022) 450.

⑥ 如爱沙尼亚《刑法》第 7 条；芬兰《刑法》第 5 条；匈牙利《刑法》第 3 条；瑞典《刑法》第 3 条第 5 款。

消极属人原则的弱点在于，它无法提供法律所需要的可预测性，因为很多时候行为人并不能准确预知受害人的国籍。① 消极属人原则可能导致以下后果。第一，行为人会在不知情的情况下受到外国法的管辖，而无法预知行为后果；第二，法的预防性功能无法实现。此外，消极属人原则允许一个国家以保护本国公民为理由，强行管辖其他国家领土上的行为，即使该行为没有违反行为地和行为人国籍国的法律。该管辖权把本国在外国的公民置于其所在国家的法律之上，给予其超出所在国公民的保护和权利，有违反主权平等、国家利己主义之嫌。例如《赫尔姆斯-伯顿法》针对的是 20 世纪 60 年代，古巴政府没收外国人（美国人）的财产，并未给予充分、及时的补偿。如果被没收的财产始终控制在古巴政府手里，财产原所有人仍可以向古巴政府追回所有权或请求赔偿；但古巴政府为缓解经济困难，将没收的财产转移给外国公司或个人，导致被没收财产被私人主体"合法持有"，最终对被征收财产的返还和赔偿问题产生障碍。如果被征收财产原本属于美国人，美国政府认为其有义务为美国的财产所有人提供保护。美国于是针对第三国公司或个人与古巴政府实施的与上述财产有关的交易行为，基于消极属人原则行使立法权，要求返还财产或者提供补偿。② 这一做法将美国人的权利置于第三国公司或个人的权利之上，在国际上引起了不小的争议。

因此，消极属人原则是一个实践上争议很大的域外管辖原则，很多国家并不承认该原则属于国际习惯法。在实践中，普通法系多将此类管辖权适用于针对本国公民或者官员的国际恐怖主义罪行。③ 如美国立法对外国人谋杀美国公民或者美国公民成为恐怖活动受害人的案件行使管辖权。值得一提的是，美国的消极属人管辖范围较广，并不需要恐怖活动针对美国或者美国公民，只要美国公民在恐怖活动中受害，即使属于偶然性或者错误伤害，也不妨碍美国行使管辖权。④ 国际公约也承认在反恐领域的消极属人管辖。例如 1979 年《反对

---

① 参见 E Cafritz and O Tene，"Article 113-7 of the French Penal Code：the Passive Personality Principle"，（2013）41 Colum J Transnat'l L 585，593。

② 参见 Brice M. Clagett，'Title III of the Helms-Burton Act is Consistent with International Law'（1996）90（3）The American Journal of International Law 435。

③ 参见 R Higgins，Problems and Process：International Law and How We Use It（1994）66。

④ 参见 Christopher L Blakesley，"A Conceptual Framework for Extradition and Jurisdiction over Extraterritorial Crimes"，（1984）Utah L Rev 685，689。

劫持人质国际公约》第 4 条规定，如果犯罪系以该国国民为人质，而该国认为适当时应采取必要的措施来确立该国的管辖权。1997 年《制止恐怖主义爆炸事件的国际公约》第 6 条第 2 款也规定在犯罪对象是该国国民时，缔约国可以行使管辖权。虽然对于消极属人原则是否是一般性质的国际习惯法许可性原则，国际社会并未达成共识，但是许多国家已经将其运用于反国际恐怖行为的立法实践，且并无国际抗议。这无疑增加了该原则的合法性。[1] 至少在反恐立法上，消极属人原则可以说成为或正在形成国际习惯法原则。

（六）效果原则

根据效果原则，行为发生在外国，但在国内产生了某种影响，可以将其国内法适用于域外发生的行为，从而实现国内法的域外效力。效果原则为国家提供了针对在境外发生的、对境内产生影响的行为建立监管措施的权力。国际法协会于 1972 年在纽约举行的第 55 届会议上承认了效果学说作为国际法管辖权的一项原则。并提出如果满足以下条件，可以利用该原则确定域外立法管辖："（一）行为及其效果构成了法律规制范围内的活动；（二）存在重大的国内影响；（三）影响是域外行动的直接和主要预期结果。"[2]如果效果是直接的、可预期的、重大的，那么行使域外管辖权无争议，因为此时的"效果"其实是行为的后果，效果发生地国可以行使客观属地管辖权。如果效果是间接的、难以预测的、或纯经济性的，则跨国立法的合理性存在争议。因此，有学者用客观属地原则直接管制发生在境外但是对境内造成损害的行为，如跨国犯罪行为后果发生在境内，[3] 而将效果原则限于在领域内产生轻微或间接影响的域外行为。[4] 但是也有学者认为，区分效果原则和客观属地原则没有意义。客观属地原则中的结果也是效果的一种，即使行为造成的影响程度不同，但是效果原则和客观属地原则遵循的原理相同，考察的都是域外行为对境内的影响。因此，

---

① 参见 R Higgins，Problems and Process：International Law and How We Use It（1994），69。

② "Excessive" Extraterritorial Application of Competition Laws"，Part II Chapter 14 Unilateral Measures，last modified July 10，2020 https：//www. meti. go. jp/english/report/downloadfiles/2008WTO/2-14-2ExcessiveExtraterritorial. pdf.

③ 参见廖诗评：《中国法域外适用法律体系：现状、问题与完善》，载《中国法学》2019 第 6 期，第 23 页。

④ 参见廖诗评：《中国法域外适用法律体系：现状、问题与完善》，载《中国法学》2019 第 6 期，第 23 页。

效果原则完全可以包括客观属地原则。①

　　效果原则的发展经历了三个阶段。首先，1935 年《哈佛草案》根据各国立法和司法实践对属地原则作出了依照行为效果的延伸，认为行为产生的直接损害性后果可以支持效果发生地的管辖权。② 第二个阶段则是美国 1945 年 United States v. Aluminum Co. of America 案，法官认为如果外国人在美国境外进行商业行为，有意且对美国境内交易或商业可能产生损害性效果，美国反垄断法即有适用之余地。③ 之后，效果原则的适用从刑事领域扩展到了经济领域，并在反垄断领域迅速扩大。

　　虽然效果原则是否构成国际习惯法原则尚存争议，但是效果原则受到美国诸多学者的支持。④ 支持的理由主要是认为传统的属地原则不再能适应国际化背景下密切联系的世界。当外国行为在美国产生实质性和可预见的结果时，为了监管需要和保护本国利益，应当适用美国法。⑤ 很多国家已经追随美国脚步，在竞争和反垄断领域采纳效果原则。例如，1977 年欧洲委员会发布的《竞争政策的第六次报告》中指出："欧洲委员会的管理权可以及于那些对在所辖领域有影响的限制竞争行为，即使所涉公司的住所或营业地位于域外，具有外国国籍，与本领域没有关联，且该行为依照由外国法律管辖的合同作出。"《中华人民共和国反垄断法》第 2 条规定，中国境外的垄断行为，对中国市场竞争产生排除、限制影响的，适用本法。随着国际经济交往进一步加深，效果原则已经逐渐从反垄断领域扩散到其他政府认为需要监管的领域，如

---

　　① 参见 Note, 'Extraterritorial Subsidiary Jurisdiction' (1987) 50 Law and Contemporary Problems 71, 72。

　　② 参见 Harvard Research on International Law, Jurisdiction with Respect to Crime, (1935) 29 Am J. Int'l L (Supp) 435。

　　③ 参见 United States v. Alcoa, 148 F. 2d 416 (2d Cir. 1945)。

　　④ 参见 Austen Parrish, "The Effects Test: Extraterritoriality's Fifth Business", (2008) 61 Vanderbilt Law Review 1455, 1458。

　　⑤ 参见 Larry Kramer, "Extraterritorial Application of American Law after the Insurance Antitrust Case: A Reply to Professors Lowenfeld and Trimble", (1995) 89 American Journal of International Law 750, 751; Russell J. Weintraub, "The Extraterritorial of Antitrust and Securities Laws: An Inquiry into the Utility of a 'Choice-of-Laws' Approach", (1992) 70 Texas Law Review 1799, 1825。

环境保护、① 证券监管、② 个人数据保护,③ 成为了经济监管领域最重要的域外管辖原则。

对效果原则最常见的批评是其本身的不确定性和适用的不连续性。效果是否需要是"直接的""故意的",或仅仅需要是"可以合理预见的"存在争议。④法院对效果原则的适用也并不一致。⑤ 美国起初要求域外行为"意图影响且实际对美国造成影响"才能适用美国法,⑥ 后来则要求域外行为对美国造成"直接、实质且可预见的影响"。前者存在主观因素的考虑,后者则仅考虑客观效果。但是直到如今对于"直接""实质""可预见"这几个关键术语的理解仍然存在争议。尤其是对于"直接"的理解,在 LSL Biotechnologies 案中,⑦ 第九巡回法院借鉴美国联邦最高院对于《外国主权豁免法》"直接"的定义,认定若效果为被告行为的即刻的结果(immediate consequence),方能构成"直接"。法院认为《对外贸易反托拉斯促进法》 (The Foreign Trade Antitrust Improvements Act)的存在是为了限制之前的普通法实践,因此应该予以限缩解释。而第七巡回法院和第二巡回法院则拒绝了这一认定,认为判断标准应该为"合理的近因关系"(reasonably proximate causal nexus)。⑧ 但在实践中,这些法院常常会将《对外贸易反托拉斯促进法》适用于与美国国内市场之间存在一定距离的反竞争行为。事实上,美国也常常会基于可能或旨在限制竞争,但并未产生实际后果的行为行使管辖权。⑨

---

① 参见 Paul Coggins, William A. Roberts, "Extraterritorial Jurisdiction: An Untamed Adolescent", (1991) 17 Commonwealth Law Bulletin 1391, 1395。

② 参见 Des Brisay v. Goldfield Corp. , 549 F. 2d 133 (gth Cir. 1977)。

③ 欧盟《通用数据保护规制》第 3 条第 2 款将其管辖范围拓宽到境外企业。

④ 参见 Note, "Predictability and Comity: Toward Common Principles of Extraterritorial Jurisdiction", (1984) 98 Harvard L. Rev. 1310, 1313。

⑤ 参见 Joseph E. Fortenberry, "Jurisdiction over Extraterritorial Antitrust Violations-Paths Through The Great Grimpen Mire", (1971) 32 Ohio State Law Journal 519, 519。

⑥ 参见 United States v. Nippon Paper Indus Co Ltd, 109 F 3d (1st Cir 1997)。

⑦ 参见 United States v. LSL Biotechnologies, 379 F. 3d 672 (9th Cir. 2004)。

⑧ 参见 Lotes Co. v. Hon Hai Precision Indus. , 753 F. 3d 395 (2d Cir. 2014); Minn-Chem Inc. v. Agrium Inc. , 683 F. 3d 845 (7th Cir. 2012)。

⑨ 参见 Restatement (Fourth) of Foreign Relations Law § 409, Reports Note 4 (AM. LAW INST. 2018)。

效果原则是否适用于环境保护也存在争议。① 因为空气污染不分国界，温室气体无论在哪里排放，都会对全世界的气候变化产生影响。欧盟 2008/101/EC 号指令将国家对碳排放的管辖权延伸到欧盟境外。但是该法是否能以效果原则为基础值得商榷。欧盟在竞争领域要求域外行为与欧盟具有"直接的、及时的、合理可预见的和实质性的"的联系，以适用效果原则。② 虽然气候变化是一个全球性的挑战，其影响将在任何地方都能感受到，但是欧盟领空外的空中交通排放与欧盟领土内的气候影响之间的直接联系很难证明。③ 虽然空气污染没有界限，温室气体导致全球气候变化，但是鉴于全球变暖的普遍影响，难以为特定事件建立因果关系。④ 这便构成了效果原则的障碍。

有观点认为效果原则在当今这个相互依存的世界几乎赋予了国家进行普遍管辖的权力，造成管辖权过度扩张，同时提高了管辖冲突的可能。一旦存在任何微小的、遥远的、间接的损害就可能构成法律上的"效果"。各国基于效果原则过度主张域外管辖，又容易造成立法冲突，导致法律实施的困难。⑤

三、域外立法管辖的国际法基础评述

（一）两种学说之协调

国际法在域外立法管辖问题上模糊不清。首先，国际常设法院的"莲花号案"判决提出了"法无禁止则许可"原则。但是在实践中，各国长期实践形成了"法无许可则禁止"的国际习惯法原则。根据后者，如果不符合国家习惯法确认的几项原则，域外立法不符合国际法。这两种学说究竟应当如何协调，学术界有不同的观点。

---

① 参见 Ellen S. Podgor, "Extraterritorial Criminal Jurisdiction: Replacing 'Objective Territoriality' with 'Defensive Territoriality'", (2003) 28 Stud L. Pol. & Soc'y 117, 122。

② 参见 Case C-89/85, Osakeyhtio v. Comm'n [1993] ECR 1-1307。

③ 参见 Bruno Simma & Andreas Th. Miller, "Exercise and Limits of Jurisdiction" in James Crawford & Martti Koskenniemi (eds.) The Cambridge Companion To International Law (2012) 134, 141。

④ 参见 Jacques Hartmann, "A Battle for the Skies: Applying the European Emission Trading System to International Aviation", (2013) 82 Nordic Journal of International Law 187, 207-208。

⑤ 参见 Austen Parrish, "The Effects Test: Extraterritoriality's Fifth Business", (2008) 61 Vanderbilt Law Review 1455, 1480。

第一种观点认为，"莲花号案"和习惯国际法建立在不同的法律前提上。"莲花号案"的前提是独立国家在领域内的主权行为无须国际法许可，这是国家主权的重要标志。国际法仅应当设置国家行为的限制，以此作为立法权的例外。主权原则就是国际法的一般性限制，因为一国立法不得侵犯他国主权。而国际习惯法的形成，是各国对主权原则的具体化解读。国家通过设置一定的客观连接因素，确定国家有理由和利益进行域外立法。基于这些客观联系制定的法律便没有侵犯他国主权。因此，"莲花号案"建立的"法无禁止则许可"原则和国际习惯法并没有本质冲突，且实际效果殊途同归。①

但是现实中，"莲花号案"和国际习惯法这两种学说的冲突之处仍然存在。"莲花号案"建立了"法无禁止则许可"原则。而国际习惯法通过一系列的客观联系，建立的是"法无许可则禁止"原则。而且国际习惯法的联系因素并不一定符合主权平等原则。因为这些因素仅说明国家有理由对域外事项进行管辖，却不能说明国家对域外事项的管辖没有侵犯其他国家，特别是行为地国内部治理的权力。

第二种观点认为，"莲花号案"判决是对立法而言，立法者可以对任何有必要管制的外国行为立法。而国际习惯法原则是针对法律的解释和具体实施而言，也就是说法院将根据这些原则，解释立法是否在特定的案件中可以适用于外国的实体和行为。这是对立法产生实际效果的限制，是对当事人的保护。但是，这个解释并没有得到强有力的证据支持。没有证据证明，国际习惯法的五个原则仅适用于法律解释和适用。在实践中，很少有国家对与本国没有任何利益关系的问题上立法。国家的立法活动大多体现了这些国际习惯法原则。此外，如果立法的空间范围不清晰，法院可能会推测立法者的意愿来解释法律，此时可能考虑到这些习惯法原则。但是习惯法原则绝非最重要的考虑因素，最重要的因素仍然是立法者是否希望法律适用于域外。当立法意愿清楚时，法院则不会运用这些国际习惯法原则解释法律。

第三种观点认为，虽然"莲花号案"判决仍然是国际社会普遍承认的有效判决，但是在实践上适用"法无禁止则许可"原则，对与国家利益没有直接关系的域外行为立法的实例非常少见。可见，国家并不希望无限制地延伸域

---

① 参见龚宇：《国家域外管辖的法律逻辑评析》，载《国际法学刊》2021年第3期，第30~54页。

外立法管辖权，而倾向于为域外立法行为找到合乎常识的理由。相比"莲花号案"判决，多个国家重复的、长期的实践形成的域外立法的国际习惯法原则在实践上的意义更加重要。因为这才是大多国家实行域外立法的真正的理论依据。换句话说，"莲花号案"判决在实践中已经失去了现实意义。① 通常，当一个国家的域外立法受到质疑，或者被外国抗议，这个国家才会利用"莲花号案"判决作为抗辩，证明其立法的国际合法性。虽然此观点更符合国家实践的真实情况，但是"莲花号案"判决仍然对域外立法的扩大化，亦即对域外立法限制性原则考量的缺乏造成了一定的影响。因此，现存两种国际法原则为实践带来现实的困难。

（二）国际习惯法的缺陷

虽然国际习惯法在实践中起到了更大的作用，但是也有诸多缺陷。国际习惯法究竟包括什么许可性原则并无准确定论。除了《哈佛草案》提出的原则之外，一些国家在实践中创造了新的原则。例如起源于美国的"效果原则"；② 基于物项国籍的管辖权；③ 保护本国公民的"消极属人原则"。这些原则既没有受到外国正式挑战，也没有被所有国家广泛认可，④ 是否可以构成国际习惯法原则存在争议。⑤

其次，国际上对于各个许可性原则的具体内涵也无一致意见。如属人原则仅包括国籍持有者，还是包括其他属人联系，如惯常居住地（habitual residence）或者居所（domicile）？国际法是否允许基于实际控制的属人原则？⑥ 是否允许违反公司法的法人独立原则而将母公司和子公司在域外管辖问

---

①　参见陈一峰：《国际法不禁止即为允许吗？——"荷花号"原则的当代国际法反思》，载《环球法律评论》2011 年第 3 期。

②　United States v. Aluminum Co. of America（Alcoa），148 F. 2d 416, 421（2rd Cir. 1945）.

③　参见廖诗评：《中国法域外适用法律体系：现状、问题与完善》，载《中国法学》2019 年第 6 期，第 26 页。

④　参见廖诗评：《国内法域外适用及其应对——以美国法域外适用措施为例》，《环球法律评论》2019 年第 3 期，第 170 页。

⑤　参见 Kathleen Hixson, "Extraterritorial Jurisdiction under the Third Restatement of Foreign Relations Law of the United States", (1988) 12 Fordham Int'l LJ 127, 132-134。

⑥　参见 Foreign Assets Control Regulations, 31 C. F. R. Part 500; Transaction Control Regulations, 31 C. F. R. Part 505; Cuban Assets Control Regulations, 31 C. F. R. Part 515。

题上视为一个整体？保护性原则保护的国家"根本性利益"究竟包括什么？普遍管辖原则仅限于刑事领域还是也可以扩大到经济行政法领域？消极属人原则是否可以包括受害人的宗教和种族？这些问题在国际法上均无定论。

再次，即使国际社会有公认的许可性立法原则，这些原则是否详尽并不清楚。在这些公认原则之外，是否不可能存在其他许可性原则？① 美国等国家根据本国利益和相关联系，设置新的管辖权连接点是否一定不合理，并违反国际法？换言之，国际习惯法是否能因为实际需要被快速"创造"？② 如果有一个默认的规则已经获得大多国家的内心确信，只是没有机会付诸实践，这个规则首次被某国提出不一定违反习惯国际法。③ 此外，新型规则可能反映出文明国家普遍接受的原则，④ 这也是国际法的渊源之一。⑤

第二节 域外立法管辖的国际法限制

一、限制域外立法的必要性

国际法允许国家立法管治域外的实体、物项或者行为。但是，同一事项可以涉及多个国家的利益，对和其他国家利益相关的事项立法，可能侵犯他国的主权。因此，主权原则既给予了国家域外立法的权力，又要求这种权力受到限制。具体而言，国家有行使域外立法管辖权维护本国政策的利益，其他国家也有保护其内部政策免受外国域外立法干扰的利益。主权原则要求合理划分国家之间的权力范围，平衡立法国与其他国家的利益冲突。⑥

---

① 参见 Erich Vranes, Extraterritorial Jurisdiction, in Erich Vranes, Trade and the Environment (OUP 2009) 97, 100。

② 参见 Antonio Cassese, "Remarks on Scelle's Theory of 'Role Splitting' (dédoublement fonctionnel) in International Law", (1990) 1 EJIL 210, 231。

③ 参见 Lori Fisler Damrosch, "Changing International Law of Sovereign Immunity Through National. Decisions", (2011) 44 Vanderbilt Journal of Transnational Law 1185, 1196。

④ 参见 Jasper Finke, "Sovereign Immunity: Rule, Comity or Something Else?", (2010) 21 EJIL 853, 872。

⑤ 参见《国际法院规约》第 38 条第 1 款 (c) 项。

⑥ 参见 Bernard H. Oxman, Jurisdiction of States, in Max Planck Encyclopedias of International Law Wolfrum Rüdiger ed. , Oxford University Press, 2007) 546, 547。

域外管辖造成的国家间利益冲突应当如何平衡，却是一个从来没有得到过很好解答的难题。有学者认为，习惯国际法的许可性原则就是在平衡利益冲突。因为，当国家真的对域外行为进行立法管辖时，国家并不会像"莲花号案"允许的那样，完全不考虑其他国家的利益而直接立法。事实上，国家往往会衡量其他国家的利益，并证明立法的合理性。建立在利益衡量上的长期立法实践，形成了国际习惯法。换句话说，这些习惯国际法原则中展现的各式各样的"联系"或者"立法理由"，反映的实质上都是国家对自身立法权的限制。①

这个观点有几个问题值得商榷。第一，国家基于一定的联系进行域外立法，是否的确出于利益平衡的考虑？这一点各国立法者并未说明。一些域外立法会对立法理由作出解释，但是最常见的解释往往是从立法国自身角度出发，认为本国有合法的利益需要保护，所以可以对域外行为立法。例如，欧盟《通用数据保护条例》解释为什么条例适用于欧盟外的数据控制者或者数据处理者，提到的考虑因素仅包括"确保自然人不被剥夺根据本条例有权享有的保护"。这个解释体现了保护性原则和消极属人原则，② 但是并没有解释为什么数据控制者或者数据处理者根据行为地法进行的数据处理行为无法保护自然人的利益。美国最高法院在解释《谢尔曼法》的域外效力时，反复提到的便是域外行为对美国造成了影响。③ 在"依托巴案"（Itoba Limited v LEP Group PLC）中，美国第二巡回法院认为被告在美国的行为超过了仅为域外证券欺诈做准备，且造成了涉案损失。加上域外证券欺诈对美国证券市场和投资者也产生了影响，美国《证券交易法》④ 应当适用。⑤以上案例唯一考虑的因素，就是行为对美国造成的影响，而没有考虑适用美国法是否影响了行为地国对内管治的权力。虽然也有案例要求法院考察"利益平衡"，但是利益平衡往往和确

---

① 参见 Cedric Ryngaert, Jurisdiction in International Law（2nd ed. , OUP, 2015）135。

② 参见《通用数据保护条例》，前言第 23 条。

③ 参见 United States v Aluminum Company of America（Alcoa）148 F. 2d 416, 443-444（2d Cir. 1945）。

④ 参见 Securities Exchange Act, 15 U. S. C §§ 78（a）-（m）（m）（1996）。

⑤ 参见 Itoba Limited v LEP Group PLC, 54 F. 3d 118, 122（2d Cir. 1995）。

定立法利益分别进行，成为域外立法的两个步骤。① 可见，域外立法实践上通常仅考虑国家和受管制行为之间的联系。换言之，域外立法大多从立法国自身角度出发，并未考虑其他国家利益平衡的问题。

第二，习惯国际法许可性原则是否足以保证利益平衡？对此问题的答案是否定的。国际习惯法仅考虑国家立法的理由，并未考虑外国内部事务不受干涉的自由。国家有权立法，并不当然意味着应当立法，更不意味着立法"适度"。符合习惯国际法原则却不"适度"的域外立法，有以下几种表现形式。第一，域外行为虽然对本国的利益有影响，但是行为对外国行为地的影响更大。此时更适宜由外国立法管制该行为。第二，行为地已经有相关立法，而且行为地法已经足够保护本国利益，此时应当拒绝对该域外行为立法。第三，域外事项对本国利益的影响较小，危害不大，但是本国的域外立法却给予了严重处罚。此时的域外立法明显不适当。第四，域外事项和本国有一定的联系，但是该行为受到行为地法律的保护，而本国域外立法将其作为犯罪处理。基于管辖权属地原则这一最基本的原则，国家通常应当给予行为地法优先权，除非域外行为的目的是危害本国最根本利益，国家可以根据保护性原则立法管辖。在以上情况，虽然国家有权利对域外事项立法管辖，但是立法的"适度性"均存在疑问。

基于以上考察，习惯国际法的许可性域外立法原则无法保证域外立法符合"利益平衡"的标准，做到合理适度。习惯国际法的许可性原则从立法国的角度出发，证明立法国与境外事项有实质联系，却不能证明域外立法对他国政策的干扰在他国主权允许的范围内。缺乏利益平衡考量的国际法框架，容易造成域外管辖失度，引起国家间争端。最具代表性的例子是美国的一系列域外管辖实践。美国利用对国际习惯法属人原则的拓展性解释，将"美国人"的概念扩大到受美国实体控制的外国公司；② 基于"物项"或者"技术"的国籍，管制外国公司对相关货物的转售；③ 扩大保护性管辖的适用范围，对与美国没

---

① 参见 Timberlane Lumber Co v Bank of American, 549 F. 2d 597（9th Cir. 1976）；Mannington Mills v Congoleum Corp, 595 F. 2d 1287（3rd Cir. 1979）。

② 参见郭华春：《美国经济制裁执法管辖"非美国人"之批判分析》，载《上海财经大学学报》2021 年第 1 期，第 127 页。

③ 类似管辖也存在中国法中，参见廖诗评：《中国法域外适用法律体系：现状、问题与完善》，载《中国法学》2019 年第 6 期，第 25 页。

有关联的外国公司实施次级制裁。① 此类"长臂管辖"虽然饱受批评，但是究竟违反了国际法中的什么原则，却一直存在争议。② 归根到底，在于国际法对域外管辖限制性原则的缺失。虽然大多学者认为域外立法权应当受到国际法基本原则的限制，但是对具体的限制性原则，及其在域外立法管辖权上的解释与适用，却缺乏更深入的研究。

主权平等的核心在于划分国家的权力范围，平衡国家之间的利益。③ 具体到域外立法问题上，主权原则要求平衡两个利益：第一，国家有行使域外立法管辖权，维护本国政策的利益；第二，其他国家有避免受外国立法干扰本国政策的利益。只有两个利益同时满足，域外立法才真正符合主权平等原则，具备国际法上的实质合法性。习惯国际法建立的许可性立法原则，解决的是立法国的利益；对域外立法的限制，则旨在保护其他国家，特别是行为地国的利益。因此，确立域外立法的限制性原则非常必要。

二、国际法上是否存在限制性原则

国际法是否存在域外立法的限制性原则呢？换句话说，国家对符合国际习惯法许可性原则的事项没有完全"自由"地实施跨国立法行为，究竟是出于自愿，还是因为有国际法规则的要求？这一点非常难以证明。有学者认为除非存在国际条约专门规定，国际法并没有为域外管辖设置任何限制性原则。④ 换言之，国际法对域外立法的限制性规则缺失。

但是也有学者指出，国际法存在限制性原则。唯一在实践上解释了域外立法限制性原则的是美国的一些案例。这些案例将国际礼让和合理性原则作为国际法对域外管辖的限制性原则。"廷布莱因木材公司诉美洲银行案"（Timberlane Lumber v Bank of America）试图在"美国香蕉案"（American

---

① 参见杨永红：《次级制裁及其反制——由美国次级制裁的立法与实践展开》，载《法商研究》2019 年第 3 期，第 164~167 页。

② 参见杜涛：《美国单边域外经济制裁的国际法效力问题探讨》，载《湖南社会科学》2010 年第 2 期，第 68~89 页。

③ 参见 Bernard H. Oxman, "Jurisdiction of States", in Wolfrum Rüdiger（ed.），Max Planck Encyclopedias of International Law（Oxford University Press, 2007）546, 547.

④ 参见 HG Maier, "Jurisdictional Rule s in Customary Inte rnational Law", in KM Meessen（ed.），Extraterritorial Jurisdiction in Theory and Practice（1996）64, 69.

Banana）支持的绝对属地则和"美国铝业公司案"（Alcoa）建立的几乎无限制的效果原则之间寻找一个中间路径。乔伊（Choy）法官提出："效果原则本身并不完整，因为它没有考虑其他国家的利益，也没有明确考虑行为人和国家之间关系的全部实质……美国法院即使适用效果原则，事实上经常会考虑到礼让和其他国家的特权和利益，以及其他情况。"①换言之，即使对美国发生的影响证明域外管辖的必要性，但是在美国产生效果不足以证明，基于礼让和公平的考虑，在一个特定案件中"应当"以域外管辖的方式来维护美国的权威。②至于如何判断美国法是否"应当"适用于域外，法官提出应对考虑出于国际礼让和公正，美国是否应当对域外行为行使管辖权。③ 这个问题回答的正是国家间利益平衡的问题。

另一个相关案件是"曼宁顿诉刚果（金）案"（Mannington v Congoleum）。④刚果（金）授予曼宁顿压花乙烯基地板专利许可，允许其在美国制造专利许可产品，并出口到二十个指定的国家。当曼宁顿试图在指定国家之外销售这些产品时，刚果（金）试图撤销曼宁顿的许可。曼宁顿在美国发起了反垄断诉讼，指控刚果（金）的行为违反了《谢尔曼法》。在确定《谢尔曼法》是否适用之前，美国法院考虑了域外管辖可能对外国造成的影响。法官言明："当案件与外国有关时，忽略对外政策、对等原则、国际礼让和司法权的限制……是不明智的。"⑤

美国《第三次对外关系法重述》单独列出了域外立法的许可性原则和限制性原则。第 403 条采用"合理性原则"（rule of reason）限制域外立法管辖权的行使。如果对域外的人或物立法管辖不合理，则美国法不能域外适用。适用合理性原则要求法院考虑所有相关因素。第 403 条第 2 小节提供了可供考虑因素的不完全清单。当两个以上的国家对同一事项有立法利益，《第三次对外关系法重述》建议各国自行衡量利益大小，并主动给予利益大的国家优先管

---

① 参见 Timberlane Lumber v Bank of America, 549 F. 2d 597, 613（9th Cir. 1976）。

② 参见 Timberlane Lumber v Bank of America, 549 F. 2d 597, 613（9th Cir. 1976）。

③ 参见 Timberlane Lumber v Bank of America, 549 F. 2d 597, 614（9th Cir. 1976）。

④ 参见 Mannington Mills, Inc. v. Congoleum Indus. Inc., 595 F. 2d 1287（3d Cir. 1979）。

⑤ 参见 Mannington Mills, Inc. v. Congoleum Indus. Inc., 595 F. 2d 1287, 1296（3d Cir. 1979）。

辖权。《第三次对外关系法重述》将合理性审查作为一项必须遵循的义务，而非出于自愿的考察。

但是，以上事实并不能证明"合理性原则"是国际法对域外管辖的限制性原则。美国的司法判决和《第三次对外关系法重述》能证明的只有美国国内法要求域外管辖受到"合理性原则"的限制。而《第二次对外关系法重述》则并未要求合理性审查的义务，却要求在立法冲突的情况下考虑国际礼让原则。① 而 Timberlane 和 Mannington 案也并未明确指出合理性原则是国际法原则。相反，这些案例认为法院出于国际礼让，需要考虑利益平衡。美国《第四次对外关系法重述》不再重申合理性原则，而是将国际礼让作为域外管辖的限制性原则。这样看来，似乎合理性原则仅存在美国国内法中，并非国际法原则，而国际礼让才是域外立法需要遵循的限制性原则。但是，国际礼让严格地说并不是国际法原则，而只是一种国际性的"礼貌"。换言之，国际礼让是国家自愿的选择，而非义务。因此，国际礼让很难说是域外立法的限制性原则。

此外，美国的合理性原则是在司法判例中确定的，属于法院对国会立法在个案适用中的解释行为。换句话说，如果国会允许美国法域外适用，法院不当然地将国内法适用于域外，而要在个案中考虑利益平衡。这和美国的司法制度相关。美国法院对本国法律在个案中的适用，有较大的自由裁量权。只有在具体个案中，法院才能明确利益冲突的具体国家，才能根据案件的性质和事实，分析衡量连接因素，寻找出利益最大的国家，最终决定美国法域外适用是否合理。而在大陆法系国家，司法解释权有限。域外立法的决定权在立法机关，而立法机关在进行普遍性立法的时候，无法像法院那样考虑个案中的利益关联，并比较相关国家的利益大小。因此美国案例建立的合理性原则很难成为国际性域外立法管辖限制性原则。

除了美国，很少有国家在立法或者解释法律时，提起域外立法的国际法限制性原则。从国家实践的角度看，也没有证据证明形成了任何域外立法的国际习惯法的限制性原则。但是，国际法基本性原则普遍适用。除了条约和国际习惯，文明各国所承认的一般法律原则也是国际法渊源之一。② 虽然这些原则并

① 参见《第二次对外关系法重述》第 40 节。
② 参见《国际法院规约》第 38 条。

非为了域外立法而专门设立，但是应当在任何跨国行为中被国家遵守。由于国际法一般性原则有普遍适用性，其中一些原则可能可以作为域外立法的限制性原则，在实践上得到更加广泛的适用。① 下文将着重分析这些具体原则。

三、主权平等与不干涉内政原则

主权平等和不干涉内政原则（sovereign equality and non-intervention）属于国际法基本原则，在《联合国宪章》中得到确认，有强行法的性质。联合国大会《关于各国依联合国宪章建立友好关系及合作之国际法原则之宣言》指出"没有国家或国家集团有权以任何理由直接或间接干预任何其他国家的内部或外部事务"。② 域外立法旨在规范发生在外国领土上的行为，本质上会与行为地国家的主权发生冲突。主权原则不支持无限的立法权，而要求"平衡"地行使立法管辖权。也就是说，立法管辖不得不适当地侵犯行为地国家的主权。

如联合国大会 1966 年的 51/22 号决议和 1998 年第 53/10 号决议，均认为每个国家享有不可被剥夺的谋求本国经济与社会发展并选择其认为最符人民福祉的政治、经济和社会制度的自由。单边设立的有域外效力的强制性的对外国公司和国民实施制裁的经济法违反了国际法准则和联合国的宗旨与目的，并呼吁所有国家不要单方面承认任何国家的域外强制性经济措施或立法。③ 2016 年《中华人民共和国和俄罗斯联邦关于促进国际法的声明》第 4 条规定，中俄谴责与国际法不符、将一国国内法进行域外适用的做法，认为这种做法是违反不干涉他国内政原则的又一例证。

但是，主权平等和不干涉内政在实践中并不能直接成为衡量域外管辖国际合法性有效原则。第一，主权平等只是原则性的规定。以上的决议与声明，均未对主权平等提供可以量化的客观衡量标准。④ 在不涉及武力或者物理侵入他

---

① 参见徐崇利：《美国及其他西方国家经济立法域外适用的理论与实践评判》，载《厦门大学法律评论》2001 年第 1 期，第 262 页。

② Declaration on Principles of International Law Concerning Friendly Relations and Cooperation Among States in Accordance with the Charter of the United Nations, G. A. Res. 2625 (XXV), U. N. GAOR, 25th Sess., U. N. Doc A/8082, at 121 (Oct. 24, 1970).

③ 参见 A/RES/51/22 6 December 1996；A/RES/53/10, 3 Nov 1998。

④ 参见 Erich Vranes, Trade and the Environment (OUP, 2009) 126。

国边境的情况下，判断国家的立法是否不当干涉他国内政并不容易。特别是在被管辖的事项与立法国存在一定联系的前提下，域外立法具有表面上的合法性，特别是有"莲花号案"判决背书，也符合国际习惯法许可性原则。而主权平等作为一个原则性的概念，并无法直接作为分析工具用来判断立法是否过度，利益是否平衡。

第二，域外管辖本质上是对他国领域内的事项进行管辖，将国家权力输送到域外，规制发生在其他国家领域内的行为。本质上说，域外管辖已经干涉了他国内政。因此仅从主权平等的实质意义上看，域外管辖是应当被不被许可的。国际法之所以容忍域外立法管辖，一是因为立法行为形式上未出国界；二是因为必要性和对等原则。全球化造成的流动性决定了行为的后果和影响可以和行为的地点分开，对域外事务的规制是维护国家利益的必要手段。而任何国家都有规制域外行为维护国家利益的必要，所以会在一定限度内容忍他国对本国领土上的人、物、事行使立法管辖权。所以域外管辖最终需要讨论的不是域外立法是否违反主权平等原则，而是立法之"度"。

四、国际礼让原则

国际礼让（international comity）要求国家在对外交往中尊重其他国家的主权、政策、法律、传统。美国的 Timberlane 和 Mannington 案均提到了国际礼让原则。《第四次对外关系法重述》更是将国际礼让原则明确列为域外立法的限制性原则。在冷战时期，礼让原则被美国理解为限制国内立法、司法和执法管辖权的理由。①

虽然很多学者认为域外立法需要考虑国际礼让，② 但是并不代表国际礼让可以成为衡量域外立法实质合法性的标准。首先，国际礼让是一个模糊的概念，通常介于法律、政治、礼貌和善意之间。③ 在美国最高法院 1895 年"希

---

① 参见 Joel R. Paul, "The Transformation of International Comity", (2008) 71 Law and Contemporary Problems 19, 38。

② 参见 N. Jansen Calamita, "Rethinking Comity: Towards a Coherent Treatment of International Parallel Proceedings", (2006) 27 University of Pennsylvania Journal of International Law 601, 601。

③ 参见 Harold G. Maier, "Extraterritorial Jurisdiction at a Crossroads: An Intersection between Public and Private International Law", (1982) 76 The American Journal of International Law 280, 280。

尔顿诉古约特"（Hilton v. Guyot）案的判决中，格雷法官（Judge Gray）说："从法律意义上讲，礼让既非绝对义务，又非礼貌和善意。这是一个国家在其领土内承认另一国的立法、行政或司法行为，同时充分考虑了国际义务和便利，以及本国公民或其他受其法律保护的人的权利。"[1] 学者林加尔特（Ryngaert）教授认为礼让是"各国在相互交往中使用的传统外交和国际法概念。国家在没有法律义务的前提下，尊重彼此的政策选择和利益，而不对对方法律进行价值判断。人们普遍认为礼让处于习惯法和习惯国际法之间。"[2] 因此礼让不是国际法律义务，而是介于惯例和习惯国际法的一种国际理性。给予另一国家礼让是立法国自愿作出的决定，而非国际法的要求。[3] 从这个角度讲，国际礼让是立法国单方面的、自愿的善意表示。立法是否符合国际礼让，在于立法国的主观意愿。因此，礼让无法作为限制国家行使域外立法权的客观国际法标准。

另一种观点认为，如果不尊重礼让，过度扩张国内法的域外效力，可能会引起其他国家的不满，甚至对等报复。[4] 因此，对等互惠是礼让的核心。然而站在对等角度，域外立法是否违反了国际礼让，主要在于其他国家是否如此认为。因此，判断立法是否符合礼让，以受影响国家的回应为标准。如果这些国家提出抗议，则立法违反了礼让。[5] 同一个国家的同一个域外立法，可能获得来自受到影响的不同国家的不同回应，对于该法的性质，无法得出一个客观的结论。因此根据对等原则判断域外立法的国际合法性仍然是上文所批评的主观判断标准。

有的国家试图用国内法给予国际礼让更加清晰的定义，并为国际礼让设置客观评判指标。如美国法院在"哈特福德火险案"（Hartford Fire Insurance Co.

---

① Hilton v. Guyot, 159 U. S. 113（1895），164.

② 参见 Cedric Ryngaert, Jurisdiction in International Law（2nd ed., Oxford University Press, 2015）136-137。

③ 参见 Cedric Ryngaert, Jurisdiction in International Law（2nd ed., Oxford University Press, 2015）137-138。

④ 参见石佳友：《我国证券法的域外效力研究》，载《法律科学》2014 年第 5 期，第129~130 页。

⑤ 参见 Noah Bialostozky, "Extraterritoriality and National Security: Protective Jurisdiction as a Circumstance Precluding Wrongfulness", （2014）51 Columbia Journal of Transnational Law 625, 641。

v. California）中为在立法领域的国际礼让建立了客观标准。① 在此案中，美国联邦最高法院认为，立法国必须考虑立法规制的行为在另一个国家如何受到监管。如果受影响的国家对相关行为有全面成熟的监管机制，这个国家有理由要求美国尊重其监管本国市场和企业的能力，美国法律不应当对该国的企业产生域外效力。② 此种做法出于美国对其他国家领域自治权的尊重，被一些学者称为"立法礼让原则"。③ 但是，这是美国法院对国际礼让作出的有国内法效力的解释，国际上尚未有更多的国家采用类似实践，因此没有成为国际习惯。其次，采取此种做法，法律是否有域外效力将根据个案确定。例如，美国法院考察相关国家是否有有效的国内反垄断法律体系，通过行使自由裁量权，确定美国反垄断法在个案中是否有域外效力。这种做法与美国法律制度相适应。④ 美国国会立法很多时候对法的空间效力范围缺乏清晰的说明，属于"地域模糊性法律"。⑤ 美国法院在适用法律的过程中，有权通过推断立法意图，对美国法律的空间效力进行解释，赋予美国法律其条款上没有的域外效力。⑥ 而很多其他国家的法院并没有类似美国法院那样的"造法权"，而需要立法机关在制定成文法时明确法律的空间效力。如果立法没有明确说明，大多法院将统一采用"反域外适用推定"来适用国内法，无权创造法律空间效力的例外。因此，美国法院的解释并无法改变国际礼让不能作为国际法原则的性质。

在"莱克航空诉塞贝纳比利时世界航空"（Laker Airways v Sebena, Belgian World Airlines）案中，哥伦比亚地区巡回法院质疑国际礼让是否是普遍接受的国际法原则。法院认为没有任何证据支持国际礼让是国际法原则这一观点，也

---

① 参见 Hartford Fire Insurance Co. v. California, 509 U. S. 764（1993）。

② 参见 Hartford Fire Insurance Co. v. California, 509 U. S. 764, 819（1993）。

③ 参见 Stephen D. Piraino, "A Prescription for Excess: Using Prescriptive Comity to Limit the Extraterritorial Reach of the Sherman Act",（2012）40 Hofstra Law Review 1099, 1129。

④ 美国立法通常很少明确确定法律的空间效力范围，而由法院在审判案件时根据立法意图确定。参见霍政欣：《国内法的域外效力：美国机制、学理解构与中国路径》，载《政法论坛》2020 年第 2 期，第 178~179 页。

⑤ 参见霍政欣：《国内法的域外效力：美国机制、学理解构与中国路径》，载《政法论坛》2020 年第 2 期，第 178 页。

⑥ 参见霍政欣：《国内法的域外效力：美国机制、学理解构与中国路径》，载《政法论坛》2020 年第 2 期，第 179~180 页。虽然美国法院解释国内法的空间效力范围时采用"反域外适用推定"，但是法院有权决定该推定的例外。

没有证据表明平行的立法管辖是国际法要求避免的问题。① 因为法律地位的模糊性、实施的自愿性、判断的主观性，国际礼让不适合作为衡量域外立法是否达到国家间利益平衡的原则。

五、合理性原则

（一）美国法中的合理性原则

美国法院在反垄断的 Timberlane 案中建立了合理性原则（reasonableness）。该案中一家在洪都拉斯经营木材生意的美国公司以违反《谢尔曼法》第 1 条和第 2 条起诉几家美国公司，理由是被告共谋将原告排除出洪都拉斯木材市场。第九巡回法院在认定被告行为存在限制或影响美国商业的意图并构成《谢尔曼法》禁止的违法行为后，进一步认为该案中存在并行管辖权问题，换言之洪都拉斯本地也存在反垄断法，将美国法适用于该垄断行为是否确有必要。第九巡回法院在将《谢尔曼法》域外适用时，除了考虑美国和欲约束的行为之间的充分联系，亦要根据管辖权合理规则（jurisdictional rule of reason）评价和比较相关国家行使立法管辖权的利益。

法院提供了三步分析标准。第一，域外行为是否对美国商业产生实质性的或者故意的影响。法院认为，在管辖权阶段不宜解答实质性法律问题，因此仅满足"最小化"要求，便可以证明对美国市场的影响或效果的存在。由于原告是美国公司，被告的域外行为旨在影响该公司的出口市场，因此对美国的出口活动有影响。第二，限制竞争的域外行为对美国对外贸易的损害是否十分严重。第九巡回法院认为原告无须证明域外垄断行为对美国的外国商务有"直接的、实质性的影响"，只需要证明外国行为的影响满足反垄断民事诉讼要求即可。第三，根据国际礼让，美国是否应当对域外行为行使管辖权。法院应当考虑行使域外管辖是否合理，也就是分析美国和相关外国的利益平衡。法院提供了七个要素用于衡量美国在案件中的利益，案件与美国的联系，以及相对外国美国是否有足够理由主张域外管辖权。这七个要素包括：美国国内法与外国法或外国政策之间的冲突；当事人的国籍或依附的国家以及公司所在地或主要营业地；判决在两国是否可以执行；行为后果对美国相比他国的重要性；行为

---

① 参见 Sennett & Andrew I. Gavil，"Antitrust Jurisdiction, Extraterritorial Conduct and Interest-Balancing"，（1985）19 Int'l L. 1185, 1196。

试图损害或实际影响美国商业的程度；此种影响的可预见性；发生于美国境内的行为相比国外的违法行为的相对重要性。法院最终认为，下级法院在未指明美国法的适用与洪都拉斯政府的法律或政策存在冲突，且未对美国和洪都拉斯进行全面利益分析的情况下就驳回起诉是不正当的。该案虽非由联邦最高法院作出，但是产生了广泛而深刻的影响。

Mannington 案类似地为合理性原则提供了十个可供考虑的因素，包括（1）美国法律与外国法律和政策的冲突程度；（2）当事人的国籍；（3）对比被指控的违规行为在境内和境外重要程度；（4）原告是否在外国可以获得补救；（5）是否存在损害和影响美国商业的意图及其可预见性；（6）如果法院行使管辖权并给予救济可能对外国关系产生的影响；（7）如果域外管辖，一方当事人是否会被迫在任何一个国家从事非法行为或者被置于相冲突的法律要求之下；（8）法院判决是否可能生效；（9）如果外国法院在相同情况下进行判决，本国法院是否可以接受；（10）受影响的国家之间是否存在条约解决该问题。[1]

合理性原则在域外立法领域被广泛讨论，主要因为该原则作为域外立法管辖权的国际法衡量标准被美国《第三次对外关系法重述》（以下简称《重述》）采纳。[2]《重述》要求国家不得"不合理地"对与外国有关联的人或者行为立法，"当行使此种管辖权不合理时，一国不能对与外国相关的人或活动主张立法管辖权""虽然多个国家对某一个人或行为行使管辖权未尝不可，但多国的管辖权相互冲突，每个国家有义务在实施管辖权时评估自身及他国利益。在一国利益明显更大时应尊重他国"。[3] 合理性规则的本质是：一个合法的美国利益本身并不能证明主张域外管辖权是正当的。只有在评估包括外国利益在内的所有相关要素后，如果美国的利益和联系最终超过外国利益和联系，美国法律才可以适用于域外情形。

（二）合理性原则评析

合理性规则要求国家平衡任何可能受到其域外管辖影响的国家的利益。判

---

① 参见 Mannington Mills v Congoleum Corp, 595 F. 2d 1287, 1296 (3rd Cir. 1979)。

② 有学者批评说，美国《第三次对外关系法重述》错误地将合理性原则作为国际法原则。参见 Dan E. Stigall, 'International Law and Limitations on the Exercise of Extraterritorial Jurisdiction in U. S. Domestic Law' (2012) 35 Hastings International and Comparative Law Review 323, 323。

③ 《第三次对外关系法重述》第 403 条第 1 款（Restatement § 403 (1) (1986)）。

断合理性需要综合考虑以下因素：行为与立法国的属地联系；立法国与受管制的个人或立法保护的个人之间的联系；被管制行为的性质、对立法国的重要程度、其他国家对该行为监管的可取程度；是否存在可能被立法保护或损害的合理预期；立法对国际政治、法律或经济体系的重要性；立法与国际传统的一致性；监管该行为对另一个国家的重要性；立法与其他国家法律冲突的可能性。① 当本国与他国的监管利益冲突时，国家应当比较双方的利益，在对方利益更大时不行使管辖权。②

这种综合性的利益衡量方法有诸多弊端。第一，它过于灵活，且极大依赖自由裁量权。以上因素大多需要主观评价。在具体个案中，这些因素往往不会一边倒地支持外国或者本国立法，而需要分别给予这些因素不同的权重。这些都依赖立法者的主观价值判断，难以形成统一标准。由于合理性原则过于灵活，如果立法国有意愿管辖境外事务，便很容易得出本国利益大于外国利益的结论。而外国如果进行类似的利益衡量，则容易得出不同的结论。③

第二，美国《第三次对外关系法重述》中的合理性原则目的是预防管辖权冲突。换句话说，合理性原则通过比较不同国家的立法利益，确定与受管制的行为利益更大的国家的立法才合理。④ 这种假设与域外立法权的性质不符。域外立法并不要求立法国是与行为联系相较其他国家更为密切，而是宣告某域外行为会对本国造成实质性的影响，所以需要域外立法保护本国利益。域外立法的利益平衡不是要求只有更密切联系的国家才能立法，而是要求国家的域外立法不能过度。

第三，美国的利益衡量方法重点在于比较美国和"另一个"国家的立法利益，适合美国法院在处理个案时判断"地域模糊性法律"是否有域外效力。但是这种标准不合适大多数国家。这些国家需要在制定成文法时明确立法的空间效力，需要考虑的不是与某一个国家的利益对比，而是和所有潜在受影响的

---

① 参见《第三次对外关系法重述》第 403 条第 2 款（Restatement § 403（1）（1986））。

② 参见《第三次对外关系法重述》第 403 条第 3 款（Restatement § 403（1）（1986））。

③ 参见 P. M. Roth，"Reasonable Extraterritoriality：Correcting the 'Balance of Interests'"，(1992) 41 International and Comparative Law Quarterly 245，275-276。

④ 参见 Bradley Jay Gans，"Reasonableness as a Limit to Extraterritorial Jurisdiction"，(1985) 62 Washington University Law Review 681，705-706。

国家之间普遍的利益平衡。因此，合理性原则也是对大多数国家的立法技术和宪制的挑战。

虽然"合理性"在国际成文法和判例法中频繁出现①，但是合理性是否属于国际法一般原则仍存争议。② 当美国法院在判决中建立合理性原则时，法院无不是采用国际礼让作为国际法依据，而非将合理性原则作为国际法原则。法院的合理性考察，往往出于自愿，并未承认有任何国际法义务存在。③ 值得注意的是，虽然美国法院采纳合理性原则作为域外管辖的自我限制，但是实践上并未严格遵照该原则行使域外立法管辖权。例如美国《海外反腐败法》规制的大多数外国公司的贿赂行为并不发生在美国境内，行为与美国存在的联系十分微弱。美国也很难证明外国贿赂外国政府官员给美国国家利益带来直接的不利影响。与美国相比，这些外国公司的国籍国明显存在更大的国家利益，而且这些公司国籍国大多是 OECD 成员，具备完善的反腐败法律制度足以处罚本国公司的贿赂行为。在这种情况下，美国应当尊重外国公司母国的管辖权。换言之，FCPA 行使管辖权难以符合合理性平衡检验标准。④

在"莱克航空诉塞贝纳比利时世界航空"（Laker Airways v Sebena，Belgian World Airlines）案中，哥伦比亚地区巡回法院明确拒绝适用 Timberlane，Mennington 和《第三次对外关系法重述》建立的合理性原则。法院认为，在没有立法者（国会）明确指示的情况下，法院没有权力也没有资源来权衡政策和政治因素，以解决相互竞争的管辖权主张。⑤ 法院分析了 Timberlane，

---

① 如《欧洲保障人权和根本自由公约》（Convention for the Protection of Human Rights and Fundamental Freedoms）第 6 条；1966 年《公民权利和政治权利国际公约》第 9 条；North Sea Continental Shelf Case（Federal Republic of Germany. v. Denmark.；Federal Republic of Germany v. Netherlands.），I. C. J. Report 3，para. 98（1969）。

② 参见 Dan E. Stigall，"International Law and Limitations on the Exercise of Extraterritorial Jurisdiction in U. S. Domestic Law"，（2012）35 Hastings International and Comparative Law Review 323，338。

③ 参见 Dan E. Stigall，"International Law and Limitations on the Exercise of Extraterritorial Jurisdiction in U. S. Domestic Law"，（2012）35 Hastings International and Comparative Law Review 323，338。

④ 参见陈宇：《从 Petrobras 案看美国〈反海外腐败法〉的域外管辖问题》，载《河北法学》2020 年第 5 期，第 176 页。

⑤ 参见 Laker Airways Ltd v Sebena，Belgian World Airlines，731 F. 2d 909，955（D. C. Cir. 1984）。

Mannington，以及《第三次国际关系法重述》，认为合理性原则中的一些考量因素和域外立法的许可性原则有关，在确定立法权基础时已经考虑过了。例如对美国商业的影响（效果原则）、当事人的国籍或者主要营业地（国籍原则）。此外，合理性原则要求考虑别的国家规制该行为的利益，以及域外适用美国法与其他国家管制法发生冲突的可能性。这两个因素在法院看来没有什么实质意义。因为通过分析，法院仅能得出外国有权规制同一行为，以及法律将发生冲突这样明显且直接的结论，而无法得出哪个国家应当行使立法管辖权这一关键性问题。再次，分析因素中的"政治因素"最难处理。法院需要考虑相互冲突的管制法的"相对重要性"，某些类型的法规的可取程度，这就不可避免地涉及法院历史上想要回避的政治分析而非法律分析问题。该案涉及美国和英国竞争政策和法律的比较。法院认为此类比较超出了法院的权限，因为涉及了英国美国国家利益的比较和衡量，这不是司法权应当管辖的外事问题。最后，法院怀疑合法性原则是否真正可以保护国际礼让。在任何情况下，只要域外行为对美国市场产生了影响，法院从来没有基于合理性原则拒绝对域外行为适用美国法。① 因此，即使将合理性原则作为美国国内法的原则，这一观点也饱受质疑。

美国的《第四次对外关系法重述》更是删除了合理性原则。新《重述》认为："国家实践无法证明国际法要求在个案中考虑平衡建立合理性。"② 报告人指出，虽然国家会尝试减少立法管辖冲突，但这是在国际礼让考虑下的自愿措施，而非国际习惯法的要求。③ 第四百零五节仅要求法院在解释法律时基于立法礼让原则，考虑适用合理性原则。但是法院的权限较小，只有在法律模糊不清时才能够适用。而且合理性原则在这里仅出于解释法律的目的，而不是给予法院不适用联邦法律的自由裁量权。④

由于合理性原则的国际法地位存疑，且过于灵活和主观，因此也不适合成

---

① 参见 Michael Sennett & Andrew I. Gavil，"Antitrust Jurisdiction，Extraterritorial Conduct and Interest-Balancing"，(1985) 19 Int'l L. 1185, 1196。

② Restatement (Fourth) of the Foreign Relations Law of the United States，407 Reporters，Note 3.

③ 参见 Restatement (Fourth) of the Foreign Relations Law of the United States，407 Reporters，note 4。

④ 参见 William S. Dodge，"Reasonableness in the Restatement (Fourth) of Foreign Relaions Law"，(2018) 55 Williamette Law Review 521，531-633。

为衡量域外立法实质合法性的国际法标准。

六、可预测性原则

一些学者认为，可预测性（predictability）可以成为界定域外管辖范围的原则。① 可预测性使行动者可以事先计划，达到预知法律后果和预防违法行为的目的。如果一国的公民或法人十分清楚地知道某些行为可能会触犯外国法律，但还是选择为此行为，接受法律后果便是公正的。② 虽然域外立法不代表立法国一定可以执法，但是立法国最终可能执法的潜在威胁可以影响域外行为。因此，立法管辖也被称为"间接执法管辖"。③ 仅立法不会从实质上影响其他国家的利益，只有"间接执法"才能对行为地国家造成实际影响。法律的可预测性是"间接执法"的必要条件，可以协助行为地国预测外国域外立法可能造成的实际后果。

但是，可预测性只能作为对立法质量的考察标准，而不能作为一种普遍适用的原则来重新界定域外管辖权的范围，更不是利益平衡的衡量标准。它更多侧重于保护被立法管制的行为者的利益，而不是保护其他受立法影响的国家的利益。即使法律规定明确，达到可预测的目的，也仍可能缺乏与立法国的真实联系，或者侵犯其他国家的主权。其次，可预测性不是"间接执法"的充分条件。"间接执法"与立法国执法能力直接相关。如果立法国拥有强大的市场、金融和技术手段辅助执法，对域外行为人造成合规压力，行为人通常也会主动守法。④ 如果立法国没有执法的有力武器，域外立法很难真正影响域外行为人。⑤ 因此，如果行为人清楚地知道立法国无力在域外执法，即使法律清晰明确也无法为域外行为人制造合规压力。在此情形下，法律是否有可预测性对

---

① 参见 Note，"Predictability and Comity：Toward Common Principles of Extraterritorial Jurisdiction"，98 Harvard Law Review 1310（1985）1322。

② 参见 Note，"Predictability and Comity：Toward Common Principles of Extraterritorial Jurisdiction"，98 Harvard Law Review 1310，1322（1985）1321。

③ 参见 L von Lutterotti，US extraterritorial economic sanctions and the EU blocking statute 246（doctoral thesis，Vienna University，2003）。

④ 参见刘建伟：《美国金融制裁运作机制及其启示》，载《国际展望》2015 年第 2 期，第 115 页。

⑤ 参见 Dan Jerker B. Svantesson，"A Jurisprudential Justification for Extraterritoriality in（Private）International Law"，（2015）13 Santa Clara Journal of International Law 517，532。

于域外行为的影响微乎其微，也无法从实质上改变立法对行为地国的影响。因此，可预测性可以作为立法的技术手段，而不是限制管辖权的国际法原则。

七、比例原则

比例原则（proportionality），也称适度性原则，考虑的是目的与手段的动态关系。简言之，合法的目的需要以与目的对应的适度手段来达成。比例原则通常包含四个元素：目的合法性（legitimate purpose）、适当性（suitability）、必要性（necessity）和严格比例原则（proportionality strictu sensu）。[1]

比例原则起源于德国警察法，主要应用于行政法领域。但是比例原则显示出强大的生命力，其影响跨越国别、法系和法律部门。[2] 在国际法领域，随着欧盟的出现，欧盟内部一系列法律整合措施均采纳了德国国内法中的比例原则，将比例原则从国内法引入国际法。比例原则也被欧洲人权法院、国际人道法、《国家责任草案》、WTO 争端解决机构引用。[3] 比例原则作为一项国际法原则已被国际法学界普遍接受。[4]

比例原则的核心在于"平衡"。[5] 由于比例原则起源于保障私人权利不受公共权力的不合理侵犯，该原则主要被用于协调国家与公民的关系，平衡公权力与私权利。随着比例原则适用的扩展，学界开始讨论除了"权力-权利"平衡，比例原则是否也可以用于平衡私法关系中的"权利-权利"，甚至纵向分权结构体系中的"权力-权力"。[6] 在国际法领域，国家与国家之间的利益平衡，属于第四种横向"权力-权力"结构。主权国家是平等地位主体，从国际法上

---

① 参见范剑虹：《欧盟与德国的比例原则——内涵、渊源、适用与在中国的借鉴》，载《浙江大学学报（人文社会科学版）》2000 年第 10 期，第 98～99 页。

② 参见蒋红珍：《比例原则适用的模式转型》，载《中国社会科学》2021 年第 4 期，第 108～110 页。

③ 参见韩秀丽：《寻找 WTO 法中的比例原则》，载《现代法学》2005 年第 4 期，第 180 页。

④ 参见 Ulf-Dieter, Continental Shelf Arbitration, in Encyclopedia of Public International Law（R Bernhardt ed, OUP, 1981）58。

⑤ 参见刘权、应亮亮：《比例原则适用的跨学科审视与反思》，载《财经法学》2017 年第 5 期，第 45 页。

⑥ 详见王书成：《论纵向分权中的比例原则——以欧盟、联邦及单一制为考察对象》，载《重庆社会科学》2007 年第 5 期。

看没有地位强弱差异。每个国家均有权对影响本国利益的事项立法，每个国家也有权排他地进行内部治理。各国的立法权和治理权需要平衡和协调。虽然有学者对于比例原则在"权利-权利"和"权力-权力"中的适用提出疑问，① 但是大多数学者认为，比例原则作为一种方法论的工具性原则，或者一种适度均衡的理念，有普适价值。② 国家行使其域外立法权而与其他国家的治理权相冲突，同样可以用比例原则给予适当的约束和控制。

基于域外立法管辖的性质与特点，国际法可以适用比例原则作为域外立法的限制性原则。第一，域外立法需要协调国家间的利益，而利益平衡正是比例原则的核心价值。域外立法中的利益平衡，包括两个方面：立法国有正当利益需要立法维护；立法没有不当侵犯其他国家利益。这两个方面考量的实质就是目的与手段的问题。立法维护的利益，就是立法希望达到的目的。为了达到这个目的的域外立法，就是手段。立法有没有不当侵犯他国的利益，考虑的是立法的"度"，也就是立法的手段要与目的相适应。③

第二，比例原则的主要目的是防止立法"过度"，因此也称为"适度性"原则。比例原则承认在某一事项有着跨国影响的情况下，多个国家可以对同一事项立法，并宽容多国立法的相互作用与冲突可能带来的不确定性。这与国际法上域外立法管辖权的规则契合。国际法并不以完全以消除域外立法冲突为目标，而是旨在规范国内法对域外事务影响的程度和范围，协调国家之间的关系。④ 换言之，国际法并没有在域外立法问题上设置某种优先权，或者限制、剥夺某些国家的立法权。国际法规范域外立法，不在于消除冲突，而在于控权和平衡。而这也正是比例原则的功能。⑤ 适用比例原则符合域外立法的本质和国际法实践，切实可行。

---

① 详见梅扬：《比例原则的适用范围与限度》，载《法学研究》2020 年第 2 期，第 63~65 页。

② 参见蒋红珍：《比例原则适用的模式转型》，载《中国社会科学》2021 年第 4 期，第 114~115 页。

③ 参见刘权、应亮亮：《比例原则适应的跨学科审视与反思》，载《财经法学》2017 年第 5 期，第 47 页。

④ 参见霍政欣：《国内法的域外效力：美国机制、学理解构与中国路径》，载《政法论坛》2020 年第 2 期，第 186 页。

⑤ 参见张庆麟、余海鸥：《论比例原则在国际投资仲裁中的适用》，载《时代法学》2015 年第 4 期，第 4~5 页。

　　第三，比例原则已经存在较为成熟的分析公式和审查模式，有着相对客观的特点。① 它有具体的评价指标和衡量公式，来考察立法是否过度。运用比例原则指导域外立法，有利于形成相对容易被各国普遍接受的衡量标准，有助于域外立法的国际法治化和规范化。

　　当然，比例原则并非完美。有学者批评指出比例原则仍存在较大主观性。虽然比例原则有确定的结构和公式，但是内涵并非明确，且有不同的审查标准。② 比例原则只提供了四个考察因素，却并未量化每个因素的判断标准。因此，即使适用比例原则，每个国家也能根据自己的需要，采用严格或宽松的审查基准。具体到域外立法问题上，立法国可能采用宽松基准，认为域外立法只要不存在明显不当的问题便符合利益平衡；行为地国则可能采取严格基准，严格审查比例原则四要素而认为外国立法不合比例。③ 适用比例原则并不能很好解决国家在域外立法问题上的冲突。国际法虽然承认比例原则为国际法原则，但是对比例原则的审查基准、内涵解释讨论不足。因此，比例原则在国际法上的实际运用相较国内法更为主观和模糊。

　　但是，以上批评并非排除比例原则作为域外立法限制性原则的理由。抽象性和模糊性是国际法原则共有的特点，而非比例原则独有。④ 相比其他国际法原则，比例原则除了提供抽象价值更可能作为方法论，为利益平衡提供规范的审查步骤、理性的观察视角和逻辑的分析框架。比例原则在国际法领域的标准模糊，是相关实践和学术研究缺乏导致，而非因为该原则有本质缺陷。相反，比例原则本体论和方法论的二元特质，决定它在国际法领域也有精细化的潜质。⑤ 因此，比例原则可以通过立法、司法实践、学术研究，在域外立法领域

---

　　① 参见刘权、应亮亮：《比例原则适应的跨学科审视与反思》，载《财经法学》2017年第5期，第46页。

　　② 参见刘权：《比例原则审查基准的构建与适用》，载《现代法学》2021年第1期，第144页。

　　③ 对于审查基准的比较法研究，详见刘权：《比例原则审查基准的构建与适用》，载《现代法学》2021年第1期，第147~148页。

　　④ 参见韩秀丽：《寻找WTO法中的比例原则》，载《现代法学》2005年第4期，第185页。

　　⑤ 参见蒋红珍：《比例原则适用的模式转型》，载《中国社会科学》2021年第4期，第115页。

具体化、类型化，成为域外管辖利益平衡的分析工具。①

第三节　结　　论

域外立法管辖权的难度在于：国家立法实践各异、国际成文法和有效判例缺乏以及理论学说多样。域外立法问题上缺乏有效的国际共识，导致国家间立法管辖权的冲突，也容易使行为人陷入两难境地。

域外管辖的国际法基础在学界讨论得较多，对莲花号案的有效性，以及习惯国际法的原则似乎达成了一些共识。可是，细致分析发现存在很多不确定之处。第一，"莲花号案"判决和国际习惯法原则体现的法律基本原则是相反的。这两个法源的关系，在现阶段并未得到很好的梳理。第二，国际习惯法原则究竟有哪些，每个原则的内容是什么，应当如何解释，这些问题均没有很好的回答。更重要的是，国际习惯法建立的域外立法许可性原则从本国利益出发，很少考虑利益平衡。由于域外立法难以避免会涉及外国利益，因此利益平衡考虑尤为重要。这是帮助国家自行限制域外立法权，合理立法，防止立法权滥用，避免立法冲突的重要手段。

但是，国际法对域外立法的限制性原则并不清晰。首先，很少有国际条约明确规定域外立法受什么原则限制。其次，没有证据证明国际习惯法建立了任何域外立法限制性原则。再次，虽然一般性国际法原则也是国际法渊源之一，但是国际法原则究竟包括什么内容，这些原则能否适用于域外立法，则没有定论。如果不存在国际法限制，那么国家仅出于自愿自行控制立法权，对保护国际秩序、维护国际关系、保证合理域外管辖是不利的。

本章通过分析，认为域外立法必须符合国际法的主权平等和不干涉原则。但是由于这些原则过于抽象，必须有其他原则辅助我们判断什么立法才没有不当干涉他国内政，才符合国际法。虽然国际礼让和合理性原则被最多提及，但是这些原则是否构成国际原则尚存争议。更加合适的原则是比例原则。比例原

---

① 从国内法角度重构立法权中的比例原则，详见陈征：《论比例原则对立法权的约束及其界限》，载《中国法学》第 2020 年第 3 期，第 156~163 页。

则是普遍接受的国际法原则，在协调相互冲突的利益问题上有着广泛的适用空间。① 其本体论和方法论双重性质，不但可以为域外立法奠定平衡、适度的价值标准，也提供了判断域外立法是否达到利益平衡可操作的分析框架。虽然比例原则并没有广泛运用于管辖权领域，没有形成域外立法管辖的国际习惯法。但是比例原则可以作为国际法一般性原则指导域外立法实践。联合国国际法委员会 2006 年第五十八届会议工作报告将域外管辖权问题列入了长期工作方案，② 日后也有可能明文接纳比例原则为域外立法的国际法限制性原则。

---

① 参见郑晓剑：《比例原则在现代民法体系中的地位》，载《法律科学》2017 年第 6 期，第 102 页。

② 参见国际法委员会年鉴 2006 年，第二卷第二部分，国际法委员会提交大会的第五十八届会议的工作报告，A/CN. 4/SER. A/2006/Add. 1（Part 2），附件五，第 279 页。

第三章　域外立法的执行

域外立法需要得到有效执行才能在实践上起到规制域外行为、实现立法目的的效果。虽然域外立法被国家立法机关赋予了本体上的域外效力，使之无须通过冲突规范等"法律媒介"而直接适用于域外的实体和行为，然而立法意图并不能决定法律的实施效果。域外管制法是否能对域外实体产生事实上的约束力取决于该法律能否得到有效执行和实施。执行域外管制法有内外两条路径。对内而言，立法国的执法机关和司法机关应严格按照立法意图，执行域外管制法。对外而言，外国法院可能适用立法国的域外管制法审判民商事案件，外国执法机关也可能根据国际协助条约协助执法。本章着重分析域外立法的执行问题。

第一节　判断国内法的域外效力

在立法机关明确规定国内法具有域外效力后，本国司法和执法机关将采用国际法和国内法允许的方式，对域外行为人执行法律。如果立法机关没有明确法律的域外效力，是否代表着该法绝对没有可能适用于域外的实体和行为？在民商事领域，几乎所有的私法均没有宣告域外效力，而法院可以利用冲突法规范将国内私法适用于跨国民事法律关系。这已经成为涉外民商事领域的共识。而在公法领域，法的域外效力通常需要经过立法机关确认，未经确认有域外效力的公法通常仅有属地效力。这就是"反域外适用推定"。虽然"反域外适用推定"是美国判例法上的一个术语，但是在实践中这种假设被大多国家的法院和执法机关采用。不过法院或执法机关在特殊情况下，有时仍然会利用司法或执法权力，通过推断立法意图对法律的空间范围作出扩大化解释，将未做域外效力立法确认的法律适用于域外。

一、反域外适用推定

反域外适用推定作为一项原则起源于美国。美国法院取得对外国被告的管辖权，但是不意味着外国被告一定会受到美国法的规制。在法院适用法律时，如果国内立法没有明确规定法律的空间效力，法院应当对法律的空间效力作出解释。美国法院解释法律的基本原则是：除非国会明确有相反的意思表示，美国法律的效力遵守属地主义原则。①在 1899 年"美国香蕉公司诉联合水果公司"（American Banana Co. v United Fruit Co.）案中，② 阿拉巴马州的美国香蕉公司诉新泽西的美国联合水果公司违反《谢尔曼法》第 7 条，构成非法垄断。原告称被告剥夺了原告在巴拿马对种植园及铁路的使用权，使得原告的种植园和物资遭受了损害。此外，被告还通过竞价抢夺买方市场，并迫使生产商们达成协议，使得原告无法购买香蕉后再出口和销售。虽然原、被告均为美国公司，美国法院有属人管辖权。但是关于《谢尔曼法》是否可以适用于域外行为，霍姆斯大法官依据国际礼让，建立了"反域外适用推定"原则。法官认为，本案中造成损害的行为发生于美国领土之外。基于国际礼让，一项行为是否合法必须完全由行为发生地的法律来决定。③

美国法学会《第四次对外关系法重述》对反域外性推定进行了整理。第 404 条规定：除非存在明确表述，证明美国联邦立法机关有使一项联邦制定法适用于美国域外的立法意愿，美国司法机关应将该法律规范解释为仅在美国属地管辖范围内适用。④

二、反域外适用推定的法理依据

反域外适用推定的首要依据是管辖权最基本的属地原则。尽管立法机关拥有独立、排他的立法管辖权，且国际法允许域外立法，但是属地管辖才是管辖权最基本的原则，而域外管辖仅属于例外。⑤ 对于国际法上的管辖例外，立法

---

① 参见 S Nathan Park, "Equity Extraterritoriality", (2017) 28 Duke Journal of Comparative & International Law 101。

② 参见 American Banana Co. v United Fruit Co., 213 US 347 (1909)。

③ 参见 Hartford Fire v California, 509 US 764, 817 (1993)。

④ 参见《第四次对外关系法重述》第 404 条。

⑤ 参见 Cedric Ryngaert, Jurisdiction in International Law (2nd ed., OUP, 2015) 85-133。

机关如果需要使用，则应当考虑国际习惯法原则，并进行合理性分析或者利益平衡分析，来证明违反立法属地原则的必要性和合理性。① 如果法律对其空间效力范围含糊不清，则应当认为立法机关并没有进行合理性分析，也就是没有考虑适用属地原则的例外。因而推定立法内容遵循属地原则。

第二个理由是国际礼让。② 礼让原则要求法院在适用法律时，尊重外国相关国家的法律，并避免和外国法发生不必要的冲突。③ 因此，如果行为地国已经有国内政策和强制性规范规制境内法律关系，该行为地法应当得到尊重。由于属地主义仍然是国家主权和管辖权的核心原则，如果立法国有重要的公共利益需要制定域外管制法，立法者有必要清楚明确地作出规定，因为该法律必然会和行为地法发生冲突。如果没有明确规定，法院应当采用礼让原则，推定本国法没有域外效力。

第三，既得权说要求法院承认当事人基于外国法获得的权利。④ 如果当事人在行为地根据该地法律行事，当事人的行为受到行为地法的保护，也就获得行为地法授予的权利。该权利应当永远属于当事人，除非授予权利的外国法明确终止该权利。根据既得权理论，承认行为人在行为地获得的权利，代表其他国家不宜对相同行为立法管辖。

第四，对域外行为立法管辖将涉及国际关系。国际关系属于政治问题，已经超出了司法机关的权限。⑤ 根据三权分立原则，司法机关的权力在于解释适用法律，依法裁判纠纷，而非涉及国际关系和政治外交等领域。因此，法院在国内法空间效力不清的情况下，应当做保守解释，避免将其适用于域外。⑥

第五，立法者一般仅就国内事务立法。这是立法实践的一个共识。法律的颁布大多为了解决国内问题，因而通常不考虑法律在域外适用的情形。如果立法者希望对域外事项立法，这是立法活动的特殊情形。因此，立法者对域外立

---

① 详见第二章。

② 参见 American Banana Co. v United Fruit Co. , 213 U. S. 347（1909）。

③ 参见 Joseph Story, Commentraries on the Conflict of Laws, Sec 8（1993）。

④ 参见 Joseph Beale, Treaties on the Conflict of Laws（New York: Baker, Voorhis & Co, 1935）, Vol 3, 1967-1975。

⑤ 参见 Lea Brilmayer, "The New Extraterritoriality",（2011）40 Sw. L. Rev. 655, 656。

⑥ 参见 Curis A Bradley, "Territorial Intellectual Property Rights in an Age of Globalism",（1997）37 Va. J Int'l L. 505, 513-516。

法的意图通常会做非常清晰的说明。① 如果没有说明，则可以推断立法意图仅及于境内。法院没有权限利用司法解释权创造立法机关没有的意图，将国内法适用于域外。

三、反域外适用推定的例外

但是是否意味着只要法律的空间范围不清，就一定不可以适用于域外呢？答案是否定的，因为不排除立法机关在立法时没有明确考虑域外管辖，但是如果考虑并不排除域外适用的情形。换言之，立法行为有一定的滞后性和局限性，立法机关不可能考虑到所有的将来可能出现的情况。法律中缺乏说明，不当然代表反对或否定。如果立法机关在具体案件出现后再回顾法律，可能会得出该法律应当域外适用的结论。在此情形下，法律执行机关则应当正确推定立法机关的意图，将法律适用于域外。

但是，司法和执法机关根据什么标准适用反域外适用推定的例外呢？在美国司法实践中，存在适用标准的分歧。

（一）"效果—行为"解释标准

"效果—行为"解释标准在反域外适用推定的理解上存在三种分歧。第一，除非出现相反意图，立法机关仅对境内行为立法，而不论行为的效果发生地是否在域外；第二，除非出现相反意图，立法机关只对在境内产生影响的行为立法，不论行为实施地是否位于域外；第三，除非出现相反意图，立法机关仅对行为或影响发生在美国的事项立法。②

这些分歧根本原因在于对"域外"的不同设定。如果国会没有说明，法律只能适用于境内行为。但是如果行为实施地和效果发生地出现分离，仅有行为或仅有效果发生在美国境内，法律能否有域外效力？换句话说，如果立法明确"行为"或者"效果"在境内就适用该法律，是否暗示法律有适用于域外"效果"或"行为"的立法意图？根据对法律的语义解释，如果法律仅适用于本国行为，意味着法律可以适用于本国行为造成的任何效果；如果法律仅适用

---

① 参见 William S Dodge，"Understanding of Presumption against Extraterritoriality"，(1998) 16 Berkeley J Int'l L 85, 118。

② 参见朱巧慧，《美国反域外适用推定原则》，苏州大学硕士学位论文，2019 年，第 10 页。

于本国效果，则意味着法律应当适用于造成本国效果的任何行为。将行为和效果同时纳入考量，拓宽了国内法域外适用的范围。但是如果法律既没有明确适用于本国效果或本国行为，根据反域外效力推定，应当解释为法律只适用于本国效果和本国行为，也就是不存在域外效力。

（二）焦点解释标准

美国法院在"莫里森诉澳大利亚国民银行"（Morrison v National Australia Bank Ltd.）案中确立了"焦点解释标准"。① 原告为澳大利亚投资者，被告为澳大利亚国家银行。原告拥有被告的证券，被告在澳大利亚证券交易所及其他非美国证券交易所进行证券交易。被告收购一家位于佛罗里达州的公司，因为计算模型错误导致收购估值过高。重新估值后，被告的证券价格大跌。原告与被告的证券交易发生在澳大利亚。原告以被告操纵公司股价、损害投资者利益为由，在美国纽约南区联邦地区法院起诉被告违反美国《1934 年证券交易法》第 10（b）条关于证券欺诈的规定。

美国最高法院首先明确应当遵守反域外适用推定。之后，法院分析国会是否有将《证券交易法》适用于域外的相反意图。法院认为《证券交易法》的欺诈条款，其关注焦点是"证券买卖"而非"欺诈行为"。因为第 10（b）条明确惩罚"购买或出售在美国证券交易所登记的证券"中存在的欺骗行为，而非惩罚"发生在美国的欺骗行为"。只要证券买卖发生在美国，就可以适用《证券交易法》，而不论欺骗行为是否发生在美国域外。在本案中，虽然欺骗行为始于美国，但是证券买卖不在美国发生，因此《美国证券交易法》第 10（b）条不能适用在澳大利亚进行的证券交易。"莫里森案"的焦点解释标准根据立法语言，以"交易标准"代替"行为-效果标准"，建立了更加严格的反域外适用推定。该标准也溢出证券交易领域，在反腐败、反垄断、保护人权等领域被适用。②

（三）"接触或涉及"标准

但是之后的"基奥波诉荷兰皇家石油公司案"（Kiobel v. Royal Dutch Petroleum Co.）中没有适用"莫里森案"建立的"焦点解释"标准。③ 该案

---

① Morrison v National Australia Bank Ltd., 561 U. S. 247 (2010).

② 参见 Natascha Born，"The Presumption against Extraterritorialti: Reconciling Canons of Statutory Interpretation with Textualism"，(2020) 41 U. Pa. J. Int'l L. 541，564-567。

③ 参见 Kiobel v Royal Dutch Petroleum Co.，569 U. S. 108，116-117 (2013)。

涉及《外国人侵权法》是否适用于域外。该法允许任何外国人在美国起诉外国被告违反国际法或者美国缔结的条约所引发的民事侵权案件。在 Kiobel 案中，原告是居住在尼日利亚的居民，被告是荷兰皇家石油公司和英国壳牌运输及贸易有限公司。原告向美国法院提起诉讼，称被告在尼日利亚的子公司帮助尼日利亚政府对民众实施武装暴力。美国法院要解答《外国人侵权法》是否适用于域外行为这一问题。

美国最高法院首先需要考虑反域外适用推定是否应当适用。《外国人侵权法》中，用以确定当事人实体权利的法律是国际法而不是美国国内法，因此相关的实体法并不适用反域外适用推定。而《外国人侵权法》本是关于法院司法管辖权的国内法。由于法律并未明确法院是否对发生在域外的行为有司法管辖权，因此法院需要对立法意图进行解释。反域外适用推定的目的是防止司法机关错误地解释美国法律，导致了立法者不希望发生的外交后果。因此，仅涉及程序性司法管辖权的国内法，也应当适用反域外适用推定来解释其空间范围。

美国最高法院接着探讨《外国人侵权法》的立法意图。法院认为，首先，本法没有在任何条款中明确给予其域外效力，或者明文推翻反域外适用推定。虽然名为"外国人"侵权法，但是外国人的侵权行为可以发生在域外或国内。由于《外国人侵权法》的条款中没有表明国会的相反意图，所以根据反域外适用推定适用，本法只能有属地效力。

但是对于何为属地效力，美国最高法院给予了较为灵活的解释。如果所有的涉案行为均发生在域外，但是域外行为充分"接触或涉及"（touch or concern）美国领土，则可能推翻反域外适用推定。[1] 那么何为"接触或涉及"美国领土？法院认为，被告公司在美国并不符合"接触或涉及"标准。只有域外行为和美国有充分的联系，才可能行使属地管辖权。[2]

"基奥波案"（Kioble）没有适用"莫里森案"建立的"焦点标准"。如果采用焦点标准，那么《外国人侵权法》的焦点是外国人违反国际法的侵权行为，和美国的联系是美国承认的国际法或者签署的国际条约。只要这个焦点符合，不论行为发生在哪里，《外国人侵权法》均应当适用。美国最高法院也许

---

[1] 参见 Kiobel v Royal Dutch Petroleum Co. , 569 U. S. 108, 124-125（2013）。

[2] 参见 Kiobel v Royal Dutch Petroleum Co. , 569 U. S. 108, 125（2013）。

认为适用焦点标准可能造成反域外适用推定极易被推翻,结果便是《外国人侵权法》给予美国法院没有限制的司法管辖权。因此,最高法院借鉴了司法管辖权传统要求的"联系",要求只有域外行为和法院地有充分接触时才能行使司法管辖权。法院将"联系"解释为属地管辖,从而得以在反域外适用推定的逻辑框架下成立。

(四) 后续司法实践

在之后的两个案件中,美国最高法院均适用了"莫里森案"设置的两步分析框架和焦点解释标准。"欧共体诉纳比斯烟草公司案"(RJR Nabisco v European Community)涉及美国《反诈骗腐败组织集团犯罪法》的域外适用问题。[1] 该法既包括实体性规定,如确定构成敲诈活动的系列犯罪行为,以及对这些行为的刑事责任,也包括程序性规定,如在工作中受到相关敲诈勒索伤害的个人可以在法院提起私人损害赔偿诉讼。美国最高法院重申反域外适用推定可以适用于实体性立法,也可以适用于设定司法管辖权范围的法条的解释。适用两步分析法,美国最高法院认为《反诈骗腐败组织集团犯罪法》的实体法部分有域外效力,因为国会无疑义地表明了将此法适用于外国诈骗行为的意图。在私人诉讼管辖权方面,《反诈骗腐败组织集团犯罪法》并无清楚的语言明确表明法院可以根据该法对域外诈骗行为行使司法管辖权。但是相关管辖权条款规定,原告可以对发生在美国的损害结果提起诉讼。该法的焦点是美国域内的损害结果。只要损害发生在美国就可以适用该法,而不论行为地在哪个国家。[2]

另一个案件是"西部奇科有限公司案"(WesternGeco LLC v ION Geophysical Corp)。[3] 美国《专利法》第271(f)(2)条将从美国出口零部件在境外组装成受保护专利发明的行为视为侵权。第284条允许原告对被告的侵权获得足够的损害赔偿。本案的争议点为,原告是否可以要求赔偿境外的利润损失。法院认为第284条提到的"侵权"应当由相关实体权利的条款决定。第271(f)(2)条的焦点是从美国提供侵权的零部件的行为。只要零部件从美国出口到国外,不论利润损失发生在哪个国家,第284条都应当适用。

---

① 参见 RJR Nabisco v European Community, 136 S. Ct. 2090, 2111 (2016)。
② 参见 RJR Nabisco v European Community, 136 S. Ct. 2090, 2111 (2016)。
③ 参见 WesternGeco LLC v ION Geophysical Corp. , 138 S. Ct. 2129 (2018)。

四、反域外适用推定的适用

虽然"基奥波案"（Kiobel）提出了不同的标准，但是美国最高法院仍然坚定地支持"莫里森案"建立的两步分析法和"焦点标准"。根据相关案例的梳理和分析，可以总结出美国反域外适用推定的几个基本规则。

（一）适用范围

美国《第四次对外关系法重述》对反域外适用推定的适用前提条件做了说明。该原则适用于实体性规范，或者规定原告起诉理由的成文法规范；不适用于司法管辖权规范。换句话说，如果法院需要考虑《谢尔曼法》是否适用于域外行为，则适用反域外适用推定。如果法院要确定是否对在域外实施垄断行为的外国被告行使司法管辖权，则不应当适用反域外适用推定。但是司法实践中，反域外适用推定的适用范围被法院扩大。

2010 年的"莫里森案"中，美国联邦最高法院需要裁判法院是否对在域外违反证券交易法的案件有管辖权。最高法院认为原告起诉依据的是美国《1934 年证券交易法》第 10（b）条。该条款不仅包括证券交易欺诈实体规范，也包括原告可以在美国法院起诉的规范。虽然原告可以在美国起诉不属于实体规范，法院是否对该案有管辖权属于司法管辖权的程序性规范，但是最高法院认为程序性规范是起诉理由之一，那么也应当适用反域外适用推定。同样在"尼日利亚中央银行案"（Verlinden B. V v Central Bank of Nigeria）中，法院认为原告依据《外国人侵权法》的对事管辖权属于司法管辖权内容，不适用反域外适用推定。但是该规范中也含有原告诉讼理由的规定，可以适用反域外适用推定原则。① 通过法院判例可以看出，纯粹司法管辖权规制不适用反域外适用推定；如果有的成文法规制包括司法管辖权和实体诉讼理由，则适用反域外适用推定。②

（二）适用方式

适用反域外适用推定需要遵循两个步骤。首先，法院应当认定成文法规范的空间范围。如果成文法明确设定了空间效力范围，包括许可性或者禁止性规定，则应当按照规定适用法律。这里的明确规定应当做扩大化理解。如果法律

---

① 参见 Kiobel v Royal Dutch Petroleum Co., 569 U. S. 108, 116（2013）。
② 参见 Verlinden B. V v Central Bank of Nigeria, 461 US 480, 493（1983）。

表明："本法适用于域外的实体和行为。"那么毫无疑义，该法律应当域外适用。但是，很多法律并没有采用如此直白的语言，而是在上下文中表明其空间效力范围。如美国《受敲诈勒索者影响和腐败组织法》（RICO）惩罚的敲诈勒索活动，包括洗钱、证券或邮件欺诈、支持恐怖主义等"上游犯罪"活动。在实践中，这种活动通常是典型的跨国犯罪，要么发生在域外，要么包括域外行为。美国最高法院认为"如果这都不算域外适用的迹象，那么很难想象国会如何能更清楚地表明希望 RICO 有域外效力"。① 此外，域外效力是针对单个条款而言。有的法律可能明确规定了"一般而言"该法律可以域外适用，但是不代表每一个条款都有相同的空间效力。法院需要根据个案，判断每一个条款的域外效力。②

　　如果立法条文没有关于空间效力的明确表述，法院需要根据立法"焦点"判断立法意图。在"莫里森案"中，美国最高法院认为美国《证券交易法》第 10（b）条仅适用于"在美国境内的证券购买与销售活动"。③ 因为该条款没有对证券欺诈的行为地作出规定，因此立法的焦点是境内的证券交易活动。只要交易活动出现在美国便可以适用该法，不论行为的后果发生在哪个国家。在"欧共体诉纳比斯烟草公司案中"，美国最高法院认为，美国《反诈骗腐败组织集团犯罪法》规定，原告可以依据商业活动在美国域内出现的损害结果提起诉讼。该法的焦点则是美国域内的损害结果。只要损害发生在美国就可以适用该法，而不论行为地在哪个国家。④

　　五、小结

　　虽然反域外适用推定是美国判例法发展出来的原则，但是该原则可以作为一般性原则适用于各国的国内法。当今世界越来越多个国家跟随美国脚步建立自己域外管辖规制。如果法律对空间效力规定不明确，很多国家的法院和执法机关将面临是否对域外行为执行法律的问题。

　　作为立法管辖国内事务一般原则，每个法律的出发点都是规制境内行为。但是行为可能产生域外影响，或者域外行为产生境内效果。在这些情况下，域

---

① RJR Nabisco v European Community, 136 S. Ct. 2090（2016）.

② 参见 RJR Nabisco v European Community, 136 S. Ct. 2090, 2102（2016）。

③ Morrison v. National Australia Bank, 561 U. S. 247（2010）.

④ 参见 RJR Nabisco v European Community, 136 S. Ct. 2090, 2111（2016）。

外适用问题随之产生。这便需要司法和执法机构探究立法意图。如果有明确将法律扩大适用于域外事项的迹象，则可以推翻反域外适用推定。

那么何种迹象可以推翻反域外适用推定？首先，立法机构颁布的立法解释、立法背景、立法目的、立法草案等都可以用来推测立法意图。其次，如果立法明显是因为国际行为或者域外行为对国内利益的损害，例如国家暗网、跨国电信欺诈、国际资助恐怖组织、器官交易、毒品贩卖等，如果排除域外行为则使立法意图大打折扣，也可以推定域外适用意图。[1] 但是要注意的是，反域外适用推定的例外需要严格适用。否则容易给予法院和执法机构"准立法"权，违反立法原则。其次也会对行为人造成不确定性，违反法治要求。

第二节　执法机关执行域外管制法

一、执法管辖权

执法管辖权是国家行政机关强行执行法律的权力。执法管辖权的行使主体是拥有直接执法权力的机关。[2] 相比立法管辖权"强自裁性"的特点，执法管辖权受到国际法的明确限制。国际常设法院在"莲花号案"判决中明确指出，虽然域外立法被国际法所允许，但是"国际法对一个国家施加的首要限制是，除非存在相反的许可性规则，国家不得以任何形式在他国领土行使权力"。[3] 因此，即使国家通过立法给予本国法律域外效力，该国的警察不得在他国逮捕违法者，或者没收位于外国的违法所得；该国的行政机关不得在他国境内对违法者执行行政处罚；该国的法院也不得对域外行为人直接送达司法文书。

国际法对于域外执法管辖权采取的是"法无许可则禁止"的原则。除非国际法明文许可，国家不得域外执法。例如根据我国《出口管制法》第5条，我国现有的负责出口管制的部门主要有商务部、工信部和中央军委。各主管部

---

① 如 RJR Nabisco 对美国 RICO 立法意图的推定。
② 参见美国《第三次对外关系法重述》第 401（c）节。
③ S. S. Lotus Case（France v Turkey）［1927］PCIJ Rep Series A No 10, 19.

门按具体物项的不同划分出口管理职责。① 中国《出口管制法》第 17 条赋予了中国出口管理部门域外执法的权力，可以对管制物项的最终用户和最终用途进行境外"核查"。② 但是"核查"的具体工作是在境内进行，只是核查的内容属于境外。根据"形式主义"确定空间范围，此类执法行为并非域外执法。仅仅在立法国境内"核查"对域外行为人并无强制力。如果"核查"之后发现了违法行为需要对域外行为人强制执法，则需要采取其他执法措施，而这些强制执法措施根据国际法不得在他国领土上直接进行。

因此执法机关为了执行本国的域外管制法，通常会采取几种方式。第一，签署国际执法互助协议。如很多国家签署了双边或多边国际刑事互助协议，允许相关国家代为履行刑事诉讼程序、行使刑事司法权力。互助内容通常包括送达文书、调查取证、引渡遣返、判决的承认与执行。如果行为人所在国与立法国签署了相关协议，立法国可以根据协议规定，请求对方国家协助执法。第二，对于和立法国有紧密联系的域外行为人，在立法国境内针对这些"联系"执法，对域外行为人造成实际上的影响和负担。

二、国际执法互助

（一）刑事领域的执法互助

国际刑事领域的互助合作是执行域外刑事立法重要的方法。国家签订双边或多边的国际条约，在互惠的基础上进行刑事司法和执法合作，包括送达文书、调查取证、搜查和查封、检查物件和场地、提供资料和证据、引渡遣返、

---

① 《出口管制法》第 5 条规定：国务院、中央军事委员会承担出口管制职能的部门（以下统称国家出口管制管理部门）按照职责分工负责出口管制工作。国务院、中央军事委员会其他有关部门按照职责分工负责出口管制有关工作。国家建立出口管制工作协调机制，统筹协调出口管制工作重大事项。国家出口管制管理部门和国务院有关部门应当密切配合，加强信息共享。

国家出口管制管理部门会同有关部门建立出口管制专家咨询机制，为出口管制工作提供咨询意见。国家出口管制管理部门适时发布有关行业出口管制指南，引导出口经营者建立健全出口管制内部合规制度，规范经营。省、自治区、直辖市人民政府有关部门依照法律、行政法规的规定负责出口管制有关工作。

② 《出口管制法》第 17 条规定：国家出口管制管理部门建立管制物项最终用户和最终用途风险管理制度，对管制物项的最终用户和最终用途进行评估、核查，加强最终用户和最终用途管理。

没收返还违法所得、移管被判刑人员等。联合国 1990 年《刑事事件互助示范条约》规定，被请求国应给行为人递送司法文书，① 获取相关人员的证词转送请求国，② 将在押人员转移到请求国或者提供其他人员举证或者协助调查，③ 执行有关搜查和没收，④ 协助调查、没收、查抄犯罪所得。⑤ 1990 年《引渡示范条约》和《刑事诉讼转移示范条约》提供了国家间提供刑事互助，协助引渡罪犯或代为起诉的条件和程序。这些示范条约成为诸多国家间签署双边刑事互助条约的模板。

基于国际刑事互助条约，国家可以在外国的协助下较为有效地执行有域外效力的刑事法律。国际执法互助较为成功的典型案例是糯康案，也称湄公河惨案。缅甸籍人糯康是活动在金三角的毒枭，2011 年糯康集团收买 9 名泰国军人在湄公河截停两艘中国船只，绑架并杀害了船上 13 名中国籍船员。我国《刑法》第 8 条规定："外国人在中华人民共和国领域外对中华人民共和国国家或者公民犯罪，而按本法规定的最低刑为三年以上有期徒刑的，可以适用本法。"这是域外立法的"保护管辖"原则。同时第 6 条规定："凡在中华人民共和国船舶或者航空器内犯罪的，也适用本法。"这是将域外立法的"属地原则"按照国际惯例扩大到船旗国。因此，我国《刑法》应当适用于该案。

但是，如果需要执行我国《刑法》，必须逮捕位于外国领土的罪犯并将罪犯转移到我国境内。由于我国警方不能到东南亚执法，中国、老挝、缅甸、泰国签署了《中老缅泰关于湄公河流域执法安全合作的联合声明》，在湄公河流域联合执法。中老缅泰签署了《联合国打击跨国有组织犯罪公约》，担负缔约国之间对跨国有组织犯罪进行侦查、起诉、审判和执行互助的义务。此外，中缅 2003 年签署《中缅边境管理与合作协定》；中老政府签署《中国和老挝关于民事和刑事司法协助的条约》《中国和老挝引渡条约》；中泰签订《中国和泰国引渡条约》《中国和泰国关于刑事司法协助的条约》。⑥ 根据这一系列的

---

① 参见第 10 条。

② 参见第 11 条。

③ 参见第 13 条、第 14 条。

④ 参见第 17 条。

⑤ 参见第 18 条。

⑥ 参见刘黎明、唐媛媛：《论国际联合执法》，载《北京警察学院学报》2013 年第 3 期，第 19~21 页。

刑事司法互助条约，四国展开了执法合作。糯康在老挝被捕后根据《中国和老挝引渡条约》被引渡到中国接受审判。

但是国际刑事互助存在较多限制性条件。如果被请求国认为请求会损害其公共利益，罪行属于政治性罪行，请求是为了某人的种族、性别、宗教、国籍、族裔、政治见解，请求涉及在被请求国进行调查或起诉的罪行，请求的协助需要被请求国进行不符合其本国法律和惯例的强制性措施，犯罪行为是军法范围内的罪行，可以拒绝提供刑事互助。①域外管辖如果以保护性原则为基础，而所惩罚的行为在行为地国并不认为是违法行为，行为地可能以请求违反行为地公共利益或相关罪行属于政治性罪行为理由，拒绝提供刑事互助。而对于很多跨国刑事犯罪而言，犯罪行为实施地、结果发生地、受害人住所地等国家均有管辖权，如果行为人位于以上某一个国家境内，该国可能因为一事不二审的原则拒绝对外国提供刑事互助。

更多的限制存在于引渡和诉讼转移问题上。对于外国因域外管辖请求引渡，可能存在的障碍如下。第一，如果被要求引渡者是被请求国的国民，被请求国可以拒绝引渡。若拒绝引渡，被请求国可能直接起诉行为人，或者决定不起诉或终止诉讼。② 如果国家行使域外管辖权，而法律期待惩罚的行为人是行为地的国民，则可能出现以上情形。有的域外管辖基础不需要双重可诉，如保护原则、消极属人原则，意味着域外行为人很可能逃脱惩罚，立法国也无法达到域外立法的目的。如根据《中华人民共和国香港特别行政区维护国家安全法》第 38 条，境外实体针组织、策划、实施或参与破坏中国国家统一、颠覆中国国家政权、通过非法方式引发香港居民对中央人民政府或者香港政府的憎恨并可能造成严重后果的，均构成犯罪。但是如果域外行为人属于行为地国民，且行为地并无立法保护外国家安全和利益，域外实体也没有实施其他违反行为地刑法的行为，那么行为地很可能拒绝引渡请求，也不会在本地起诉。

---

① 1990 年《刑事事件互助示范条约》第 4 条第 1 款。

② 如《引渡示范条约》第 4 条（a）（b）（c）。拒绝引渡国民也是中国双边引渡条约中常见的保留条款，见《中华人民共和国和智利共和国引渡条约》第 7 条，《中华人民共和国和比利时王国引渡条约》第 5 条，《中华人民共和国和西班牙王国引渡条约》第 3 条第 4 款，《中华人民共和国和越南社会主义共和国引渡条约》第 3 条第 4 款，《中华人民共和国和塞浦路斯共和国引渡条约》第 3 条第 5 款。

第二，如果作为请求引渡原因的行为是在双方境外实施的，且被请求国并无意对类似情况下该域外行为行使管辖权，被请求国可以拒绝引渡。① 根据客观属地原则、属人原则、消极属人原则、保护原则、效果原则、普遍原则行使域外管辖权均可能遇到这一障碍。首先，不是所有的许可性原则均获得国际共识，效果原则和消极属人原则就是两个国际习惯法地位仍然存在争议的原则。如果国家根据消极属人原则惩罚域外行为人，而被请求国并不接受消极属人原则是合法的域外管辖基础，引渡请求可能被拒绝。其次，许可原则的具体内容也不存在共识。当然，"类似情况下"的域外行为并不是同样的域外行为。如行为人在德国境内出卖中国的国家机密，之后行为人到达美国。如果中国请求美国引渡，美国需要考虑的不是在境外泄露中国的国家机密是否违反美国法，而是是否美国也立法惩罚域外出卖美国国家秘密的行为。如果被请求国的国内法在相同情形下接受同样的域外管辖原则，则应当给予协助。

第三，如果作为被请求引渡原因的罪行被视为全部或部分在被请求国内所犯，被请求国可以拒绝引渡。主要原因是属地原则的根本性地位。如果域外管辖和属地原则冲突，那么属地原则有优先权。② 但是究竟何为"属地"，国际法也不存在同一概念。如果原因行为和结果行为分布在两个不同的国家，哪个国家才是真正的"属地"？因此在引渡问题上，国际法并无法给予"属地国"真正的优先性，而是允许行为人所在国，也就是被请求国自主决定。结果便是造成其他行使域外管辖权的国家执行法律的障碍。

第四，如果作为请求引渡原因的罪行属于政治性罪行，请求国为了行为人的种族、宗教、国籍、政治见解等损害行为人的正当权利，请求引渡的原因是军法范围内的罪行，被请求国已经对同一行为作出终审判决，根据任意一方的法律行为人可以免予起诉，行为人的正当程序权利被剥夺，或者行为人在请求国可能遭到不人道待遇，被请求国应当拒绝引渡。③ 如涉及日韩的刘强案就是一个典型案例。2011 年中国公民刘强在日本靖国神社纵火，之后前往韩国向日本驻韩国大使馆外墙投掷汽油瓶，被韩国警方逮捕。日韩之间有引渡协议，

① 参见《引渡示范条约》第 4（e）条；《欧洲引渡公约》第 7 条。

② 参见 Christopher L. Blakesley, "Finding Harmony Amidst Disagreement over Extradition, Jurisdiction, the Role of Human Rights, and Issues of Extraterritoriality under International Criminal Law", (1991) 24 Vanderbilt Journal of Transnational Law 1, 71.

③ 参见《引渡示范条约》第 3 条。

但是首尔高等法院认为刘强的行为属于"政治犯罪",不属于普通刑事案件,拒绝了日方的引渡请求。①

第五,被请求国可能因为请求国法律判处行为人死刑,或因为行为人其他个人具体情况不适合引渡而出于人道主义拒绝引渡。② 如美国基于保护原则,请求引渡在英国生活的澳大利亚人阿桑奇,指控其行为危害美国的国家安全。英国地方法院以阿桑奇患有抑郁症为由,拒绝引渡。但是高等法院在美国许诺对阿桑奇提供人道性保护之后批准了引渡请求。本案正在上诉中。1989 年,欧洲人权法院认为英国决定向美国引渡在弗吉尼亚犯故意杀人罪的行为人违反了《欧洲人权公约》,因为行为人在美国有判死刑的可能。③

(二) 国际民事领域执法互助

执法互助也存在民事司法领域。法院除了行使审判职能,也需要行使一定的司法行政职能,比如对域外当事人送达、域外取证、承认和执行外国判决或裁决。司法行政职能本质上也属于执法行为,适用对于执法管辖的国际法规定。因此,未经外国主权国家允许,法院不得对域外行为人送达司法文书、传唤域外证人出庭、固定并获取域外证据,也不得在外国执行法院判决。在民事诉讼领域,海牙国际私法会议通过一系列的国际公约,要求缔约国相互提供司法协助。如 1965 年《关于向国外送达民事或商事司法文书和司法外文书公约》(《海牙送达公约》) 允许法院通过本国和目的国的主管机关,或者其他目的国允许的方式跨境递送司法文书;1970 年《关于从国外调取民事或商事证据的公约》(《海牙取证公约》) 允许缔约国法院通过请求书的方式,请求另一缔约国的主管机关调取证据或履行其他司法行为;2005 年《选择法院协议公约》和 2019 年《承认与执行外国民商事判决公约》则要求缔约国法院在满足公约设置的前提条件的情况下承认和执行外国法院的判决。根据这些国际条约,缔约国有义务协助其他缔约国送达司法文书、代为取证、承认和执行外国民商事判决。如果国家的域外管辖立法涉及民商事关系,如对外制裁法和出口管制法影响既有的商事合同,或者利益关系人认为行为人的行为违反了反垄断法、证券法损害其利益,民事主体可能通过民事诉讼保护自己的权益。法院

---

① 参见包蕾:《刘强引渡案之国际法分析》,载《云南大学学报 (法学版)》2013 年第 3 期。

② 参见《引渡示范条约》第 4 (d) 条、第 4 (f) 条。

③ 参见 Soering v United Kingdom, 161 Eur. Ct. H. R. (ser. A) (1989)。

便成为域外立法的执行主体，通过这些司法协助协定对域外行为人行使司法行政权力，协助司法审判权的有效行使。

但是民事司法合作的参与国数量有限，特别是海牙国际私法会议两个最新的旨在促进判决跨国承认和执行的公约，因此并不能非常全面地覆盖世界绝大多数国家。此外，司法合作虽然可能，但是程序繁琐，且存在正当程序、既判力、公共政策等诸多限制。由于司法的被动性，繁琐的程序和诉讼成本很多时候成为当事人放弃民事诉讼的原因，或者选择到被告所在地起诉。法院也无法主动行使管辖权执行本国的域外管制法。最重要的是，民事司法合作通常将合作范围严格限制在"民商法"领域内，排除公法程序，而域外管制法属于公法范畴。在平等主体之间的诉讼程序中，即使公法性质的法律被用作准据法，该程序仍然应当被定性为私法程序。如 2019 年《海牙判决公约》规定，即使私人诉讼案件适用公法作为准据法，如限制竞争造成损害的私人索赔诉讼，也不妨碍判决作为民商事判决在公约成员国得到承认和执行。但是，由于公私分界的困难和对于公法禁忌的顾忌，《海牙判决公约》并没有采纳有的代表的意见，将所有私人竞争法诉讼纳入其范围，而是仅仅将横向限制竞争协议，也叫"核心卡特尔"包含在《公约》涵盖的范围内。此外，为了防止国内竞争法的域外效力，《海牙判决公约》特别将可以得到承认和执行的"核心卡特尔"判决限定在"反竞争行为和结果均发生在法院地"的判决。进一步限制了跨国反垄断法利用私人诉讼的承认和执行规则，在其他国家间接地发生效力。如美国的反垄断法可以基于"效果原则"管辖域外行为。但是日本不承认美国反垄断法的域外效力。如果日本公司在日本签署的限制竞争协议对美国市场造成影响，美国公司无法在日本法院根据美国反垄断法请求损害赔偿。如果没有地域限制，一旦美国和日本均成为《海牙判决公约》成员国，美国公司将可以在美国提起诉讼，再要求日本法院根据《海牙判决公约》执行判决。这样就间接地迫使日本法院接受美国法的域外效力，使美国反垄断法产生日本不希望的外溢效果。然而《海牙判决公约》对地域的限制，明确表明立法者对外国域外管制立法通过私人诉讼得到承认和执行的审慎态度，极大地限制了承认与执行路径可能发挥的作用。海牙《选择法院协议公约》更是直接排除了适用公法的私人诉讼。因此依赖民商事判决的承认执行合作，很难保证域外管制法有效执行。

（三）行政领域执法互助

很多国家在行政领域签订协助执法协议。如美国及美国联邦贸易委员会和11个国家或竞争法执法机关签订了双边合作协议，[①] 和俄罗斯、中国、印度、韩国的反垄断执法机构签署了谅解备忘录，在反垄断领域提供执法协助。相关协助包括通报对另一方有影响的执法活动；就两国出现的相互关联的垄断行为采取协调行动；在己方利益受到另一方境内活动损害时请求对方协助调查；请求对方执行己方命令；请求对方共享非机密信息，以及在特殊情况下提供机密信息。[②] 中国也和美国、欧盟、澳大利亚等28个国家和地区反垄断执法机构商签55个竞争政策与反垄断执法合作文件，在中国-瑞士等8个自贸协定中设立竞争政策和反垄断执法合作专章。[③] 反垄断领域执法也存在区域性和多边合作。例如欧盟、美加墨《北美自由贸易协定》《区域全面经济伙伴关系》（RCEP）《全面与进步跨太平洋伙伴关系协定》（CPTPP）都针对反垄断执法合作相互通报、共享信息等提供了便利。

在金融监管领域，国家间也积极推进执法合作。例如中国《证券法》授权证监会与境外证券监管机构建立监管合作机制，开展证券监管和执法合作。中国证监会和66个国家或地区的证券监管机构签署了双边监管合作谅解备忘录，签署国际证监会《磋商、合作及信息交换多边谅解备忘录》。国际金融监管执法互助主要包括提供和获取相关信息和文件，取得当事人对相关事件的陈述和证词。[④] 据统计2020年中国证监会收到跨境执法协查请求71件，办结68件；收到跨境监管信息交换请求29件，办结24件；向境外证监机构发送执法协查请求23件。[⑤]

在反海外贿赂领域，经济合作与发展组织（OECD）通过了《关于打击国际商业交易中行贿外国公职人员行为的公约》。公约第9条要求缔约国之间就公约范围内的调查和诉讼提供迅速和有效的法律协助，如提供信息或文件，且

---

① 德国（1976）、澳大利亚（1982）、欧盟（1991）、加拿大（1995）、巴西（1999）、以色列（1999）、日本（1999）、智利（2011）、哥伦比亚（2014）、秘鲁（2016）。

② 参见 US Department of Justice and Federal Trade Commission, "Antitrust Guidelines for International Enforcement and Cooperation" (2017), 44-45。

③ 参见"中国《反垄断法》实施十周年有关情况及展望新闻发布会"，中国网，2018年11月16日访问。

④ 参见第7条。

⑤ 参见"资本市场跨境监管执法协助升级"，《经济参考》2021年7月8日。

不得以银行秘密作为拒绝提供协助的理由。① 如美国对西门子海外行贿展开的调查和处罚就离不开国际执法协助。列支敦士登一家银行发现西门子存在非常规交易，便通知了德国和瑞士的监管机构。德国警察逮捕西门子官员后美国开始了反海外贿赂调查。依靠 OECD 公约的法律协助条款，美国证券交易委员会（SEC）和美国司法部（DOJ）与慕尼黑检察机关紧密合作，分享信息，节省了执法成本。在对于哈里伯顿公司（Halliburton）的反腐败调查中，法国警方首先发现公司对尼日利亚官员的非法支付，之后发现美国公司参与其中。他们根据 OECD 公约要求对美国提供信息。调查从法国开始，最终由美国执行处罚。②

但是，行政执法国际合作存在较大缺陷。第一，国际合作范围很窄，国际性行政执法合作框架仅存在税收③和海关法领域。④ 在其他域外立法较为普遍的重要的经济法和社会法领域，如反垄断、金融监管、反海外贿赂、环境保护、出口管治、经济制裁等，缺乏涵盖全球大多数国家的国际性条约。虽然双边或地区性多边条约存在，但是覆盖范围小。

第二，在反垄断和金融监管领域，软法性合作居多，缺乏"硬约束"。⑤软法性规则缺乏有力的约束，实践效果难以真正让人满意。

第三，贸易协定中即使存在硬法性规则，很多时候也非常原则和抽象，缺乏具体的实施程序和步骤。如 CPTPP 中的反垄断执法协作条款仅要求缔约国"酌情就竞争法执行问题进行合作，包括通知、磋商和信息交流""可以考虑……订立列出双方一定的合作条款的合作安排或协议""方同意以与各自法律、法规和重要利益相一致的方式并在各自可合理获得的资源范围内开展合作。"⑥ 可见，该条款仅原则上鼓励反垄断执法合作，但是具体合作还必须依

---

① 参见第 10 条。

② 参见 Barbara Crutchfield, Kathleen A. Lacey, "Investigation of Halliburton Co./TSKJ's Nigerian Business Practices: Model for Analysis of the Current Anti-Corruption Environment on Foreign Corrupt Pratices Act Enforcement", (2006) 96 The Journal of Criminal Law and Criminology 503, 503-525。

③ 如《多边税收征管互助公约》。

④ 如《关于防止、调查和惩处违反海关法罪实行行政互助的国际公约》。

⑤ 参见廖凡：《跨境金融监管合作：现状、问题和法制出路》，载《政治与法律》2018 年第 12 期。

⑥ 第 16.4 条。

赖另外的具体合作安排。

第四，存在较多的限制性条件。如国际证监会《磋商、合作及信息交换多边谅解备忘录》允许被请求方在以下情形下拒绝提供协助：执行请求违反被请求国内法律；被请求方已经就相同事实、针对相同的人提起诉讼或作出终审判决，换言之，请求违反一事不再审原则；请求违反被请求方的公共政策和国家的根本利益。①

第五，不存在外国行政机关代为执法的安排。行政领域的执法合作内容局限于通知、磋商和信息共享，不存在刑事和民事司法合作领域的代为取证、代位诉讼等安排。首先，基于主权平等，行政机关不愿意成为外国公权力的"代理人"。② 其次，出于公共资源的保护，行政机关也不愿意为了外国政府的利益而使用本国有限的公共资源。再次，虽然国际法不禁止国家动用立法管辖权，管制外国的实体和行为，但是行为地国出于对本国主权的保护，通常对外国相关立法持否定态度。特别是在行为地国相关法律与外国的域外管制法发生冲突时，请求行为地国代为执法缺乏现实可能性。因此，现有的行政执法互助范围小、力度弱，很难达到有效执行域外管制法的目的。

三、执法机关"域外执法"

(一) 违反国际法的域外执法

因为国际执法协作有着诸多障碍，有的执法机关试图采用"非传统"方式域外执法。"非传统"的域外执法方式包括两种。第一是明显违反国际法的方式。例如，美国 1886 年形成了"科尔-弗雷斯比规则"（Ker-Frisibe Doctrine）。根据此规则，即使刑事程序中的被告是以非法的方式被带到法庭，法院仍然有权审判，而无须根据"正当程序权利规则"放弃管辖权。③ 此类国家授权的域外执法，一直被美国法院承认。即使在"莲花号案"判决作出后也没有实质改变。在 20 世纪 90 年代，也就是莲花号案之后，美国法院在"阿尔瓦雷斯·马沁案"（United States v Alvarez-Machain）中继续承认"科尔-弗雷斯比规则"。该案被告墨西哥人阿尔瓦雷斯·马沁（Alverez-Machain）涉嫌杀害美

---

① 第 6 条第 5 款。

② 参见 William S. Dodge, "Breaking the Public Law Taboo", (2002) 43 Harv. Int'l L. J. 161。

③ 参见 Ker v Illinois, 119 US 436 (1886); Frisbie v Collins, 342 US 519 (1952)。

国缉毒署特工基基·卡马雷纳（Enrique Camarena-Salazar）。美国特工在墨西哥绑架了马沁，将其带回美国接受审判。虽然美墨间存在引渡协议，且政府专员域外执法违反国际法，但是美国法院认为美国可以合法行使刑事审判权。① 该判决受到了国际社会的强烈批评。除了墨西哥和其他南美国家之外，加拿大、埃及、突尼斯等国也对美国此举提出了抗议。②

虽然美国最高法院从宪法角度允许对美国执法者域外逮捕的嫌疑人行使管辖权，但是这并不代表法院承认该行为符合国际法。首先，"科尔-弗雷斯比规则"的前提是美国对域外罪犯"非法逮捕"。这就已经承认了该规则违反国际法的基本底色。此外，如果域外执法违反美国签署的引渡条约，也形成"科尔-弗雷斯比规则"的例外。美国宪法第 5 条明言"条约是本国的最高法"，"当条约和政府目的冲突时，条约有优先权"。③ 在存在国际条约时，美国不得根据"科尔-弗雷斯比规则"在域外执法。最后，违反国际人权法也可以成为"科尔-弗雷斯比规则"的例外。换言之，即使在域外"非法"执法也不得侵犯人权。④

值得注意的是，美国法院虽然承认国际法是"科尔-弗雷斯比规则"的例外，但是主要考虑的是美国签署的国际条约和国际人权法。除了引渡条约之外，如果域外绑架被告的政府行为违反人权法而"使良心受到震撼"，如嫌疑人在被捕后受到虐待，那么美国法院将以正当程序为由拒绝管辖。⑤ 但是美国法院没有将国际法对域外执法的禁止，视作"科尔-弗雷斯比规则"的例外。如果这样做，"科尔-弗雷斯比规则"将永远无法执行。但是，"科尔-弗雷斯比规则"仅允许美国法院对在域外"非法逮捕"的嫌疑人启动司法程序。"非法逮捕"本身就说明美国承认域外执法违反了国际法。即使这些被告在美国接受刑事审判，域外执法的国际违法性毋庸置疑。也是因为这个原因，即使在外

①　参见 United States v Alvarez-Machaini, 112 S. Ct. 2188（1992）。

②　参见 Loubna W. Haddad, "Superpower Extraterritorial Abduction",（1992）5 St. Thomas Law Review 543, 543-544。

③　Ford v United States, 273 U. S. 593（1927）；Cook v United States, 288 U. S. 102（1933）.

④　参见 H. Moss Crystle, "When Rights Fall in a Forest... The Ker-Frisbie Doctrine and American Judicial Countenance of Extraterritorial Abductions and Torture",（1991）9 Penn State International Law Review 387, 401-405。

⑤　参见 United States v Toscanino, 500 F. 2d 267（2d Cir. 1974）。

国被美国特工绑架回美国受审的被告在司法程序上被绳之以法，但是不妨碍他们控告绑架的特工或者美国政府侵权。

违反国际法在域外执法的国家也需要承担国际责任。例如，1960年，以色列人在阿根廷首都将纳粹德国将领艾希曼绑架，押回以色列接受审判。① 同年，联合国安理会宣布 5/4349 号决议，认为以色列的行为违反国际法，要求以色列政府根据《联合国宪章》和国际法，对阿根廷进行适当补偿。以色列和阿根廷政府也发表联合声明，承认以色列居民的抓捕行为侵犯了阿根廷国家的主权。以色列并没有以任何理由证明域外执法的合法性，而是请求阿根廷方面因为被告谋杀数百万犹太人这一重大犯罪事实而忽略以色列对其主权的侵犯。② 虽然将艾希曼返还给阿根廷是对于非法域外执法的合法救济，但是阿根廷最终放弃了这项权利。③ 以色列承担国际责任后，审判继续进行，艾希曼被判处死刑。

（二）"间接"域外执法

因为执法形式上的属地性质，执法机关也可以通过巧妙的程序设计，通过境内执法迫使域外行为人遵守域外管制法。这种执法方式虽然物理上没有越过国家边界，但是对和本国市场有紧密联系的域外行为人可以产生事实上的强制性和压迫性效果。即使行为人位于境外，如果行为人在立法国境内有资产、建立办事处、需要购买立法国的技术、与立法国经济实体有紧密合作、进入立法国的市场获取经济利益，立法国均可通过对本国实体或市场的管控对行为人施加压力。

并非所有国家都可以有效的以属地执法的手段影响域外行为。这种"间接"域外执法方式需要依靠国家强大的经济、科技、金融实力。作为国际上唯一的超级大国，美国拥有全球金融霸权和科技霸权，因此成为实施间接域外执法的主要国家。美国惯用的执法措施，包括对境外违法的外国公司实行出口管制、技术封锁、金融管制，如对受制裁的外国公司禁止出售美国生产的产品、禁止金融实体提供金融服务、禁止提供原产于美国的技术或者包含该技术

---

① 参见 Attorney General of Israel v Eichmann, 36 I. L. R. 18, aff'd, 36 I. L. R. 277。

② 参见 A note sent by Iseraeli Government to the Argentine Government, (1960) 15 U. N. Scor Supp. 31-32, U. N. Doc. S/4342 (1960)。

③ 参见 M. Pearlman, The Capture and Trial of Adolph Eichmann (1963), 79。

的产品或服务。①

美国间接域外执法的具体手段如下。首先，由于境外结算一旦涉及美元，就需要通过美国境内的代理银行完成，美国只需要控制美国境内的金融机构的美元结算业务，就可以有效地将执法权力和强制性影响依靠金融的全球性传送至境外。② 美国外资监控办公室只需要对美国银行和清算系统进行控制，就可以有效管制域外需要使用美元的机构或个人。

其次，美国可以禁止美国企业或个人将含有美国产品或技术的商品出售给受制裁的域外实体。美国企业为了确保合规，在出口商品或服务时将和外国公司签订合同，要求后者承诺不违反美国的出口管制法。此外，美国也通过次级制裁的措施，禁止美国公司同违反美国出口管制法的外国公司交易。美国的执法行为同样直接作用于美国公司，但是通过商业自治和贸易全球化，影响外国公司的行为。

最后，美国对"美国人"的扩大化管控，也基于境内执法的域外影响。美国出口管制和经济制裁法上，美国人包括两类，第一类是所有在美国注册的公司、美国公民或永久居民、美国境内的个人和实体；第二类是被第一类美国人控制的外国实体。美国对于第一类美国人可以基于属地控制在境内执法，而对于第二类美国人则通过对其有控制权的第一类美国人间接执法。如美国母公司的海外分公司违反美国的出口管制法，美国政府将对美国境内的母公司进行处罚。美国母公司为了避免处罚，则通过公司治理的方式要求海外子公司的行为符合美国域外管制法。美国执法机关在境内的执法权力通过公司治理的方法影响域外实体。

继美国之后，欧盟、中国这样拥有强大经济实力或者巨大市场的国际法主体，也开始使用这种方式间接域外执法。例如，欧盟《通用数据保护条例》要求希望在欧盟内部市场获得利润的外国公司在欧盟成员国境内建立联系人或者分支机构，有助于加强执法的便利。③ 当域外实体违法之后，欧盟可以通过

---

① 这是美国商务部常用的做法。参见杨永红：《次级制裁及其反制》，载《法商研究》2019 年第 3 期，第 164~167 页。

② 参见郭华春：《美国经济制裁执法管辖"非美国人"之批判分析》，载《上海财经大学学报》2021 年第 1 期，第 133 页。

③ 例如 Regulation（EU）2016/679 General Data Protection Regulation（GDPR），［2016］OJ L 119, Art 27。

对其境内分支实施属地强制措施执法。欧盟在环保方面的系列立法，也是通过对欧盟市场的管控间接执行。例如《预防、阻止和消除非法、不报告和不管制捕捞的条例》① 和《欧盟木材条例》均规定违反条例的外国产品不得进入欧盟市场。② 虽然条例没有授权域外执法，但是欧盟通过对内部市场的排他控制权实现域外执法的目的。也即域外行为人为了进入欧盟市场必须依照欧盟法律规范域外生产行为。

中国也采取市场控制措施间接域外执法。例如中国商务部令《不可靠实体清单规定》规定，中国对列入不可靠实体清单的外国实体，可以限制或者禁止其从事与中国有关的进出口活动；限制或者禁止其在中国境内投资；限制或者禁止其相关人员、交通运输工具等入境；限制或者取消其相关人员在中国境内工作许可、停留或者居留资格。③《反外国制裁法》第 6 条列举的执法措施，包括不予签发签证、不准入境；查封、扣押、冻结在我国境内的财产；禁止或者限制我国境内实体与之交易或合作等。这些执法手段均在境内进行，但是效果在于切断或者限制域外实体与境内实体、市场、利益的联系。如果域外实体在中国市场有较大的商业利益，间接执法手段可以对其造成实质性的经济影响，迫使其遵守中国的域外管制法。

间接执法也存在适用条件。首先，间接执法的范围较窄，除了美国之外，大多国家间接执法需要域外行为人和本国存在利益联系。比如自然人在本国有亲属关系或者法人在本国有控股公司、行为人在本国有财产、行为人在本国有商业利益。如果行为人和本国不存在实质性的利益关系，执法机关无法通过对本国实体和市场的控制对域外行为人施加压力。其次，间接执法的效果和国家的硬实力直接相关。如果国家没有强大的市场、科技、金融实力，间接执法的效力将大打折扣。也是因为这个原因，中国和欧盟的间接执法力度远小于美国。美国通过全球霸权，使得境内权力触及国际各个角落，而这一点是其他国

① 参见 Council Regulation（EC）No 1005/2008 of 29 September 2008 Establishing a Community System to Prevent, Deter and Eliminate Illegal, Unreported and Unregulated Fishing [2008] OJ L286/1（IUU Regulation）。

② 参见 Council Regulation（EC）No 1005/2008 of 29 September 2008 Establishing a Community System to Prevent, Deter and Eliminate Illegal, Unreported and Unregulated Fishing [2008] OJ L286/1。

③ 参见中国商务部令 2020 年第 4 号《不可靠实体清单规定》第 10 条。

家无法办到的。

第三节 司法机关执行域外管制法

一、司法管辖权

司法管辖权是一国司法机关对争端进行审判的权力。由于域外管制法的强制性规范的性质,国家司法机关通常会在相关案件中,按照立法意图直接适用本国的域外管制法。但是,由于域外立法管治的对象通常是域外行为人,通过司法审判适用域外管制法的第一个障碍是,法院需要对域外被告有司法管辖权。

由于司法管辖权涉及国家司法机关行使权力,该权力的行使需要遵循属地原则,只能在司法机关所在的领域内进行。在外国领域内进行司法或审判行为,将被视为侵犯他国主权。这不但包括传统司法程序,也包括在线程序。也就是说,即使法院和法官仍然在本国境内,但是利用互联网对位于外国的行为人网上开庭,也被视为在他国领域内进行审判,而被国际法禁止。[①]

但是司法管辖的内容并不局限于位于本国境内的人或物。在刑事领域,司法管辖权和立法管辖权一致,只要被告出现在法院地,法院则可以行使刑事司法管辖权。在民事领域,国家可以扩大法院的司法管辖权,允许法院对外国被告、外国行为、位于外国的"物"进行管辖。[②] 即使被告位于域外,但是如果被告和法院地存在属人联系,如被告的住所或者惯常居所在法院地国境内,法院仍然可以根据属人联系对位于域外的被告行使审判权。此外,对于和法院地不存在属人联系的域外被告,如果被告通过其行为和法院地建立了一定的"联系",法院也可以根据这些联系对外国被告行使管辖权。这种联系可以是主观联系,即被告有意识地攫取法院地的利益,从而自愿将自己置于法院地国

---

① 参见 Zheng Tang, "Smart Courts in Cross-Border Litigation",(2023)87 RabelsZ 118-143。

② 参见霍政欣:《国内法的域外效力:美国机制、学理解构与中国路径》,载《政法论坛》2020 年第 38 卷第 2 期,第 178~180 页。

的管辖范围之下;① 也可以是客观联系,即被告参与的法律关系和法院地有联系。② 联系一旦建立,法院就可以对外国被告行使管辖权。即使域外被告不应诉,在管辖权正当行使或者被告正当程序权利得到保障的前提下,法院可以进行缺席审判。在正式行使管辖权之前,法院应当对境外被告进行合法有效的送达。如果送达后被告拒绝出庭,法院可以缺席审判。判决按照执行地外国民商事司法合作一般规则申请承认和执行。

(一) 刑事司法管辖权

如果国家希望本国法院执行域外立法,就应当给予法院和域外立法管辖范围相应的域外司法管辖权。事实上,这种做法体现在传统刑事领域的国际法和国家实践中。"莲花号案"判决直接把立法和司法管辖权归为一类,适用"法无禁止则许可"原则。研究域外管辖国际习惯法原则揭示,传统的属人原则、保护性原则、普遍原则、消极属人原则、效果原则,既适用于立法管辖也适用于司法管辖。例如我国《刑法》第6条到第8条规定:对犯罪行为或结果有一项发生在中国领域内容的,中国公民在中国领域外犯罪的,外国人在中国域外对中国国家或公民犯罪的,可以适用我国《刑法》。这都是对刑事实体法空间适用范围的规定,也就是立法机关行使了域外立法管辖权。但是中国法院并无其他域外刑事司法管辖规则,我国司法机关在实践上直接根据该条对域外犯罪行使刑事司法管辖权。当然可以行使司法管辖权。

有国家明文确定本国法院对本国立法管辖的事项均可行使司法管辖权。如比利时1999年《惩罚严重违反国际人道主义法法案》根据普遍管辖原则行使了域外立法权,同时该法第7条根据同样的原则规定:"比利时法院有权审理本法所规定的犯罪行为"。西班牙1985年《司法权力基本法》第23条第4款也基于立法管辖相同的原则规定西班牙法院对种族灭绝、恐怖主义、海盗罪、造假罪、未成年人与无行为能力人的卖淫和腐败罪、贩卖毒品罪行使司法管辖权。英国2010年《反贿赂法》第12条规定,对于发生在英国境外的贿赂行为,如果行为人在实施行为时"与英国有密切联系",并且相同行为假如发生在英国境内也可构成普通行贿罪、受贿罪和贿赂外国官员罪的,则可针对该罪在英国的任何地方提起诉讼。该条使用属人原则,同时确立域外立法和司法管

---

① 如美国实践。参见 International Shoe Co. v. Washington, 326 U. S. 310 (1945)。

② 如欧盟《布鲁塞尔I修正条例》第7条。

辖权。《反贿赂法》第 7 条商业组织预防贿赂失职罪也规定，如果发生了该条所禁止的犯罪行为，则无须考虑构成该罪的作为或者不作为是在英国境内还是在其他任何地方实施，针对该罪的诉讼可以在英国任何地方提起。① 第 7 条管制的商业组织包括：" (a) 根据英国任何地区的法律设立和开展商业业务的组织（无论其业务地点在何处）；(b) 在英国任何地区内开展业务或者部分业务的任何其他法人（无论在何处设立）；(c) 根据英国任何地区的法律设立和开展商业活动的合伙企业（无论地点在何处）；或者（d) 在英国任何地区内开展商业活动或者部分商业活动的任何其他合伙企业（无论在何处设立）。"② 该条款同时规定了立法和司法管辖权的空间适用范围，把扩张的属人原则同时适用到了司法管辖权上。

刑事领域少量的国际条约明文规定，缔约国对条约规定的普遍管辖的案件可以行使司法管辖权。例如 1973 年《禁止并惩治种族隔离罪行国际公约》第 4 条第 2 款规定："本公约缔约国承诺…… (b) ……按照本国的司法管辖权，对犯有或被告发犯有本公约第 2 条所列举的行为的人，进行起诉、审判和惩罚，不论这些人是否住在罪行发生的国家的领土内，也不论他们是该国国民抑或其他国家的国民抑或是无国籍的人。"换言之，对于危害国际共同利益的罪行，各国法院也可以基于普遍原则行使司法管辖权。

这种司法管辖和立法管辖空间范围相适的现象在刑法领域普遍存在。当国家立法惩罚域外犯罪行为，如果不同时给予其法院相应的司法管辖权，则会出现罪犯符合引渡条件，却无法在本国进行刑事审判的荒唐后果。因此，刑事领域的司法管辖权不存在和立法管辖范围不适应的情形。

(二) 行政司法管辖权

行政诉讼法院的管辖权通常局限于受管制的行为人起诉行政行为违法，而非行政机关起诉个人。这是因为行政机关有执法的权力，无须法院协助即可执行法律。因此，行政性域外管制法的执行，只能通过行政机关在境内执法，而不能通过行政法院的审判。所以行政机关不得依靠法院对域外行为人执行域外管制法。如果域外行为人认为行政机关执行域外管制法存在违法之处，可以到行政机关所在地的行政法院提起行政诉讼。但是行为人不得在其他国家的法院

---

① 参见 UK Bribery Act 2010, art. 12 (5) (6)。

② UK Bribery Act 2010, art. 7 (5)。

起诉该行政机关。根据主权豁免原则，外国政府行使公权力的行为属于国家行为，国家行为免受他国司法管辖。①

（三）民事司法管辖权

域外管制法可能适用到平等主体之间的民事程序中。很多国家为了鼓励私人主体充当"私人检察官"协助国家执行公法，特意在公法中设置了民事赔偿责任，允许受到违法行为影响的个体作为原告要求损害赔偿。② 这些国家的法律还使用集团诉讼、惩罚性赔偿等手段，使得基于公法的私人诉讼更加便捷、更有利可图。这种诉讼，虽然适用公法，从性质上看却属于私法程序。域外管制法可能通过此类民事诉讼得到执行。

如果违法行为人位于域外，且与法院地没有属人联系，法院的跨国民事管辖权通常受到"实际联系"的制约。③ "实际联系"的目的是保护被告的正当程序权利，也就是被告不会被不可预测的国家的法院管辖和审判。大陆法系国家传统上需要案件与法院地建立客观联系才能确立法院的管辖权。例如欧盟《布鲁塞尔Ⅰ（修订）条例》明确规定只有不动产所在地、协议选择法院地、被告住所地、合同履行地、侵权行为发生地等国家的法院才有权行使涉外民商事案件的司法管辖权。④ 我国法院对涉外民事争议的司法管辖权同样基于类似的实质性连接点，要求中国法院是当事人协议选择的法院、合同签订地、合同履行地、诉讼标的物所在地、被告财产所在地、被告代表机构所在地或者侵权行为地。⑤ 美国则要求被告与法院地建立"最低限度联系"。⑥ 如果被告与法院地有长期的、持续的、系统的联系，或者被告"有意识"地将自己置于美

---

① 参见黄进：《国家及其财产豁免问题研究》，中国政法大学出版社 1987 年版，第 48 页。

② 参见李艳芳：《美国的公民诉讼制度及其启示——关于建立我国公益诉讼制度的借鉴性思考》，载《中国人民大学学报》2003 年第 2 期；齐树洁、李业丹：《美国公民诉讼的原告资格及其借鉴意义》，载《河北法学》2009 年第 9 期。

③ 参见肖永平：《"长臂管辖权"的法律分析与对策研究》，载《中国法学》2019 年第 6 期，第 42~44 页。

④ 参见 Regulation（EU）No 1215/2012 of the European Parliament and of the Council of 12 December 2012 on Jurisdiction and the Recognition and Enforcement of Judgments in Civil and Commercial Matters（Brussels Ⅰ Recast），[2012] OJ L 351/1，Arts 4（1），7（1），7（2），24（1），25（1）。

⑤ 参见《民事诉讼法》第 35 条，第 272 条。

⑥ 参见 International Shoe Co. v. Washington，326 US 310（1945）。

国法院管辖之下，法院才可以对外国被告行使管辖权。英国要求案件和法院地有一定的客观联系，此外还需要证明法院是"方便法院"，也就是英国法院审判案件方便且有利于实现正义目的。① 2019 年海牙《承认与执行外国民商事判决公约》（简称《海牙判决公约》）根据国际社会普遍认可的实际联系连接点，建立了判决承认和执行问题的间接管辖权。外国判决得到承认与执行的管辖权前提包括被告惯常居住地、被告主要营业地、被告的分支机构或者代理的所在地、被告明示或者默示同意、合同义务履行地、侵权行为地、不动产所在地等。②

司法管辖权的连接点，和立法管辖权的习惯国际法原则并不一致。立法管辖的属地原则虽然和司法管辖的实际联系存在一定相似之处，但是普通法系即使域外行为在本地引起损害结果，仍要考虑行使管辖权是否符合"正当程序"原则，或者本国法院是否是"方便法院"。特别是国家通过效果原则制定域外管制法，而域外行为对本国产生间接的"效果"难以证明被告一定"有意识地"将行为"指向"本国，从而满足美国法对司法管辖"正当程序原则"的要求。③ 民事司法管辖很大程度已经摒弃了国籍连结点，代之更加反映当事人实际联系的住所和惯常居所，背离了立法管辖中的国籍原则。而民事司法管辖原则找不到和保护原则、消极属人原则、普遍管辖原则相对应的管辖权连结点。

简言之，立法管辖权的国际法原则更加灵活和宽泛。在缺乏国际规则的情况下，大多国家实践中对域外立法连接点进行宽松灵活的解释，以便规制外国行为保护本国利益。但是司法管辖权更多涉及私人主体的程序权利，和国家利益关联甚少。此外，司法管辖权的行使依靠国家司法资源，如果管辖权过宽，可能造成案件堆积，且涉及域外行为的案件审判通常存在难度，需要取得外国证据或查明域外事实。最后，司法管辖权的有效行使往往依赖实际控制。如果被告本人不在法院地国，在法院地国没有居所，没有财产在其境内，且没有司法合作渠道让外国法院执行判决，即使法院行使了管辖权，判决无法最终得到

---

① 参见 Jonathan Harris & Collins of Mapesbury, Dicey, Morris and Collins on the Conflict of Laws, 16th ed., Sweet & Maxwell, 2022, para 11-102。

② 参见 2019《海牙判决公约》，第 5 条。

③ 参见 Nicastro v McIntyre Mach. Am. Ltd., 987 A. 2d 575（N. J. 2010）。

执行。在缺乏任何实际控制的前提下行使管辖权没有实际意义。① 因此，司法管辖权存在更多严格的程序设计，旨在限制公权力对域外主体的行使，以及合理利用法院地的公共资源。

二、依靠外国法院实施域外管制法

本国法院实施域外管制法可能面临管辖权问题。因为行为人位于域外，域外管制法有可能依靠外国司法机关实施。法院给予外国法律效力，并非出于外国法律本身的强制力，而是出于法院自身的意愿。法院可以出于种种原因，适用原本没有域外效力的外国法；法院也可能决定不适用外国立法机关赋予域外效力的法律。因此外国法院在个案中是否适用其他国家的域外管制法，并非取决于立法国的目的，而是取决于外国的政策，虽然相关国家的政府利益是法院应当考虑的因素之一。

（一）公法禁忌

域外管制法以重要的公共利益和治理需要为前提，反映立法国公权力的行使。因此，域外管制法通常属于公法性质的法律。各国出于主权平等、国际礼让等原因，在实践中确立了"公法禁忌"原则，② 指法院不将外国公法作为准据法适用。首先，公法通常以公权力机关实施"惩罚"为实施手段。普通法系甚至很少用到公法这一术语，而用惩罚法（penal law）替代。③ 而公权力机关的权力应当严格受到本国法律的限制，在本国法律授权之外行使公权力不符合公权力机关权力来源的法治要求，容易造成权力的扩大和滥用，不利于保护人权。其次，公法的目的是保护国家利益和公共利益。④ 除非有条约义务，权力机关不应当动用本国的公共资源为外国国家利益服务，成为外国的代理

---

① 参见肖永平：《"长臂管辖权"的法律分析与对策研究》，载《中国法学》2019 年第 6 期，第 56 页。

② 参见 William S. Dodge, "Breaking the Public Law Taboo", (2002) 43 Harv. Int'l L. J. 161。

③ 参见 Peter Nygh & Fausto Pocar, Report on Preliminary Draft Convention on Jurisdiction and Foreign Judgments in Civil and Commercial Matters, HCCH, Prel. Doc. No 11, p. 31 (2000)；George A. Bermann, Public Law in the Conflict of Laws, American Journal of Comparative Law, Vol. 34, Issue suppl_1, p. 157-158 (1986)。

④ 参见 Wisconsin v. Pelican Ins. Co., 127 U. S. 265, 290 (1888)；Huntington v. Attrill, (1893) A. C. 150, 157-58 (PC. 1892)。

人。再次，民商事审判处理平等主体之间的权利义务关系，根据司法被动性和不告不理的原则，法院的工作并非实施公法。因此，外国公法不能作为准据法适用。诸多立法明确排除公法作为准据法的一部分的适用。如欧盟的《关于合同之债法律适用的第 593/2008 号条例》（简称《罗马 I 条例》）、《关于非合同之债法律适用的第 864 /2007 号条例》（简称《罗马 II 条例》）均将适用范围限定在"民商事领域"（civil and commercial matters），并明确排除"税收，海关或行政事务"（revenue, custom and administrative matters）。①

但是，现代社会公私法日趋混合，有的国家出现鼓励私人协助执行公法的政策。② 在此背景下，私人原告可以利用域外管制法对私人被告主张权利。由于案件不涉及国家权力机关和公权力的行使，即使涉及公法性质的域外管制法，整个程序与公权力无关，案件本身仍然属于私法范畴，公法禁忌不再适用。③ 此外，即使外国公法并没有给予私人权利救济，且的确以惩罚为目的，法院不能直接"适用"但是可以"承认"外国公法的否定性效果，比如判决违反外国公法的合同无效。换言之，公法有多种适用方法，而公法禁忌严格地说仅禁止法院根据外国公法审判外国行政机关为当事人，外国国家利益为目的的公法性。

这一趋势反映在多国的立法和司法实践中。例如，国际法学会 1975 年威斯巴登年会决议规定，私人诉讼中，冲突规范指引的外国法律规范的公法性质，不影响该规范作为准据法适用。④ 欧洲大陆法系国家虽然系统性地拒绝给予外国公法效力，但是欧盟在最近的民商事冲突法立法中，将公法的范围限定

---

① 参见 Regulation（EC）No 593/2008 of the European Parliament and of the Council of 17 June 2008 on the Law Applicable to Contractual Obligations（Rome I），[2008] OJ L 177/ 6, Art 1（1）；Regulation（EC）No 864/2007 of the European Parliament and of the Council of 11 July 2007 on the Law Applicable to Non-contractual Obligations（Rome II），[2007] OJ L 199/40, Art 1（1）。

② 参见 J. Maria Glover, "The Structural Role of Private Enforcement Mechanisms in Public Law", （2011）53 William and Mary Law Review 1142-1217。

③ 参见 William S. Dodge, "Breaking the Public Law Taboo", （2002）43 Harv. Int'l L. J. 161, 165。

④ 参见杜涛：《经济冲突法：经济法的域外效力及其域外适用的理论研究》，载《国际经济法论丛》（第 7 卷），法律出版社 2003 年版，第 219~220 页。

为税收法、海关法和行政问题。① 行政问题仅包括行政机关实施公共权力的问题,② 外国反垄断法、证券法、劳工法等,如果适用于私人之间的纠纷则不属于公法问题。此外,1988 年的《瑞士国际私法》第 13 条对于合同责任的适用法明确规定:"本法所指的外国法,包括外国法律体系中所有适用于案件事实的法规。外国法律条文不能仅因为它的公法性质而被排除适用。"2019 年《海牙判决公约》的官方解释明确说明:"区分公法和'民商法'的关键是,当事人之一是否行使普通人不具有的政府或者主权权力。因此有必要确定争端当事人之间的法律关系,并审查原审法院诉讼程序的法律依据。如果该程序源于一方公权力的行使(包括监管权力和义务),本公约不适用。……相反,如果任何一方均未行使公权力,则适用该《公约》。例如限制竞争造成损害的私人索赔诉讼。"③

因此,虽然域外管制法属于公法,但是在私人诉讼领域,法院将可能依照本国的国际私法规则适用外国的域外管制法,或者承认外国域外管制法在个案中的效力。外国法院对域外管制法的适用,可能成为域外管制法获得较高域外执行力的重要途径。

(二) 准据法路径

在私人诉讼中,域外管制法可能作为准据法被外国法院适用。如域外行为人违反了反垄断法、证券法、个人信息保护法、知识产权法中对域外行为的规定,权利受到损害的原告可以对域外行为人提起侵权之诉。

域外管制法是否能成为侵权案件准据法由法院地国冲突法决定。有些国家的冲突法规定,跨国侵权适用损害发生地法律。④ 该连接点从原理上看,与根据"效果原则"制定的域外管制法的立法原则契合,都指向侵权结果发生国

---

① 参见 Brussels I Recast, Art 1 (1):"This Regulation shall apply in civil and commercial matters …It shall not extend, in particular, to revenue, customs or administrative matters revenue, custom and administrative matters…".

② 参见 Report by Mr P. Jenard on the Convention of 27 September 1968 on Jurisdiction and the Enforcement of Judgments in Civil and Commercial Matters, [1979] OJ R 59/1, p. 9。

③ 参见 Francisco Garcimartin & Geneviève Saumier, Explanatory Report on the 2019 HCCH Judgments Convention, HCCH, 2020, para. 35-37。

④ 参见欧盟《罗马 II 条例》第 4 条第 1 款;新西兰 2017《国际私法(侵权行为法律选择)法案》第 8 条第 1 款;委内瑞拉国际私法 (1998) 第 32 条;加拿大魁北克民法典 (1991) 第 3126 条。

家的法律。例如，我国《反垄断法》规定该法适用于发生于中国境外，但是对中国市场产生影响的垄断行为。① 欧盟《罗马 II 非合同责任法律适用条例》（简称《罗马 II 条例》）的法律适用规则采用侵权结果发生地为连接点，规定不正当竞争引起的侵权责任适用竞争关系或者消费者集体利益受到影响的国家的法律，或者受影响的市场所在地的法律。② 这样，域外管制法的立法连接点和外国法院地的冲突法连接点相契合。如果中国当事人在欧盟成员国法院起诉欧盟公司在欧盟境内的不正当竞争行为对中国市场产生影响，造成中国企业损失，欧盟成员国的法院将依照欧盟冲突法适用中国《反垄断法》为准据法。中国《反垄断法》通过冲突法被外国法院适用，通过外国法院产生实际上的域外效力。

但是准据法路径有较大的不确定性。首先，外国法院地冲突法在许多情况下并不与域外管制法的立法原则一致。许多国家立法规定，跨国侵权行为适用行为发生地的法律。③ 如果位于这些国家的公司在当地实施的垄断行为对我国市场产生影响，侵权行为发生地的法律将被作为准据法适用，而非中国《反垄断法》。许多英联邦国家遵循普通法传统的双重可诉原则，要求法院同时适用法院地法和侵权行为发生地法，只有两个国家的法律均视为侵权，被告才应当承担侵权责任。④ 如果这些国家的法律不认为相关行为违法，法院将不会单独适用中国《反垄断法》。还有的国家允许法院综合考虑多种相关因素，根据个案自由裁定准据法。例如，美国有 22 个州采取的是《第二次冲突法重述》中设立的"最密切联系原则"。⑤ 在此情况下，外国利益只是考虑的因素之一。如果发生在美国的垄断行为对中国市场产生了实质性的影响，而且中国政府在《反垄断法》中明确地表达了监管意愿，且行为没有触及其他国家的政府利益，便会有大概率适用中国法。但是如果行为地国或者法院地也有相关监管规则，且行为也触犯了他国利益，那么是否适用中国法律存在较大的不

---

① 参见《中华人民共和国反垄断法》第 2 条。

② 参见欧盟《罗马 II 条例》第 6 条第 1 款，第 6 条第 3（a）款。

③ 中南美洲大多国家采取此冲突法规则，如阿根廷、玻利维亚、巴西、智利、哥伦比亚、哥斯达黎加、厄瓜多尔、海地、墨西哥、巴拉圭等。

④ 主要是英联邦成员国，如巴哈马、巴巴多斯、伯利兹、格林纳达、圭亚那、牙买加等。

⑤ 参见 Gregory E. Smith, "Choice of Law in the United States", (1987) 38 Hastings Law Journal 1041。

确定性。

其次，准据法的适用受到法院地强制性规则和公共政策的制约。① 立法机关赋予法院地强制性规则优于准据法的效力，不论准据法为哪国法律，法院地强制性规则均应当适用。② 如果法院地反垄断法规定，该法适用于所有境内公司在境内的行为，不论行为的影响是否发生在境外，那么法院地的反垄断法便会优于外国准据法直接适用。即使法院地没有相关强制性规范，法院地在适用外国法特别是有公法性质的域外管制法之前，通常需要进行公共政策分析。③ 域外管制法旨在管辖发生在外国的行为，这种"长臂"管辖权，在法院地看来是否存在违反国际礼让、合理性、适当性原则，因而被认定违反公共政策而不能适用，存在不确定性。

以上分析也适用于合同领域。域外管制法可以作为合同准据法适用。如果当事人合意选择中国法为准据法，或者合同和中国存在最密切联系，作为中国法一部分的域外管制法可以作为准据法适用。但是准据法将受制于法院地国的强制性规则和公共政策。例如美国法是合同准据法，而根据美国制裁法，任何公司不得和受制裁的伊朗公司进行交易，适用美国法将导致合同因违法而无效。但是德国、法国、意大利法院均根据基于欧洲阻断法的国内立法，判决美国法违反公共政策，因此合同当事人不得因为美国制裁而拒绝履行合同。④

当然，由于公私法界限并不清晰，即使私人主体适用域外管制法进行私人权利诉讼，公法禁忌的影响仍然可能存在。比如加利福利亚地区法院在日本股东因私人权利对丰田汽车提起"丰田汽车公司证券诉讼案"中，以公法禁忌

---

① 参见 George A. Bermann，"Public Law in the Conflict of Laws"，(1986) 34 American Journal of Comparative Law 161-162。

② 参见 Lord Collins of Mapesbury, Jonathan Harris, Dicey, Morris and Collins: Conflict of Laws, 15th ed., Sweet & Maxwell, 2018, para. 32-88。

③ 同上，para 32-182。

④ 欧盟阻断法（Commission Delegated Regulation（EU）2018/1100（amending the Blocking Regulation Council Regulation（EC）2271/96 阻止美国对古巴、伊朗和利比亚的制裁法在欧盟的效力。成员国依据该法制定了各自的国内阻断法。参见 Vanessa Wilkinson & Vivien Davies, US Secondary Sanctions and Navigating the EU Blocking Regulation, at https: // www. fieldfisher. com/en/insights/us-secondary-sanctions-and-navigating-the-eu-block（Last visited on 8 March, 2021）；Bank M. I v T. Deutschland GmBH ［2018］ 319 O 265/18（28 November 2018）。具体分析见下文第四章第三节。

为由拒绝应日本股东的要求适用日本证券法。① 有学者认为，即使在私人诉讼中，公法仍然具有管制意图，无法和公共利益完全分离。② 由于公法禁忌的限缩适用存在不确定性，准据法路径并未达成国际共识。

（三）强制性规则路径

从国际私法对法律性质的分类上看，域外管制法属于"国际性强制性规则"（international mandatory rules），也称为"优先性强制性规则"（overriding mandatory rules）。③ 为了行文方便本书统一简称为"强制性规则"。欧盟《罗马 I 合同责任法律适用条例》（简称《罗马 I 条例》）第九条第一款将此类规则定义为"对包括政治、社会、经济组织运作等公共利益至关重要的规则"。强制性规则具有优先于准据法的效力。法院地的强制性规则无须冲突规范指引，可以直接被法院适用。属于准据法的外国强制性规则可以作为准据法的一部分得以适用。但是，既不属于法院地法，又不属于准据法的外国强制性规范，简称"第三国强制性规范"的适用则需要经过更加复杂的考量。

基于维护国际礼让、对等互利、维护国际政治经济秩序等价值，有的国家允许法院在审判涉外案件时适用非准据法、非法院地法的第三国强制性规则。荷兰最高法院在 1966 年的"阿尔纳蒂案"（Alnati）中说："对于某个外国国家而言，有的规则是如此重要，立法者希望该规则即使在领域外也应当被遵守。我们的法院在审判案件时应当考虑这些规则，并优先适用此类规则。"④ 换言之，如果法院地和准据法所在国对案件均无重大利益需要保护，而第三国可能与此案关联紧密，且该国立法者有意愿给予本国法域外效力来保护本国重要利益，此时第三国的强制性规则应当优先适用。该判决采取了类似"政府利益分析说"的法律选择方法，在比较政府利益的前提下，适用能体现最大

---

① 参见 In re Toyota Motor Corporation Securities Litigation, No. CV 10-922 DSF (AJWx), 2011 WL 2675395 (C. D. Cal. Filed Oct. 4, 2010)。

② 参见 Linda J. Silberman, "Morrison v. National Australia Bank: Implications for Global Securities Class Actions", Swiss Yearbook of Private International Law (2010) 13。

③ 参见黄植蔚：《论国际私法中"优先性强制规则"的性质与适用——以《罗马条例 I》第 9 条为视角》，载《东北大学学报（社会科学版）》2019 年第 2 期，第 187~194 页。

④ Alnati case, HR 13 May 1966 [1967] NJ 3.

政府利益的法律。①

虽然"政府利益分析说"没有被大多数国家采纳为冲突法原则，但是以政府意愿为基础的利益分析被一些国家用作辅助性手段，处理涉及外国域外管制法的案件。在英国"拉美萨投资有限公司案"（Lamesa Investments Limited v. Cynergy Bank Ltd）中，借贷合同的贷款方受到美国对俄罗斯次级制裁的影响，被列入封锁名单。借款方因此拒绝支付利息。依据合同，贷款方在英国法院提起诉讼，适用英国法律为准据法。按照英国法律，合同有效，借款方违约。但是美国对伊朗、古巴、利比亚、俄罗斯等国的贸易制裁法，属于美国的强制性规则。英国高等法院与上诉法院均认为，虽然英国法是案件准据法，但是美国对俄罗斯的次级制裁属于第三国强制性规则。美国的次级制裁法，体现了强烈的政府意愿。况且借贷合同中有对于"任何有权国家的强制性规则"免责的条款，体现了当事人有意愿服从域外强制性规则。英国法院因此承认美国域外制裁法的效力，免除借款方的合同责任。②

但是很多情况下，不止一个国家对于同一个事项制定强制性规则。如果多个国家均对同一个事项制定域外管制法，法院将适用哪个国家的强制性规则呢？欧共体 1980 年的《关于合同债务的法律适用公约》（《罗马公约》）第 7条第 1 款明确表示，在适用合同准据法时，法院可以酌情适用与合同有密切联系的第三国的强制性规则。③ 该条款未言明什么联系属于"密切联系"。合同签订地、合同履行地、谈判地、影响发生地、当事人住所地等都可能满足密切联系的要求。因此，法院可能需要考察多个国家的强制规则，并通过对联系的密切程度、政府利益的比较、法院地的公共政策等因素综合判断。例如，美国对伊朗的次级制裁法和欧盟的"阻断法"均属强制性规则，但是二者的目的和性质直接冲突。第三国法院，如英国法院，在审理相关合同案件时，不可避免需要考虑美国和欧盟强制性规则的效力。给予哪个法律效力取决于法院的主观判断。法院需要考虑合同条款、当事人的意愿、法院地国的外交政策和国际关系、法院地国的类似法律等。其中，当事人的意愿可能成为重要因素。英国

---

① 参见宋连斌、董海洲，《国际私法上的"政府利益分析说"探微》，载《政法论丛》2011 年第 2 期，第 11~13 页。

② 参见 Lamesa Investments Limited v. Cynergy Bank Ltd［2020］EWCA Civ 8212。

③ 该规则已经被《罗马 I 条例》第 9 条第 3 款代替。1978 年《海牙代理法律适用公约》第 16 款有类似规定。

高等法院在"马曼科切特矿业有限公司案"（Mamancochet Mining Ltd v. Aegis Managing Agency Ltd）①以及上文提到的"拉美萨投资有限公司案"② 中均表示，如果合同中含有"制裁条款"，同意一方可以因为外国制裁而中止合同，法院将给予美国制裁法效力，而不适用欧盟阻断法。但是，如果土耳其法院受理案件，基于政治文化因素，土耳其法院很可能出于对美国域外制裁法的反对而决定适用欧盟《阻断法》，最终判决合同有效。

由于《罗马公约》关于第三国强制性规则的条款过于灵活，欧盟在《罗马I条例》中对该条款进行了改革。《罗马I条例》第9条第3款规定，如果合同履行地不是法院地也不是准据法地，且合同履行地的强制性规则使履行合同违法，法院地国可以自由裁量是否给予该国的强制性规则效力。③ 也就是说，只有可能导致发生在合同履行地的违法行为时，法院才能适用该国的强制性规则。这样大大降低了法院判决的任意性。但是该条款有一个重要的限制，它只赋予了合同履行地强制性规则"防御功能"。被告可以利用第三国强制性规则作为违反合同义务的抗辩理由，但是原告无法利用第三国强制性规则主张权利。此外，《罗马I条例》第9条第3款仅给予"合同履行地"这一特定国家的强制性规则效力，而不考虑其他与合同相关国家的法律。如德国公司和中国公司签订合同，出售含有美国管制技术的物品，选择中国法为准据法。该合同违反了美国对中国高科技公司的制裁，德国公司因为担心美国的"次级制裁"拒绝继续履行合同，中国公司诉至德国法院。由于欧盟《阻断条例》列举的被阻断的法律中不包含美国对中国公司的制裁，拒绝履行合同不违反法院地的强制性规则。但是由于美国并非合同履行地，根据《罗马I条例》德国法院不能适用美国的强制性规则。因此，德国法院应当适用合同准据法，也就是中国法，判决德国公司违约。

（四）公共政策与国际礼让路径

公共政策是一个更为灵活的给予外国域外管制法域外效力的途径。该路径主要被英国法院遵循。英国法院认为，保持与友好国家的礼让关系是英国的公

---

① 参见 Mamancochet Mining Ltd v. Aegis Managing Agency Ltd［2018］EWHC 2643。

② 参见 Lamesa Investments Limited v. Cynergy Bank Ltd［2020］EWCA Civ 8212。

③ 参见 Regulation（EC）No 593/2008 of the European Parliament and of the Council of 17 June 2008 on the Law Applicable to Contractual Obligations（Rome I）［2008］OJ L 177/6, Art 9（3）。

共政策，所以英国法院不应当支持友邦境内的违法行为，如英国著名的"黄麻案"（Regazzoni v. KC Sethia）。① 当事人签订黄麻销售合同，将印度的黄麻销往南非。印度当局制定出口管制法，禁止将黄麻直接或间接出口到南非，导致南非黄麻价格大涨。为了规避法律，合同双方不希望"正式"约定将这批货物直接从印度运往南非，于是合同载明货物将从印度运到欧洲。当事人很清楚，原告将在意大利热那亚取得货物，之后转售至南非。货物发出后，被告通知原告在德国汉堡交付货物。由于交货地点与合同不一致，原告向被告提起违约诉讼。英国上议院（House of Lords）认为，虽然英国法是案件的准据法，但是合同的真实目的违反了印度出口管制法，而印度是合同履行地。英国的公共政策不允许英国法院鼓励友邦境内的违法行为，因此合同无效。②

但是，在"黄麻案"中，印度是合同的履行地之一。假设买方从欧洲供货商处购买黄麻转卖至南非，即使欧洲供货商的上游供应链来自印度，但是由于印度不是合同的履行地，履行合同不会违反行为地的法律，英国法院是否仍会适用公共政策路径执行印度域外管制法存疑。在"让利兄弟案"（Ralli Brothers v. Compania Naviera Sota）中，英国上诉法院认为，合同只有在违反履行地法律时才能被视作无效。③ 但是在"福斯特诉德里斯科尔案"（Foster v. Driscoll）中，英国上诉法院扩大了对合同履行地的限制，认为合同履行地不但指合同中指定的履行地，也应当包括当事人未写入合同的真实履行地。在此案中，当事人成立贩酒的合伙组织，目的是在美国执行禁酒令期间，将苏格兰威士忌卖入美国市场。但是合同条款中注明，合伙的目的是将酒出口到加拿大。虽然合同条款未作说明，但是当事人的真实意愿是在公海或者另一个方便的地点，由买卖双方自行安排，将酒最终卖入美国。查明当事人真实意图之后，英国上诉法院认为，即使合同从字面上看，并非直接约定在美国履行，但

---

① 参见 Regazzoni v. KC Sethia［1958］AC 301。

② 英国上诉法院则认为，法院不能执行外国公法，但是可以承认外国公法。意味着法院不会给予外国公法直接效力，但是会承认其消极的防御效果。新加坡法院在 Bhagwandas v. Brooks Exim Pre Ltd. ，［1994］2 Sing. L. Rep. 431（H. Cr.）（Sing.），以及德克萨斯州上诉法院在 Ralston Purina Co. v. McKendrick，850 S. W. 2d 629，639（Tex. App. 1993），均采用了相同的理由拒绝执行违反履行地管制法律的合同。

③ 参见 Ralli Brothers v. Compania Naviera Sota［1920］2 KB 28. William Day，"Contracts, Illegality and Comity: Ralli Bros Revisited"，（2020）79 Cambridge Law Journal 70。

是美国应被视作合同的真实履行地。① 法院采取的"假设履行地"或者"真实履行地"原则，从某种程度上符合域外管制法的"效果原则"。相关的域外管制法因此通过公共政策路径在外国法院实施。

但是，公共政策路径有极大的不确定性。首先，相关立法国必须是"友邦"。这便直接使得公共政策路径带有明显的政治色彩，降低了法律的理性化、规范化和确定性。此外，对"友邦"与"非友邦"的区分本身就可能违反国际礼让，损害相关国家的尊严。这种区分也直接使得该路径带有歧视色彩。特别是区分"友邦"与"非友邦"涉及国际关系问题，超出了法院的管辖权限。其次，通过公共政策路径发生效力的域外管制法，应当符合法院地国的道德标准和价值标准。即使法律出自友邦，也可能会因为法律不符合法院地国的公共利益而遭到拒绝。价值判断仍然会造成对其他国家的冒犯。再次，该路径给予法院极大的自由裁量权，使确定性和可预测性大大降低。

（五）事实认定路径

虽然从法律适用角度执行外国的域外管制法存在困难，但是法院还可能将外国域外管制法作为事实上的"不可抗力"处理，解除当事人的合同责任。这样便给予了外国域外管制法间接效力。不可抗力通常指不能预见、不能避免、不能克服的阻止或者妨碍合同履行的事件。② 各个国家对不可抗力的认定以及法律后果的规定均不相同。一般而言，如果合同将外国的域外管制法或者制裁法列入不可抗力条款，外国国家的强制性规则可以形成履行合同的不可抗力，导致合同的解除。如果合同中没有不可抗力条款，或者条款范围狭窄，不包括外国域外管制法，那么法院将根据合同准据法判断外国管制法是否属于不可抗力。很多国家的国内法并没有排除政府行为作为不可抗力的免责事由。如果外国管制法或者制裁法的颁布是不可预见的，且违反法律会造成极大的刑事或者行政处罚风险，外国管制法可以作为不可抗力被法院采纳。③

值得注意的是，法院地国的阻断法可能形成不可抗力路径的障碍。例如，荷兰鹿特丹法院在"皮什洛诉管道测量公司案"（Payesh Gostaran Pishro Ltd v.

---

① 参见 Foster v. Driscoll［1929］1 K. B. 470（CA）。
② 如《中华人民共和国合同法》第 94 条。
③ 参见龚柏华：《中美经贸摩擦背景下美国单边经济制裁及其法律应对》，载《经贸法律评论》2019 年第 6 期。

Pipe Survey International CV and P&L Pipe Survey）中认为，① 只有履行合同会造成违法，外国管制法才能作为不可抗力解除合同责任。但是违法的前提是外国法律必须是法院认定的 "合法法律"。如果法院否认外国管制法的合法性，那么违反外国管制法并不能造成 "违法"，也不存在履行不能的情形。根据欧盟阻断法的精神，荷兰法院不支持美国对伊朗次级制裁的合法性，美国对伊朗的制裁法无法构成合同履行的不可抗力。虽然荷兰公司履行违反美国制裁法的合同很可能会失去美国市场，但是相关合同并无法律上的履行不能。荷兰法院拒绝接受被告不可抗力的抗辩。

此外，即使法院地没有相关反制法，但是如果法院地认为外国的域外管制法违反了国际法关于立法管辖权的规定，也可能认定该外国法 "非法"，从而否决被告基于不可抗力的抗辩。② 例如 "传感器公司案"（Compagnie Europeenne des Petroles S. A. v. Sensor Nederland B. V.）。③ 一家由美国公司控股的荷兰公司中止履行与一家法国公司的合同。法国公司向法院起诉，要求荷兰公司履行合同。荷兰公司辩称，法国公司将产品提供给苏联，履行合同将有可能违反美国对苏联的禁运，导致公司遭受美国制裁。虽然欧盟《阻断条例》并不包括美国对苏联的禁运，但是法院认为美国法律违反国际法，因而对荷兰公司没有约束力。荷兰公司没有法律上的履行不能，应继续履行合同。因此，事实认定路径同样受到立法合法性、国际礼让以及法律冲突的制约。

第四节　提高域外立法执行力的构想

一、废除公法禁忌

学者们注意到了域外管制法的执行困难。一些学者提出，国家也许可以废除公法禁忌，不再区分公法性还是私法性程序、法律或判决。这样，私人团体或者组织可能利用域外管制法进行集团诉讼，而不论诉讼是否同时包含国家治

---

①　参见 Payesh Gostaran Pishro Ltd v. Pipe Survey International CV and P&L Pipe Survey，C/10/572099/HA ZA 19-352。

②　参见 Cedric Ryngaert, Jurisdiction in International Law（2nd ed., OUP, 2015）29-40。

③　参见 Compagnie Europeenne des Petroles S. A. v. Sensor Nederland B. V., The District Court at The Hague, the Netherlands 22 Int'l Legal Materials 66（1983）。

理因素；适用域外管制法的判决均可能在外国得到承认或执行；立法国执行域外管制法的行政决定也可能在外国法院得到承认或执行；行政机关甚至可能在域外提起诉讼，请求外国法院对其境内行为人执行域外管制法。[1]

（一）公法禁忌的理由

1. 主权平等

公法禁忌最有说服力的理由是国家主权。根据主权平等原则，一国无法在另一国的领土上主张权威。[2] 英国法官丹宁勋爵说："根据国际法，每个国家的主权都不能超越自己的疆界。其他国家的法院也不允许它超越界限。他们不会执行任何声称有超越主权范围之权威的法律。"[3] 如果国家在外国法院要求执行其公法，它实际上是要求外国法院协助其行使主权的权威。[4] 这种要求或请求，关系到两个主权国家权力部门之间的互助关系，涉及国际关系和外交事务，超越了法院的权限。

但是，当国家或者政府机构作为原告在外国法院提起诉讼，法院同样面临对事实的认定和对法律的适用，而不是简单地批准诉求。法院可能基于事实或法律，不支持外国政府的诉求。因此，很难直接认定此类诉讼是外国在法院地境内"行使权力"。如果法院有权独立审判外国政府的诉求，外国政府实质上将其诉求置于法院的审判权之下。很难说外国政府在法院地国提起公法诉求的行为超越了其权限，妨害了法院地的主权。

2. 国际礼让

第二个理由是国家尊严和国际礼让。如果法院可以适用外国法，那么法院将不可避免地对外国法进行评估。这将包括对外国法的质量、价值、理念、意识形态等的综合评价，从而判断外国法是否违反法院地国的公共政策。[5] 而审判一个国家制定的政府治理权力的法律，往往会使外国难堪。[6] 特别是法官在

---

[1]　参见 Matthias Lehmann, "Regulation, global governance and private international law: squaring the triangle", (2020) 16 Journal of Private International Law 1, 20。

[2]　参见 Government of India v. Taylor, [1955] AC 491。

[3]　A.-G. of New Zealand v. Ortiz, [1984] A.C. 1, 21。

[4]　参见 F. A. Mann, "The International Enforcement of Public Rights", (1987) 19 New York University Journal of International Law and Politics 608。

[5]　参见 Moore v. Mitchell, 30 F. 2d 600, 603-4 (2d Cir. 1929); William S. Dodge, "Breaking the Public Law Taboo", (2002) 43 Harv. Int'l L. J. 161, 212。

[6]　参见 Moore v. Mitchell, 30 F. 2d 600, 604 (2d Cir. 1929)。

进行审查时，可能带入主观价值判断，对于政治体制、管理模式相似的国家可能会更宽容，造成对不同国家公法的"歧视性"适用。① 美国《第三次对外关系法重述》便清楚地解释说，公法禁忌是因为法院不愿对外国公法进行司法审查。②

但是法院适用外国私法也通常会进行评估。虽然公法调整的是国家与普通公民、组织之间的关系，私法调整的是平等主体之间的关系，但是公法与私法均反映了国家的治理理念。判决外国法律违反法院地的公共政策，不论该法律的性质如何，对外国的尊严和国际礼让均有损害。③ 在此问题上公私法的区别，仅在于损害程度的不同，而没有质的区别。此外，法官在私法领域也可能基于主观偏见选择性适用外国法，但是国际私法并没有因为存在歧视的可能，而拒绝适用所有外国私法。再次，出于国际礼让，许多国家即使在私法领域，也尽量避免以公共政策为由拒绝适用外国法。随着国际私法的发展与国际合作的加强，现代国际私法实践出现了以"强制性规范"（mandatory rules）代替公共政策的倾向。④ 由于强制性规范大多是以立法的方式将公共政策法规化，直接适用法院地的强制性规范可以避免公共政策路径对国际礼让的损害。在公法冲突领域，法院同样可以利用本地的强制性规范代替公共政策分析，回避国际礼让的问题。

3. 保护本国居民

有学者认为法院出于保护本国居民的考虑，采用公法禁忌。⑤ 如果外国公法给予法院地居民高于法院地法律设置的义务，或者与法院地法律叠加，给予法院地居民双重义务，那么外国公法不能被适用。

但是这个理由无法说明，为什么在不存在真实冲突的情况下，外国公法也

---

① 参见 Thomas B. Stoel, Jr., "The Enforcement of Foreign Non-Criminal Penal and Revenue Judgments in England and the United States", (1967) 16 The International and Comparative Law Quarterly 663, 670。

② 参见 Restatement (Third) Of Foreign Relations Law § 483, Reporters' Note 2。

③ 参见 Monrad G. Paulsen & Michael I. Sovern, " 'Public Policy' in the Conflict of Laws", (1956) 56 Columbia Law Review 961。

④ 参见 Adeline Chong, "The Public Policy and Mandatory Rules of Third Countries in International Contracts", (2006) 27 Journal of Private International Law 32-35。

⑤ 参见 William S. Dodge, "Breaking the Public Law Taboo", (2002) 43 Harv. Int'l L. J. 161, 215-216。

不能适用。例如，法院地居民在外国取得收入，根据法院地国的税法，该居民就此收入应当在外国纳税，而在本国没有纳税义务；根据收入来源国的税法，该外国居民应当在来源国纳税。这里，根据法院地法和收入来源国税法，法院地居民均应按照外国法律的规定，在收入来源地纳税。因此并不存在法律的真实冲突。要求法院地居民向外国纳税机关支付此税款并不能认为是不合理的，或者是双重的负担。又如，法院地公司针对外国市场制定垄断价格。虽然行为发生在法院地，但是行为的目的、效果均发生在国外。公司所在地，也就是法院地，没有利益或者兴趣管理此类行为。在此种情况下，适用外国公法也没有给此公司带来额外的、不可预测的负担。因此，以保护本国国民为由，原则性地排除所有外国公法的适用，没有足够的说服力。

4. 公法缺乏"中立性"和"可互换性"

有学者认为，公法禁忌的主要原因，是公法和私法性质的不同。私法涉及个人和实体的权利和义务，处理"平等"当事人之间的关系。因此，私法被定性为"中立"的法。它的目的不是规范当事人的权力从属，或者重新平衡双方权力的失衡。私法对当事人双方均施加了平等的权利和义务，并且在很大程度上取决于当事人自治。① 鉴于这些特征，每个国家的私法虽然内容不同，但遵循的原则通常是相似的。适用任何国家的私法都不会从根本上改变或重新分配当事方之间的权力。因此，国际私法学者认为，不同国家的私法是"可互换的"，这构成了适用外国私法的基础。②

和私法不同，公法规范国家与公众之间的关系，赋予国家统治公民，维护社会秩序和治理整个国家的权力。它还通过调节国家的运作和规范政府行为来限制国家的权力。因此，公法的目的与对象与私法有着根本性的区别。因为国家的治理模式和政治体制有着根本性的区别，不同国家的公法不可以互换，传统的法律选择分析方法无法适用于公法冲突。此外，公法规范的客体是"国家"。基于主权平等原则，任何国家都不能判断其他国家的行为是否合法，也不能对其他国家的政府施加监管。因此，法院将不会通过冲突法或其他方式适

---

① 参见 Gisela Rühl, "Unilateralism", in Jürgen Basedow, Klaus Hopt & Reinhard Zimmermann eds., Max Planck Encyclopedia of European Private Law (Oxford University Press, 2012)。

② 参见 Ernst Rabel, Ernst Rabel, The Conflict of Laws: A Comparative Study (2nd ed. Vol. 2, University of Michigan Press, 1960) 582。

用其他国家的公法。

但是，这个理由仍然不具有说服力。首先，它没有令人信服地解释为什么"中立"的私法是"可互换的"。即使各国私法均为当事人提供平等的权利和义务，法律的松紧度和侧重点也可能有所不同。一些国家的私法可能更宽松，因为它既没有授予太多的权利，也没有制定太多的义务。基于自由主义，当事人可以自由决定私法关系，而法律仅在当事人没有达成合意时作为补充。另外一些国家可能会施加更多的权利和更严格的义务，在私人民商事领域更多地限制双方的自由。① 这两种法律均未在当事人之间重新分配权力，但是它们代表了两种不同的原则，也会产生不同的法律后果。因此很难说它们是"可互换的"。

其次，私法并非真正"中立"。例如，有关消费者合同的法律，调整的是消费者和经营者这两个平等主体之间的关系。双方的法律地位平等，因为任何一方都不能对另一方施加强制性的监管权。但是，双方在专业知识、获取信息、经济实力等方面存在能力的不平等，需要法律进行调整和平衡。由于国家经济政策和发展阶段的不同，平衡点也存在较大差异。尽管现代国际私法出于保护弱者的目的，对消费合同的法律适用问题作出了某些调整和限制，但是国际私法通常不会禁止外国消费合同法的适用。② 因此，无法解释为什么非中立的私法也是可互换的。

再次，随着社会经济生活的复杂化，严格的公私界限变得日益模糊。在传统商事领域，出现了越来越多维护公共利益的监管规则。有的公法性质的法律同时保护私人主体利益，允许个人提起损害赔偿诉讼。③ 有的公法甚至以给予私人受害者高额惩罚性赔偿的方式，鼓励个人充当"私人检察官"，惩罚与预

---

① 参见 Mariana Pargendler, "The Role of the State in Contract Law: the Common-Civil Law Divide", (2018) 43 The Yale Journal of International Law 143, 143-187。

② 尽管欧盟使用特殊的"保护性冲突法"来保护消费者，但许多其他国家却没有采用相同的方法。见《罗马Ⅰ条例》第 6 条。

③ 给予私人基于公法的诉权大量存在于美国监管法中，如保护公民权利与劳动权利的《民权法案》（Civil Rights Act）、《公平劳动标准法》（Fair labor Standards Act）；保护消费者的《消费产品安全法》（Consumer Product Safety Act）、《有毒物质控制法》（Toxic Substances Control Act）、《诚信贷款法》（Truth-in-Lending Act）；监管市场行为的《反勒索及受贿组织法》（Racketeer Influenced and Corrupt Organizations Act）、《谢尔曼法》（Sherman Antitrust Act）、《克莱顿反托拉斯法》（Clayton Anti-Trust Act）。

防违法行为，协助公法的执行。① 而很多私法也开始服务政府或者公共利益。例如，侵权法是调整平等私人当事人之间关系的传统私法领域，但是也有公共利益考量。② 美国学者伊恩·麦克尼尔对此有经典论述，他认为："公私法的分界假设私人财产、私人不法行为和私人合同在思想上、法律上、社会学上，甚至在经济活动和政治活动的很多方面，和国家行为完全分开。但那个时代早已不复存在。这种区分仅存在很少的法律概念、政治论战以及浪漫的怀旧中。在某些法律系统中，它的存在可能只是为了撰写法律目录的便利……在我们生活的时代，跨国公司和其他巨大的私有权力在各个层面与传统的国家权力紧密地交织在一起。试图在法律中区分公法和私法并以此作为管辖的依据是不明智的。"③

（二）国家博弈与公法禁忌

以上分析可以看出，公法禁忌从理论上看并没有有太大说服力。随着社会经济发展日趋复杂，简单的公私两分法既不客观，也过于武断。但是从现实主义角度看，完全废除公法禁忌并不实际。国家采用公法禁忌，除了理论上的原因，也有国家利益的考量。公法禁忌一定程度上反映了国家保护主义。针对外国市场的垄断行为，损害的是外国消费者的利益；而行为地国却可能会因为本国公司利润增加而获利。反之，行为地国如果协助外国政府处罚境内的公司，反而会导致本国利益的减损和外国利益的增加。同理，协助外国向本国国民征税，会导致资本从本国流入外国；而拒绝协助外国向本国国民征税，外国会遭受税务损失，而本国财富会增加。④ 如果没有公法禁忌，各国法院将自行决定是否给予外国公法效力。愿意执行外国公法的国家将会出现利益减损，而不执行外国公法的国家将会获利。由于各国的经济发展水平、国家治理能力、域外管制的需求、对外国法律的尊重程度均不相同，各国法院处理外国公法的态度

① 参见 Felix D. Strebel，"The Enforcement of Foreign Judgements and Foreign Public Law"，(1999) 21 Loyola of Los Angeles International and Comparative Law Journal 73。

② 参见方新军：《私法和行政法在解释论上的接轨》，载《法学研究》2012 年第 4 期，第 33~36 页。

③ 参见 Ian R. Macneil，"A View from the South"，(1982) 7 Canadian Business Law Journal 434-435。

④ 参见 William S. Dodge，"Breaking the Public Law Taboo"，(2002) 43 Harv. Int'l L. J. 161，216。

不可避免会有差异。"囚徒困境"决定了各国会拒绝执行外国公法而采用公法禁忌。① 美国的道奇教授评价说："这个理由法院很少提到，因为它看上去并不高尚，但这是拒绝执行外国公法唯一合理的理由。"②

但是，互助行为是相互的。拒绝执行外国公法会带来外国利益的减损和本国利益的增加，外国法院同样也会拒绝执行本国公法。因此很难说拒绝执行一定会有利于本国利益。与拒绝执行相反，如果各国均承认并执行外国公法，形成互惠互助，那么本国也可以在外国法院获得利益。因此，有学者指出，互惠原则可以打破囚徒困境。如果国家之间基于互惠原则签订公法合作互助条约，那么打破公法禁忌将最大化国家利益。③

虽然基于互惠的分析有一定的理论说服力，但是它没有考虑到国家实力和立法状况的区别。废除公法禁忌带给国家的利益与国家的立法意愿和执法能力相关。资本输出国更倾向利用长臂立法管辖权，管制与本国有关联的外国公司，更有意愿同资本一起输出本国的法律制度，让单边管制法产生域外效力；而资本输入国通常只有兴趣管理境内的经济行为，没有制定域外管制法的强烈意愿。经济实力强大的国家可以利用一系列经济措施，如货币结算系统、市场准入、技术禁运等，让域外管制法不用通过外国法院协助而在域外得到执行；经济实力较弱的国家缺乏自行执法能力。但是，强国虽然有更高的自行执法能力，也有更强的跨国治理意愿；弱国虽然更需要外国协助执法，却并没有太多的域外管制法需要外国法院协助执行。因此，强国有更强的意愿打破公法禁忌，要求其他国家协助执行其域外管制法，实现治理域外行为的意图，而弱国并无此意愿。

此外，在现阶段，公法禁忌可以作为防止域外立法管辖扩大化的安全阀。由于国际法对域外立法管辖没有制定清晰的界限，加上常设国际法院在1927年"莲花号案"中确认了立法管辖权"法无禁止则自由"的原则，④ 国家通

---

① 参见 William S. Dodge, "Breaking the Public Law Taboo", (2002) 43 Harv. Int'l L. J. 161, 219。

② 参见 William S. Dodge, "Breaking the Public Law Taboo", (2002) 43 Harv. Int'l L. J. 161, 219。

③ 参见 William S. Dodge, "Breaking the Public Law Taboo", (2002) 43 Harv. Int'l L. J. 161, 220-224。

④ 参见 PCIJ, SS Lotus, PCIJ Reports, Series A, No 10 (1927), 18-19。

常有较大的域外立法的权限。① 有的国家可能滥用域外立法管辖权，立法管制发生在域外的、与本国并无实际联系的行为，侵犯他国的国家治理权。公法禁忌结合执法的属地原则，构成了对域外立法实际效力的有效控制，使过于灵活的域外立法在具体执行中得到平衡。例如，公法禁忌对美国利用"长臂立法管辖权"对外国进行单边制裁和次级制裁有一定的限制作用。即使美国有强大的自行执法的能力，② 对于不涉及美国产品和技术、不依赖美国市场、绕开美元结算系统的外国公司仍无法执行。而外国通过制定"反制法"和"阻断法"，可以较有效的抗拒美国的长臂管辖。但是，如果没有公法禁忌，美国的域外管制法将会对其他国家和个人产生不可抗拒的巨大影响，而其他国家制定的"反制法"可能在一定程度上失去作用。

最后，由于废除公法禁忌可以使执行域外管制法的能力和立法意愿相匹配，消除属地执行对域外立法造成的限制，同时消除了国家对域外立法的一个主要顾虑。因此，取消公法禁忌可能增强国家的域外立法意愿，鼓励各国进行域外立法。最终导致国家间的域外立法竞赛，增加国际管制立法冲突，导致国际关系的紧张和争端的产生。因此，站在国家博弈和实践的角度，公法禁忌不宜被废除。

二、建立国际合作框架

提高域外管制法的域外执行力最可靠的途径，应当是建立国际合作框架。该框架要求国家就域外立法、司法和执法三重机制达成共识。

从立法上看，域外立法的冲突、国际合作的缺乏、域外执行的困难，根源是立法管辖权国际法规则的缺失。过于灵活的"法不禁止则许可"原则，以及模糊不清的国际习惯法管辖权基础，造成了国家在域外管制立法上的任意

---

① 值得注意的是"莲花号案"原则受到了大多数学者的批评，在实践上也被许多国家摒弃。但是立法国在发生争端时，往往会根据"莲花号案"要求反对立法的国家证明国际法上存在禁止性原则。参见 Cedric Ryngaert, Jurisdiction in International Law（2nd ed.，OUP，2015）35。

② 参见李庆明，《论美国域外管辖：概念、实践及中国因应》，载《国际法研究》2019 年第 3 期。

性。① 执行的地域化和合作的缺乏是国家和国际社会对域外立法管辖扩大化的回应。② 但是，灵活的立法加限制的执法组合，并不能达到很好的国际治理效果。对于国际关系而言，容易造成国际立法冲突，损害国际法治。对于参与国际经济生活的个体而言，缺乏可预测性和确定性。对于立法国而言，无法有效执行的法浪费了立法资源，也损害了法律的尊严。因此，解决国内法域外执行的根本前提，是对域外立法管辖权确立国际法规则。联合国国际法委员会2006年第五十八届会议工作报告将域外管辖权问题列入了长期工作方案。③ 国际法委员会认识到在国家域外管辖权问题上的国际法编撰是"及时和重要的工作"。④ 在此基础上进一步推进域外立法管辖的国际立法工作，不但必要，而且可行。

域外立法管辖权的基本构架，应当结合许可性管辖权基础与国际法限制性原则。立法管辖权的法治化和规范化，有利于减少过度的域外立法，减轻国家域外管制法的冲突，同时为增强国内法的域外执行奠定了基础。在立法规范化的前提下，国家间可以增强公法事项的司法合作。简言之需要做到以下几点。第一，统一涉外案件中"公法"的定性标准。根据程序性质而非适用法的性质定性公法性案件。在公法性的案件中继续适用公法禁忌。但是私人诉讼即使适用了公法性质的法律，也不会将案件性质转变为公法性质，因此不适用公法禁忌。第二，统一私人诉讼中适用外国跨国公法的冲突法规范，为公法冲突制定示范法或指导性建议。法院地应当首先判断准据法中的强制性规则是否符合国际法规则，如果符合则应当得到适用，除非和法院地法的强制性规则或者公共政策相冲突。第三国的强制性规则只有在符合国际法规则，并且准据法和法院地法均无相关强制性规则时才应当考虑适用。因为域外立法的规范化，相关冲突会相应减少，因此以此冲突规则来解决公法冲突将不会遇到较大障碍。第三，虽然公法禁忌原则上应当保留，但是不反对国家之间自愿根据平等原则和

---

① 参见宋杰：《进取型管辖权体系的功能及构建》，载《上海对外经贸大学学报》2020年第27卷，第24页。

② 参见 PCIJ, SS Lotus, PCIJ Reports, Series A, No 10 (1927), 18-19。

③ 国际法委员会年鉴2006年，第二卷第二部分，国际法委员会提交大会的第五十八届会议的工作报告 A/CN.4/SER.A/2006/Add.1 (Part 2)，https://legal.un.org/ilc/publications/yearbooks/chinese/ilc_2006_v2_p2.pdf，附件五，第279页。

④ 同上，第3段。

互惠原则建立合作，比如就某些域外管制法的行政决定或者法院判决达成双边承认与执行协议，或者相互允许对方行政机关在本国法院提起执行域外管制法的公法性诉讼。在条件许可的前提下，国家之间甚至可能在有限领域内达成行政执法互助。

三、结　论

相比立法，域外管制法的执行是一个根本的难题。行政执法不能在域外进行，立法国只能利用行为人与国内的联系进行执法。对行为人和本国联系不紧密的情况，立法国必须依靠强大的经济、金融、科技实力将境内的执法行为传导至境外，给予境外行为人压力。执行与立法国本身的实力息息相关。

立法国本国的司法执行最大的问题是管辖权。如果行为人或者行为和立法国没有实际联系，司法机关无法建立司法管辖权。此外，即使法院对域外行为人行使管辖权，但是如果行为人不出庭答辩，缺席判决必须先满足正当程序原则的要求。最后，即使法院管辖权满足了正当程序原则，如果域外行为人在法院地没有财产，判决需要得到外国法院的承认和执行。在当今的国际民商事司法合作体系下，判决的承认和执行通常需要满足各式各样国内法的要求，有个国家对外国判决的承认设置很高的条件。执行困难妨碍了司法执行的有效性。

域外立法在域外可能通过法院在私人诉讼中得到承认或者适用。但是司法适用路径存在很大的不确定性。提高域外管制法的域外执行效力有三个途径：利用私人诉讼、废除公法禁忌、建立国际框架。现阶段域外管制法的域外适用需要通过私人诉讼路径。能否较好地利用私人诉讼，需要立法机关在制定域外管制法时给予私人当事人利用该法律寻求救济的权利。但是，即使公法禁忌在私人诉讼领域有限缩的趋势，由于法院地公共政策和强制性规则的优先性、跨国公法冲突的复杂性和政治性、立法涉及的国际关系问题，域外立法的域外效力仍然不确定，难以真正实现单边跨国治理的目的。

出于国家力量的不平衡和国家博弈，现阶段废除公法禁忌并非合适的选择。域外管制法在域外执行的困难，源于国际法对于域外立法权的调节。它可能减损域外管制法的效力，但在现阶段有其必要性。从国际上看，各国的域外立法意愿、跨国执法需求、国家实力有较大区别，废除公法禁忌可能会鼓励强权，增加冲突。从中国角度看，美国等国家出台了针对中国的域外管制法。废除公法禁忌将大大增加中国企业的商事风险。中国虽然也出台了如《出口管制法》等有域外效力的法律，但是相比之下，域外管制立法的数量与力度仍逊一筹。综合考虑，废除公法禁忌将带来我国利益的减损。最后，废除公法禁忌将造成中国法院不得不应对外国政府的诉求，可能直接导致法院的政治困境。因此，不论站在国际社会的角度，还是中国的角度，都不易废除公法禁忌。

更合理有效的途径是在域外立法冲突问题上达成国际共识，建立包括从立法到执行多重机制的国际性的合作框架。域外立法产生的冲突和执行难题本质是缺乏国际合作的单边跨国治理行为造成的困境。它的解决无法依赖单一国家行为。在没有国际协调的前提下，出于国家利益的保护和国家之间信任的缺乏，任何试图提高本国法域外执行的单边措施都可能因为囚徒困境而无法推进，在现实中走向制度设计的反面，造成更加严重的冲突和分歧。只有基于国际合作的多边性质国际框架才能从根本上走出困境。

第四章　域外立法的冲突与应对

第一节　域外立法冲突的性质与特点

国际法不要求立法的唯一性，也就是允许多个国家在建立了一定联系的前提下对同一个事项立法管辖，直接造成了多个国家立法的冲突。这些冲突有以下特点。

第一，域外立法的冲突是国家强制性规范的冲突。国家为了保护本国利益，出于公共治理的目的，运用立法权将本国法律的效力拓展到国外。域外立法都是公法性质的法，对域外相关实体强行适用。这和私法领域可以由当事人基于意思自治选择适用的法不同。当数个国家的强制性规范发生冲突时，由于每个国家都有公共利益需要维护，冲突的协调有较大难度。即使一个国家和相关事项联系最为密切，但也不能必然得出其他国家的域外立法无须尊重的结论。例如，属地原则是国际法管辖权的基本原则，但是无法肯定行为地法在冲突产生时必定有优先权。域外立法本身就是对属地原则的突破，因为本国有重要利益需要保护，而且国际法也允许此种突破。因此域外立法的冲突往往难以协调。

第二，域外立法本身带来的冲突是理论上的。行为人通常只需要遵守行为地法律，或者与其有利害关系的国家的法律，如行为人的市场所在地、行为人的财产所在地等。这些国家出于对行为人及其财产，或者对本国市场资源的控制，可以有效执行其管治性立法。如果域外立法仅有政治宣示的作用，立法国没有任何可行的措施或者渠道对行为人实行强制措施，域外立法无法在现实中对行为人产生约束力。此时，域外立法的冲突并不会转化为现实的冲突。只有域外立法可能以某种方式得到执行，才会产生现实中的法律冲突。因此，域外立法冲突的产生和法的执行紧密相关。

　　第三，当立法国有措施执行域外立法时，域外立法的冲突将会给行为人造成严重后果。行为人将面临多个国家的管治性法律，而这些法律很多时候存在区别甚至直接冲突。在强制性法律存在区别，且都可能得到执行的情况下，行为人将面临着必定会违反某国法律的艰难选择。行为人不管怎么做，都有可能违法，并承受惩罚。

　　第四，在域外立法存在冲突且都可能执行的情况下，任何国家执行域外立法都会造成其他国家的不满。即使立法国在本国领域内执法，并通过金融市场的力量将权力传导至外国，给域外行为人造成事实上的压力。这种做法严格地说并不存在"域外执法"的情况，也没有违反国际法，但是在国际经济一体化的情况下，该做法常被认为是滥用经济权力，破坏国际市场自由经济秩序，而遭到外国的抗议或者质疑。

　　因此，域外立法在可能得到执行的前提下，非常容易产生冲突，而且冲突协调有较大难度。

第二节　域外立法冲突的协调

一、外国主权强制

　　外国主权强制原则（Foreign Sovereign Compulsion）也称"政府强制"或"主权强制"，一般指外国被告以外国政府强行要求其违反相关法律为由寻求责任的免除。① 这是美国特有的一个解决域外管辖与外国法律相冲突的原则。美国最高法院于 1958 年在"国际工商业公司诉罗杰斯案"（Société Internationale v. Rogers）中首次确认了该原则。② 在该案中，美国法院要求被告对位于瑞士的文件进行证据开示。被告尽力执行证据开示令，但是瑞士政府根据本国的保密法阻止文件传送到美国法院。美国下级法院虽然认可被告的善意，但是认为遵守瑞士法律并不能构成不遵守证据开示令的借口。美国最高法院推翻了这一判决，认为被告出于不是自己造成的且无法控制的原因，未遵守

---

　　① 参见 Henry C. Pitney，"Sovereign Compulsion and International Antitrust：Conflicting Laws and Separating Powers"，（1987）25 Columbia Journal of Transnational Law 403。
　　② 参见 Société Internationale v. Rogers 357 U. S. 197（1958）。

美国法令。被告对本国刑事指控的恐惧可以构成不遵守美国法令的理由。之后，该原则被美国法院普遍适用，作为允许外国被告不遵守美国域外管制法的抗辩理由。

（一）外国主权强制的法理基础

1. 国家行为理论

外国主权强制的法理基础包括国家行为（act of a state）、礼让（comity）、正当程序（due process）、公平。美国在"昂德希尔诉埃尔南德斯"（Underhill v Hernandez）中确立了"国家行为"（act of a state）理论。简言之，一国法院不得对其他国家在其领土内的统治权行为进行审判。① 国家行为原则设立的初衷是防止法院干预政府的外交政策，维持三权分立。只有政府才有权决定与外国的关系。如果法院可以判决外国国家行为，则超越了司法应当具有的权力。② 国家行为原则不关注外国主权行为是否合理合法，仅着眼于限制法院在涉及外交或者国际关系问题上的决定权。③ 当然，国家行为原则仅适用于外国国家的管治权行为，而非商事行为。④ 如果国家以平等主体的身份参与普通商事活动，国家行为理论不再适用。国家行为原则适用的主体是国家或者政府，但是如果行为人的行为是在本国政府的强制下做出的，该行为便可视为国家行为的延续。⑤

2. 国际礼让

国际礼让系指国内法院对外国主权机构的行为进行基于国家利益考量与互惠的礼让分析并决定是否给予尊重。⑥ 属地原则是国际法中管辖权最基本的原则，域外立法对他国内部治理产生影响，也就是影响了外国的主权。即使国际法允许国家对域外事项立法，在域外立法与行为地法产生冲突时，域外立法通

---

① 参见 65 F. 577, 583（2d Cir. 1895）。

② 参见 Pierre Vogelenzang, "Foreign Sovereign Compulsion in American Antitrust Law",（1980）33 Stanford Law Review 131, 134。

③ 参见 Pierre Vogelenzang, "Foreign Sovereign Compulsion in American Antitrust Law",（1980）33 Stanford Law Review 131, 135。

④ 参见 Alfred Dunhill of London v Republic of Cuba, 425 US 682（1976）。

⑤ 参见邹璞韬、胡城军：《外国主权强制原则之再审视》，载《海关与经贸研究》2021 年第 4 期，第 68 页。

⑥ 参见 Société Nationale Industrielle Aérospatiale v. U. S. Dist. Court for S. Dist. of Iowa, 482 U. S. 522, 543（1987）.

常应当让位于行为地法。也就是行为地法通常具有优先性。如果外国行为人按照行为地的强制性规范不能遵守域外立法，域外立法通常不应当对行为人进行惩罚，除非域外立法保护的利益远高于国际礼让，比如国家主权、领土完整、国家安全等。

如果仅基于国家行为或者国际礼让，美国法院需要衡量美国域外管制法保护的美国利益和外国国家行为保护的外国利益。如果美国利益明显大于外国利益，美国法院仍然需要适用美国法而拒绝使用外国主权强制。此外，行使域外立法权对发生在外国的行为立法，在立法程序中就应当考虑本国利益的重要性和可能与行为地国的法律冲突问题。①如果礼让问题在立法时已经充分考虑，域外立法的存在就已经说明立法国认为本国利益的保护超越礼让，那么在执行域外立法时便无须再考虑礼让问题。

3. 正当程序权利

外国主权强制还有一个重要的目的，就是保护行为人的正当程序权利。正当程序权利要求在遵守善意原则和公平的基础上保障当事人的程序权利，保护非居民被告充分抗辩的自由，并使其免于因被迫从事的行为而受到惩罚。② 虽然域外管辖要求外国行为人遵守法律，并对违法行为进行处罚，但是如果行为人的行为并非出于自愿，便没有违反法律的主观恶意，惩罚该行为人缺乏正当性。

在"康托尔诉底特律爱迪生公司案"（Cantor v Detroit Edison Co.）中，美国最高法院认为如果行为人自由选择的权利受到了限制，最后被迫服从外国法律而违反美国法，法院不应当要求行为人对违反美国域外管制法承担责任。③被告的自愿行为是承担侵权责任或者刑事责任的前提。但是，非自愿行为一定要在被告别无选择的情况下才能得到法院的认可。在域外管制问题上，被告是否一定存在非自愿行为值得商榷。如果域外管制法和行为地法不一致，被告必须选择遵守某一个法律，这个选择即使再痛苦，也属于被告自愿行使选择权。

---

① 见第三章关于域外立法的限制性原则。理论上，国家立法时就应当做利益平衡分析。

② 参见 Don Wallace Jr. & Joseph P. Griffin, "The Restatement and Foreign Sovereign Compulsion: A Plea for Due Process", (1989) 23 Int'l L 593, 604; William S. Dodge, "International Comity in American Law", (2015) 115 Columbia Law Review 2081.

③ 参见 Cantor v Detroit Edison Co., 428 US 579 (1976)。

换句话说，被告在衡量了自身利益后，自愿选择违反美国的域外管制法，同时也选择承担违法后果。适用外国主权强制免除被告自主选择的后果，是不恰当的。

但是，正常人都应当允许有合理的脆弱。如果行为人因为承受一定的压力而作出错误的选择，不应当承受在完全自由状态时作出错误选择相同的后果。行为人是否可以免责，需要考虑承受压力的大小，以及错误选择损害的利益。在刑法上，只有当被告或他人的人身安全受到威胁时才可能以"胁迫"为理由进行抗辩。仅仅对财产或经济利益的威胁是不够的。① 但是在经济法或者社会法上，因为错误行为的危害没有刑法严重，被告可能用以抗辩的"压力"也会相应减轻。

4. 公平

当两个国家的法律发生冲突时，要求行为人同时遵守两国法律将行为人置于两难困境，出于公平考虑应当避免要求行为人承担责任。② 公平的前提是存在胁迫。如果不遵守行为地法将使行为人承担民事或刑事责任，或者行政处罚，便可以认为存在胁迫。③ 但是，行为人也可以在行为地的法院主张行为地的法律无效或者不应当得到执行，或者主张外国的域外管制法形成不可抗力。行为人虽然遭遇到互相冲突的两个法律，但是有途径在行为地获得遵守本地法律的豁免。在这种情况下，强制要求适用美国的域外管制法，并对违法行为进行处罚，不存在不公平。

即使行为地没有豁免可能，违反美国的域外管制法还必须符合"必要性"原则。必要性采取的是客观评价标准。美国法院将比较美国域外管制法保护的公共利益和被告违反美国域外管制法企图保护的利益。法院将考虑违法行为的严重程度，对美国造成的影响，以及外国强制对美国主权造成的威胁。④ 法院同时也要考虑违反行为地法对被告可能造成的损害，如惩罚的严重程度，惩罚

---

① 参见 Pierre Vogelenzang, "Foreign Sovereign Compulsion in American Antitrust Law", (1980) 33 Stanford Law Review 131, 144。

② 参见邹璞韬、胡城军：《外国主权强制原则之再审视》，载《海关与经贸研究》2021 年第 4 期，第 69 页。

③ 参见 Pierre Vogelenzang, "Foreign Sovereign Compulsion in American Antitrust Law", (1980) 33 Stanford Law Review 131, 140.

④ 参见 Pierre Vogelenzang, "Foreign Sovereign Compulsion in American Antitrust Law", (1980) 33 Stanford Law Review 131, 146.

被实际执行的可能性，以及被告损失的大小。如果外国主权仅仅立法表示威胁，却从来不执行，违反美国法的"必要性"则不存在。虽然美国法院在有的案例中承认纯经济损失也可以证明存在胁迫和"必要性"，① 但是有学者指出，纯粹的经济利益不得成为适用外国主权强制的理由。因为一国如果决定对外国行为进行立法管辖，那么立法保护的利益应当非常重要，不应当仅仅因为行为人的经济利益被抵消。这一限制是为了对行为人提出明确的警告，不要以为可以为了获取经济利益而选择违反美国域外管制法。行为人应当作出选择：参与外国政府要求的"不法行为"而失去美国市场，还是自动放弃外国市场。同时也警告外国，不当的国内立法可能导致失去外国投资。②

可见，外国主权强制原则虽然有一系列的理论支持，但是这些理论也有漏洞。当一国对域外行为立法，立法者当时就应当考虑到外国特别是行为地国相冲突法律或者规则的存在。国家在考虑了利益平衡的前提下坚持立法，通常是认为本国的利益更加重要。虽然行为人可能被置于两难境地，但是行为人在大多数情况下根据自己利益的重心选择违反一国法律同时承担违法后果，或者行为人有其他的救济方式。因此，外国主权强制原则虽然被法院认可，但是适用时有较高的前提条件。为了达到域外立法的目的，外国主权强制原则在实践中通常仅作为例外适用。

（二）外国主权强制的适用条件

适用外国主权强制需要一定条件。被告必须证明"强制"的存在，被告没有其他的合法选择，而且被告的违法行为是"善意"的。在"泛美炼油公司诉德士古马拉开波"（Interamerican Ref. Corp. v. Texaco Maracaibo, Inc.）案中，美国法院认为，确认外国政府强制行为的存在，需要审查相关的外国法律义务、惩罚措施及其严厉性。③ 在此案中，被告不否认拒绝为原告提供石油交易的事实，但声称其拒绝交易行为是委内瑞拉政府要求的强制性联合抵制行为，因此构成针对美国反垄断法项下损害赔偿请求的完全抗辩。特拉华州联邦

---

① 参见 Interamerican Ref. Corp. v. Texaco Maracaibo, Inc., 307 F. Supp. 1291, 1298 (D. Del. 1970)。

② 参见 Pierre Vogelenzang, "Foreign Sovereign Compulsion in American Antitrust Law", (1980) 33 Stanford Law Review 131, 148-149。

③ 参见 Interamerican Ref. Corp. v. Texaco Maracaibo, Inc., 307 F. Supp. 1291, 1298 (D. Del. 1970)。

地区法院怀特（Wright）法官采纳了被告的抗辩，并认为当一个国家提出强制性贸易措施时，本国企业"别无选择，只能遵守"，企业的商业行为于是变成了主权行为。①

1. 主权行为的性质

认定外国主权强制需要考察两个因素。第一，外国主权行为的性质。换言之，何种行为属于外国主权强制。强制行为不是政府许可、政府授权或者合政府心意的行为。② 在早期的美国反垄断案件中，作为被告的电子生产商日本松下集团声称，其对电器市场和价格的操纵是日本当局强制的出口贸易行为，据此提出了主权强制抗辩。美国联邦第三巡回上诉法院认为，以最低出口价格构成的出口卡特尔违反了《谢尔曼法》第50条的规定。虽然出口卡特尔获得了日本政府授权，但是法院认为日本政府并无强制行为，只是通过给予有利条件使被告获得了反垄断豁免而自行定价的权利。③ 日本政府通过外交途径提交法庭之友意见书，说明相关行为是"根据日本政府的指令进行的"。虽然美国政府支持该"外国主权行为"辩解，但最高法院在确定原告无实际损失后，对"外国主权强制"抗辩不予理会。④ 这让"外国主权强制"抗辩显得更加模糊。

在著名的"维生素C反垄断案"（Re Vitamin C Antitrust Litigation）中，中国企业通过行业商会协议定价的行为被控违反了美国《谢尔曼法》。⑤ 中国商务部在法庭之友意见中指出，该行为基于中国相关法律，据此提出"外国主权强制抗辩"。但纽约东区联邦地区法院并不认同。法院对中国政府颁布的规章制度的强制性提出疑问。首先，这些"制度"是"解释性声明"，宣布根据行业自律管理要求，出口商要协调出口价格和产量。其次，对于违反声明的

---

① 参见 Interamerican Ref. Corp. v. Texaco Maracaibo, Inc., 307 F. Supp. 1291, 1298（D. Del. 1970）。

② 参见 Don Wallace Jr. & Joseph P. Griffin, "The Restatement and Foreign Sovereign Compulsion: A Plea for Due Process"（1989）23 Int'l L 593, 598。

③ 参见 In re Japanese Electronic Products Antitrust Litigation. 723 F. 2d 238（3rd Cir. 1983）。

④ 参见 Matsushita Electric Industrial Co. v. Zenith Radio Corp.（Matsushita）, 475 U. S. 574, 598（1986）。

⑤ 参见 In Re Vitamin C Antitrust Litigation, 810 F. Supp. 2d 522, 525（E.D.N.Y. 2011）。

行为，没有确定清晰的处罚机制。法院认为中国政府部门在经济转型时期颁布的规章解释并不可信，缺乏绝对的强制力，操作中有很多腾挪空间。

确定外国主权行为的性质需要重点考察两个要素：行为人的法律义务和违法的惩罚措施。在"瑞士制表案"（US v Watchmakers of Switzerland）中，制表公司形成的卡特尔获得了瑞士政府的许可。① 但是瑞士法律并没有要求制表业必须组成卡特尔的规定。政府支持垄断行为并不属于政府的强制行为。其次，强制必须包括对违法行为进行实质性处罚的威胁。处罚可以是民事、行政或者刑事。②

2. 当事人的心理状态

如果政府行为属于"强制"，且政府"强制"使得行为人别无选择，只能违反美国法律，则主权强制成立。换言之，行为人必须产生恐惧，被迫进行此行为。如果行为人有选择权，或者政府"强制"不是行为的根本原因，则无法适用外国主权强制。③ 在"维生素 C 反垄断案"中，法院认为作为私人主体的公司可能在某些情况下被授权作为"政府代理人"行事，但无法判断这些行为是否基于自由意志还是真的被政府"强迫"。④

美国法院很少承认外国政府的非正式行为可能构成强制，虽然在很多发展中国家这些非正式的行为可能对公司决策产生至关重要的影响。⑤ 在转型国家，违反政府非正式的要求，对企业可能造成和违法相似的后果。因此在实践中，有的法院可能将重心放在行为人的心理状态上。如果行为人善意地认为政府强迫他为某种行为，即使政府的"强迫"并非正式立法，甚至行为人的主观认识有误，但是外国主权强制也可以适用。⑥ 如何判断行为人是否出于善意真实地相信强制存在呢？法院要考虑行为人的信念是否存在"当前的、权威

---

① 参见 US v Watchmakers of Switzerland，1963 Trade Cas.（CCH）70，600（S. D. N. Y. 1962）。

② 参见 United States v First National City Bank，396 F. 2d 897（2d Cir 1968）。

③ 参见邹璞韬、胡城军：《外国主权强制原则之再审视》，载《海关与经贸研究》2021 年第 4 期，第 70 页。

④ In Re Vitamin C Antitrust Litigation，810 F. Supp. 2d 522，525（E. D. N. Y. 2011）。

⑤ 参见 Mary John，"Extraterritorial Application of Title VII"（1994）27 Vanderbilt Journal of Transnational Law 869，889。

⑥ 参见 Mary John，"Extraterritorial Application of Title VII"（1994）27 Vanderbilt Journal of Transnational Law 869，890。

的、事实的基础"。①如果政府曾经处罚过违法者，便可能成为主观认识的事实基础。如果行为人游说政府通过阻断法或者申请法院颁布禁令，行为人便不能视为"善意"而逃避处罚。②

（三）《外国关系法重述》

美国《外国关系法重述》对外国主权强制的适用进行了梳理。《第三次外国关系法重述》认为美国不得要求行为人进行被其国籍国法律所禁止的行为，或者禁止行为人做其国籍国要求实施的行为。③《第三次外国关系法重述》缩小了外国主权强制的适用范围，把主权强制限制在行为人的国籍国。如果行为人实施行为的地点并非其国籍国，那么行为地法的强制性规定，以及对违法行为的严厉惩罚措施，均不能成为外国主权强制的理由。这一规定明显和主权强制的初衷不符。由于管辖权的根本性原则是属地原则，行为地比行为人国籍国对相关行为有更高位阶的管辖权。实践中最可能和域外管制法发生冲突的是行为地法，而非行为人的属人法。

但是，《第四次外国关系法重述》对主权强制进行了修改。其言明："如果违法行为是在另一国法律强制下作出的，美国法院有自由裁量权为违法行为开脱，或者减轻对此类违法行为的制裁。"④ 存在外国主权强制需要满足两个条件：第一，不遵守外国法可能会受到严厉制裁；第二，当事人违反美国法不存在恶意。⑤ 换言之，《第四次外国关系法重述》更加注意的是当事人在外国可能受到的惩罚，而不论惩罚来自其国籍国还是别的国家。这更加符合外国主权强制的性质。当然，如果外国法律措施来自当事人的国籍国，当事人更能证明可能胁迫、强制、身不由己。他国的措施往往难以给当事人带来同样的困扰。此外，《第四次外国关系法重述》并未完全禁止国家的权力。作为原则之一，国家也可以要求外国人违反其本国法律的规定。⑥ 换言之，外国主权强制并非国际法规定的义务，也非美国联邦法律的义务，而是法院出于国际礼让和

① E. E. O. C. v. Arabian American Oil Co. , 499 U. S. 244 (1991)。

② 参见 Don Wallace Jr. & Joseph P. Griffin, "The Restatement and Foreign Sovereign Compulsion: A Plea for Due Process" (1989) 23 Int'l L 593, 599。

③ 参见 The Restatement (Third) of Foreign Relations Law, § 441 (1)。

④ 参见 The Restatement (Fourth) of Foreign Relations Law, §442。

⑤ 参见 The Restatement (Fourth) of Foreign Relations Law, §442。

⑥ 参见 The Restatement (Third) of Foreign Relations Law, § 441 (2)。

公平正义考虑行使自由裁量权在个案中作出的选择。

第三次和第四次《重述》均对外国证据开示做了特别的详细规定。两版《重述》均认为美国法院有权要求行为人向法院提供位于外国的证据，包括文书、物件和相关信息。如果行为人拒绝提供则应当承受相应的惩罚。① 但是《第三次外国关系法重述》认为，如果证据所在地、证人所在地或者证人的国籍国立法禁止向外国法院提交证据，美国法院或者政府可以要求当事人尽善意义务寻求外国权力机关的许可。除非当事人故意隐藏证据，通常不得对当事人进行惩罚。② 而《第四次外国关系法重述》指出，即使在此情况下，美国法院也可以惩罚当事人。法院将考虑外国惩罚的严厉程度和当事人是否存在善意，决定是否给予当事人遵守美国证据开示令的豁免。③ 两者对比，《第四次外国关系法重述》将域外证据开示和外国主权豁免原则进行了统一，而不再出现《第三次外国关系法重述》那样二者遵循不同的原则。

但是，法院或行政机关适用主权强制有极大的自由裁量权。基本上权力机构可以自由决定是否适用主权强制，而且两版《重述》均没有提供任何指导原则或者判断标准，无法给实践任何切实的指导。在实践中，主权强制原则的行使早已丧失了确定性。

（四）外国主权强制的后果

外国主权强制可以使违反美国域外管制法的行为人不承担法律责任。美国权力机关可能放弃对违法行为人进行处罚。

但是，这并不意味着违法行为人将不承担任何责任。如果行为人的域外垄断行为造成了美国公司的损失，美国公司就此提出民事诉讼，行为人很难以外国主权强制为理由拒绝赔偿。因为平等主体之间的民商事诉讼不是国家机关强制执行法律。国家可能因为外国主权强制行为对行为人造成"胁迫"而免除出于国家利益对行为人进行惩罚。但是在民事诉讼中，行为人即使出于"胁迫"，也仍然造成了另一个无辜个体的损失。此外，受害人遭受的损失是行为人考虑到两害相权取其轻而付出的代价。即使被告的行为情有可原，承担此代价的应当是行为人，而非受害人。受害人理应从行为人那里获得赔偿。

---

① 参见 The Restatement（Third）of Foreign Relations Law，§ 442（1）. The Restatement（Fourth）of Foreign Relations Law，§ 246（1）。

② 参见 The Restatement（Third）of Foreign Relations Law，§ 442（2）。

③ 参见 The Restatement（Fourth）of Foreign Relations Law，§ 246（3）。

美国在反垄断领域的域外管制法通常会给予受害人惩罚性赔偿，目的是惩罚被告，并鼓励私人主体协助国家执法。① 因此惩罚性赔偿承担了公法通常需要承担的作用。由于外国主权强制给予了行为"恶性"的抗辩，行为人不应当为非自愿的行为被处罚，而只应当赔偿受行为损害的受害人的利益。因此，如果外国主权强制抗辩成立，私人诉讼中的被告也不应当承担惩罚性赔偿，而仅应当承担普通赔偿责任。②

要求外国主权强制的被告赔偿原告损失有两个优点。第一，为受害人提供充分的赔偿。如果外国主权强制原则完全免除行为人的责任，则忽视了平衡受害者的利益，并忽视了域外管制法希望保护的重大利益。如果因为外国政府的地方保护或者不正当的政府利益而损害了美国的市场和国家利益，至少在外国政策中受益的行为人应当承担弥补受害者损失的责任。第二，要求行为人承担合适的责任也可以防止外国主权强制原则可能带来的道德风险。也就是行为人可以因为美国这一独特的制度而选择违反美国法律，同时有动机与外国政府合谋为违反美国域外管制法的行为提供政府强制的证据。③

二、冲突法解决方法

解决立法冲突的另一个可能的方法，是利用传统民商事领域冲突法的逻辑和思维方法，将解决跨国案件中的民商法冲突的法律工具适用到公法领域。这并非建议直接把冲突法适用到域外管制法的冲突领域，而是借鉴冲突法的法律选择方法和思考模式，在域外立法冲突方面制定特殊的冲突法规则。在民商事法律中，一个涉外法律关系和多个国家的法律体系发生联系，这些国家都有意愿适用本国法律。解决方法是在这些联系中找到最合理、最重要的联系，从而适用该国法律。相同的思考方法也可以适用于域外管制法的冲突。

在域外管制性立法中，多个国家试图管制同一个行为。虽然立法者在立法阶段就应当考虑国家间的利益平衡，但是很多时候立法阶段无法全面考量个案

---

① 参见 Pierre Vogelenzang, "Foreign Sovereign Compulsion in American Antitrust Law" (1980) 33 Stanford Law Review 131, 150。

② 参见 John Leidig, "The Uncertain Status of the Defense of Foreign Sovereign Compulsion: Two Proposals for Change", (1991) 31 Va J Int'l L 321, 342。

③ 参见 John Leidig, "The Uncertain Status of the Defense of Foreign Sovereign Compulsion: Two Proposals for Change", (1991) 31 Va J Int'l L 321, 343。

的利益平衡。如果立法不是针对特定国家或者行为地，普遍性的立法考虑的是域外管辖普遍性的适用，而无法逐一排查每个国家可能已经存在的相关的或者冲突性的立法。只有在个案被带到了法律执行者面前，才会考虑到在这个特定的案件中，立法国和行为地以及其他相关国家已经存在的立法，和这些法律产生的冲突。因此执行阶段面临的立法冲突问题，和立法阶段面临的适度立法问题是不一样的。

在执行阶段，法院或执法机关在面临法律冲突时是否应当直接执行本国立法，还是要给予他国法律某些尊重？域外管制法通常属于强制性规则。是否意味着对于立法国或者行为地的法律执行者而言，不存在冲突法问题，只需要直接适用本国法律即可？事实上，域外立法的前提是行为地没有有效法律规制该行为，导致立法国利益的减损。由于无法全面研究每个国家的法律，国家决定对相关行为进行域外立法。但是如果在个案中，国家发现行为地事实上有规制法律，该法律已经有效实施，并被行为人遵守，而且该法律和立法国的域外立法内容上不存在实质冲突，在这种情况下，即使域外立法存在，立法国也不应当直接适用本国法，而应当适用行为地法规制该行为。在实践上，当法院决定适用法的时候，同样可以比较各国在个案中和行为的联系、行为对各国造成影响的严重程度、各国法律的重要性，并适用那个与行为关系最密切的国家的域外管制法。①

因此，在执行域外立法时，法院或者行政机关可以考虑采用几个冲突法规则。第一，政府利益分析说。该学说由美国学者柯里提出。柯里认为，不同国家的法律冲突，实质是不同国家的利益冲突。解决法律冲突的办法对法律体现的"政府利益"进行分析。如果冲突仅是虚假冲突，也就是仅由一个国家有真正的合法利益需要保护，就应当适用这个国家的法律。如果两个国家都有真正的利益，而一个国家是法院地，那么法院地的利益优先。如果两个外国都有真正的利益，法院地没有重要利益，那么法院地可以行使自由裁量权。② 例如，位于南非的公司对出口到美国的同类产品进行价格限制，对美国市场造成影响。美国和南非均有反垄断法。南非的法律作为行为发生地法对此行为有属

---

① 见第三章第五节对美国确定"合法性"原则案件的评析。这些案件事实上均考虑了这些利益平衡问题。

② 参见宋连斌、董海洲：《国际私法上的"政府利益分析说"探微》，载《政法论丛》2011年第2期、第11~13页。

地管辖权；美国的反垄断法基于效果原则对此行为有域外管辖权。但是该行为真正影响的只有美国市场，所以南非没有真正的合法利益需要保护，相关法律产生虚假冲突。法院应当适用美国法律。

第二，最密切联系原则。最密切联系原则在多个国家均存在利益联系的前提下，考虑哪个国家和被管制的事项联系最为密切，或者被牵涉的国家利益更为重要。① 最密切联系原则建议和政府利益分析结合适用。例如，当法院地没有真实利益需要保护，而行为涉及数个外国的合法利益，法院应当考虑哪个国家和行为的关联更为密切。相关连接点包括行为发生地、行为的后果或者影响发生地、当事人的国籍或者其他属人联系等。法院同时也应当考虑连接点的重要性，例如当一个行为对数个国家造成影响，法院将分析各国国家利益受行为影响的大小，从而给予此要素不同的权重。

但是，在域外管制法冲突领域适用冲突规范，只是笔者提出的一个学术观点。在实践中，还没有国家在域外立法冲突领域内建立完整的冲突规则。然而，类似的做法已经零星地体现在司法实践中。例如，欧盟《罗马I合同法律适用法规则》给予法院权力，适用既非法院地法，又非准据法的第三国强制性规则，本质上就是基于最密切联系（合同履行地）和政府利益分析（履行违法）。② 英国司法实践中运用礼让原则承认非准据法国家强行规范效力，③也反映了类似的法律适用方法。为了增强法律适用的可预测性，解决在当今国际法框架内不可避免的立法冲突，可以考虑对域外管制法在实践中的冲突设立特殊的冲突规则。

第三节 不当域外管辖的应对方法

一、阻断法

阻断法是旨在禁止或限制外国法律或措施于本国领域内发生效力的法律法

---

① 参见李冠群，《论国际私法系统视野下的最密切联系原则》，大连海事大学博士论文，2021年。

② 见第三章第三节。

③ 参见 Regazzoni v KC Sethia［1958］AC 301；Ralli Brothers v Compania Naviera Sota［1920］2 KB 28；Foster v Driscoll［1929］1 K. B. 470（CA）。

规的通称。从国际公法的角度看，阻断法以维护国家主权平等为立法基础，以被阻断之外国法的违法性为前提，属于针对"国际不法行为"的反措施（countermeasure）。① 阻断法通过设置实体性的权利与义务，达到阻断外国法律在本国境内发生效力的目的。实体权利包括信息保密的权利、② 申请豁免的权利、③ 获得救济的权利。④ 实体义务包括报告义务、⑤ 不遵守相关法律与判决的义务。⑥

阻断法直接阻止外国域外管制法在本国领域发生效力。因此，阻断法与被阻断法直接发生冲突。被阻断法通常是外国单边制定的有域外效力的法律，允许国家权力机关直接管制域外的事项和行为，属于国际性强制性规范。阻断法为了保护本国利益，强制性要求行为人不得遵守被阻断法，也属于国际性强制性规范。阻断法与被阻断法的冲突属于国际性强制性规范之间的冲突。⑦ 从冲突的性质上看，阻断法与被阻断法之间的冲突是对抗性质的法律之间产生的本质的、不可调和的冲突。从冲突产生的条件上看，阻断法引起的法律冲突是国家意志驱动、对抗性法律并存导致的法律冲突。从国家意志的作用看，阻断法与被阻断法之间的冲突属于国家意志的直接对抗。直接对立的强制性规范冲突在实践中会引起一系列复杂的法律和政治问题。

（一）阻断法在本国的适用

阻断法在本国境内应当作为强制性规范被法院和行政机关直接适用。换言之，本国的法院和行政机关应当适用本国制定的阻断法，拒绝给予或承认外国被阻断法效力。意大利、德国、荷兰法院已经出现了数个直接适用欧盟《阻断条例》禁止行为人遵守美国制裁法的案例。虽然阻断法在立法国的适用比较直接，但是具体执行往往会遇到一些问题。

---

① 参见廖诗评：《阻断外国法律与措施不当域外适用办法属事适用范围》，载《国际法研究》2021 年第 2 期，第 44 页。

② 参见 Council Regulation（EC）No 2271/96，art 3。

③ 参见 Council Regulation（EC）No 2271/96，art 5。

④ 参见 Council Regulation（EC）No 2271/96，art 6。

⑤ 参见 Council Regulation（EC）No 2271/96，art 2。

⑥ 参见 Council Regulation（EC）No 2271/96，art 5。

⑦ 参见 Jürgen Basedow, Blocking Statutes, in Jürgen Basedow, GieselaRühl, Franco Ferrari and Pedro de Miguel Asensio（eds），Encyclopedia of Private International Law, Vol. 1（Edward Elgar, 2017）212。

首先，阻断国出于政治因素和经济因素的考虑，通常倾向于将阻断法作为政治谈判的筹码，而非真正在实践上严格适用阻断法。因为阻断法的效力是通过惩罚本国公司和个人来实现的。阻断法对外国不当域外立法的打击是间接的，对本国当事人和市场的打击却是直接的。阻断法试图通过惩罚本国实体来保护本国利益，本身就是一个悖论。因此，很多国家虽然制定了阻断法，但是执行阻断法却并不积极。美国纽约南区联邦地区法院在"阿迪达斯诉班宁顿海上列车"（Adidas（Canada）v S/S Seatrain Bennington）中提出，法国制定阻断法的目的就是给予法国人规避美国证据开示的合法借口，而非真的有意严格执行。①

其次，阻断法的运作主要依靠行政机关的工作机制。中国《阻断办法》实行的是"报告-禁令-申请-豁免"机制，并未考虑法院判决阻断禁令和豁免的情形。如果相关实体因为判断失误没有报告，也就不存在商务部禁令。若某中国公司在没有报告的情况下终止与一家受到美国制裁的伊朗公司的合同，法院在处理该违约争端时缺乏商务部的禁令依据，直接将《办法》作为强制性规范而适用，显然与《阻断办法》建立的工作机制不符。相较而言，欧盟《阻断条例》直接列举了被阻断法律清单，但给予豁免仍然需要行政机构决定。《条例》第五条规定，在不遵守被阻断法会给行为人或者共同体利益带来严重伤害时，行为人可以向欧盟委员会申请豁免。但是如果行为人没有申请，而相关民事案件诉至法院，法院能否按照第五条的精神予以豁免？欧盟成员国对此有不同的做法。意大利法院认为按照第五条的文义，豁免应当由欧盟委员会授予，而法院无权判断。因此在两个意大利的判决中，法院均不考虑艰难情形豁免，直接适用《条例》要求行为人不得遵守美国针对伊朗的次级制裁。②而德国法院倾向于根据个案判断遵守美国制裁对双方当事人利益的影响。例如，2018年德国汉堡地方法院在"伊朗国家银行诉德国电信公司案"（Bank M. I v Deutschland GmbH）中根据《条例》向德国电信公司发布临时禁令，禁止其遵守美国法律，在没有遵守通知期限的情况下终止为一家伊朗银行提供电

---

① 参见 Adidas（Canada）Ltd. v S/S Seatrain Bennington，1984 WL 423（S. D. N. Y. 1984）。

② 参见 Maya Lester QC, Italian Judgments on the EU Blocking Regulation, European Sanctions：Law, Practice and Guidance, https：//www. europeansanctions. com/2019/10/italian-judgments-on-the-eu-blocking-regulation/，2021 年 6 月 10 日访问。

话和互联网服务。① 汉堡法院认为如果德国电信公司有受到美国制裁而破产的风险，则可以在无通知的情况下终止合同。但是并无证据表明该风险真实存在。而对于伊朗国家银行而言，立即失去电信服务将对银行业务造成深远的危害。此外，禁令并非永久性，而仅于合同规定的通知期限内持续有效，以保证银行寻找到替代的电信服务供应商，因此不会对被告造成巨大损失。可见，德国法院并未依赖欧盟委员会的豁免许可，而是允许法院判决是否根据个案给予豁免。

再次，针对经济制裁的阻断法只保护相关实体和被制裁国家进行正常商业往来的自由，而不要求相关实体必须维持与受制裁国家实体之间的商业交易。如果有合适的商业考虑，相关公司可以合法终止相关业务。但是，商业决策的动机很难判断。如果公司决定违约而不提供理由，如何判断公司是出于遵守美国制裁法之目的而作此决定？这个问题在今年的欧盟案件中得到了回答。欧盟法院佐审官对"伊朗国家银行诉德国电信公司案"发表意见，表明如果欧盟实体终止与受美国制裁的伊朗公司的合同，应当清楚地说明理由，否则将被视作遵守美国法。② 但是如果公司以其他虚假理由终止合同，如何证明决策的真正动机是遵守被阻断法？其次，美国次级制裁毫无例外地制造了商业风险。美国正是依靠对第三国实体的风险确保其次级制裁法被域外实体遵守。③ 那么是否代表着被阻断法制造的风险不能作为正常商业风险被公司在决策中考虑？德国汉堡地方法院在另一个案件中拒绝对被告银行颁发禁令，允许银行终止与一家被列入美国特别国民清单的国际物流公司的业务。④ 汉堡法院认为根据合同条款，如果存在合理的理由，银行可以终止服务。由于美国制裁，被告银行继续提供服务将面临失去其美国代理行业务的风险，而美国代理行是被告运营不可或缺的。因此被告终止提供金融服务并非出于直接遵守法律的考虑，而是因

---

① 参见 Bank M. I v Deutschland GmbH［2018］，319 O 265/18。

② 参见 Advocate General's Opinion in Case C-124/20 Bank Melli Iran，Aktiengesellschaft nach iranischem Recht v Telekom Deutschland GmbH。

③ 参见 Tom Ruys，Cedric Ryngaert，"Secondary Sanctions：A Weapon out of Control？The International Legality of，and European Responses to，US Secondary Sanctions"，（2020）British Yearbook of International Law 1，45。

④ 参见 Wirksamkeit der Kündigung des Girokontovertragesdurch die Bank，LG Hamburg 18. Zivilkammer，Urteilvom 15. 10. 2018，318 O 330/18。

为美国制裁构成了合理的商业风险。可是被告事实上仍然遵守了美国制裁法，而商事风险构成遵守美国法的理由。由于遵守外国法和规避外国法带来的风险是一个硬币的两面，二者互为因果不可分割，汉堡法院的判决事实上造成了相关实体和律师容易通过技术性的叙事方式，规避阻断法的适用。

此外，如果双方未达成合同，但是一方由于美国制裁法终止了谈判，而阻断法并不能强迫行为人与受制裁的国家签订合同。此时如何判断谈判的破裂是否是因为美国制裁？阻断法是否可以构成先合同责任，要求一方赔偿另一方的谈判费用以及其他损失？欧盟实体拒绝与伊朗等被制裁国家的公司签订合同是否也需要提供美国制裁之外的理由？这样是否给予了伊朗公司相比其他公司竞争优势？这些问题均构成适用阻断法的障碍。

最后，在合同条款将被阻断法列为排除合同责任的情形时，当事人终止合同的决定应当视作遵守被阻断法，抑或执行合同？很多合同包含不可抗力条款，将外国制裁列为不可抗力事实；或者专门包含外国制裁条款。比如"马曼科切特矿业有限公司案"（Mamancochet Mining Limited v Aegis Managing Agency），① 合同条款约定如果支付理赔"会使（再）保险人受到联合国决议或欧盟，英国或美国的贸易或经济制裁的法律或法规的制裁、禁止或限制，（再）保险人可以拒绝付款"。保险受让人受到美国制裁后，保险人拒绝理赔。英国高等法院商事法庭在附带意见中区分了当事人的合同义务与法定义务，认为行为人根据合同排除条款遵守美国制裁不同于行为人直接遵守美国制裁，后者违反欧盟《阻断条例》而前者不违反。该合同条款并非选择在相关情形下适用相关国家的制裁法的法律选择条款，而是将外国制裁作为解除当事方合同责任的约定事实。虽然学者通常认为外国禁止性强制性规范可以构成履行合同的不可抗力，② 但前提是法院地法没有直接否定该外国法的合法性。荷兰鹿特丹法院在2020年一项判决中认为美国次级制裁不能被定性为不可抗力。③ 因为不可抗力使合同不能"合法"履行。但是法院地国的阻断法否决了美国的

---

① 参见 Mamancochet Mining Limited v Aegis Managing Agency Limited and Others［2018］EWHC 2643（Comm）。

② 参见 Andrew Barraclough, Jeff Waincymer, "Mandatory Rules of Law in International Commercial Arbitration", (2005) 6 Melbourne Journal of International Law 218。

③ 参见 Payesh Gostaran Pishro Ltd v Pipe Survey International CV and P&L Pipe Survey (Case No C／10／572099／HA ZA 19-352, decided Apr. 1, 2020)。

次级制裁在法院地国境内的合法性。因此，即使美国次级制裁对被告而言是实质性的风险，但是无法构成法律上的不可抗力。但是，如果合同条款直接列明被阻断法为不可抗力，该不可抗力条款通常不会因为超过法定不可抗力范围而无效。① 这样就可能造成利用合同条款规避法院地阻断法的情形。

（二）阻断法在被阻断国的效力

被阻断国通常不会顾及阻断法而直接适用本国域外管制法。但是阻断法可能会作为"外国主权强制"而发生效力。美国法院在"美国诉布罗迪案"（United States v. Brodie）中对阻断法是否能构成外国主权强制进行了分析。该案四名被告被控参与了对古巴的贸易，从而违反了美国《对敌贸易法》《古巴资产控制条例》。被告以加拿大 1984 年《外国域外措施法》、英国 1980 年《保护贸易利益法》和 1996 年《欧盟阻断法令》项下的强制和处罚为由提出了礼让及外国主权强制抗辩动议。被告声称这些国家的阻断法可能将他们遵守相关美国法律的行为定为犯罪。然而美国宾夕法尼亚东区联邦地区法院麦克劳克林（McLaughlin）法官指出外国主权强制抗辩不成立的三个原因。第一，本案由美国行政机构提起诉讼，且美国政府已经充分考虑了对外关系与他国主权因素，在经过充分权衡之后认为被告行为违反的美国公共秩序已经超出了任何国际礼让考虑。② 第二，被告援引的外国阻断法律缺乏强制性。这些阻断法均未"强制"被告与古巴进行交易。第三，由于相关阻断法不存在强制交易，各国也并未发出特别指令，被告受阻断法制裁的危险并不存在，因而不存在正当程序问题。③

总体来看，美国司法实践表明外国阻断法的"预期执行效果"与"实质性威胁"，以及当事人的"善意违法"，将直接影响美国法院对外国主权强制的判断。"预期执行效果"指阻断法在其立法国境内的执行力度。例如，美国法院认为法国第 80-538 号法律作为阻断域外证据开示的阻断法为仅是一项程序性法律，与美国法发生"程序性绝对冲突"，但不属于外国主

---

① 参见 Eline Mooring, Marc Padberg and Tim Hesselink, Risk of violating US sanctions as a ground for force majeure：A Dutch perspective, 2019, 31, https：//www. kneppelhout. com/media/rtf/2020-92-WorldECR-Kneppelhout. pdf, 2021 年 6 月 10 日访问。

② 参见 United States v. Brodie, 174 F. Supp. 2d 294（E. D. Pa. 2001）；法院还通过检验 Mannington Mills 案提出的平衡测试的十项指标后驳回礼让抗辩。

③ 参见 United States v. Brodie, 174 F. Supp. 2d 294（E. D. Pa. 2001）。

权强制。① 因为违反第 80-538 号法律并不会导致当事人在法国面临"被起诉的现实风险",② 该阻断法不具备期望中的执行效力,只是一种战术上"讨价还价"的筹码。③"实质性威胁"指阻断法必须给违法当事人带来潜在的或现实的"实质困难"(substantial hardship)或"重大困难"(significant hardship)。④在"美国再保险公司诉国家机构管理局案"(Reinsurance Co. v. Administratia Asigurarilor)中,美国联邦第七巡回上诉法院格雷迪(Grady)法官认为《罗马尼亚国家秘密法》有明确的禁止性,附带严厉的刑事制裁,并可获得严格的、强力的执行,因此执行美国证据开示令将使得当事人面临"非常真实的威胁"。⑤"善意违法"指因为外国阻断法而违反美国法律是当事人不得已的行为,而非以外国阻断法为借口有意规避美国法。如果外国阻断法有豁免制度,美国法院可能会考虑被告是否努力向阻断国申请豁免,而在申请失败后才不得已违反阻断法。⑥

近年来,作为美国贸易制裁的主要行政管理机构,财政部海外资产管理办公室(Office of Foreign Assets Controls,以下简称"OFAC")在 2019 年一则和解通知中,对遵循欧盟《阻断条例》的一家瑞士保险公司进行了处罚。⑦这表明制裁法与阻断法的对抗并没有因为外国主权豁免而减轻。由于美国法院

---

① 参见 Anthony J. Colangelo, "Absolute Conflicts of Law", (2016) 91 Indiana Law Journal 735。

② 参见 In re Air Cargo Shipping Services Antitrust Litigation, 278 F. R. D. 51 (E. D. N. Y. 2010)。

③ 参见 Anthony J. Colangelo, "Absolute Conflicts of Law", (2016) 91 Indiana Law Journal 735。

④ 参见 James R. Atwood, "Blocking Statutes and Sovereign Compulsion in American Antitrust Litigation", (1986) 27 Swiss Review of International Competition Law 17;SEC v. Stanford Int'l Bank, Ltd., 776 F. Supp. 2d 323, 340 (N. D. Tex. 2011)。

⑤ 参见 Reinsurance Co. v. Administratia Asigurarilor, 902 F. 2d 1275 (7th Cir. 1990)。

⑥ 参见 Competitive Impact Statement for Proposed Consent Judgment in United States v. Bechtel Corp., 42 Fed. Reg. 3716, 3718 (Jan. 19, 1977). Restatement (Revised) of the Foreign Relations Law of the United States § 437 (2)。

⑦ 参见 OFAC, Chubb Limited (as Successor Legal Entity of the Former ACE Limited) Settles Potential Liability for Apparent Violations of the Cuban Assets Control Regulations, Enforcement Information for December 9, 2019, https://home. treasury. gov/system/files/126/20191209_ace. pdf, 2021 年 5 月 27 日访问。

和行政执法机构在援引各国阻断法问题上成功案例稀少，阻断法在被阻断国的实效也处于不确定的状态。虽然理论上外国当事人可以寻求通过"外国主权强制"抗辩避免美国法下的法律责任，但是由于外国阻断法旨在对抗美国域外管制法的效力，出于国家意志对抗，美国不会轻易允许外国阻断法构成外国主权强制抗辩。对中国而言，如果行为人希望《阻断办法》构成主权强制，则需要证明《办法》将被严格执行，对违法行为人构成实质性威胁；并且违反美国法是善意行为，这意味着行为人必须已按照《办法》要求申请豁免，只是被拒绝授予豁免。中国主管机构则需策略性地严格执行《阻断办法》，并对违法实体进行严厉惩罚，形成示范案例。

（三）阻断法在第三国的效力

阻断法在第三国的适用存在更大的不确定性。对第三国而言，阻断法和被阻断法是两个同等地位的外国国际性强制性规范。第三国没有义务给予任何一个外国国际性强制规范更高的权重。因此第三国需考虑本国的冲突法规范，决定适用外国阻断法还是制裁法。实践中通常有以下两种做法。

第一种做法仅适用准据法和法院地的国际性强制性规范或公共政策。其他国家的强制性规范不在考虑之列。[①] 如果当事人选择阻断国的法律，或者阻断国是与合同联系最密切的国家，则适用阻断法。在实践上，如果一方当事人所在地有较高的受制裁风险，该当事人会尽量避免选择可能发起制裁的国家的法律为准据法。此外，阻断法保护的交易通常不会发生在发起制裁的国家，且双方当事人都会尽量避免与制裁国发生联系。因此，相关合同的准据法往往是阻断国或者第三国的国内法。但是，如果双方当事人签订了长期合同，国际政治的变化出乎意料地使一方成为受制裁的对象，而合同的准据法恰巧为制裁法，那么第三国的法院将会适用制裁法。

第二种做法则会考虑第三国的国际性强制性规范。随着国际礼让的发展，一些国家适用准据法时会考虑尊重第三国的国际性强制性规范，特别是尽量避免鼓励违反友邦刑法或者行政法、损害友邦公共秩序的行为。比如欧盟《罗马公约》第 7 条规定，法院在适用准据法时，可以考虑给予与合同联系密切

---

① 大多国家实践上采用这一做法。如《中华人民共和国涉外民事关系法律适用法》第 4 条仅要求适用中国的强制性规范。参见肖永平、张驰：《论中国〈法律适用法〉中的"强制性规定"》，载《华东政法大学学报》2015 年第 2 期，第 115 页。

的第三国的国际性强制性规范效力。行使自由裁量权时，法院应考虑该强制性规定的性质和目的，以及其适用或不适用的后果。① 荷兰、英国判例法中也有类似做法。② 但是，自由裁量权应当如何行使？应当考虑什么因素？不同的因素应当如何给予权重？国际上通常有两种做法。

第一，考虑联系的密切程度。③ 第三国与相关合同联系越密切，违反该国法律越有可能违反国际礼让。在实践上，该原则通常指向行为地法律。亦即法院应当避免鼓励行为地的违法行为。如果履行合同不违反准据法和法院地法的规定，但是违反行为地的行政性规范或者刑法，法院将拒绝要求当事人履行合同。欧盟的《罗马I条例》则将该原则具体量化。其第9条第3款规定，如果非准据法的合同履行地的国际强制性规定使履行合同不合法，法院可以自由裁量适用该强制性规定。④ 域外管制法以国内法的形式管制域外行为，受管制的行为发生在域外。因此，如果行为人违反域外管制法，其行为违反了外国法而非行为地法，不构成行为地的违法行为。由于域外制裁法旨在管制域外行为，并不会构成行为地法，因此也就无法作为行为地国际性强制性规范，获得适用的优先权。而阻断法通常基于属地原则，管辖立法国境内的商事行为，通常构成行为地国际性强制性规范。例如，美国对伊朗公司实施制裁，而该伊朗公司与德国公司在德国有业务往来。德国公司试图终止合同，合同条款给予英国法院管辖权并适用英国法律。由于合同在德国履行，德国阻断法属于行为地国际性强制性规范。虽然美国制裁法同为第三国国际性强制性规范，但是美国并非行为地。因此，英国法院应当适用德国阻断法而非美国制裁法。

如果阻断法具有域外效力，比如通过国籍原则，管辖在域外运营的本国注册的公司；通过控制原则，管辖由本国实体控制的域外实体；或者宽泛地适用于任何外国实体，都无法成为行为地强制性规范获得适用的优先权。例如，美国制裁一家中国企业，该企业与英国企业在英国有商业往来，英国企业决定终

① 《罗马公约》已经被《罗马I条例》所取代。《罗马I条例》内容见下文。

② 参见 e. g. , Mario Giuliano, Paul Lagarde, Report on the Convention on the Law Applicable to Contractual Obligations ［1980］OJ C 282/1, pp. 26-27。

③ 参见 Tamás Szabados, Economic Sanctions in EU Private International Law（Hart Publishing, 1st edn, 2019）157。

④ 参见 Regulation（EC）No 593/2008 on the Law Applicable to Contractual Obligations（Rome I）,［2008］OJ L 177/6, art 9（3）。

止合同，该中国公司诉至英国法院，英国法为准据法。即使我们对中国《阻断办法》做扩张解释，使之适用于任何外国实体，但由于中国不是合同履行地，英国法院将不会给予中国《阻断办法》优先适用的效力。

第二，考虑法院地的共同利益或价值。如果第三国的制裁措施与法院地的政策或价值重合，那么法院地很可能基于公共政策，给予第三国制裁措施优先权。典型例子是，若案件涉及一个欧盟成员国的单边制裁法和非欧盟国家的阻断法，另一个欧盟成员国的法院行使管辖权，而法院地法为准据法。该法院出于欧盟内部互信与共同利益的考虑，可能会给予欧盟国家国内制裁法优先权。① 如果法院地有类似的制裁法或者出口管制法，那么法院地也可能因为共同价值的原因适用第三国的制裁法。反之，如果第三国的经济制裁法涉嫌违反国际法，法院地虽然制定了阻断法但是不适用于该案，比如当事人不是法院地的实体，而且交易不在法院地进行。在此情况下，法院地有较大可能给予相关外国阻断法效力。例如，如果中国公司和受美国制裁的伊朗公司从事交易，约定在德国法院依靠德国法律解决争端。德国法院虽然无法直接适用欧盟《阻断条例》，却可能以第三国强制性规范为由给予中国《阻断办法》效力。因为《阻断办法》和欧盟《阻断条例》分享共同的价值。此外，即使法院地没有相关或者类似的法律，法官也可能分析制裁法和阻断法的内容、目的和立法背景，判断哪个第三国的法律和法院地有共同利益。由于美国的"次级制裁"不符合习惯国际法的任何管辖权基础，在国际法上缺乏充分的合法性基础，法院有理由认为针对次级制裁的第三国的阻断法符合法院地的共同利益，从而给予阻断法效力。但是，如果法院地认同单边制裁措施，或者和发起制裁的国家有更深的政治联系，则可能认可制裁措施的合法性，从而给予单边制裁效力。

（四）阻断法的实际效力

阻断法的法律效力很大程度上取决于受诉法院。限于阻断法自身的模糊性，以及执行阻断法经验的缺乏，阻断法的法律效力存在较大的不确定性。此外，阻断法的实际效力不仅和法律效力相关，还需要综合考虑其威慑效果和执行效果。

阻断法一直让受约束的主体面临两难境地。行为人可能考虑多种因素决定

---

① 参见 Tamás Szabados, Economic Sanctions in EU Private International Law (Hart Publishing, 1st edn, 2019) 157, 158。

遵守制裁法还是阻断法，其中最重要的因素是纯粹的商业考量。尤其是在合同关系中，当事人及其律师可能会权衡商业利益并作出选择，而非法律的现实拘束力。以欧盟为例。早在 2007 年，奥地利银行 BAWAG 的高管为实现与美国主体达成的收购协议而遵循美国对古巴制裁关闭了百余名古巴客户的账户。该行为触发了《欧盟阻断条例》，带来遭欧盟的高额罚款的风险。此后该银行获得了美国的豁免，奥地利政府也终止诉讼，目标收购顺利完成。不过该案显然不是一个单纯的法律问题。商业考量而非"法律约束力"是导致银行决策者选择遵守美国制裁的主要原因。[1] 2018 年德国电信服务商在存在《欧盟阻断条例》的情况下，为遵守美国次级制裁向伊朗国家银行德国汉堡分行发出电信服务合同无效终止通知。欧盟法院佐审官在一份意见中表达了对《欧盟阻断条例》作为法律的威严和实效的担忧。[2]《欧盟阻断条例》赋予欧盟实体采取《条例》项下救济的权利，但同时《条例》的实效仰赖于成员国的和欧盟实体的遵守和执行，如果各实体决定遵从美国制裁，这将破坏欧盟的公共政策。这说明，取得阻断法实效的重点还是自觉遵守和执行，避免效力的悬置与弱化。

此外，法院适用阻断法签发禁令或者进行追偿，是否可以鼓励当事人遵守阻断法？禁令的实际效果取决于以下几个因素。第一，禁令或者赔偿如果不被行为人遵守，法院是否有效措施强制执行？如果被告是域外公司，执行将会存在难题。除了暂时没有全球化的有效民事判决执行互助途径之外，[3] 禁令等非金钱给付外国判决，在部分国家得不到承认和执行。[4] 第二，即使法院可以对本地的公司强制执行，但是禁令通常只是临时性的。商业实体即使不能因为

---

① 参见 Austria Foreign Ministry, Foreign Ministry Ceases Investigations against BAWAG Bank, www.bmeia. gv. at/en/the-ministry/press/announcements/2007/foreign-ministryceases-investigations-against-bawag-bank/，2021 年 5 月 27 日访问。

② 参见 Advocate General's Opinion in Case C-124/20 Bank Melli Iran, Aktiengesellschaft nach iranischem Recht v Telekom Deutschland GmbH。

③ 2019《海牙外国民商事判决承认和执行公约》尚未生效。关于外国民事判决的承认与执行途径，各国采取的方法不一。参见张勇健、杨蕾：《司法机关相互承认执行民商事判决的新探索》，载《人民司法》2019 年第 13 期，第 20 页。

④ 参见 Park Sangyoon Nathan, "Recognition and Enforcement of Foreign Provisional Orders in the United States: Toward a Practical Solution" (2017) 38 University of Pennsylvania Journal of International Law 999。

被阻断法而立即违反约定终止合同，也被允许经过合同规定的正常通知程序终止合同。此外，相关公司仍然可以以拒绝未来业务的方式遵守美国法律，而阻断法无法逼迫商事实体签订合同。第三，法院给予的损害赔偿额度通常低于美国政府的惩罚力度，或者低于相关实体失去美国市场的经济损失。因此，即使有追偿诉讼也不能保证相关当事人有动机遵守阻断法。第四，如果法院通过禁令强制相关实体违反美国制裁法，美国可能因为外国主权强制而放弃对相关实体采取惩罚措施。① 这可能造成更多实体不愿意主动遵守制裁法，而期待通过被诉至法院获得禁令的办法获得美国豁免。

美国掌握全球金融霸权、科技霸权和军事霸权，可以用强大的经济实力向域外实体施加合规压力。域外实体在进行商业决策时，考虑的不仅是两个强制性规范的博弈，更是国家之间实力的博弈。如果遵守阻断法而违反了美国的制裁法，可能的结果除了失去美国市场、美国科技产品之外，还可能失去美元结算业务、高额罚款甚至刑事处罚。遵守美国制裁法违反阻断法的可能后果主要是阻断国的罚款，以及可能失去阻断国的市场。在此前提下，各个实体会针对自身的业务范围和发展策略，制定相应的合规政策。主要业务在阻断国的实体自然会倾向遵守阻断法，而主要业务在阻断国之外的实体，不论主营业地是否是美国，通常会选择遵守美国制裁法。② 因此，市场较小而实力较弱的小国，即使制定了阻断法，在实际效果上也很难和美国制裁法抗衡。而有一定经济实力的市场大国，如欧盟和中国，在一定程度上会给予相关实体合规压力。但是，这仍然无法阻挡一些公司选择遵守美国法，并接受阻断法的惩罚。

但是，这并不代表阻断法没有实际功效。阻断法在很多时候是国家政治意愿的法律表达。阻断法带有强烈的政治色彩。域外制裁法通常给受制裁国家和其他国家的商业行为制造了巨大的风险。而阻断法并未减轻风险，而是通过与被阻断法的直接对抗，对实体和个人施加的压力，将风险部分传导回制裁国。阻断法的最终目的不是在经济上惩罚违法实体，而是作为政治谈判的筹码，迫使制裁国改变政策，遵守国际法中的主权平等和不干涉原则。

---

① 参见 Ings v. Ferguson, 282 F. 2d 149, 152 (2d Cir. 1960). See also C. Todd Jones, "Compulsion Over Comity: The United States' Assault on Foreign Bank Secrecy", (1992) 12 Northwestern Journal of International Law & Business 454。

② 参见李庆明：《论美国域外管辖：概念、实践及中国因应》，载《国际法研究》2019 年第 3 期，第 22 页。

二、反制法或其他报复措施

反制法和阻断法不同，其目的不是禁止本国或者第三国实体执行外国的域外立法，而是针对制定不当域外立法的立法国，也同样制定本国内容类似或者影响力类似的域外立法。反制法采取对等原则。如果 A 国立法管辖 B 国实体在 B 国境内的行为，B 国同样立法管辖 A 国境内实体在 A 国境内的同样的行为。如果 A 国立法禁止本国公司将管制技术出口到 B 国，B 国同样立法禁止本国公司将 B 国认为有管制需要的技术出口到 A 国。但是，如果 B 国没有 A 国需要的技术，B 国将会采取其他的可能对 A 国进行同等打击的报复性措施，比如禁止 A 国公司进入 B 国市场。

反制法通常在出口管制和经济制裁领域出现，因为在此领域的域外立法有明显的惩罚对抗性质。被针对的国家通常需要基于对等原则进行反击，同时进行政治宣告。在美国出台一系列针对中国和中国高科技企业的制裁措施之后，我国商务部出台了《不可靠实体清单》，① 根据对中国国家主权、安全、发展利益的危害程度；对中国企业、其他组织或个人合法权益的损害程度；国际通行的贸易规则等，将外国实体列入不可靠实体清单。② 对于列入清单的实体，工作机制可以采取限制或者禁止其从事与中国有关进出口活动；限制或者禁止其在中国境内投资；限制或者禁止其相关人员、交通运输工具入境；限制或者取消相关人员在中国境内工作许可、停留或者居留资格；罚款以及其他必要措施。③ 外国实体一旦列入清单，将短期内难以继续开展对华相关贸易活动。

中国的《出口管制法》的相关对等条款，也可以视为反制措施。该法第 48 条明确了"对等原则"，如果外国滥用出口管制措施，危害中国国家安全和利益，中国也可以对相应的国家或地区采取对等措施。根据第 44 条的规定，中国的对等措施也可以有域外效力。换言之，中国可以对发生在境外的违法行为和境外实体执行惩罚措施。

中国的《反外国制裁法》更是明显的反制法律。该法允许国务院有关部门将直接或者间接参与制定、决定、实施歧视性限制措施的外国个人及其配

① 参见商务部令 2020 年第 4 号。
② 参见《不可靠实体清单》第 7 条。
③ 参见《不可靠实体清单》第 10 条。

偶、直系亲属、担任高级管理人员的组织，外国组织及其高管人员或者实际控制人，或者以上个人或组织实际控制或者参与设立、运营的组织，列入反制清单。① 有关部门可以对列入清单的个人或组织不予签发签证、不准入境、注销签证或者驱逐出境；查封、扣押、冻结在我国境内的动产、不动产和其他各类财产；禁止或者限制我国境内的组织、个人与其进行有关交易、合作等活动。② 受到影响的我国公民或个人可以要求赔偿损失。③

反制法的作用不是直接使得外国不当域外立法失效，而是采用相同或者类似的手段，起到对抗的目的。反制法的主要作用有二。第一是对等，也就是通过反制法将本国放置到制定不当域外管制法的国家的同等地位。国际商事活动中的行为人在作出商事决策时，将不会直接遵守外国域外管制法而损害本国利益，也会考虑本国同样的域外管制法律。第二是威慑，也就是通过对等反制，对外国产生威慑作用，外国立法者将不会轻易制定针对本国的域外管制法，特别是出口管制和单边制裁法，而需要权衡利弊。从反制法的主要功能和期待达到的目的而言，反制法是有很强政治性的法律，其主要目的不是规制当事人的商事活动，而是迫使外国改变对外政策，约束不当域外立法行为。

三、非法律应对措施

（一）外交途径

外交途径是应对外国不当域外管辖最直接最常用的手段。虽然外交方法常被认为是一种严重依靠国家实力的、缺乏结果可预见性的方法，但是由于域外管辖无法避免国际关系和外交问题，外交抗议和磋商在实践中仍可以发挥重要作用。

例如在美国早期适用几乎没有任何限制的效果原则，将反垄断法的适用范围扩展到域外。作为美国紧密的贸易伙伴，英国开始制定阻断法。但是在立法过程中，英国政府同时和美国进行外交磋商。美国认为英国制定阻断法的行为可能会导致对抗，而非合作解决问题。英国认为这个结果并非英国的本意，如果可能，法律和经济上的分歧可以通过政府间合作达成。美国反垄断法允许给

---

① 参见《反外国制裁法》第4条，第5条。
② 参见《反外国制裁法》第6条。
③ 参见《反外国制裁法》第12条。

予私人原告三倍赔偿，这本身就有公法性质，将这样的法律适用于英国公司在英国的行为破坏了政府间的合作。因为外国的反对和抗议，美国法院在 90 年代开始对效果原则的适用提出限制，特别是建立了利益平衡的"合理性原则"。①

同样，在美国制定对外单边制裁法影响了欧盟内部的商事活动，欧盟也开始了外交抗议，被称为"扩音器外交"。② 欧盟刊发了一系列的新闻稿，谴责美国的域外管辖特别是《赫尔姆斯-伯顿法》和《达马托法》。除此之外，欧盟也制定了阻断法同时动用了 WTO 贸易争端解决程序。但是，欧盟的阻断法并未实施，而且 WTO 程序也没有进入实质性阶段。这一系列措施都是外交抗议的辅助手段。之后欧盟和美国就单边域外制裁问题进行了谈判，最后于 1997 年 4 月 11 日签署了《关于美国〈赫尔姆斯-伯顿法〉和〈伊朗和利比亚制裁法〉的谅解备忘录》。欧盟同意中止 WTO 程序，并加强对古巴民主化的承诺。美国将不对欧盟实体适用这两个法律，承诺加强与欧盟的合作，加强对投资的保护，并解决管辖权冲突。③ 最后在 1998 年 5 月，美国和欧盟缔结了《跨大西洋政治合作伙伴关系和关于加强投资保护规则的谅解》（《积极礼让协议》）。欧盟承诺"加强投资保护"，并不对《赫尔姆斯-伯顿法》或《达马托法》对美国提起 WTO 诉讼。美国承诺给予欧盟的实体遵守这两个法律的豁免，并保护欧盟对伊朗进行石油和天然气运输的基础设施的投资。

外交方法比较灵活，可以适用于各种性质的争端。很多域外管辖立法并非纯法律问题，当然涉及政治，属于混合性质争端。单纯适用法律手段可能无法涉及问题根本。此外，外交手段不影响兼采、换用其他方法解决争端。例如，英国和欧盟在进行外交磋商时，均同时制定阻断法。欧盟还发动了第三方争端解决。这些措施可以辅助外交手段发挥作用。如果外交方式不成功，当事国还可以换用其他方法，比如欧盟可以继续 WTO 诉讼。最后，受域外管辖影响的国家可以单独或者联合提起外交抗议，而后者产生的外交压力更大，更容易达

---

① 参见 Alexander Layton and Angharad M Parry, "Extraterritorial Jurisdiction - European Responses", (2004) 26 Hous J Int'l L 309, 314。

② 参见 Alexander Layton and Angharad M Parry, "Extraterritorial Jurisdiction - European Responses", (2004) 26 Hous J Int'l L 309, 315。

③ 参见 Alexander Layton and Angharad M Parry, "Extraterritorial Jurisdiction - European Responses", (2004) 26 Hous J Int'l L 309, 317。

到抗议效果。

但是，外交方式的效果取决于国家实力对比、国家贸易联系的紧密程度以及国家的政治外交关系。如果当事国的政治经济实力不平衡，则外交方式可能并非一个很有效的选择。其次，外交方式通常仅对"友邦"之间的争端有效。如果当事国本是域外立法制裁的对象，那么即使提起外交抗议，也无法有实际的作用。①

（二）经济措施

有学者提议采用经济措施应对外国不当域外管辖。前文已经提到，域外立法虽然容易，但是执行域外管制法却比较困难。国际法要求执法遵守绝对属地原则，这使得大多国家需要依靠自身的经济实力对域外行为人施加压力。美国之所以热衷域外管辖，一个重要的原因是美国强大的金融实力造成域外实体对美元的依赖。美国只需要通过美国境内金融机构控制美元交易，就要可以牢牢掌握域外实体的金融命脉，迫使域外实体遵守美国的域外管制法。由于美国在金融领域适用次级制裁并侵犯欧盟的经济和货币主权，越来越多的欧洲高层官员呼吁提高欧元作为国际货币的地位，以欧元逐步代替美元。② 在美国经济制裁和科技制裁的刺激下，中国的去美元化行动非常坚决。中国与加拿大和卡塔尔分别签署了本国货币兑换协议，使加拿大成为北美第一个人民币离岸中心。③ 中国与阿联酋和伊朗签订了石油贸易协议，均规定用人民币或者其他中东货币结算。④ 中国和俄罗斯加大货币互换力度，双边贸易不以美元结算。⑤ 与此同时，中国也在大力探索更多适用数字加密货币进行国际结算。

---

① 参见郭丽芳、沈丁立：《国际争端解决机制的历史考察》，载《江西师范大学学报（哲学社会科学版）》2015 年第 3 期，第 107～108 页。

② 参见 Tom Ruys and Cedric Ryngaert, "Secondary Sanctions: A Weapon out of Control? The International Legality of, and Enruopean Responses to, US Secondary Sanctions", (2020) The British Yearbook of International Law 1, 100-101。

③ 参见 Colin Qian, Kevin Yao, "China, Canada extend currency swap agreement", 13 Jan 2021, http://Nasdaq.com/articles/china-canada-extend-currency-swap-agreement-2021-01-13 (accessed on 30 May 2022)。

④ 参见 China and Iran sign ＄400-bn 25-year oil deal, 29 March 2021, https://www.asiafinancial.com/china-and-iran-sign-400-bn-25-year-oil-deal (accessed on 30 May 2022)。

⑤ 参见 China, Russia expand trade settlements in local currencies to counter US dollar hegemony, 5 Sept 2021, https://www.globaltimes.cn/page/202109/1233386.shtml (accessed on 30 May 2022)。

虽然"去美元化"行动已经开始，但是不可否认的是美元在国际投资、国际结算中仍占统治地位，美元仍然是世界第一储备货币。欧元取代美元为时尚早。在美元的国际统治地位没有动摇时，中国也很难完全做到去美元化。数字货币也许会成为未来趋势，但是无法解决眼前的问题。由于去美元化是一个长期性并充满变量的工作，短期可能进行的操作则是运用"特殊目的载体"（Special Purpose Vehicle）来进行与被美国制裁国家的交易。例如，2019 年英国、法国和德国开始了"贸易交换支持工具"（Instrument in Support of Trade Exchanges（INSTEX））。这是一个允许伊朗和欧洲公司之间在没有直接金融交易或者使用美元的情况下进行货物"易货交易"的特殊目的载体。在 INSTEX 体系，位于欧盟的资金账户将支付欧盟公司货款，而位于伊朗的资金账户将支付伊朗出口商货款。美元或者国际银行将不会参与交易。[1] 但是特殊目的载体可能被美国视为规避美国强行法的措施。参与的公司和银行仍然可能受到美国制裁。在当今的国际体系下，采取经济措施规避美国不当域外立法的执行还需要很多国家共同努力，也需要更漫长的时间。

四、第三方争端解决机制

理论上，域外立法争端还可以提交给第三方国际争端解决机构，通过如仲裁、诉讼等正式法律程序解决争端。原则上，一个国家违反国际法行使域外管辖权会引起国家责任。受到不当域外立法影响的国家有权在国际法庭提起诉讼或仲裁。例如"莲花号案"就是法国认为土耳其过度行使域外管辖权，在国际常设法院提起的诉讼。[2] 在"艾希曼案"中，阿根廷和以色列也将以色列域外执法引起的争端提交给联合国安理会。伊朗也将美国对伊制裁提交到国际法院。[3] 如果不当域外管辖影响 WTO 框架下成员国的义务，受影响的国家也可以把争端提交到 WTO 争端解决机构。例如欧盟、日本都曾将美国出台的单

---

① 参见 Tom Ruys and Cedric Ryngaert，"Secondary Sanctions：A Weapon out of Control？The International Legality of, and Enruopean Responses to, US Secondary Sanctions"，（2020）The British Yearbook of International Law 1, 102-103。

② 参见 PCIJ, SS Lotus, PCIJ Reports, Series A, No 10（1927）。

③ 参见 Iran v United States（Certain Iranian Assets）www. icj-cij. org/en/case/164。

边次级制裁法诉诸 WTO 争端解决机构。① 此外，有的域外立法可能违反了立法国签署的双边协议。例如美国的单边次级制裁法很可能违反了一系列美国签署的友好、通商和航海条约,② 这些双边条约都含有争端解决条款，承诺如果外交方式失败，争端将提交给国际法院解决。美国和中东欧一些国家签署的系列双边投资协定也要求将国家间争端提交仲裁。

虽然第三方争端解决理论上可行，但是有几个重要缺陷。第一，国际法对域外立法的规定非常不清晰，特别是对于域外立法管辖的"适度性"的规定非常缺乏。域外立法是否违反国际法成为了一个复杂且缺乏确定性的问题。将这样的问题提交给第三方争端解决机构将面临极大的不确定性。无人可以预知可能的判决。特别是对于很多保守派的国际法学家而言，"莲花号案"仍然是有效判决。即使域外管辖被认为"不适度"，但是这样的立法是否真的违反国际法仍是未知数。至少"莲花号案"判决可以作为不当域外立法的国家的抗辩理由。第二，很多国际框架对成员国设立了额外义务。在国际框架下抗议另一个成员国违反国际条约义务，相比完全依赖国际习惯法更有可能性。但是，几乎所有的国际框架如 WTO 对于成员国义务均设置了模糊性很强的"安全例外"。即使是被国际社会诸多诟病的次级制裁，是否符合安全例外仍存在争议。因此，即使第三方国际争端解决机制存在，但是很少有国家利用这些机制解决不当域外立法方面的争端。这也导致了该领域的法律迟迟无法得以推进。

针对这两点障碍，有学者认为可以考虑的方法是联合国大会要求国际法院根据《联合国宪章》第 96 条和《国际法院规约》第 65 条对域外立法的国际法限制以及"安全例外"提供咨询意见。③ 咨询意见的内容可以是国际条约或者国际习惯法的解释。虽然咨询意见没有强制性约束力，但是对于厘清重要的国际法问题，为各国提供有力的指导将起到重要作用。但是此方法也存在难点。域外管辖是否合法行使，需要的不只是对基本原则的梳理，更需要对具体

---

① 参见 WTO, United States - The Cuban Liberty and Democratic Solidarity Act（WT/DS38）, Request for the Establishment of a Panel by the European Communities, 2。

② 参见 Tom Ruys and Cedric Ryngaert, "Secondary Sanctions: A Weapon out of Control? The International Legality of, and Enruopean Responses to, US Secondary Sanctions", （2020）The British Yearbook of International Law 1, 51-55。

③ 参见 P d'Argent, "Article 65", in A Zimmerman and others（eds）, The Statute of the International Court of Justice: A Commentary（3rd edn, OUP 2019）1789-1790。

案情的分析。因为域外管辖的适度性和个案存在的管辖权连接点、域外行为的性质、对立法国的危害程度、危害的性质、立法对其他国家的影响及性质息息相关。① 国际法对于域外管辖的限制，即使存在也是抽象的原则，需要行使自由裁量权对个案作出解释。仅出于假想的事实而提供咨询意见，对于域外立法个案产生的争端帮助有限。

再次，国际诉讼或者仲裁机构行使管辖权通常需要得到当事国的授权。如果相关国家不同意将争端提交到第三方争端解决机构，该争端解决方式将难以启动。最后，第三方国际争端解决程序通常缺乏效率，争端解决机构将花费很长的时间才能作出裁决，对于急需解决的紧要问题无法提供及时的解决方法。② 第三方争端解决机的程序性短板也决定了该争端解决方式通常仅运用于涉及重大国家利益的管辖权争端，如单边制裁和次级制裁。

第四节　解决域外立法冲突的根本方法：国际合作模式

解决域外立法冲突较有效的方法是在域外立法领域进行国际合作，建立域外立法应当遵循的国际框架。这也是联合国国际法委员会对域外管辖设置的长期国际立法计划。

国际法委员会并没有对域外管辖的具体问题提出细致的规则，但是对域外管辖进行了纲要式的规定。③ 首先，国际法委员会明确了域外管辖权的合法性由国际法决定，并重申了"莲花号案"判决和国际习惯法的管辖权原则。工作报告区分刑法和商法上的域外管辖。认为在刑法领域，各国表现出扩大刑事管辖权的传统基础涵盖某些特定类型境外犯罪的趋势，比如恐怖主义、网络犯罪和毒品买卖。属地原则和国籍原则久已确立。但是消极属人原则和保护性原则越来越多地被适用到恐怖主义问题上。在商法领域，虽然通过域外管辖来保

---

① 参见 Tom Ruys and Cedric Ryngaert, "Secondary Sanctions: A Weapon out of Control? The International Legality of, and Enruopean Responses to, US Secondary Sanctions", （2020）The British Yearbook of International Law 1, 78。

② 参见 Tom Ruys and Cedric Ryngaert, "Secondary Sanctions: A Weapon out of Control? The International Legality of, and Enruopean Responses to, US Secondary Sanctions", （2020）The British Yearbook of International Law 1, 75-77。

③ 参见国际法委员会年鉴 2006 年，第二卷第二部分，国际法委员会提交大会的第五十八届会议的工作报告，A/CN.4/SER.A/2006/Add.1（Part 2），附件五，第 279 页。

护本国市场和竞争早期受到抵制，但是此类措施逐渐被更多国家接受并追随。商法领域适用得最多的是效果原则，以及为了防止行为人通过建立跨国公司利用公司独立人格逃避管辖，更多国家适用各种标准扩大了属人原则的适用范围。但是利用域外管辖涵盖外国与本国外交政策、意识形态相冲突的活动非常有争议。

国际法委员会认为，如果域外管辖权过度行使，其他国家可以通过一系列方式反击，包括外交抗议；拒绝承认法律、命令或裁决；制定阻断法；颁布禁令；提起国际诉讼或仲裁。如果多个国家的域外管辖权发生冲突，便涉及管辖权之间的排序问题。国家应当采用合理的原则和标准，确定法律冲突的解决，包括反域外适用推定、外国主权强制和合理性原则。对于争端解决，国际法委员会提出了一般合作义务、通知义务、域外措施审查义务、采取反措施的权利，以及包括谈判、调节、仲裁等争端解决机制。

国际法委员会的工作给域外管辖的国际合作提供了一个有益的起点。但是工作包括框架非常简单，对很多问题的研究并不透彻。而且域外管辖除了传统刑法和商法领域，还出现在一些新兴领域如环境保护、气候变化、个人数据保护等。该 2006 年的框架需要更新。但是国际法委员会的工作十分缓慢，此后近二十年工作并无起色。

第五章　域外管辖实践分类研究

域外管辖随着全球化浪潮，从刑事领域扩展到政治、经济、金融、贸易、公司治理、环保、劳动、人权保护等各领域，成为了国家进行单边全球治理，输出本国经济社会政策，维护本国利益的法律工具。不同领域的域外管辖均有其自身的特点，在管辖必要性、管辖目标、管辖依据、对外国造成的影响、合理性衡量标准、法的执行措施等问题上均有不同。因此除了普遍性原则的研究之外，具体领域的域外管辖也需要进行类型化研究。本章选取经济制裁、反垄断、环境保护、反海外贿赂、个人数据保护五个领域，对域外管辖的必要性、国际法原则、立法实践、执行与实施、不当立法的应对几个问题进行分类研究。

第一节　经 济 制 裁

一、域外管辖的必要性

（一）经济制裁的概念

单边经济制裁通常指国家在没有经过联合国授权的情况下采取税收、进出口管制、市场准入或金融管制等经济性惩罚措施，打击、削弱其他国家政治、经济和军事实力，达到改变外国行为的目的。[①] 20 世纪下半叶，制裁成为突出的经济治国手段。美国和其他西方国家认为，与战争相比，金融和贸易压力更适合作为执行战后全球新秩序的手段，可以使经济强国无须派遣地面部队或将军队置于危险境地即可实现许多相同的地缘政治目的。[②] 美国是单边经济制裁的积极实施者，根据学者对从"一战"到 2000 年间实施制裁的研究，在 174 项制裁中，73 起由美国单独实施，37 起由美国及其盟国合作实施，20 起

---

① 参见杜涛：《经济制裁法律问题研究》，法律出版社 2015 年版，第 21~22 页。

② 参见阮建平：《战后美国对外经济制裁》，武汉大学出版社 2009 年版，第 72 页。

由联合国实施，16 起由美国及其盟国实施，14 个由欧盟发起，13 起由苏联（及其后的俄罗斯）发起，4 起由阿拉伯联盟及其成员国发起。①

单边经济制裁是域外立法领域最具争议性的话题。首先，单边经济制裁是否符合国际法本身存疑。由于单边经济制裁属于一国主权范围内的决定，应当遵循"莲花号案"确定的"法无禁止既许可"的原则，在不存在国际条约或习惯国际法明文禁止的前提下并不违反国际法。② 单边经济制裁的目的在于使目标国、政府、实体或个人根据制裁国的目标改变政策或活动。③ 单边经济制裁追求改变相关国家的意识形态、政治制度和经济制度，达到本国的政治目的和外交政策目的。④ 这样看来，单边经济制裁涉嫌违反国际习惯法中的不干涉原则。除非经济制裁是基于目标国违反国际义务的损害行为，属于国际法许可的反措施，经济制裁不具有国际合法性。⑤ 单边经济制裁也可能违反 WTO 框架下的非歧视待遇的要求。⑥ 单边经济制裁被联合国大会在多个决议中谴责。在 1996 年、1998 年、2000 年和 2002 年，联合国大会四次通过了《消除以单方面治外强制性经济措施作为政治和经济胁迫的手段》决议。自 1989 年，联合国大会发布了多个决议，指出单边经济胁迫措施对发展中国家的经济和发展不利，违反了《联合国宪章》载明的国际法原则和多边贸易制度的原则。⑦

---

① 参见 Gary Clyde Hufbauer et. al. Economic Sanctions Reconsidered（3rd ed. 2007）. pp. 17-38。

② 参见霍政欣：《〈反外国制裁法〉的国际法意涵》，载《比较法研究》2021 年第 4 期。

③ 参见 Pierre-Emmanuel Dupont, "Unilateral European Sanctions as Countermeasures：The Case of the EU Measures Against Iran", in Matthew Happold and Paul Eden（eds.）Economic Sanctions and International Law（Hart Publishing, 2016）38。

④ 参见李庆明：《论美国域外管辖：概念、实践及中国因应》，载《国际法研究》2019 年第 3 期，第 10 页。

⑤ 参见 Draft Responsibility of States for Internationally Wrongful Acts, Art 22。

⑥ 参见 Elimination of Coercive Economic Measures as a Means of Political and Economic Compulsion, Resolutions of the United Nations General Assembly, A/RES/51/22, Dec. 6, 1996；A/RES/53/10, Oct 26 1998；A/RES/55/6, Oct 26 2000；A/RES/575/5, Oct 16 2002。

⑦ 参见 UN General Assembly, Unilateral Economic Measures as a Means of Political and Economic Coercion against Developing Countries：Resolution/Adopted by the General Assembly, Resolution 44/215 of 22 Dec 1989；46/210 of 20 Dec 1991；48/168 of 21 Dec 1993；50/96 of 20 Dec 1995；52/181 of 18 Dec 1997；54/200 of 22 Dec 1999；56/179 of 21 Dec 2001；58/198 of 23 Dec 2003；60/185 of 22 Dec 2005；62/183 of 19 Dec 2007；64/187 of 21 Dec 2009；and 66/186 of 22 Dec 2011。

虽然存在强烈的质疑,但是单边经济制裁在以下几种情况下符合国际法。第一,目标国率先针对制裁发起国进行违反国际法的行为;第二,目标国的违法行为并非针对发起国,但是发起国认为目标国行为可能损害发起国的"国家安全"。至于什么行为属于国际不法行为,什么情形归于安全例外,国际上不存在统一确定的标准。因此,单边经济制裁在很多情况下虽然引起了外交抗议,但是很少被诉诸国际争端解决组织,或者被国际司法机关判决违反国际法。

和单边经济制裁紧密相关的一个概念是出口管制。出口管制通常指国家通过建立一系列审查、限制和控制机制,直接或间接防止本国禁止或限制的商品或技术通过各种途径流通或者扩散到目标国家,进而实现本国的安全、外交和经济利益的行为。出口管制有多个目的,包括政治军事目的和经济目的。前者通过限制某些可能增强其他国家军事实力的物资、技术的出口,维护本国的政治利益和军事安全,或者以出口作为手段,对某些国家或者组织施加压力,迫使其改变现有立场和政策。[1] 后者包括保护国内短缺物资,对某些商品进行价格管制,保护国内经济资源。出口管制经常作为经济制裁的重要手段被提及。经济制裁和出口管制是两个不同的概念。出口管制适用的范围很广,目的多样,除了作为经济制裁的手段,也可以作为保护本国经济利益、环境资源的手段。[2] 但是国家对其他国家或者组织进行经济制裁时,几乎都会用到出口管制作为一个重要的惩罚措施。[3] 文章将出口管制作为经济制裁的重要措施之一进行讨论。

(二) 域外管辖的必要性

经济制裁分为初级制裁和次级制裁。初级制裁包括两类。第一类是贸易制

---

① 参见 Gregory W. Bowman, "A Prescription for Curing U. S. Export Controls", (2014) 97 Marquette Law Review 607。

② 参见张辉:《论中国对外经济制裁法律制度的构建——不可靠实体清单引发的思考》,载《比较法研究》2019 年第 5 期,第 144 页。

③ 参见 Kenneth W. Abbott, "Linking Trade to Political Goals: Foreign Policy Export Controls in the 1970s and 1980s", (1981) 65 Minnesota Law Review 756-757; Andreas F. Lowenfeld, "Trade Controls for Political Ends: For Perspectives", (2003) 4 Chicago Journal of International 361-368。

裁，禁止本国的企业或个人为被制裁的国家或实体提供管制货物、技术或者服务。① 第二类是金融制裁，采用冻结资产、禁止金融交易等方式，禁止或限制受制裁方的融资途径和资金流动。② 初级制裁基于属地原则，限制本国境内实体的商事行为。但是，初级制裁的目的是使得外国改变政策，或者外国实体改变行为。虽然初级制裁直接管制的对象是本国实体，但是从目的上看属于域外管辖。只是这个域外管辖属于法律的间接效果，而非法律直接对域外实体施加义务。

在经济全球化背景下，人员、商品、货币及信息等跨越国界，在全球范围内流动。仅规制本国境内实体的出口行为，而对其最终用途和最终用户不加以规制，难以实现制裁的目的。③ 如果单边制裁不能得到其他国家的追随和效仿，制裁发起国的管制货品或技术，可能最终仍然通过转售等方式进入目标国，或者为被制裁实体获得。制裁发起国因此认为，管制位于第三国的域外实体，要求其遵守针对目标国的制裁措施，有极大的必要性。为了实现这个目的，发起国需要将制裁的范围扩张到与原目标国有经济贸易往来的第三国实体。

管辖第三国实体可以基于几个方式。第一，根据发起国境内实体对域外实体的控制，例如母公司与子公司，将经济制裁立法直接适用于境外实体。第二，通过出口管制措施要求所有购买美国管制产品的实体承诺遵守对最终用户的限制。第三，对域外实体实行次级制裁（secondary sanctions）。④ 次级制裁主要针对与被制裁国进行交易或者提供帮助的第三国主体，通过制裁违反初级制裁的第三国实体阻止域外实体与被制裁方进行交易。⑤ 在第三国没有实施禁止本国个人和公司与目标国进行贸易往来类似的制裁的情况下，次级制裁能够

---

① 参见 Perry S. Bechky, "Sanctions and the Blurred Boundaries of International Economic Law", (2018) 83 Missouri Law Review 10。

② 参见刘瑛、黎萌：《美国单边金融制裁的国际法分析》，载《国际经济评论》2020年第 3 期，第 159 页。

③ 参见 Kenneth W. Dam, Economic and Political Aspects of Extraterritoriality, 19 (3) International Lawyer, 1985, pp. 888-889。

④ 参见杨永红：《次级制裁及其反制——由美国次级制裁的立法与实践展开》，载《法商研究》2019 年第 3 期，第 164 页。

⑤ 参见 Cedric Ryngaert, Jurisdiction in International Law (2nd ed., OUP, 2015) 50。

对初级制裁进行补充，直接限制第三国个人和公司与制裁目标之间的经济往来。① 通过次级制裁，制裁发起国也希望通过处罚与被制裁国进行交易的第三国个人或实体，使第三国改变外交政策，使制裁普遍化，并减少第三国对被制裁国行使外交政策的自由裁量权。② 在次级制裁之上更有三级制裁。三级制裁将制裁措施扩展到与被次级制裁国家进行交易的其他实体，通过无限追责的方式进一步保护初级制裁的目的得以实现。

二、域外立法的国际法基础

（一）属地原则

实行次级制裁的国家立法禁止源于或包含本国的产品或技术，通过转售被受制裁者获得。有学者认为，贸易出口管制的域外立法基于属地原则，因为技术和产品在未出口前位于本国境内。③ 对位于本国境内的物立法管制，在被管制的物或技术产生时生效，属于属地管辖权。但是，域外行为人对产品和技术进行二次销售时，才是出口管制法需要发生域外效力的时间节点。此时，相关产品通常已经被运输到域外行为人所在地。立法者的真实意图是企图对位于域外的"物"行使权力。因此，属地管辖依据是不合理的。

（二）属人原则

也有学者提出，在出口管制中，一些国家不仅管制从其本土直接出口的产品或技术，也管制原产于该国的产品或技术以及含有该国产品或技术的外国产品从外国再出口。可以将技术或产品与自然人进行类比。当技术在本国研发，或者产品在本国生产，技术和产品产生之时就和所在国建立了天然的联系，形成了"产品国籍"或"技术国籍"。产品国籍和技术国籍是不能消失或者改变的。当外国产品或服务运用了本国的产品或技术，使用本国产品或技术的部分仍须受本国法律的管制。因此，根据产品或技术的"国籍原则"可以使本国的出口管制法拥有域外效力。但是，国籍原则指向的本是自然人。因为公司人

---

① 参见孙才华：《美国经济制裁风险防范 实务指南与案例分析》，人民日报出版社2020年，第16页。

② 参见 Jeffrey A. Meyer, Second Thoughts on secondary Sanctions, 30（30）University of Pennsylvania Journal of International Law p. 906（2009）。

③ 参见 Note,"Extraterritorial Application of United States Law：The case of Export Controls",（1984）132 University of Pennsylvania Law Review 132, 376。

格化，成为拟制的"法人"，因此国籍原则可以适用于法人或其他组织。但是，并无任何国际法或者国内法将产品或技术也进行人格化处理。产品或技术无须对外行使权力承担义务。将"国籍"适用于产品或技术没有任何理论或实践支持。①

此外，美国经济制裁中对域外关联实体的管辖基于属人原则。② 美国立法较为宽泛地定义了"美国人"的范围。例如《与敌国贸易法》均将"美国人"的范围扩大到任何美国公民、美国居民、位于美国的人、根据美国法律成立的企业、在美国有营业地点的企业以及以上"美国人"拥有或控制的任何企业。换言之，任何商业企业只要为美国母公司控制，就应当受美国法律管辖。③ 根据这些原则，美国立法者对受美国实体控制或者与美国实体有关联的外国公司行使管辖权。如果外国子公司或者关联公司在外国违反美国制裁法或者出口管制法，美国可以基于属人原则对外国公司行使管辖权。

（三）保护性原则

有学者提出，次级制裁有时是以保护性原则为前提的。如果制裁和出口管制是为了维护制裁国的核心利益和国家安全，第三国实体不遵守制裁则会对国家的核心利益造成威胁。从这个角度看，次级制裁和出口管制符合保护性原则。④ 但并不是所有的次级制裁均符合保护性原则。保护性原则要求有充分证据显示国家安全受到直接威胁。而单边制裁的目的，除了保护国家核心利益，还可能包括削弱竞争国的经济实力、干涉外国的内政和政治体制、要求外国实体或个人改变某些行为。这些都不能成为保护性管辖理由。美国出于意识形态差异，出台针对古巴的《赫尔姆斯-伯顿法》便是一个明显的例证。

（四）普遍管辖原则

如果受到经济制裁和出口管制的国家或实体被认为违反了国际法上的强制性规范，如支持国际恐怖主义、核扩散、发展大规模杀伤性武器、种族屠杀和

---

① 参见 D. Rosenthal and W. Knighton, "National Laws and International Commerce: The Problem of Extraterritoriality", Chatham House Parpers No. 17, RIIA/RKP, 1982, 63。

② 参见 Note, "Extraterritorial Application of United States Law: The case of Export Controls", （1984）132 University of Pennsylvania Law Review 132, 375; David A. Koplow, "Long Arms and Chemical Arms: Extraterritoriality and the Draft Chemical Weapons Convention", （1990）15 The Yale Journal of International Law 37。

③ 参见 Foreign Assets Control Regulations, 31 C. F. R。

④ 参见 Cedric Ryngaert, Jurisdiction in International Law (2nd ed., OUP, 2015) 117。

违反国际人道主义等，普遍管辖原则也许是相关原则。但是普遍性原则仅用于国际公法上公认的国际罪行，比如战争罪、反人类罪、种族屠杀罪、海盗罪、劫持飞机等，而将普遍管辖权扩张到次级制裁没有国际条约或者国际习惯法上的依据。美国的域外经济制裁针对的是第三国国民与被制裁国之间的普通的经济贸易行为，普遍管辖原则不能为其提供基础。虽然联合国针对伊朗等国家也通过了相关制裁，但联合国通过的制裁是否能为主权国家的域外经济制裁提供普遍性管辖基础存疑。①

三、立法实践

(一) 美国立法实践

美国构建了较为完善的经济制裁法律体系。经济制裁包括授权型立法，如《国际紧急经济权力法》（International Emergency Economic Powers Act）、《对敌贸易法》（Trading with the Enemy Act, TWEA）。根据此类法律，总统获得国会的授权，在满足法律规定的条件下，可以以行政命令或者正式声明的方式对外实施制裁。《与敌国贸易法》给予总统在战时的紧急状态下对外实施制裁的权力。《国际紧急经济权力法》适用于非战时，但是当国际事件或者形势对美国的国家安全、国家利益存在非常严重的威胁时，美国总统仍然有权宣布美国进入紧急状态，仿照战时紧急状态对外直接进行经济制裁。②

此外美国还出台了不少直接制裁性立法。《赫尔姆斯-伯顿法》（Cuban Liberty and Democratic Solidarity（Libertad）Act, Helms-Burton Act）规定："美国公民可以在联邦法院对 1959 年 1 月 1 日之后'以交易方式'与被古巴政府征收财产产生牵连的'任何人'提起诉讼，包括明知和故意出售、转让、分配、进行金融业务或以任何其他方式处置征收财产，或购买、接受、持有、控制、管理征收财产或对征收财产享有权益；或参与使用被征收财产的商业活动，或以其他方式从被征收财产中获益；或引起、指导、参与交易或从中获利，或通过第三人以交易方式与征收财产产生牵连。该法的适用面非常广泛，不但包括古巴实体，也包括和古巴有商业往来的第三国实体。"

---

① 参见杜涛：《经济制裁法律问题研究》，法律出版社 2015 年版，第 122 页。
② 参见杨永红：《次级制裁及其反制——由美国次级制裁的立法与实践展开》，载《法商研究》2019 年第 3 期，第 165 页。

1996 年的《伊朗、利比亚制裁法》（Iran and Libya Sanctions Act of 1996）授权总统对资助伊朗石油开采的外国主体实施制裁。2010 年《全面制裁、问责、撤资伊朗法》（Comprehensive Iran Sanctions, Accountability, and Divestment Act of 2010，（CISADA））进一步拓展了次级制裁的情形。受制裁的行为包括通过销售货物、服务、技术或者直接投资来帮助伊朗开发石油资源或者进口石化产品；通过承保、提供资助、航运等措施，帮助伊朗生产或进口精炼石油产品；协助被冻结资产的伊朗主体进行大额交易；协助伊朗取得大规模杀伤性武器；向伊朗恐怖组织提供金融服务；帮助根据安理会决议受到金融制裁的主体开展交易。受制裁的主体包括第三方国家和外国银行。

《减少伊朗威胁和叙利亚人权法》《2012 财政年度国防授权法》进一步细化了次级制裁包括的第三国金融机构。这些机构不但包括帮助伊朗完成石油交易的外国金融机构，同时也包括协助伊朗进行非石油产品重大交易的外国金融机构。只要外国金融机构利用美国金融系统和清算系统帮助受制裁的伊朗主体完成任何大额金融交易，便可能受到美国的制裁。2012 年《伊朗自由与反扩散法》对参与伊朗能源、航运、造船业的第三国实体实施次级制裁。自 20 世纪 90 年代至今，美国的单边制裁立法共计 18 项（见下表）。

时间	目标国	法　　律
1992	古巴	《古巴民主法》；《赫尔姆斯-伯顿法》
1996	朝鲜	《推进朝鲜制裁与政策法》
2000	伊朗	《伊朗、朝鲜和叙利亚不扩散法》
2012	伊朗和叙利亚	《降低伊朗威胁和叙利亚人权法》
	伊朗	《伊朗自由和反扩散法》
2014	委内瑞拉	《保护委内瑞拉人权和市民社会法》
	俄罗斯	《制裁乌克兰自由法》
2016	朝鲜	《推进朝鲜制裁与政策法》
2017	伊朗	《反击伊朗破坏稳定行为法》
	俄罗斯	《反制俄罗斯在欧洲和欧亚地区影响力法》
	朝鲜	《阻断朝鲜及升级制裁法》
2018	尼加拉瓜	《尼加拉瓜人权和反腐败法案》
	黎巴嫩	《黎巴嫩国际金融预防修正案》

续表

时间	目标国	法　　律
2019	中国	《香港人权与自由法案》
2020	中国	《新疆人权法案》
		《香港自治法案》

　　基于授权型立法，美国总统可以直接签发经济制裁相关的行政命令。这些命令有很强的针对性，可以直接被执行。例如美国在伊朗经济制裁项目下签署了 20 多个行政命令。行政命令的内容应当包括法律授权依据、制裁目的、制裁对象和受制裁的行为、执法机构、制裁措施。此外，美国财政部作为经济制裁的主要执行部门，会针对具体制裁项目发布制裁条例。如《古巴资产控制条例》对古巴制裁适用于"受美国管辖的人"，包括位于美国境内或境外的公民和居民；位于美国境内的任何人；根据美国法律成立的公司、组织；有前述个人、公司、组织等所有或受前述个人、公司、组织等控制的公司、组织。《出口管制条例》要求向古巴出口和再出口原产于美国的货物、技术和软件，以及美国外生产的包含多于 25% 价值美国惩罚的货物、技术和软件，都需要事先取得美国商务部工业安全局的许可。2012 年的《伊朗交易和制裁条例》禁止广义的"美国人"为伊朗或伊朗政府出口、再出口、销售或供应任何货物、技术或服务，包括将货物、技术或服务出口、再出口、销售或供应给明知或有理由知道的下列情形的第三国人："（a）此类货物、技术或服务被特地用于直接或间接的供应、转运或再出口给伊朗或伊朗政府；或（b）此类货物、技术或服务被特地用于制造、混合入或组合入其他的货物、技术或服务，而后者专门或主要被直接或间接地供应、转运或再出口给伊朗或伊朗政府。"[1] 也禁止美国人在"明知或者应知该转出口贸易最终接收方为伊朗且需出口许可证的情况下，直接或间接向伊朗转运从美国出口的货物、服务或技术"。[2]

　　美国国会、总统、政府机关构成了国会立法与行政立法、一般法与特殊法相结合的层层递进的经济制裁体系。[3]

---

　　① 参见 Iranian Transactions and Sanctions Regulations，560. 204。
　　② 参见 Iranian Transactions and Sanctions Regulations，560. 205。
　　③ 参见杨永红：《次级制裁及其反制——由美国次级制裁的立法与实践展开》，载《法商研究》2019 年第 3 期，第 167 页。

（二）中国立法实践

中国没有完整的对外制裁法律体系，因为反对单边制裁是我国一贯的立场。但是由于美国对中国和中国实体出台一系列制裁立法和措施，2021 年中国出台了《反外国制裁法》。该法虽然称为"反外国制裁"，其实是一部制裁法。只是制裁的前提是"外国国家违反国际法和国际关系基本准则，以各种借口或者依据其本国法律对我国进行遏制、打压，对我国公民、组织采取歧视性限制措施，干涉我国内政"。① 这给予了该法"反措施"的地位，具有国际合法性。但是《反外国制裁法》主要禁止我国境内的组织、个人与受制裁的外国个人或实体进行交易、合作等活动，② 效力并不直接涉及第三国境内的实体。这是因为我国本质上并不支持次级制裁。但是该法第 12 条规定，"任何组织和个人均不得执行或者协助执行外国国家对我国公民、组织采取的歧视性限制措施"，并允许我国受害人向法院对违反了该条的实体提起诉讼。这一条并没有对外行为人规定直接的行政处罚，而是给予了受损失的中国实体寻求救济的权利。从这个角度看，第 12 条应当属于基于"消极属人原则"的域外管辖条款。

出口管制也可以作为我国对外制裁或者反制裁的手段。我国出口管制相关立法中对域外管辖问题规定得更加明确。《核出口管制条例》《核两用品及相关技术出口管制条例》《生物两用品及相关设备和技术出口管制条例》《导弹及相关物项和技术出口管制条例》规定，对于受出口管制的核物品（含两用品）、核技术、生物两用物品及技术和导弹相关物品及技术等，物品和技术的接收方及其政府需做出承诺，未经中国政府允许，不得将中国供应的上述受管制物项和技术用于出口申明的最终用途以外的其他用途，也不得将其向申明的最终用户以外的第三方转让，否则中国主管机关有权中止和撤销已经颁发的出口许可证。③ 虽然直接处罚的对象是交易的出口商，但对境外进口商有间接影

---

① 《反外国制裁法》第 3 条。
② 《反外国制裁法》第 6 条第 3 款。
③ 《核出口管制条例》第 5 条、第 17 条；《核两用品及相关技术出口管制条例》第 6条、第 17 条；《生物两用品及相关设备和技术出口管制条例》第 7 条、第 15 条；《导弹及相关物项和技术出口管制条例》第 6 条、第 15 条。

响。① 为了维护国家安全和防止扩散，也可依据体系解释和目的解释的方式，对其适用范围做扩大解释，认为相关规则具有域外效力。②

我国《出口管制法》也有明确的域外适用规定，其中第 2 条以属人原则为基础规定了法律的域外效力，即只要是中华人民共和国公民、法人和非法人组织向外国组织和个人提供管制物项，即使相关行为发生在中国境外，我国也可采取相关管制措施。③ 第 44 条以保护性原则为基础规定了法律的域外效力，境外的组织和个人，违反有关出口管制管理规定，危害我国国家安全和利益，妨碍履行防扩散等国际义务的，应受我国《出口管制法》管辖。④《出口管制法》中还规定了再出口制度，实现了对管制物项、技术、服务的全流程管控，即使是进口国出口至第三国的行为也会受到中国法律的规制。⑤

(三) 欧盟立法实践

欧盟在很长时间内并无单边制裁立法，仅在为履行联合国宪章义务为执行安理会决议制裁第三国。⑥ 但是，欧盟反对单边制裁的政策近几年发生了变化，表现在 2020 年欧盟通过《对严重侵犯和迫害人权之行为采取限制性措施的决定》⑦ 和《对严重侵犯和迫害人权之行为采取限制性措施的条例》⑧ 建立了自发性单边制裁体系。欧盟对种族灭绝和反人道罪；严重侵犯或迫害人权的

---

① 参见廖诗评：《中国法域外适用法律体系：现状、问题与完善》，载《中国法学》2019 年第 6 期，第 25 页。

② 参见刘瑛、李琴：《〈出口管制法〉中的域外适用法律规则及其完善》，载《国际经济法评论》2021 年第 4 期，第 53 页。

③ 参见廖诗评：《中国法中的域外效力条款及其完善：基本理念与思路》，载《中国法律评论》2022 年第 1 期，第 57 页。

④《出口管制法》第 44 条规定：中华人民共和国境外的组织和个人，违反本法有关出口管制管理规定，危害中华人民共和国国家安全和利益，妨碍履行防扩散等国际义务的，依法处理并追究其法律责任。

⑤《出口管制法》第 45 条规定：管制物项的过境、转运、通运、再出口或者从保税区、出口加工区等海关特殊监管区域和出口监管仓库、保税物流中心等保税监管场所向境外出口，依照本法的有关规定执行。

⑥ 参见顾婷：《欧盟对外制裁制度的法律解析》，载《欧洲研究》2013 年第 3 期，第 86~87 页。

⑦ 参见 Council Decision（CFSP）2020/1999 Concerning Restrictive Measures Against Serious Human Rights Violations and Abuses［2020］OJ L 410 O/14。

⑧ 参见 Council Regualtion（EU）2020/1998 Concerning Restrictive Measures Against Serious Human Rights Violations and Abuses［2020］OJ L 410 I/3。

行为如酷刑、其他残忍、不人道或贬损人格的待遇、奴役、强制失踪、随意逮捕或拘留、未经司法程序、草率或随意处决；以及其他广泛而系统侵犯或迫害人权的行为，或与《欧盟公约》第 21 条规定的共同外交与安全政策相关的行为，如贩卖人口、性暴力、侵害和平集会或结社自由、侵犯言论自由、侵犯宗教信仰自由，可以发动单边制裁。① 制裁以个人或实体为目标，而非针对整个国家。② 制裁措施包括禁止被制裁者进入欧盟领土，以及冻结被制裁者拥有、所有、持有、控制的资金和经济资源。③ 值得注意的是，欧盟同时制裁为被制裁者提供金融、技术或物质支持者，及其关联方。④ 金融制裁措施不但适用于欧盟的领土及空间，也适用于欧盟成员国管辖下的船舶或航空器；欧盟境内或境外的欧盟成员国的国民；欧盟境内或境外，依据欧盟成员国法律设立的法人或实体；所涉商业活动全部或部分实施于欧盟境内的法人或实体。⑤

欧盟制裁法并没有明确其域外效力。但是根据立法条文，欧盟制裁法根据属地原则，规制境内的实体或行为；根据属人原则，规制域外的"欧盟人"，包括成员国的国民和法人。除此之外，欧盟没有像美国一样，对欧盟境外非欧盟人采取次级制裁。可见，欧盟制裁法适用的空间范围较窄。

在直接制裁之外，欧盟也可以利用出口管制，出于安全考虑间接对某些国家进行贸易限制。欧盟出口管制条例《建立欧盟控制两用物项的出口、中介、技术援助、过境和转让的管制制度》2021 年 9 月生效。⑥ 两用物项是指既可用于民事用途又可用于军事用途的产品、软件和技术。欧盟建立两用物项出口管制制度，一方面是为了确保欧盟和成员国履行在国际条约、协定中的承诺和义务，另一方面也是出于欧盟外交和安全政策的考虑，推行基于欧盟价值观的规则，加强欧盟对现有技术和新兴技术的出口管制。

欧盟的两用物项出口管制制度包括：（1）成员国共同的出口管制规则，包括一套共同的评估标准和共同的许可证类型；（2）共同的《欧盟两用物项

---

① 参见［2020］OJ L 410 I/3, Art 2（1）。

② 参见［2020］OJ L 410 I/3, Art 2（3）。

③ 参见［2020］OJ L 410 I/3, Art 3（1）,（2）。

④ 参见［2020］OJ L 410 I/3, Art 3（3）。

⑤ 参见［2020］OJ L 410 I/3, Art 19。

⑥ 参见 Reguation（EU）2021/821 Setting up a Union Regime for the Control of Exports, Brokering, Technical Assistance, Transit and Transfer of Dual-use Items［2021］OJ L 206/1。

清单》，以及控制非清单物项最终用途的共同规则等。《清单》中的物项出口到欧盟境外，需要申请出口许可证。《清单》涵盖的物项包括核材料、设施和设备、特种材料等十大类产品及其相关的软件和技术。

除此之外，欧盟针对涉及大规模杀伤性武器或军事最终用途的物项，以及可能被用于侵犯人权的网络监控物项，进行全面控制。在符合条例规定条件的情况下，即使某一物项未被列入《清单》，出口也须经过许可。除此之外，欧盟成员国可以制定范围更大的清单对欧盟统一《清单》之外的物项实行管制。但是欧盟没有类似美国"微小含量规则"和"外国直接产品规则"的规定。外国生产的产品即使包含欧盟技术或者部件，欧盟也没有管辖权。

受管制的行为包括两用物项的出口、中介服务、技术援助、过境和转让。"出口"包括受管制的两用物项从欧盟境内运输到境外，以及通过传真、电话、电子邮件或其他电子媒介将软件或技术传输到欧盟境外，包括口头传输受管制的技术。[1]"中介服务"是指：（1）为从一个第三国向另一个第三国购买、销售或提供两用物项或技术进行谈判或交易安排；或（2）出售、购买位于第三国的两用物项以转移到另一个第三国。[2]"技术援助"是指与维修、开发、制造、组装、测试、维护或其他技术服务有关的技术支持，可以采取指导、建议、培训、工作知识或技能的传播或咨询服务，包括通过电子方式以及通过电话或其他口头形式。[3]"过境"指非欧盟的两用物项进入和通过欧盟关税区运输到欧盟关境外，包括从欧盟境外进入、通过欧盟关境，在自贸区内转运或直接从自贸区再出口，临时存储并直接从临时存储的场所再出口，以及经由船只或飞机进入欧盟、无须卸货直接运出欧盟的情形。[4] 管制物项如果可能

---

[1] 参见 Reguation（EU）2021/821 Setting up a Union Regime for the Control of Exports, Brokering, Technical Assistance, Transit and Transfer of Dual-use Items［2021］OJ L 206/1, Art 2（2）。

[2] 参见 Reguation（EU）2021/821 Setting up a Union Regime for the Control of Exports, Brokering, Technical Assistance, Transit and Transfer of Dual-use Items［2021］OJ L 206/1, Art 2（7）。

[3] 参见 Reguation（EU）2021/821 Setting up a Union Regime for the Control of Exports, Brokering, Technical Assistance, Transit and Transfer of Dual-use Items［2021］OJ L 206/1, Art 2（9）。

[4] 参见 参见 Reguation（EU）2021/821 Setting up a Union Regime for the Control of Exports, Brokering, Technical Assistance, Transit and Transfer of Dual-use Items［2021］OJ L 206/1, Art 2（11）。

被用于大规模杀伤性武器或军事最终用途，则其过境须获得许可。此外，导弹及相关软件、技术，欧盟进行战略控制的物项（如密码分析），化学武器、核技术等一个欧盟成员国转让到另一个成员国须经许可。

欧盟的出口管制法主要根据属地原则行使管辖权。属地甚至包括外国管制货物在欧盟过境的情形，以及任何从欧盟向第三国提供中介服务的实体。其次是属人管辖，例如"技术援助提供者"（a）从欧盟向第三国提供技术援助的自然人、法人或合伙企业；（b）欧盟成员国的自然人或在欧盟设立的法人、合伙企业在第三国境内提供技术援助；（c）欧盟成员国的自然人或在欧盟设立的法人、合伙企业向暂时居于欧盟境内的第三国居民提供技术援助。

四、域外制裁的执行

（一）执法机构

美国是出口管制和次级制裁的大国，这里以美国为例，分析出口管制和次级制裁的执行。出口管制方面，美国商务部工业与安全局（Bureau of Industry and Security，以下简称"BIS"）负责管理和实施出口管制，主要对原产于美国的商品、软件和技术的出口、再出口等进行限制。依据 ECRA 美国商务部长有权在境外开展执法行为，包括但不限于调查、获取被调查对象的相关资料、进行许可前检查（pre-license checks）和装运后核查（post-shipment verifications），但 BIS 官员在外国管辖区内必须谨慎行事，并尽可能与东道国政府法律保持一致。对于在美国境外采取的任何行动，BIS 官员将与适当的美国政府机构进行磋商和协调，并以符合美国作为缔约方的国际承诺和国际协议的方式行事。并详尽规定海外执法的具体授权内容，对于符合东道国法律法规的实体 BIS 仍有权调查其是否符合包括 EAR 在内的美国法律。

依据 EAR 第 758.7（a）、（b）条，出口执法办公室（Office of Export Enforcement，OEE）负责监督 EAR 管控物项的出口、再出口及转移符合美国出口管制的要求，并有权对管控物项在境外的再出口进行检查、搜查和扣押，检查内容包括但不限于物品识别、技术鉴定等，检查地点也不局限于美国境内，包括但不限于美国的边界、所有出口口岸、货运代理场所、保税仓库、对外贸易区、制造、运输和仓储设施，并要求全球范围内受美国出口规范管制的主体提供出口管制相关账簿、记录以及其他信息，从而进一步扩大域外执法权限。

1979 年《出口管理法》要求建立出口管制清单，要求列明需加以出口管制的任何货物和技术。此外，具体的制裁条例进一步明确规定了出口管制的标准。例如《伊朗交易与制裁条例》禁止美国人和非美国人将任何美国货物、技术和服务直接或间接地出口、转口至伊朗。①

部门	清单	内　容
美国商务部	实体清单（Entity List）	一般来说，向被列入清单的实体出口或转出口美国管制物项，需要事先向美国商务部申请许可，而美国商务部可能采取"推定拒绝"的许可政策。
	拒绝人士清单（Denied Person List）	美国商务部对其颁布拒绝令的实体或个人。美国禁止与被拒绝人士进行任何违反拒绝令的交易。
	未经核实清单（Unverified List）	被列入该清单的是美国商务部在此前的交易中无法完成最终用途核查的最终用户。被列入未经证实清单的后果包括：（1）向未经核实的最终用户出口或转出口不能适用许可例外，（2）对于不需要出口许可证的物项也需要提交最终用户和最终用途声明。
美国国务院	不扩散清单（Nonproliferation Sanctions）	列入的均为外国实体或个人，被列入清单的原因主要是违反美国对相关国家例如伊朗、叙利亚和朝鲜的制裁。
	武器出口管制排除清单（AECA Debarred List）	违反《武器出口管制法》的人士被列入该清单，被禁止直接或间接参与防务产品、技术和服务的出口。
美国财政部	特别指定国民清单（SDN list）	该清单内的实体或个人为"特别指定国民"（SDN），由法律或总统行政令直接指定或者由财政部长商国务卿后指定。对于被指定的实体或个人，其在美国境内、嗣后进入美国境内或者被美国人控制的财产将受到冻结，美国政府禁止美国人或者在美国境内与这些实体或个人进行交易。对于某些被指定的实体或个人，第三国的企业或个人如果与其进行交易，也会受到美国的制裁，包括自身可能被指定为 SDN 等。

---

① 参见 Kathleen C. Little etc，"U. S. Export Controls Apply Extraterritorially Circumstances in Which Foreign Persons are Subject to U. S. Export Laws and Regulations"（2015）https：// www. cailaw. org/media/files/SWIICL/ConferenceMaterial/2015/bootcamp/ear-ita-article1. pdf （accessed on 17 June 2022）。

续表

部门	清单	内　　容
	规避制裁外国人清单（Foreign Sanctions Evaders List）	违反、试图违反、共谋违反或导致违反美国对伊朗等国制裁或者为规避制裁的欺骗性交易提供便利的外国实体或个人。禁止美国人或者在美国境内与这些外国实体或个人进行交易。
	行业制裁指定清单（Sectoral Sanctions Identifications List）	对俄罗斯实施的一种制裁，被列入的主要是俄罗斯金融、能源、国防等行业的实体或个人。禁止美国人向这些实体或个人提供特定期限以上的融资或者从事其他被禁止的交易。
	巴拉斯坦立法会清单（Palestinian Legislative Council（PLC）List）	针对哈马斯等组织被选入为 PLC 成员的人士的制裁。
	外国金融机构受联系账户或过款账户制裁清单（CAPTA List）	被列入该清单的外国金融机构被禁止在美国银行开立或维持联系账户或过款账户，或者需要遵守严格条件。被列入清单的原因主要是违反了美国对伊朗、朝鲜和俄罗斯的制裁。

美国财政部外国资产监控办公室的职责是根据总统授权和特定立法权管理和执行经济和贸易制裁，对交易实施控制并冻结美国管辖范围内的资产，拟定和调整被制裁个人与实体的名单，审查和发放许可证，调查并处罚违反制裁法的个人和实体。美国财政部海外资产管理办公室设定了特别指定国民名单、美国商务部工业与安全局设立了黑名单、美国国务院国际安全和防扩散局则有权设定制裁名单，被列入名单的人员将受到严厉的经济制裁。

负责制裁执行的主要是美国财政部海外资产管理办公室。美国财政部海外资产控制办公室（Office of Foreign Assets Control，OFAC）对非美国实体在境外进行的违反美国出口管制的行为实行次级制裁（secondary sanctions）。次级制裁通过切断第三国进入美国市场和金融体系、冻结没收资产等途径间接迫使第三国放弃与被制裁对象的经贸联系，从而达到遏制和控制被制裁对象的目标，即使该项交易并未涉及美国，由此美国的域外管辖也不再单纯以国际不法行为为联结因素，而逐渐转向第三国普通的经济、贸易往来。美国的单边经济制裁依靠其美元支付体系进行。国际清算一旦涉及美元，就需要最终通过美元清算系统，包括银行间同业支付清算系统（CHIPS）和联邦电子资金转账系统（FEDWIRE）。美国境外 95% 的美元跨境清算均通过 CHIPS 进行，而 CHIPS 会员行必须在美国设立办公处所并受联邦或州政府监督。其他银行可以通过会员行代理清算，从而与美国建立联系。① 美国金融机构需要对外国银行进行尽职调查，并拒绝为被制裁的机构提供金融服务；一旦外国银行违反美国的域外管制法，该银行将被美国银行拒绝代理或者中转业务。② 而且，美国财政部外资监控办公室（The Office of Foreign Assets Control of the US Department of the Treasury，缩写OFAC）有权要求环球银行间金融电讯协会（SWIFT）美国分中心提供美元跨境支付信息，追踪可疑的跨境交易。③失去美元供应对大多数从事国际商务的实体而言是致命的。因此，第三国的实体即使在美国境内没有商事行为也会主动遵守美国的对外制裁法，以保证美元的供应。

（二）相关案例

由于美国金融实力影响巨大，大多被美国制裁的实体会选择支付巨额和解金，接受处罚。2014年，法国巴黎银行对美国指控其违反《国际紧急经济权力法》④ 和《对敌贸易法》⑤ 表示接受处罚，并支付了89.7亿美元的和解金。⑥ 2015年，德国德意志银行因遭到美国相同指控表示认罚，接受2.58亿美元的和解金。⑦ 因违反美国制裁法而被迫支付和解金的还包括荷兰ING银

---

① 参见郭华春：《美国经济制裁执法管辖"非美国人"之批判分析》，载《上海财经大学学报》2021年第1期，第127页。

② 参见郭华春：《美国经济制裁执法管辖"非美国人"之批判分析》，载《上海财经大学学报》2021年第1期，第133页。

③ 参见杨永红：《次级制裁及其反制——由美国次级制裁的立法与实践展开》，载《法商研究》2019年第3期，第167页。

④ 参见50 U. S. C. §§ 1701-06（2011）。

⑤ 参见50 U. S. C. §§ 4301-41（2009）。

⑥ 参见Press Release, Department of Justice, Office of Public Affairs, "BNP Paribas Agrees to Plead Guilty and to Pay $8.9 Billion for Illegally Processing Financial Transactions for Countries Subject to U. S. Economic Sanctions"（June 30, 2014），https：//www. justice. gov/opa/pr/bnp-paribas-agrees-plead-guilty-and-pay-89-billion-illegally-processing-financial（accessed on January 16, 2022）。

⑦ 参见Press Release, New York State Department of Financial Services, 'Nydfs Announces Deutsche Bank To Pay $258 Million, Install Independent Monitor, Terminate Employces For Transactions On Behalf Of Iran, Syria, Sudan, Other Sanctioned Entities'（November 4, 2015），https：//www. dfs. ny. gov/reports _ and _ publications/press _ releases/pr1511041（accessed on January 16, 2022）。

行①、法国农业信贷银行②、美国渣打银行③、汇丰银行④。这些案例中，银行位于美国领土之外，银行提供商业服务的实体也位于美国境外。⑤

美国司法部制裁欧洲金融企业名单⑥

时间	被制裁企业名称	适用法律
2009.12	瑞士信贷集团	国际紧急经济权力法、纽约州法律
2010.05	前荷兰 ABN Amro 银行	国际紧急经济权力法、与敌国贸易法、银行保密法
2010.08	英国巴克莱银行	国际紧急经济权力法、与敌国贸易法
2012.06	荷兰 ING 银行	国际紧急经济权力法、与敌国贸易法
2012.12	英国汇丰银行	国际紧急经济权力法、与敌国贸易法、银行保密法
2014.06	法国巴黎银行	国际紧急经济权力法、与敌国贸易法
2015.03	德国商业银行	国际紧急经济权力法、银行保密法
2015.10	法国农业信贷与投资银行	国际紧急经济权力法、与敌国贸易法

---

① 参见 Press Release, Department of Justice, Office of Public Affairs, "ING Bank N. V. Agrees to Forfeit ＄619 Million for Illegal Transactions with Cuban and Iranian Entities"（June 12, 2012）， https：//www. justice. gov/opa/pr/ing-bank-nv-agrees-forfeit-619-million-illegal-transactions-cuban-and-iranian-entities-0（accessed on January 16, 2022）。

② 参见 Press Release, Department of Justice, Office of Public Affairs, "Crédit Agricole Corporate and Investment Bank Admits to Sanctions Violations, Agrees to Forfeit ＄312 Million"（October 20, 2015）, https：//www. justice. gov/opa/pr/cr-dit-agricole-corporate-and-investment-bank-admits-sanctions-violations-agrees-forfeit-312（accessed on January 16, 2022）。

③ 参见 Press Release, Department of Justice, Office of Public Affairs, "Standard Chartered Bank Agrees to Forfeit ＄227 Million for Illegal Transactions with Iran, Sudan, Libya, and Burma"（December 10, 2012）, https：//www. justice. gov/opa/pr/standard-chartered-bank-agrees-forfeit-227-million-illegal-transactions-iran-sudan-libya-and-burma。

④ 参见 Press Release, Department of Justice, Office of Public Affairs, "HSBC Holdings Plc. and HSBC Bank USA N. A. Admit to Anti-Money Laundering and Sanctions Violations, Forfeit ＄1. 256 Billion in Deferred Prosecution Agreement"（December 11, 2012）, https：//www. justice. gov/opa/pr/hsbc-holdings-plc-and-hsbc-bank-usa-na-admit-anti-money-laundering-and-sanctions-violations（accessed on January 16, 2022）。

⑤ 参见 Susan Emmenegger, "Extraterritorial Economic Sanctions and Their Foundation in International Law", （2016）33 Arizona Journal of International & Comparative Law 632。

⑥ 参见张家铭：《"霸权长臂"：美国单边域外制裁的目的与实施》，载《太平洋学报》2020年第2期，第59页。

时间	被制裁企业名称	适用法律
2019.04	英国渣打银行	国际紧急经济权力法
2019.04	德国联合信贷银行	国际紧急经济权力法

　　2016 年，因涉嫌从事伊朗出口原产于美国的禁止性商品的商业行为，违反了美国《出口管理条例》项下的禁止条款，美国商务部在其官方网站发布公告称中兴通讯存在违反美国出口限制禁令的行为，并将中兴通讯列入了由商务部工业和安全局维护的实体名单。① 华为因直接和间接向伊朗政府出口、再出口、销售和供应美国货物、技术和服务而受到处罚。② 2019 年 9 月中远海运下属子公司与其他几十家中国公司就因为与伊朗之间的交易违反了美国制裁伊朗的第 13846 号行政令被列入"SDN 清单"，中国的昆仑银行也因为被指违反了美国颁布的《伊朗全面制裁、问责和撤资法》（Comprehensive Iran Sanctions，Accountability，and Divestment Act of 2010，CISADA）而遭到被禁止使用美元金融系统的制裁。

　　在很少案例中，被处罚的实体可能逃脱处罚。1966 年"福劳赫尔公司案"（Fruehauf v. Massardy）中，③ 美国根据《与敌国贸易法》限制同中国的交易。涉案公司是一家由美国母公司拥有三分之二股权的法国公司。该公司与法国制造商订立合同共同生产拖车出口到中国。虽然该公司位于美国境外，但因为被美国公司控制，也属于"美国人"的范围。美国财政部指令母公司阻止销售，指控其在法国的附属公司违反了美国的贸易管制法。母公司依照财政部指令作出停止销售的决定。法国公司在法国提起诉讼，请求司法机构暂时接管公司并执行涉案合同。法国法院认为不履行合同将会威胁法国附属公司的生存并使法

　　① 参见 The United States Department of Justice. "ZTE Corporation Agrees to Plead Guilty and Pay Over ＄430.4 Million for Violating U.S. Sanctions by Sending U.S.-Origin Items to Iran"（March7，2017），https：//www. justice. gov/opa/pr/zte-corporation-agrees-plead-guilty-and-pay-over-4304-million-violating-us-sanctions-sending〉（accessed on January 16，2022）。
　　② 参见 United States of America v. Huawei Technologies Co, Ltd etc（1：18-cr-00457）。
　　③ 参见 William Laurence Craig，"Application of the Trading with the Enemy Act to Foreign Corporations Owned by Americans：Reflections on Fruehauf v. Massardy"，（1970）83 Harvard Law Review 579-601。

国丧失 600 个就业公司，在多数股东的行为违反公司利益的情况下，法院利用法国的"滥用法定权利"（abus de droi）理念推翻多数股东根据正常公司程序作出的公司决定，① 并聘用临时的行政管理人员监督合同的履行。由于法国公司在法院支持下不接受美国母公司的控制，最终美国财政部并撤回了命令。② 在该案中，外国子公司并不能以外国主权强制理由抗辩，因为法国法院的判决是子公司主动申请的。但是美国财政部可以控制并惩罚的是美国母公司。对于母公司而言，法国法院支持子公司不受内部管控，再惩罚母公司则违反了公平性原则。

五、外国的回应及应对

单边制裁扩大属人原则的做法，和涉及第三国实体的次级制裁，受到了大多国家的反对。为应对主权国家出口管制和经济制裁的域外管辖，其他国家往往采取制定阻断法或反制裁法、启动世界贸易组织争端解决机制和政治谈判的方式。

（一）制定阻断法或反制裁法

阻断法的核心制度包括：阻断特定法律在本国（地区）境内的执行、禁止相关主体遵守外国的特定法律、允许相关主体就外国法律给其带来的损失进行索赔。③

1. 美国

虽然美国是单边对外制裁的大国，但是美国也制定阻断法阻断其他国家的单边次级制裁。一个典型的例子阿拉伯联盟通过的针对以色列的贸易禁令。该禁令包含次级制裁，禁止其他国家与以色列开展贸易。美国的回应是修订《出口管理法》来惩罚执行、遵守、配合阿拉伯联盟禁令的实体，阻断制裁令在美国的效力。同时，美国参议院还通过决议，谴责阿盟的贸易禁

---

① 参见 Fruehauf v. Massardy，［I965］Gazette du Palais, 2 Jur. 86, 88（Cour d'appel, Paris）（unofficial translation）。

② 参见 D. Rosenthal and W. Knighton, "National Laws and International Commerce: The Problem of Extraterritoriality", Chatham House Parpers No. 17, RIIA/RKP, 1982, 63。

③ 参见廖诗评：《〈阻断外国法律与措施不当域外适用办法〉的属事适用范围》，载《国际法研究》2021 年第 2 期，第 44 页。

令违反国际法。①

美国《出口管理法修正案》中也规定了"反抵制条款",禁止任何美国人遵从阿拉伯国家针对美国友邦的制裁法令,否则将给予民事和刑事处罚。美国商务部下设"遵从反抵制办公室"（Office of Anti-boycott Compliance）依照"反抵制条款"曾对多家美国公司进行处罚。例如一律师事务所在为一家客户填写沙特商标注册登记表时,在申请人一栏中特意声明其与以色列没有商业关系而被罚款。巴克斯特公司、欧莱雅公司、医疗设备出口商 Chrono-Log 公司、阿拉伯银行纽约分行、Perry Equipment 等公司均因参与阿拉伯国家对以色列制裁而被处罚。②

2. 欧盟

欧盟认为《赫尔姆斯-伯顿法》（Helms-Burton Act）和《伊朗制裁法》（Iran Sanctions Act）违反了国际法,③ 并进行了阻断立法。1996 年,欧盟理事会根据《欧盟条约》和《欧共体条约》针对《赫尔姆斯-伯顿法》和《达马托法》颁布了《反对第三国立法域外适用的条例》④。附件中列明的相关法规包括美国《1993 财政年度国防授权法》（National Defense Authorization Act for Fiscal Year）第 17 部分、《1992 年古巴民主法》（Cuba Democracy Act1992）第 1704 和第 1706 节、《1996 年古巴自由和民主团结法》（Cuba Liberty and Democratic Solidarity Act of 1996）《1996 年伊朗和利比亚制裁法》（Iran and Libya Sanctions Act of 1996）和《古巴财产控制条例》（Cuban Assets Control Regulations）的 B、E 和 G 部分。

欧盟的阻断法令是一种应对性的法律反制措施。阻断法令发展出四种反制性的法律安排:（1）禁止遵守:禁止欧盟的个人和实体在获得欧委会特别批准之前"主动或故意疏忽",通过子公司或是其他中间人"直接或间接"遵守

---

① 参见 Jeffrey A. Meyer, "Second Thoughts on secondary Sanctions", （2009）30 University of Pennsylvania Journal of International Law 907。

② 参见杜涛:《经济制裁法律问题研究》,法律出版社 2015 年版,第 141~142 页。

③ 参见 Gregory W. Bowman, "A Prescription for Curing U. S. Export Controls", （2014）97 Marquette Law Review 636。

④ 参见 Council Regulation（EC）, Protecting against the Effects of the Extra-Territorial Application of Legislation Adopted by a Third Country, and Actions Based thereon or Resulting therefrom, No 2271 / 96 of 22 November 1996。

《阻断条例》中所指定的具有域外效力的外国法律。(2) 不承认判决：禁止直接或间接赋予《阻断条例》中所指定的外国法律以效力的裁决或行政决定，禁止承认基于《阻断条例》所指定的外国法律所产生或由于《阻断条例》所指定的外国法律而引发的诉讼所产生的判决，此类判决在欧盟范围内缺乏可执行性。(3) 追回权利：欧盟个人和实体从事欧盟与第三国之间的商业活动，如果有人通过适用有关制裁法规或基于相关制裁法规的行为或由此产生的行为对欧盟个人和实体造成的任何损害，其有权寻求损失的赔偿。(4) 报告义务：欧盟各成员国应在 30 天内将所指定的外国法律对其经济活动的不利影响告知欧盟委员会，并且欧盟委员会对这些信息有保密义务，以消除个人与实体因信息泄露带来的经营风险。根据欧盟这一条例，时为欧盟成员国的英国政府也颁布了命令，对违反《欧盟条例》的人处以刑事罚金。其他欧盟国家如比利时、丹麦、瑞典、德国、芬兰、法国、荷兰等也均根据欧盟《第 2271/96 号条例》的规定采取了相关措施抵制美国的域外制裁。①

2018 年，特朗普总统宣布美国退出伊核协议，重启对伊朗的经济制裁。欧盟理事会立即颁布 2018/1100 号条例，② 复活 1996 年《阻断条例》并对附录中美国经济制裁的法律法规进行了更新，将《2012 年伊朗自由与反扩散法》(Iran Freedom and Counter-Proliferation Act of 2012)、《2012 年国防授权法》(National Defnse Authorization Act for Fiscal Year of 2012)、《2012 年伊朗减少威胁和叙利亚人权法案》 (Iran Threat Reduction and Syria Human Rights Act of 2012)、《伊朗交易和制裁条例》(Iranian Transactions and Sanctions Regulation) 等纳入其中。《阻断法令》不承认列入阻断清单的美国对外制裁法的合法性，否认这些法律在欧盟的效力。根据这些制裁措施做出的判决和决定在欧盟不会得到承认和执行。欧盟实体不得遵守列入阻断清单的美国制裁措施，否则可能受到惩罚。但是如果遵循不遵守美国制裁措施将严重损害欧盟实体的利益，该实体可以依据《法令》第 5 条申请豁免。

---

① 参见徐伟功：《论次级制裁之阻断立法》，载《法商研究》2021 年第 2 期，第 195 页。

② 参见 Council Regulation（EC），Amending the Annex to Council Regulation（EC）No 2271/96 Protecting against the Effects of the Extra-Territorial Application of Legislation Adopted by a Third Country, and Actions Based thereon or Resulting therefrom，No 2018 / 1100 of 6 June 2018。

在欧盟《阻断条例》正式实施后的几年内，已经出现了数起相关案例。多个欧盟成员国法院已经审理了涉及欧盟《阻断条例》的案件。但是，欧盟的《阻断条例》依靠各成员国纳入国内法而实施。有的成员国为违反《阻断条例》设立了刑事责任，但是大多成员国仅设置了行政处罚，有的成员国甚至没有规定处罚措施。成员国执法机关执行《阻断条例》的积极性并不高，因为《阻断条例》对本国实体进行处罚，影响本国利益。此外《阻断条例》很多条款非常模糊，依赖成员国具体明确。欧盟阻断法的模糊性和不确定性和美国明确又严格的域外制裁形成了对比，使得实践中很多实体倾向于遵守美国法。

2021年9月，欧盟委员会发布了关于《阻断条例》实施和执行的报告，指出妨碍《阻断条例》有效实施的一系列因素。报告指出，从2018年8月1日到2021年3月1日，欧盟委员会仅仅收到63份基于《阻断条例》的通知，其中35项关于美国对古巴的制裁，28项关于美国对伊朗的制裁。这些通知表明，被列入阻断清单的美国制裁法继续严重地影响欧盟实体，例如限制这些实体的银行业务，或者导致业务合作伙伴终止业务关系，以及抑制欧盟实体在被制裁的国家或地区开展业务或者进行投资的意愿。① 有10起《阻断条例》相关的案件在欧盟成员国法院进行。这些案例表明，《阻断条例》并没有很好地平衡阻断外国制裁法和允许欧盟实体自由地根据商事风险进行商事决策二者之间的关系。大多欧盟成员国法院都要求当事人遵守阻断法，不得终止履行其认为商事风险很大的合同，对商事自由和风险控制产生了不良的影响。② 委员会于2021年1月19日公布了与欧洲议会、理事会、欧洲中央银行、欧洲经济和社会委员会以及各地区委员会的沟通，考虑改革《阻断条例》。③ 之后欧盟委

---

① 参见 Report from the Commission to the European Parliament and the Council relating to Article 7（a）of Council Regulation（EC）No 2271/96（"Blockinig Statute"）COM/2021/535 final。

② 参见 Report from the Commission to the European Parliament and the Council relating to Article 7（a）of Council Regulation（EC）No 2271/96（"Blockinig Statute"）COM/2021/535 final。

③ 参见 Communication from the Commission to the European Parliament, the Council, the European Central Bank, the European Economic and Social Committee and the Committee of the Regions, "The European Economic and Financial System：Fostering Openness, Strength and Resilience", COM（2021）32 final。

员会发布了影响评估并发起了公众咨询，预计 2022 年第二季度提出改革提案。可能的改革包括：第一，委员会有权对实施被列入阻断清单外国制裁法的第三国，或受益于被阻断法的实体，采取威慑和反制措施，包括（1）限制进入欧盟资本市场和公开招标；（2）个人签证限制；（3）对从事被阻断法禁止之贸易的欧盟实体提供财政支持。第二，简化遵守欧盟《阻断条例》的措施，包括（1）简化豁免程序；（2）简化追回程序；（3）澄清禁令的内容和范围。①

3. 英国

1980 年英国政府颁布《贸易利益保护法》（Protection of Trading Interests Act），直接限制美国法律特别是反垄断和出口管制法在英国的适用。② 政府颁布该法的目的是"重申并加强英国的防御措施，以防止其他国家试图在英国执行其经济和商业政策"。③ 最初英国针对美国反托拉斯法域外适用而颁布了《保护贸易利益法》，后将该法扩展适用到经济制裁领域。《保护贸易利益法》主要内容包括（1）界定影响英国贸易利益的外国措施，规定受到外国措施影响的在英国经商的人应向国务大臣报告，国务大臣可以发出指令，禁止在英国经商的人服从外国主管机关发布的具有域外效力并损害本国商业利益的措施；（2）固定外国法院和当局指定提供的文件和情报，国务大臣和发出指令，禁止本国公民、商业团体、行政机关向外国主管机关提供商业文件和商业情报；（3）违反前两条的实体将承担法律责任；（4）如果外国提出的在英国取证的请求侵犯英国的管辖权或有损英国的主权，则英国法院不得执行该请求；（5）英国法院不得执行外国的惩罚性判决和涉及限制竞争的判决；（6）英国公民或商业团体在外国法院败诉后，可以在英国法院对发起在外国诉讼的人提起诉讼，并获得补偿性赔偿。④

1982 年美国实施对苏联天然气管道的贸易制裁措施后，英国国务大臣根据《对外贸易利益法》发布相关命令和指示，禁止英国企业遵守美国禁

---

① 参见 Communication from the Commission to the European Parliament, the Council, the European Central Bank, the European Economic and Social Committee and the Committee of the Regions, "The European Economic and Financial System: Fostering Openness, Strength and Resillience", COM（2021）32 final。

② 参见 Protection of Trading Interests Act 1980,（1980 c 11）（Cracknell's Statutes, 1996, 245-252）。

③ 参见 973 Parl. Deb. HC（1979）1533。

④ 参见李庆明：《国际法研究》，载《国际法研究》2019 年第 3 期，第 16 页。

运法规。① 英国还通过反种族歧视法来阻止美国域外经济制裁的执行。2007年，英国"种族平等委员会"对伦敦希尔顿酒店提出警告，认为该酒店拒绝为古巴人服务的行为触犯了英国 1976 年《种族关系法》（Race Relations Act）。

4. 加拿大

加拿大于 1985 年颁布了《外国域外管辖措施法》（Foreign Extraterritorial Measures）。该法的初衷是为了应对美国反垄断法的域外适用。② 授权加拿大总检察长发布命令阻止"加拿大的人"遵守那些妨碍加拿大贸易利益的外国贸易措施。在美国通过《古巴民主法》后，加拿大再次发布《外国域外管辖措施（美国）命令》要求加拿大境内成立和运营的公司，包括美国公司控制的加拿大子公司，不得遵守美国《古巴民主法》及《古巴资产管制条例》。③该法第 7 条第 1 款明确规定："美国法院根据 1996 年《古巴民主自由法》做出的任何判决不得以任何方式在加拿大境内被承认或执行。"依据该法，加拿大人可在加拿大法院进行反诉，以弥补因美国法院根据《赫尔姆斯-伯顿法》所做判决而受到的损失。④ 而对于不遵守该法的公司和个人，该法还规定了罚金和监禁等民事和刑事惩罚措施，但加拿大的相关阻断法在实践中并未得到适用。

5. 墨西哥

为了对抗美国的制裁，1996 年，墨西哥颁布了《保护贸易和投资不受外国违反国际法的法律影响的法律》（Act to Protect Trade and Investment from Foreign Norms That Contravene International Law）对抗《赫尔姆斯-伯顿法》和其他经济制裁法律在墨西哥的适用，禁止外国具有域外管辖权的立法在墨西哥适用，禁止承认外国法院根据上述法律作出的判决，同时赋予当事人一项求偿

---

① 参见 Tom Harris, "The Extraterritorial Application of U. S. Export Controls; A British Perspective", (1987) 19 American Society of International Law 959。

② 参见 Peter Glossop, "Canada's Foreign Extraterritorial Measures Act and U. S. Restrictions on Trade with Cuba", (1998) 32 International Lawyer 97。

③ 参见 Foreign Extraterritorial Measures (United States) Order, 1992, 126 C. Gaz. Part II 4049 (1992)。

④ 参见 New York Times 14 Mar. 1996。

权，以弥补因外国制裁法令而导致的损失。① 根据《古巴财产管制法》，美国财政部发布命令，禁止美国人拥有或控制的外国公司与古巴人进行贸易往来。一家墨西哥城美国人拥有的喜来登连锁酒店依据该命令要求 16 名古巴客人离开酒店。在事件发生后，墨西哥外长指出"该法不能也不应该在我国境内适用"，② 墨西哥政府向该酒店作出罚款 120 万比索的处罚决定。

6. 中国

2021 年 1 月 9 日，中国商务部公布《阻断外国法律与措施不当域外适用办法》③（以下简称"《阻断办法》"）。《阻断办法》第 2 条规定其适用于"外国法律与措施的域外适用违反国际法和国际关系基本准则，不当禁止或者限制中国公民、法人或者其他组织与第三国（地区）及其公民、法人或者其他组织进行正常的经贸及相关活动的情形"。④《阻断办法》第 9 条规定："当事人遵守禁令范围内的外国法律与措施，侵害中国公民、法人或者其他组织合法权益的，中国公民、法人或者其他组织可以依法向人民法院提起诉讼，要求该当事人赔偿损失。"该条款赋予了遭受外国法律不当域外适用损害的中国个人和实体提起索赔诉讼的司法救济途径，因此当企业在遭受不当域外法律适用时，可以及时援引相关条款请求司法救济，进行直接的利益补偿，最大程度地保护自己的合法权益。

《阻断办法》刚刚颁布，相关细则尚未出台，目前仅有一例涉外承认与执行外国仲裁裁决的案例。⑤ 被申请人（万达控股集团有限公司）与案外人（一家新加坡有限公司）签订了保证合同约定被申请人为案外人与申请人（麦格里银行）之间的全部现有及将来的原油买卖交易提供担保。后因案外人未履行合同，申请人就相关争议向新加坡国际仲裁中心进行仲裁，申请人依据仲裁裁决向上海金融法院申请承认与执行外国仲裁裁决。被申请人的其中一个理

---

① 参见 Jorge Vargas，"Mexico：Act to Protect Trade and Investment from Foreign Norms That Contravene International Law"，(1997) 36 International Legal Materials 133-154。

② James C. McKinley Jr.，"Mexico and Cuba protest hotel's expulsion of Havana Delegation"，N. Y. TIMES，Feb 7, 2006.

③ 参见中华人民共和国商务部令 2021 年第 1 号《阻断外国法律与措施不当域外适用办法》。

④《阻断外国法律与措施不当域外适用办法》第 2 条。

⑤ 上海金融法院（2021）沪 74 协外认 1 号民事裁定书。

由与《阻断办法》相关，认为根据《阻断办法》规定，被申请人系从事液化气管道业务影响社会民生工程的中国企业，符合该规定。上海金融法院认为《阻断办法》中所规定的外国法律不当域外适用与本案无关，选择仲裁系本案当事人意思自治的结果。关于特殊时期对某类民营企业如何特殊保护，属于政策考量，不应影响本案中仲裁结果的承认。法治是最好的营商环境，如不能保障法律实施的结果，可能有利于保护单个企业，但长久看会伤害更多的企业。被申请人的其他理由也不能成立，涉案仲裁裁决被承认与执行。

阻断措施也出现在《不可靠实体清单规定》中。① 如果有公司为了遵守外国危害中国国家主权、安全、发展利益和违反正常的市场交易规则的法律，中断与中国企业、其他组织或者个人的正常交易，或者对中国企业、其他组织或者个人采取歧视性措施，严重损害中国企业、其他组织或者个人合法权益，中国商务部可将这些实体列入不可靠实体清单，对其进行惩罚。惩罚措施包括限制或禁止其从事与中国有关的进出口活动，在中国境内投资、相关人员、交通运输工具等入境，相关人员在中国境内工作许可，停留或者居留资格，相应罚款等。② 阻断措施也包括在 2021 年 6 月 10 日公布并立即实施的《中华人民共和国反外国制裁法》中。如果个人或组织遵守或实施外国针对中国或中国实体制定的歧视性措施，③ 国务院有关部门可以对此个人或实体实施惩罚性措施。④

（二）反制与报复

1. 俄罗斯

有的国家的应对方式是出台反制立法或实行报复措施。2014 年 8 月 6 日，普京签署了一项国家法令规定：为了保护俄罗斯民族利益，在未来一年内，俄罗斯将禁止或限制从对俄罗斯实施制裁的国家进口农产品、原料及食品。

2018 年 6 月 4 日，俄罗斯进一步出台了《针对美国和其他国家不友好行为的措施（反措施）的法律》，作为对美国经济制裁的回应。制定该法的目的是保护俄罗斯的国家利益与安全，维护主权与领土完整，保护俄罗斯公民的权利与自由，使其免遭美国和其他外国不友好行为的影响。不友好行为包括对俄

---

① 中华人民共和国商务部令 2020 年第 4 号《不可靠实体清单规定》。
② 参见《不可靠实体清单规定》第 10 条。
③ 参见《中华人民共和国反外国制裁法》第 3 条。
④ 参见《中华人民共和国反外国制裁法》第 3 条。

罗斯联邦、俄罗斯联邦公民或实体实施政治或经济制裁，或采取其他行动威胁俄罗斯联邦的领土完整和政治、经济稳定。该法从国家立法的高度对美国的单边经济制裁进行反制，为反制提供了国内法依据。

最初的草案授权俄罗斯政府采取相当具体的报复措施，包括禁止或限制药品进口、禁止美国公民和其他"不友好的外国国家"公民在俄罗斯旅行和就业、终止或暂停核、航空和火箭等行业的国际合作。这些措施引起了俄罗斯公众和团体的批判。最终的法律以广泛授权代替具体报复措施包括：终止或暂停与实施制裁的国家和外国组织的国际合作；禁止或限制进口由实施制裁国家或外国组织生产的货物或原材料，但俄罗斯不生产的生活必需品以及公民自用品除外；限制外国组织从俄罗斯进口某些产品或原材料；禁止外国组织参与俄罗斯的私有化进程；禁止外国组织参与俄罗斯的政府采购项目。① 此外该法也给予总统采取必要措施、应对外国"不友好行动"的广泛权利。可以根据此法制裁的客体，包括"不友好的外国"、这些国家的实体以及这些外国实体直接或间接拥有超过25%股份或权益的实体。

2020年俄罗斯通过了名为"为保护私人和法人免受国家、国家联盟或国家、国家联盟的公共机构制定的限制性措施而修改仲裁程序法的法律"，② 作为对2014年以来多个国家对俄罗斯法人和个人实施制裁的反应。该法对"限制措施"采取了宽泛定义，不但包括单边经济制裁，也包括其他措施，例如签证限制、行政或刑事限制、经贸配额、关税等。该法适用于根据国际条约或当事人协议可能向俄罗斯境外仲裁庭和法院提交的争议，包括争议涉及已经成为外国限制性措施制裁对象的当事人；或者由限制措施引起，并涉及俄罗斯或者制裁发起国任何一方的争议。对于以上两类争议，俄罗斯法院有专属管辖权。当事人不得将争议提交给外国法院或者仲裁机构。为了保护俄罗斯的专属管辖权，该法特别允许俄罗斯法院对外国诉讼或仲裁发布禁诉或禁裁禁令。③

2. 其他国家

1982年美国对苏联实行能源禁运时，英国、法国和意大利对影响到其国

---

① 参见杜涛、周美华：《应对美国单边经济制裁的域外经验与中国方案——〈从阻断办法〉到〈反外国制裁法〉》，载《武大国际法评论》2021年第4期，第6页。

② Articles 248. 1 and 248. 2 of the Commercial（Arbitrazh）Procedure Code.

③ 参见杜涛、周美华：《应对美国单边经济制裁的域外经验与中国方案——〈从阻断办法〉到〈反外国制裁法〉》，载《武大国际法评论》2021年第4期，第6页。

民合同的域外制裁采取了报复措施，英国迫使美国公司在英国的几家子公司尊重其在亚马尔管道项目的合同。

古巴于 1996 年颁布的《重申古巴尊严和主权法》（Reaffirm of Cuban Dignity and Sovereignty Act）规定，任何个人或公司根据《赫尔姆斯-伯顿法》提出的所有索赔均应被视作非法并将被剥夺未来获得补偿的权利，任何配合实施《赫尔姆斯-伯顿法》的合作行为均为非法并将被处罚。

以色列于 2011 年颁布的《防止通过抵制对以色列造成损害法》规定，任何"公开呼吁或参与抵制以色列"者都会遭到处罚，并于 2017 年又专门立法禁止该情况下的外国人入境。

中国《出口管制法》第 48 条规定了对等措施，即任何国家或者地区滥用出口管制措施危害中华人民共和国国家安全和利益的，中华人民共和国可以根据实际情况对该国家或者地区对等采取措施。《反外国制裁法》和《不可靠实体清单》中给予中国有关部门对外国国家、组织或个人针对中国的歧视性措施实施报复的权利。

（三）外交途径

美国对苏联的天然气管道禁运中，建设苏联西伯利亚连接到西欧的天然气管道引起了北约成员国之间的分歧。① 1981 年，美国总统宣布禁止对苏联出口石油和天然气设备，包括管道铺设设备。1982 年美国颁布《石油和天然气管制修正案》禁止对非美国公司将采用来源于美国的技术所生产的机器设备出口或转出口至苏联，对违反规定的本国公司和海外子公司将追究刑事责任，对外国公司也采取了相应措施。但美国的这种措施遭到德国、比利时、法国、芬兰、荷兰和瑞典等国家的强烈反对，甚至其中一些国家通过立法否认美国在这方面的判决。② 1982 年出口管制限制，与苏联之间的管道项目，英国和法国令其本国境内的公司无视美国的相关限制，继续与苏联进行合作。③ 通过国

---

① 参见 Andreas F. Lowenfeld, "Trade Controls for Political Ends: Four Perspectives",（2003）4 Chicago Journal of International Law 361-365。

② 参见 Akbar Adibi and Homayoun Habibi, "The Challenge of the 'Economic Independence' and the 'Sovereignty of States'", 5（3）A Review of the Problem of Legitimacy of Economic Sanctions in the Reality of the International Legal Order,（2017）5 Russian Law Journal 126。

③ 参见 Gregory W. Bowman, "A Prescription for Curing U. S. Export Controls",（2014）97 Marquette Law Review 636。

家之间的外交协调，最终，里根总统取消了上述禁令。①

由于美国管辖美国的公司的外国子公司，对中国、苏联、古巴和其他国家实施经济制裁，与加拿大以及西欧几个国家的关系有时会紧张。② 美国的单边经济制裁引起了其他国家的反应，中国、俄罗斯、印度、欧盟等均表明了对美国单边制裁的反对意见，认为其做法没有国际法依据。③ 加拿大和墨西哥声称古巴贸易禁运和赫尔姆斯-伯顿法违反了美国在北美自由贸易协定下的义务。④ 1996 年，美洲国家组织（OAS）司法委员会通过了一致通过声明，谴责《赫尔姆斯-伯顿法》和《古巴民主法》违反国际法。⑤ 1997 年联合国大会已通过决议，谴责美国在限制第三国与美国目标国家的贸易的情况下实施制裁。在《赫尔姆斯-伯顿法》通过后，联合国大会以绝对多数谴责《赫尔姆斯-伯顿法》的决议。明确《赫尔姆斯-伯顿法》的域外效力影响到其他国家的主权及其在其管辖下的实体或个人的合法权益以及通商和通航自由，重申各国应遵守国家主权平等、不干涉内政、国际通商和通航自由等原则。⑥

日本、瑙鲁、塞内加尔和也门等国虽然没有颁布专门法律，但都公开宣布该国不会承认和执行其他国家的域外强制措施。⑦ 英国在 1996 年向欧共体委员会提交的外交备忘录中表示，英国坚持的原则是公司的国籍根据公司成立地点决定，非成立的国家无权根据公司的全部或主要股票为该国国民所拥有或控

---

① 参见 Kenneth W. Dam, "Economic and Political Aspects of Extraterritoriality", (1985) 19 International Lawyer 894。

② 参见 Gregory W. Bowman, "E-mails, Servers, and Software: U. S. Export Controls for the Modern Era", (2014) 35 Georgetown Journal of International Law 649。

③ 参见 Patrick C.R. Terry, "Unilateral Economic Sanctions and Their Extraterritorial Impact: One Foreign Policy For All?", (2019) Chinese Journal of International Law 431。

④ 参见 U. S.-Can.-Mex., 32 ILM. 289, Final Draft Revision 6 Sept. 1992, Entered into Force, 1 Jan. 1995。

⑤ 参见 Latin Am. Wkly Rep, Resistance Grows To Helms-Burton Law, p. 413（12 Sept. 12; reporting the OAS Juridical Committee's Ruling that Helms-Burton and Democracy Act violates international law）。

⑥ 参见 United Nations General Assembly, Resolution on the Necessity of ending the economic, commercial and financial embargo imposed by the United States of America against Cuba, U. N. Doc. A/RES/52/10, Nov. 5（1997）.

⑦ Elimination of Coercive Economic Measures as a Means of Political and Economic Compulsion。

制，而管制在另一国成立的公司的行为。① 1997 年，欧盟与美国通过双边谈判达成《欧盟与美国关于美国〈赫尔姆斯-伯顿法〉和〈伊朗和利比亚制裁法〉的谅解备忘录》，② 后经过双方进一步谈判，达成了《投资保护谅解协议》。③

（四）WTO 诉讼

针对《赫尔姆斯-伯顿法》和《达马托法》，欧盟除了出台阻断法令，提起外交抗议之外，还向 WTO 提起争端解决请求，认为美国的域外制裁措施侵害了欧盟成员国根据 WTO《关贸总协定》和《服务贸易总协定》享有的与古巴进行自由贸易的权利。④ 美国认为其依据 GATT 和 GATS 中的"例外条款"制定相关措施，欧盟应停止诉讼。但在专家组成立后，美国单方面退出了争端解决程序。后经美国与欧盟之间的谈判，欧盟暂缓 WTO 诉讼，美国暂时搁置《赫尔姆斯-伯顿法》第 3 条对欧盟成员国的执行。⑤

同样在"美国—货物贸易与服务贸易措施案"中，委内瑞拉认为，美国的《委内瑞拉人权民主保护法》《国际经济紧急权力法》《委内瑞拉制裁条例》等国内法律法规及其行政命令构成贸易限制措施，违反了《关税与贸易总协定》和《服务贸易总协定》等相关条款，并启动了 WTO 争端解决机制的磋商程序。⑥ 1990 年代后期，欧盟、日本和加拿大援引世界贸易组织条约的争端解决机制，声称美国对第三国与美国目标国家的贸易实施域外经济制裁违反了世贸组织协定。1996 年，美国马萨诸塞州政府颁布了针对缅甸的制裁（An Act Regulation State Contracts with Companies Doing with or in Burma（Myanmar）1996），对在缅甸境内从事经营活动的公司进行制裁，而不管这些

---

① 参见张利民：《经济行政法的域外效力》，法律出版社 2008 年版，第 82 页。

② 作为欧盟承诺中止在世界贸易组织提起诉讼，美国同意暂缓实施《赫尔姆斯-伯顿法》中的第 3 条，美国国会授予总统权力必要时放弃实施第 4 条。

③ 欧盟承诺不对《赫尔姆斯-伯顿法》和《达马托法》提出指控，只要美国（1）给予欧盟公司和个人实施《赫尔姆斯-伯顿法》第 3 条的豁免仍旧有效；（2）给予欧盟公司和个人实施《赫尔姆斯-伯顿法》第 4 条的豁免；（3）没有发生依据《达马托法》对欧盟公司或个人提起的诉讼；（4）到克林顿第二个任期届满之前，给予欧盟一项不受时间限制实施第 4 条的豁免。

④ 参见 Statement by the Representative of the E. C. and their Member States at the Dispute Settlement Boby of the WTO, Oct. 16, 1996。

⑤ 参见 Harry L. Clark, "Dealing with U.S. Extraterritorial Sanctions and Foreign Countermeasures", (1999) 20 University of Pennsylvania Journal of International Law 87-88。

⑥ 参见 United States-Measures relating to Trade in Goods and Services, WT/DS574/1。

公司是美国公司还是外国公司。欧盟、日本和泰国谴责该法违反了 WTO 规则，并将美国诉诸 WTO 争端解决机构。①

（五）其他途径

由于美国次级制裁的实施主要依靠美国的技术、金融霸权，很多国家采用经济途径，突破美国的经济控制。第一，很多国家采取措施，降低美国技术及产品价值在最终产品中的比例。法国、德国等国家补贴本国企业，减少对美国货物和技术的依赖。② 第二，规避以美元为核心的国际支付体系。美国通过美元进行制裁，法国、德国和英国外长宣布创设绕开美元支付系统的贸易支持工具（Instrument for Supporting Trade Exchange）为欧盟和伊朗间的合法贸易提供便利。

第二节　反　垄　断

一、域外管辖的必要性

经济全球化造成企业能够将垄断行为的效果延至境外，而主权国家依据传统的地域原则却很难对境外企业实施的反竞争行为进行规制。③ 跨国公司可以选择性地实施跨国卡特尔等不正当竞争行为，以规避目标市场的法律义务。面对当今的贸易格局，以领土为边界适用反垄断法，无法有效调整没有领土边界的贸易关系，或者维护没有领土边界的竞争秩序。④ 全球化带来的跨国影响必然要求相应的域外管辖。正如德国反垄断法权威 E. J. 梅斯特梅克所指出的，反垄断法的域外效力是市场需要决定。⑤ 各国在反垄断领域进行域外管辖，并

---

① 参见 United States-Measure Affecting Government Procurement；Request for Consultations by the European Communities，WTO Doc. WT/DS88/1（June 26，1997）。

② 参见 Jürgen Basedow，The Law of Open Societies：Private Ordering and Public Regulation in the Conflict of Laws（Leiden：Brill/ Nijhoff，2015）75。

③ 参见戴龙：《反垄断法域外适用制度》，中国人民大学出版社 2015 年版，第 39 页。

④ 参见刘宁元：《反垄断法域外管辖冲突及其国际协调机制研究》，北京大学出版社2013 年版，第 20 页。

⑤ 转引自袁泉：《欧共体竞争法的国际合作与协调》，高等教育出版社 2014 年版，第 208 页。

非出于自身喜好，而是因为这是解决跨境不正当竞争实践的唯一有效工具。①

其次，国际反垄断领域本身存在监管不足的问题。国家通常只有在行为对国家利益造成负面影响时才有动力立法约束。在商事行为可能对本国有利时，可能会对该行为对外国利益造成的损害漠不关心。如果垄断行为的目的是影响域外，行为地国通常不会对其进行规制。只有两种方式能够解决这一问题：一是允许一国主张域外管辖约束影响其利益的域外行为；二是在一个能够代表所有利益的国际会议上协商商业活动规范的问题。②由于国际普遍认可竞争行为规范并不存在，主张域外管辖是其他国家保护本国利益的必要措施。

反垄断领域最终应该实现四个目标：第一，防止出现反垄断领域的监管空白；第二，为全球贸易的交易提供公平和有效率的环境；第三，适当地考虑和平衡法院地和被影响国家的政治和经济利益；第四，平衡或融合在法院地和被影响国家之间程序法和实体法中的不同。③ 实现这四个目标的最好方式是最终形成国际反垄断法，但是如果各国缺乏动机妥协，国际反垄断法无法达成。如果各国进行域外立法规制域外垄断行为，这种单边立法容易造成法律冲突。这些冲突带来的现实困境反而会创造协商的动机，最终可能促进国际合作。④

二、域外管辖的国际法原则

(一) 效果原则

在反垄断领域，最常见的域外管辖基础是效果原则。⑤ 如果域外实体在域外的经济行为对本国的市场和经济活动造成了影响，国家将有理由对域外行为

---

① 参见 Marek Martyniszyn, "Extraterritoriality in EU Competition Law", in Nuno Cunha Rodrigues, ed., Extraterritoriality of EU Competition Law: The Application of EU Economic Law outside the Territory of the EU (Springer, 2021) 48。

② 参见 William S. Dodge, "Extraterritoriality and Conflicts-of-Laws Theory: An Argument for Judicial Unilateralism", (1998) 39 Harvard International Law Journal 101, 153。

③ 参见 Dunfee, Thomas W. & Friedman Aryeh S., "The Extra-Territorial Application of United States Antitrust Laws: A Proposal for an Interim Solution", (1984) 45 Ohio State Law Journal 883, 889-896。

④ 参见 William S. Dodge, "Extraterritoriality and Conflicts-of-Laws Theory: An Argument for Judicial Unilateralism", (1998) 39 Harvard International Law Journal 101, 164。

⑤ 参见 Roger P. Alford, "The Extraterritorial Application of Antitrust Laws: The United States and European Community Approaches", (1992) 33 Virginia Journal of International Law 1, 5。

进行管辖。效果原则作为域外管辖的原则，首先由美国在反垄断领域确立。在"美国诉美国铝业公司案"（U. S. v. Aluminum Co. of America）中，美国法院认为："任何国家对于那些发生在其境外的但对其境内确有该国所谴责的效果的行为，应当加诸责任，甚至加诸那些并不在其领域内的人。"① 虽然效果原则早期受到很多国家的激烈反对，但是随着各国逐渐认识到规制域外反竞争行为的必要性之后，很多国家悄悄地跟随美国的步伐。美国《第四次对外关系法重述》认为，效果原则是美国管辖权依据。《第四次对外关系法重述》第402条第1款第4项规定"美国对在其境内产生实质影响的行为实施立法管辖权"。《第四次对外关系法重述》同时指出这为国际法承认的管辖基础。例如第407条表明，国际法允许基于真实联系行使立法管辖权，而联系的一种呈现方式便是效果。第409条具体阐述道："国际法承认一国基于行为在国内产生实质性效果行使立法管辖权。"

（二）属人原则

欧盟在域外立法问题上整体趋于保守，但是鉴于反垄断政策对欧盟内部市场的重要性，欧盟倾向于利用属人原则管辖域外公司的垄断行为。属人原则在此语境下根据的是"单一经济体理论"。"单一经济体理论"将跨国公司集团定义为一个单一的经济共同体。如果其中一个主体为欧盟公司，欧盟可以管辖外国子公司或母公司在外国实施的垄断行为。这个理论是对国际法"属人原则"的延伸。将集团定义为"单一经济体理论"可能会出现三个结果：第一，几个法理上相互独立的主体构成单一经济实体的一部分，意味着那些主体之间的行为不能被认为违反《欧盟条约》101条；第二，构成单一经济实体的任一主体可能需要承担整个经济实体，或者单一经济体中其他经济实体违反欧盟竞争法的后果；第三，欧盟对于位于欧洲之外的法律实体，因其构成单一经济实体的一部分，可以主张管辖权。②

三、各国立法实践

（一）美国

作为最早适用反垄断制度的国家，美国现已形成了以1890年《谢尔曼

---

① 参见 U. S. v. Aluminum Co. of America, 148 F. 2d 416 (2nd Cir. 1945)。

② 参见 David Bailey & Okeoghene Odudu, "The Single Economic Entity Doctrine in EU Competition Law", (2014) 51 Common Market Law Review 1721, 1722-1723.

法》、1914 的《克莱顿法》、1914 年《联邦贸易委员会法》，与这些联邦法律相配套和相关联的特别法律，以及大量的反托拉斯判例构成的高度发展和完善的反垄断法制度。

美国反垄断法的域外管辖制度主要建立在法院判例基础上。① 《谢尔曼法》第 1 条规定"任何限制几个州之间的或与外国之间的贸易或商业的合同、以托拉斯或其他形式达成的联合以及共谋的行为"都是违法的。第 2 条规定："任何人从事垄断或者企图垄断，与他人联合或合谋以实现对州际或对外贸易或商业的任何部分的垄断，均应被视为重罪。"这两条虽然没有明确其地域效力，但是两条中"与外国的贸易"的提法为法院用于主张域外管辖权留下了空间。法院通过"美国铝业公司案"（United states v. Aluminum Co. of America）、"廷布莱因木材公司诉美洲银行案"（Timberlane Lumber v Bank of America）以及《对外贸易反托拉斯促进法》（Foreign Trade Antitrust Improvements Act）基本确定了效果原则及合理性原则作为美国反垄断法域外适用基本原则。

"美国铝业公司案"便是美国法院开始域外管辖的里程碑案件。② 美国铝业公司境外子公司在境外与外国公司达成垄断协议建立联盟，要求各公司生产配额固定，联盟将以固定价格接管未销售的生产配额，相关方未经同意不得"购买、借用、制造或销售"非相关方的铝。此种行为若发生在美国，将被视为违反《谢尔曼法》。法官根据"任何国家都可对在其国境范围内造成后果的行为施加责任，即使行为人不在其约束范围内，而其他国家通常会承认这种责任"，认为此种做法意图在美国产生限制进口的效果，并且其实施确实产生了此种效果，构成对《谢尔曼法》的违反。以此判例为指导，美国法院确认了效果原则在反垄断领域中的地位。当然，效果原则无论是在国内学界还是在国际层面均引起了质疑与反对，直到"廷布莱因木材公司诉美洲银行案"利用管辖权合理规则（jurisdictional rule of reason）对域外立法进行限制。

在"廷布莱因案"中，一家在洪都拉斯经营木材的美国公司以违反《谢尔曼法》第一条和第二条为理由，起诉几家美国公司共谋将原告排除出洪都拉斯木材市场。③ 第九巡回法院认为此行为存在限制或影响美国商业的意图，

---

① 法院对成文法的解释在学理上也属于立法管辖的一部分。详见第一章。

② 参见 U. S. v. Aluminum Co. of America, 148 F. 2d 416 (2nd Cir. 1945)。

③ 参见 Timberlane Lumber Co. v. Bank of America, N. T. & S. A. , 549 F. 2d 597 (9th Cir. 1976)。

构成《谢尔曼法》规定的违法行为。之后，法院进一步考虑该案中存在的冲突性立法管辖权的问题。法院认为将美国法域外适用时，除了考虑美国和行为之间的充分联系，也应当根据管辖权合理性原则（jurisdictional rule of reason）比较各国行使管辖权的利益，并要求法院考虑美国法域外适用与外国法或外国政策之间的冲突；当事人的国籍或依附的国家以及公司所在地或主要营业地；判决在两国是否可以执行；相比他国行为后果对美国的相对重要性；明确意图损害或影响美国商业的程度；此种影响的可预见性；发生于美国境内的行为相比国外的违法行为的相对重要性。该案虽非由联邦最高法院作出，但是产生了广泛而深刻的影响。

1982 年国会为了解决实践中的不确定性，也为了防止美国公司在出口贸易中处于劣势地位，通过了《对外贸易反托拉斯促进法》（The Foreign Trade Antitrust Improvements Act）。① 该法作为《谢尔曼法》的例外条款，规定《美国法典》15 编第 1 条至第 7 条不应适用于与外国之间的贸易或商业中发生的行为（除了与进口贸易或商业相关的情况），除非满足以下两个条件："（1）此种行为对下列贸易具有直接、实质和合理可预见的影响：a 非与外国之间的贸易和商业或者与外国之间的进口贸易和商业；b 对于出口贸易和商业与外国有关的情况，须出口贸易或商业的从事者处于美国境内。（2）此种影响导致产生本编第一条至第七条的诉讼。"该法将非进口贸易或商业的情况排除在美国法适用范围外。但同时规定了例外，也即可域外适用的特殊情况。此外，该法限制了"直接、实质与合理"标准，来确定支持法律域外适用的"效果"，并确定了损害由该影响引起这一因果联系。这被认为是国会对在法律域外适用上进行的自我授权及自我约束。

（二）欧盟

欧盟层面的竞争法源于欧洲共同体时期，相关规则主要由《欧洲煤钢共同体条约》（下文简称为《巴黎条约》）和《欧洲经济共同体条约》（下文简称《罗马条约》）形成并发展。竞争相关规则之前规定于《欧洲经济共同体条约》85 条及 86 条；后为《欧洲共同体条约》条及 82 条；现体现为《欧盟职能条约》第 101 及 102 条。《欧盟职能条约》第 101 条规定：② "1. 应禁止

---

① 参见 Export Trading Company Act of 1982 § 402, 15 U. S. C. A. § 6a。

② Consolidated version of the Treaty on the Functioning of the European Union, Art 101.

下列与内部市场不相容的行为：可能影响成员国之间贸易并且存在阻止、限制或扭曲共同市场内竞争为目的或效果的企业之间的所有协议、企业协会的决定以及协同行为，特别是：（a）直接或间接确定买卖价格或任何其他交易条件；（b）限制或控制生产、市场、技术开发或投资；（c）共享市场或供应来源；（d）对与其他交易方的同等交易适用不同的条件，从而使其处于竞争劣势；（e）使缔结合同以对方当事人接受附加义务为条件，这些附加义务在性质上或根据商业惯例与合同标的无关。"第 102 条规定：①"任何一个或多个企业滥用共同市场或其中相当一部分市场支配地位的行为，只要可能影响成员国之间的贸易，应视为与共同市场不相容，应予禁止。这种滥用尤其可能包括：（a）直接或间接施加不公平的买卖价格或其他不公平的交易条件；（b）限制生产、市场或技术发展以损害消费者的利益；（c）对与其他交易方的同等交易适用不同的条件，从而使其处于竞争劣势；（d）使缔结合同以对方当事人接受附加义务为条件，这些附加义务在性质上或根据商业惯例与合同标的无关。"这两天并未明确提及欧盟竞争法的空间适用范围，但是"影响内部市场""影响成员国之间贸易"以及"阻止、限制或扭曲共同市场内竞争为目的或效果"为欧盟竞争法的域外适用留下了空间。欧共体竞争法的域外效力主要是通过欧盟委员会的决定与欧洲法院的判例而确定的。②

　　欧洲法院在 1971 年"别格林案"（Beguelin）中提出，虽然限制竞争协议的签订地或形成地在欧盟领域外，但只要其履行地点在欧盟领域内，就可以适用欧盟反垄断法。法院言明："一个协议必须具有影响各成员之间贸易的后果，并且以阻碍共同体市场内的竞争为目的或者效果，才与共同体市场不相容，并为条约第 85 条所禁止。"③"虽然协议的一方当事人是居住在第三国的企业，但并不能阻却（罗马）条约第 85 条的适用，因为这个协议是在共同体市场领域内履行的。"④ 这个案例并未引起很大的争议。第 85 条关于禁止垄断协议包含两个行为：协议的成立和协议的履行。这两个行为合并构成反垄断行为。因为履行地是构成反竞争行为的要素，基于履行地行使管辖权符合国际法上的属地原则。

① Consolidated version of the Treaty on the Functioning of the European Union, Art 102.
② 参见黄勇：《国际竞争法研究》，中国友谊出版公司 2003 年版，第 19 页。
③ C-22/71 - Béguelin Import v G. L. Import Export, para 10.
④ C-22/71 - Béguelin Import v G. L. Import Export, para 11.

1972 年欧洲法院在"染料案"（Dyestuffscase）再一次扩大了欧盟反不正当竞争法的空间范围。在本案中，三家在欧盟境外注册成立的染料制剂公司，通过他们所控制的位于欧盟领域内的分支机构或子公司，就三家公司在欧盟内的产品销售价格达成了一致的提高价格协议。委员会调查三家实体固定价格的卡特尔行为，并对其进行罚款，其依据是卡特尔行为影响了欧盟市场。这一行为遭到了英国政府的抗议与非欧盟卡特尔参与者的挑战。英国政府认为效果原则不为国际法支持，欧盟条约的适用不具有正当性。在上诉过程中，委员会更改了自身的管辖权依据，认为其是基于外国公司在欧盟均存在子公司。

欧盟委员会对三家母公司及其位于欧盟境内的子公司分别作了罚款处罚。欧洲法院认为，如果在欧盟境外设立的实体，行使其内部管制权力控制欧盟内设立的子公司，命令其作出提高价格的决定。对该决定以及其他决定的统一实施构成对罗马条约第八十五条的违反，且子公司的行为应当归咎于母公司。[①]如果子公司在作出该决策的过程中并非真正享有自治权，而是受到母公司的影响，公司集团应当被视为一个整体，同样应受欧盟反垄断法的约束。换言之，法院认可了委员会的做法，认为子公司缺乏真正的自治时，其行为应归结于母公司，因此母公司被带至欧盟的管辖范围中。欧洲法院通过跨国公司中母子公司的关联关系，在反不正当竞争领域刺穿了公司面纱，将其反垄断法适用于其领域外的母公司。这一理论被称为"单一经济体理论"（Single economic unit doctrine）。当然，该理论的适用也有一定的要求，即欧盟子公司对于限制竞争的行为无意思自主权，只是母公司执行政策的工具，因此可将相关责任归责于母公司。[②] 此做法虽然扩张了欧盟反垄断法的空间适用范围，但是仅适用于跨国集团公司之间，对在欧盟境内没有子公司的外国公司则没有管辖权。正因为这个原因，欧盟委员会无法在之后的造纸材料案中套用单一经济体原则，只得借用了美国创造的效果原则。

欧盟 1988 年"造纸材料案"（Wood pulp）中，欧委会首次适用了效果原则。在本案中，41 家纸浆制造商均为欧盟境外公司。它们达成了一个关于欧盟境内限定产品销售价格并交换有关这方面信息情报的协议，并且按照这个协

---

① 参见 Case 48/69, Imperial Chemical Industries Ltd. v Commission of the European Communities, para 128。

② 参见刘宁元主编：《比较法视野下中国反垄断运行机制研究》，法律出版社 2015 年版，第 130 页。

议与欧盟境内的公司进行交易。该案涉及来自欧盟、加拿大、芬兰、瑞典以及美国的公司以及美国的贸易协会，贸易协会不直接生产或销售货物，而是作为信息交换中心存在。其中一些主体在欧盟境内存在子公司，而一些主体则不存在。欧盟委员会认为，这些纸浆制造商之间的价格协议在域外达成，但是在一段时期内适用于欧盟市场内的绝大部分销售。当事人对影响欧盟市场竞争有主观意图，且价格协议对市场的价格及收费产生客观影响。欧盟委员会根据效果原则对这些域外纸浆制造商适用《罗马条约》第 85 条规定进行了罚款处罚。欧洲法院支持了对他国公司的管辖权，认为外国实体通过获得欧盟消费者的订单，参与欧盟的竞争。《欧盟条约》101 条由两个要素组成，一是协议的形成，二是协议的实施，后者是决定因素。在本案中，基于地域原则，因协议的实施在欧盟，故欧盟具有管辖权。但美国协会并没有在欧盟实施行为，故不具有管辖权。这一标准被归纳为"实施标准"（implementation test）。欧盟法院对效果原则没有明确表态，仅指出价格协议的最终执行是在欧盟市场，欧盟竞争法适用于这种行为符合属地原则。① 该判决重申了客观属地原则。可见虽然欧盟对效果原则的态度有所松动，但是法院基本上对于域外管辖问题仍然持谨慎态度。在处理在欧盟不存在子公司的挪威 PVC 生产商之间的固定价格协议时，委员会利用了产品会销售至欧盟这一要素主张管辖。②

随着市场国际化程度进一步加深，欧盟法院逐渐认识到只有采用效果原则才可能更好地保护本国内部市场的竞争政策。1999 年的"根科案"（Gencor）涉及跨国公司并购。南非根科公司和英国伦罗（Lenrho）公司试图通过股权安排等方式共同控制南非羚羊铂矿公司（Implats）及其全资子公司，在全球铂、铑市场形成双寡头格局。并购发生在南非。但是欧盟法院认为在协议执行后，被收购的公司原本存在的竞争关系将结束，这将改变共同市场内的竞争结构，因为南非铂租金属供应商只剩下两个，最终会导致这些公司在其他世界各地营销业务的合并。欧洲法院认为《欧盟并购条例》第一条中"具有欧盟意义"的条件在本案中满足，这并不要求并购行为在欧盟境内发生，本案所涉并购已经足以导致欧盟竞争秩序被扭曲。而且根科公司及伦罗公司均在欧盟境内曾经

---

① 参见 C-89/85 Wood pulp, Osakeyhtiö and ors v Commission of the European Communities, [1988] ECR 5193。

② 参见 European Commission, 89/190/EEC, Decision of 21 December 1988 Relating to a Proceeding Pursuant to Article 85 of the EEC Treaty, IV/31. 865-PVC, OJ L74, 1-20 (1989)。

进行销售，符合"造纸材料案"确立的实施标准。法院同时认为，需判断该境外行为是否在欧盟境内产生及时、实质及可预见的效果。① 欧盟《关于控制企业并购的（EC）第 139/2004 号理事会条例》（《并购条例》）规定如果并购并非发生在共同体境内，但是影响了成员国之间的贸易，并威胁对成员国领域内的竞争造成严重影响，欧盟即可管辖。②

2017 年的"英特尔案"（Intel）中，美国英特尔公司以回扣方式激励电脑制造商以及零售商与其进行全部或几乎全部的交易，这将给其竞争者 AMD 造成了十分不利的影响。该案中，英特尔主张其与中国联想公司和台湾公司之间的协议并未涉及将芯片出售至欧盟之事宜，因此欧盟委员会不应对此具有管辖权。在案件上诉至欧洲法院时，法院首次适用了附条件效果原则。当可预见受审查的行为将对欧盟产生直接和实质性影响时，国际公法允许适用欧盟竞争法。欧洲法院认为本案符合这些要求：因特尔考虑到行为对竞争的可能影响，故满足可预见性；英特尔在与联想签订协议时的意图是阻止任何配备 AMD CPU 的联想笔记本电脑在内部市场和欧洲经济区销售，因此符合直接性；将联想行为作为一个整体来考虑，英特尔的行为是旨在阻止 AMD 进入最重要销售渠道的整体排他性战略的一部分，因此符合实质性要求。

（三）中国

我国《反垄断法》明确引进了效果原则。该法第 2 条规定："中华人民共和国境外的垄断行为，对境内市场产生排除、限制影响的，适用本法。"该条为所有反垄断相关的法律法规提供了基本的指引。

2021 年《企业境外反垄断合规指引》第 3 条"适用范围"也明确："本指引适用于在境外从事经营业务的中国企业以及在境内从事经营业务但可能对境外市场产生影响的中国企业，包括从事进出口贸易、境外投资、并购、知识产权转让或者许可、招投标等涉及境外的经营活动。多数司法辖区反垄断法规定域外管辖制度，对在本司法辖区以外发生但对本司法辖区内市场产生排除、

---

① 参见 Marek Martyniszyn, "Extraterritoriality in EU Competition Law", in Nuno Cunha Rodrigues, ed., Extraterritoriality of EU Competition Law: The Application of EU Economic Law outside the Territory of the EU (Springer, 2021) 44。

② 参见 Council Regulation (EC) No 139/2004 of 20 January 2004 on the control of concentrations between undertakings (the EC Merger Regulation) [2004] OJ L 24/1, Art 22 (1) and recital 15。

限制竞争影响的垄断行为，同样适用其反垄断法。"

可见，中国在反垄断领域采用了属人原则（境外从事经营业务的中国企业）、属地原则（境内从事经营业务但对境外产生影响的中国企业）和效果原则（域外经营但是对境内发生影响）。但是中国暂时缺乏对判断效果的具体指导。例如，什么样的影响可以视为"排除、限制"竞争；是否需要考虑域外垄断行为对中国市场影响的"程度"。这些问题均未涉及，给实践造成较大的不确定性。

四、反垄断域外立法的执行

（一）美国

美国联邦贸易委员会是域外反垄断的主要执法部门，可以对违反《谢尔曼法》和《克莱顿法》的垄断行为进行行政处罚，[1] 也负责对企业并购进行反垄断审查。[2] 对于域外垄断行为，美国《国际反垄断执法协助法》授权美国司法部和联邦贸易委员会和外国政府签订合作协议，美国和外国当局可以共享他们已经掌握的与违反反垄断法有关的证据，并在获取证据（包括受法律保护的机密信息）方面相互提供调查协助。[3] 在联邦贸易委员会或司法部进行反垄断调查前，如果涉及外国利益，必须考虑国际礼让。只有认为美国利益高于外国利益，才能开展调查。如果外国政府已经对相同行为开展调查，美国政府需要考虑外国的调查或者执法是否足以保证美国商业面对的威胁和损害，并考虑和外国政府合作。

反垄断调查通常会采用几种措施。第一，执法机关会要求相关行为人或者第三方主动提供证据，包括提供文件、参与面谈、提供和调查有关的信息。如果当事人位于美国境内，执法机关可以要求其提供位于美国境外的信息。第二，执法机关也可以采用强制手段获得资料或信息。这些手段通常是在法院对当事人有属人管辖权的前提下颁发证据开示令，强制要求当事人或第三人提供位于美国境内或境外的，为当事人占有、保管或控制的文件或信息。[4] 如果外国存在反对域外证据开示的法令，法令本身并不能作为不遵守美国法令的借

---

① 参见 15 U. S. C. § 45（b）。

② 参见 15 U. S. C. § 18a。

③ 参见 15 U. S. C. § 6201。

④ 参见 15 U. S. C. § 57b-1（c）（1）（FTC Act）。

口。但是如果当事人将受到外国法院或者政府部门的严厉处罚，则可能提起外国主权强制抗辩。

此外，美国联邦贸易委员会对违反美国垄断法的域外实体的惩罚主要包括对财产的强制措施。在域外实体在美国有财产的情况下，执行比较容易。但是如果域外实体在美国境内没有足够的财产，就必须对其域外财产执行，将涉及国际礼让和外国主权问题，因此美国政府对域外垄断行为的执行并不十分热衷。①

因为域外行政执法的困难，美国反垄断法更多依靠法院执行。司法部可以对违反《谢尔曼法》的严重垄断行为提起刑事指控，②或者通过民事程序禁止垄断行为，并且在美国政府利益受到垄断行为损害时要求惩罚性赔偿。③ 1997年的"日本造纸案"（Nippon Paper）④ 则将效果原则第一次适用于反垄断的刑事诉讼中。本案中，美国司法部指控日本立邦纸业公司与其他公司共谋固定价格以在美国卖得高价，被告则抗辩本案为刑事诉讼，不应适用效果原则。美国第一巡回法院就管辖的问题认为，无论是刑事诉讼，抑或民事诉讼，均依据相同法规的相同条款，且两种诉讼的相同理念与法律解释可接受的准则均说明《谢尔曼法》应得到统一的解释与适用。

但是私人诉讼是执行域外反垄断更重要的手段。⑤ 司法领域最著名的是联邦最高法院 1993 年裁决的"哈特福德火险公司案"（Hartford Fire Insurance Co., et al. v. California et al.）。⑥ 19 个州及众多私人主体起诉国内保险商、国内外再保险人以及保险中介商通过不合法的方式抵制一般责任保险人，要求其改变国内商事一般责任保险标准以符合被告的保险标准。本案中，联邦最高法院在判断是否能约束外国被告时，直接适用了"《谢尔曼法》适用于意在产生且事实上确实已经在美国产生实质影响的外国行为"这一规则。值得注意的是，该案中部分外国被告提出"根据国际礼让要求，法院就特定事项无法

---

① 参见 The State of Antitrust Enforcement and Competition Policy in the U.S., April 14, 2020。

② 参见 18 U.S.C. § 3571 (d)。

③ 参见 15 U.S.C. § 15 (a)。

④ 参见 United States v. Nippon Paper Indus. Co., 109 F.3d 1 (1st Cir. 1997)。

⑤ 参见 15 U.S.C. §§ 15, 26。

⑥ 参见 Hartford Fire Insurance Co. v. California, 509 U.S. 764 (1993)。

享有事项管辖权"，联邦最高法院最终未论证国际礼让在该案中具体的适用，而是认为"一行为在其发生地合法本身并不足以阻碍美国反垄断法的适用，即使外国在允许或鼓励此种行为上有强烈的政策亦是如此。被告主张国际礼让，首先要存在真正的法律冲突，即当事人不能同时遵守两国的法律规定，而此前提不满足也就没必要做进一步的论证。"

本案法院判决值得注意的问题主要有三点：一是1991年在"阿拉伯美国石油公司案"（EEOC v. Arabian American Oil Co.）中重申的反域外适用推定原则在本案中再次不见踪影；[1] 二是基于外国主权强制要求对于礼让的前提"存在真实冲突"严格界定，大大限缩了礼让的适用空间；[2] 三是谈及《对外贸易反托拉斯促进法》时，注明不清楚该法应如何适用于本案行为，以及其确定的标准是否与之前"美国铝业公司案"确定的标准相同。但本案无须处理这些问题，因为双方已经承认了法院的管辖权。

21世纪以来，美国联邦最高法院在"恩帕格兰案"（Empagran）中首次得以解释适用《对外贸易反托拉斯促进法》法。该案中，世界上生产和销售维生素的大企业达成了固定价格和限制数量的卡特尔，其中就包括瑞士的罗氏医药集团。1999年，美国司法部与维生素企业就此达成和解协议并处罚款。该案后，来自印度尼西亚、澳大利亚等多地的消费者在美国提起集团诉讼，要求诸多维生素企业对其进行三倍损害赔偿。案件的主要事实，也就是价格共谋行为及原告购买维生素的活动，均非发生于美国。地区法院以缺乏管辖权为由驳回起诉，而上诉法院认为既然限制竞争行为损害了美国商业，而原告遭受的损害完全由这一行为引起，那么该案可在美国受理。后美国最高法院主张对其不具有管辖权，认为本案限制竞争协议虽既对美国国内又对国外消费者具有实质性的损害，但国外影响独立于国内影响。《谢尔曼法》不能适用于发生在外国且对外国产生影响后造成的损害。这一结果主要是基于：首先是避免造成对外国国家主权不合理干预的结果，其次是《1982年改进法》的目的是限制，而不是扩展《谢尔曼法》域外适用的可能性。

2010年"莫里森案"以反域外适用推定原则中"关注点"标准将证券法

---

[1] 该案涉及劳动领域的人权保护问题，联邦最高法院坚定地再次重申了反域外适用推定原则的适用。参见 E. E. O. C. v. Arabian American Oil Co. , 499 U. S. 244（1991）。

[2] 参见 Andrew T. Guzman, "Is International Antitrust Possible?", (1998) 73 New York University Law Review 1501, 1508。

领域的效果原则、行为原则等更改为"交易标准"，对于各个领域的域外管辖问题又一次引发热议。有观点认为反垄断领域的讨论也会发生较大的变化，①但似乎这种变化并未发生。这或许是因为在反垄断领域，无论是《对外贸易反托拉斯促进法》相关条款针对非进口贸易明确规定了特定情况下可域外管辖，还是"哈特福德火险公司案"认为该领域早已推翻反域外适用推定的适用，均可在反域外适用推定两步分析法的第一步推翻该推定的适用。反垄断领域的讨论仍然集中于《对外贸易反托拉斯促进法》相关条款及"哈特福德火险公司案"确立规则的理解与适用上。对于《对外贸易反托拉斯促进法》不涉及的贸易如进口贸易由"哈特福德火险公司案"规制，而其他贸易依据《对外贸易反托拉斯促进法》进行规制。②

对于"进口贸易"的理解，产生了两种不同的观点。在"摩托罗拉诉友达光电公司"（Motorola Mobility LLC v. AU Optronics Corp）中，美国公司摩托罗拉起诉被告，认为外国液晶面板制造商之间的固定价格行为构成垄断行为。③ 第七巡回法院认定被告将自己生产的液晶面板直接售至美国，显然构成"进口商业"，但这只占据被告总产品的1%。而液晶面板在国外被用于生产为手机后，由摩托罗拉进口至美国的行为并不构成"进口贸易"，因为这不是直接为被告所为。而在同年的"美国诉许熊案"（United States v. Hui Hsiung）中，同样是针对几家外国厂商对于液晶面板的固定价格行为起诉，不同的是该案系由司法部提起的刑事诉讼。④ 第九巡回法院却认为被告的不正当竞争活动与美国商业有实质性的联系，包括：向美国客户销售了部分产品，与美国公司谈判购买面板的价格，并指示美国员工讨论针对美国客户的定价等，从而认为被告的行为应被视为"进口商业"。

---

① 参见 Julie Rose O'Sullivan, The Extraterritorial Application of Federal Criminal Statutes：Analytical Roadmap, Normative Conclusion, and a Plea to Congress for Direction, 106 Georgetown Law Journal 1021, 1049-1052（2018）。

② 参见 James P Loonam & Ryan J Andreoli, Extraterritoriality：The US Perspective, GIR（14 January 2022）, available at https：//globalinvestigationsreview. com/guide/the-practitioners-guide-global-investigations/2022/article/extraterritoriality-the-us-perspective # footnote-076, visited on March 20th, 2022。

③ 参见 Motorola Mobility LLC v AU Optronics Corp, No. 14-8003, 2014 WL 1243797（7th Cir. Mar. 28, 2014）。

④ 参见 United States v Hui Hsiung, 778 F. 3d 738。

对于"由贸易产生的索赔","恩帕格兰案"中联邦最高法院未予以明确。案件发回重审后,哥伦比亚特区联邦巡回上诉法院认为原告主张的"but-for"标准显然会违背联邦最高法院在"恩帕格兰案"的国际礼让态度,因此显然不足以构成美国主张域外管辖的要件。该标准要求没有被告行为就没有在美国发生的不利影响。这个标准并不考虑外国被告行为和美国影响的联系程度。巡回法院最终认定应该适用"近因理论"(proximate causation)来解释,也就是外国行为确定和美国境内的影响有因果关系,必须是美国影响的近因。这一做法也得到了各级法院的普遍支持。①

(二) 欧盟

欧盟在反垄断领域的执法主要依靠欧盟委员会。欧盟委员会反垄断法的职权主要包括调查权、制止权、处罚权。其中处罚金额最多可达处罚对象年营业额的 10%。根据欧盟第 17 号条例的规定,欧盟委员会享有对反垄断法集中的执行权。2002 年 12 月 16 日,欧盟理事会通过了第 1/2003 号条例,又称现代化条例,在欧盟委员会和成员国之间进行了适当的分权,将原需欧盟委员会审查的企业兼并垄断审查移交给成员国。②

如果欧盟委员会依职权发现某企业的行为有可能涉及垄断,或者接到相关投诉,欧盟委员会展开反垄断调查。如果经调查欧盟委员会认为该企业的确涉嫌垄断,欧盟委员会将对该企业发出通知,要求企业在两个月内进行书面答复,或者申请举行听证会。受到企业答复或者听证会答辩之后,欧盟委员会可以终止反垄断调查,或者对企业进行罚款并命令企业停止涉嫌垄断的行为。欧盟委员会也可以基于企业承诺停止调查,但是一旦认为企业违反承诺,可以重启调查。如果企业不服欧盟委员会的裁决,可向欧盟法院提起诉讼。③

欧盟委员会的执法案例中不乏对外国公司开展的调查和处罚,例如 2004 年、2006 年、2013 年欧盟委员会分别三次对微软公司处罚款;2004 年指控威士(visa)国际组织违反竞争法;2012 年对俄罗斯天然气股份公司启动反垄断

---

① 参见 Harvard Law Review Association,"Extraterritoriality",(2011) 124 Harvard Law Review 1226,1273-1274。

② 参见侯德红:《浅析欧盟反垄断法执行及对中国之借鉴》,载《黑龙江政法管理干部学院学报》2003 年第 3 期,第 64~67 页。

③ 参见侯德红:《浅析欧盟反垄断法执行及对中国之借鉴》,载《黑龙江政法管理干部学院学报》2003 年第 3 期,第 64~67 页。

调查；2017 年、2018 年、2019 年三次对谷歌处以罚款；2020 年对亚马逊进行反垄断调查。在这些案件中，虽然行为人是外国公司，但是反竞争行为和结果均发生在欧盟。欧盟委员会早在 1972 年的"染料案"中就已经尝试了利用效果原则扩大执法权，后来效果原则逐渐被欧盟法院接受。但是欧盟委员会的执法效果依靠对市场的控制。因为欧盟市场体量，外国公司难以承受失去欧盟市场的风险，通常会执行欧盟委员会的处罚决定。

　　但是相比美国，欧盟利用私人诉讼执行域外反不正当竞争法的体系并不发达。直到 2004 年欧共体竞争法改革通过第 1/2003 号条例，欧共体条约第 81 条和第 82 条关于限制性协议和支配地位滥用的禁止性规定才拥有了直接适用地位，可以被私人当事人直接引用寻求救济。2005 年，欧盟委员会在《违反欧共体反托拉斯规则的损害赔偿诉讼绿皮书》中强调私人实施欧盟竞争法的重要性。但是，欧盟仍然缺乏美国的配套救济机制，如集团诉讼、胜诉酬金、惩罚性赔偿。2008 年《违反欧共体反托拉斯规则的损害赔偿诉讼白皮书》将赔偿范围限定为实际损失、利润损失和利息损失，反对培养美国式的"诉讼文化"。① 但是针对私人救济积极性不高的情况，欧盟委员会于 2012 年作出了《关于欧盟集体救济同意办法的决议》，② 和 2013 年《于侵害欧盟法所赋之权利有关的禁令于赔偿集体救济机制共同原则建议》。③ 欧盟邀请成员国自行引入集团诉讼机制，但是建议不得采取第三方资助诉讼形式、不得采取诉讼酬金制度、不得适用惩罚性赔偿。2014 年欧盟理事会通过了《关于依据成员国法对违反欧盟或成员国竞争法的行为提起损害赔偿诉讼所适用的规则的指令》，④ 确保原告可以获得完全损害赔偿、平衡反垄断法公共实施和私人实施之间的矛盾。整体看来，欧盟希望鼓励私人诉讼，但是又避免出现美国式的"诉讼文

---

　　① 参见 White Peper -Damages Actions for Breach of the EU Antitrust Rules, COM（2008）0165 Fin, 24 July 2015。

　　② 参见 European Parliament, Resolution on Towards a Coherent European Approach to Collective Redress, 2011/2089（INI）。

　　③ 参见 Commission on Recommendation on Common Principles for Injunctive and Compensatory Collective Redress Mechanisms in the Member States Concerning Violations of Rights Granted under Union Law（2013/396/EU）。

　　④ 参见 Directive 2014/104/EU on Certain Rules Governing Actions for Damages under National Law for Infringements of the Competition Law Provisions of the Member States and of the European Union。

化"。二者之间的平衡点很难找到，于是导致了欧盟私人诉讼整体欠发达。①

（三）中国

我国跨国反垄断法的执法机关以前为商务部、发改委及工商总局，如今为市场监督总局反垄断局。执法机关在垄断协议、滥用市场支配地位及经营者集中三个方面均存在执法案例。

经营者集中第一案为可口可乐收购汇源公司案，② 该收购被商务部审查后完全禁止，认为其产生的排除或限制竞争效果主要体现在三个方面：一是集中完成将使可口可乐在国内果汁饮料市场占据垄断地位，将会对其他果汁饮料企业产生排除、限制竞争效果；二是集中将明显增加潜在竞争对手进入果汁市场的障碍；三是集中会挤压国内中小型果汁企业生存空间，抑制创新能力给中国饮料市场有效竞争格局造成不良影响。该案一方主体为中国公司，我国执法机关进行执法管辖，在管辖权问题上争议不大。事实上，对于非我国企业的两个外国企业的集中，如其他法域一样，我国同样进行执法管辖。从 2009 年的松下公司收购三洋公司，③ 一直至今，我国 2020 年执法报告涉外的执法全部为经营者集中案件，④ 可知我国执法机关在经营者集中上相比其他领域，对于域外管辖的认识更开放。

对于滥用市场支配地位，最为典型的执法案件则为美国高通公司滥用知识产权案。⑤ 高通公司为世界最大的手机芯片制造企业，在无线通信标准必要专利市场和手机芯片市场占据支配地位。发改委认为其实施了三项滥用市场支配地位的行为：一是收取不公平的高价专利许可费；二是无正当理由搭售非无线

---

① 参见綦书纬：《欧盟竞争法私人实施一体化：梦想照进现实？》，载《欧洲研究》2016 年第 2 期，第 77~91 页。

② 参见中华人民共和国商务部公告 2009 年第 22 号。

③ 中华人民共和国商务部公告 2009 年第 82 号 关于附条件批准松下公司收购三洋公司反垄断审查决定的公告。

④ 参见国家市场监督管理总局反垄断局《中国反垄断年度执法报告（2020）》。执法报告中涵盖诺贝丽斯收购爱励案、丹纳赫公司收购通用电气医疗生命科学生物制药业务案、科天公司收购奥宝科技有限公司股权案、英伟达公司收购迈诺斯科技有限公司股权案、英飞凌公司收购赛普拉斯半导体公司股权案以及化工行业的陶氏化学与杜邦合并，拜耳收购孟山都，林德与普莱克斯合并等，加阳公司与萨斯喀彻温钾肥公司合并等案件。

⑤ 中华人民共和国国家发展和改革委员会行政处罚决定书，发改办价监处罚〔2015〕1 号。

通信标准必要专利许可；三是基带芯片销售中附加不合理条件，因此排除、限制了市场竞争，阻碍抑制了技术创新和发展，损害了消费者利益。在本案中，发改委并未提及域外管辖问题。事实上，根据其表述，发改委主要基于域内管辖权，管辖的是高通公司针对无线通信终端在我国境内"制造或者销售时"所实施的 SEP 许可行为和基带芯片销售行为，同时认定专利地域性与终端产品销售地不影响该案域内管辖权范围，即高通中国专利抑或外国专利，终端产品是否销售于中国境内不影响管辖权的认定。有观点认为，对于美国专利许可行为，事实上也可借助华为诉 IDC 案中的认定，结合二者的相似性，认定美国专利许可行为对中国境内产生了重大、实质性、可合理预见地排除、限制影响。本案中执法机关并未针对高通在境外从事的许可与销售业务而制造商在中国境内制造，中国境内或境外销售手机以及高通在中国境外从事许可专利和销售芯片业务，在境外制造手机但最后销售至中国这两种情形的域外管辖权。①

对于垄断协议，典型的执法案件则包括液晶面板案、乳粉企业价格垄断案与汽车零部件和轴承价格垄断案等。在第一个案件中，发改委认定构成纵向限制协议；在第二个案件中，则认定构成违反我国《反垄断法》的价格垄断协议。不过这些案件惩罚的均为其在中国的子公司，是否构成域外管辖有待商榷。

在司法层面，我国现有的实践则主要集中在标准必要专利方面。我国对跨国公司从事垄断行为进行诉讼的实践开始于华为诉 IDC 案。② 该案中，华为技术有限公司作为通讯公司，向被告 IDC 获取标准必要专利。深圳市中级人民法院与广东省高级人民法院均认为 IDC 在相关市场具有支配地位，并且利用这一地位从事了过高定价、歧视性定价以及将标准必要专利与非必要专利进行捆绑搭售，因此构成侵权行为。在分析管辖权时，广东高院引入《克莱顿法》中关于经营者实施垄断行为的实质性违法标准。认为 IDC 对中国必要专利的授权许可行为、相关权利的行使和行为的发生均在中国境内，依法应受我国《反垄断法》规制；对于美国必要专利的授权许可经营行为，直接对华为等国

---

① 参见苏华：《标准必要专利反垄断案件管辖权分析——以美国高通公司反垄断调查为例》，载《中国价格监管与反垄断》2016 年第 5 期，第 34~37 页。

② 交互数字通信有限公司、交互数字技术公司、交互数字专利控股公司、IPR 许可公司与华为技术有限公司标准必要专利使用费纠纷上诉案，广东省高级人民法院〔2013〕粤高法民三终字第 305 号民事判决书。

内产业在中国境内的生产活动、出口机会以及出口贸易产生重大的、实质的、可合理预见的排除、限制影响，依法也应该受到我国《反垄断法》的规制。

最高院也就此问题作出了裁决。可惜的是，最高院的几个裁决中都把实体法的域外适用规则适用于行使法院司法管辖权的标准。例如在"瑞典爱立信有限公司、爱立信（中国）有限公司滥用市场支配地位纠纷案"中，① TCL集团及其旗下的控股公司起诉爱立信瑞典公司及中国公司针对标准必要专利实施了不公平过高定价、歧视性定价、滥用禁令请求权等垄断民事侵权行为。针对本案二审的核心问题管辖权问题，最高人民法院就《反垄断法》第2条与《民事诉讼法》相关管辖权规定，以及不方便法院原则的适用做出了判决。法院认为《反垄断法》第2条适用于对境内市场竞争产生排除、限制影响的境外垄断行为，本案TCL方起诉主张爱立信方存在实施不公平过高定价、歧视性定价、滥用禁令请求权等垄断民事侵权行为，对TCL方在中国市场产生排除、限制竞争效果并造成经济损失，中国法院对此具有管辖权。结合《民事诉讼法》相关管辖权规定，TCL深圳公司作为侵权结果发生地，深圳法院有权管辖。对于爱立信主张的其已在国外提起的诉讼，因为其诉讼为专利侵权诉讼，本案为垄断纠纷诉讼，因此涉诉当事人不完全相同，诉讼请求所依据的法律关系及事实理由亦有所不同，不能认定为平行诉讼。对于不方便法院原则的适用，因为TCL集团公司、TCL深圳公司、TCL惠州公司注册地址和主要经营场所均在中国，本案涉及中国法人利益。争议的主要事实之一TCL方受到的损害结果地发生在中国境内。爱立信瑞典公司、爱立信中国公司的本案现有证据不能证明中国法院在认定事实和适用法律方面存在重大困难。爱立信瑞典公司、爱立信中国公司的本案现有证据不能证明美国法院等外国法院审判本案更为便利。因此，爱立信方关于本案应当驳回起诉并告知原审原告向更方便的外国法院起诉的主张不能成立。

最高人民法院《十大反垄断和反不正当竞争典型案例》中包含同类型的一个案件：西斯威尔滥用市场支配地位纠纷案——涉外标准必要专利垄断纠纷管辖权的确定。② 本案中，OPPO广东移动通信有限公司及其深圳分公司在广

---

① 瑞典爱立信有限公司、爱立信（中国）有限公司滥用市场支配地位纠纷，最高人民法院〔2019〕最高法知民辖终32号民事裁定书。

② 参见西斯威尔滥用市场支配地位纠纷案，最高人民法院〔2020〕最高法知民辖终392号民事裁定书。

州知识产权法院就西斯威尔国际有限公司及其子公司西斯威尔香港有限公司提起诉讼，认为其拥有无线通信领域相关标准必要专利，具有市场支配地位，在标准必要专利的许可费协商中违反了公平、合理和无歧视的原则，实施收取不公平高价许可费等滥用市场支配地位的行为，并就相同专利在不同国家提起诉讼，给 OPPO 及其分公司经营行为造成了负面影响和经济损失。最高人民法院依据《反垄断法》第 2 条，认定对 OPPO 公司等参与国内相关市场的竞争具有直接、实质、显著的排除与限制竞争效果，裁定自身对该案具有管辖权。

然而《反垄断法》第 2 条并非法院管辖权规则，而是实体法强行适用于域外行为的规则。法院应当根据《民事诉讼法》中涉外民事管辖权的规定确定是否对案件有管辖权。在管辖权确立之后，根据《反垄断法》第 2 条，考察域外行为是否对我国市场产生限制竞争的影响，并决定是否直接适用《反垄断法》确定当事人的实体权利和义务。我国法律暂时并没有像美国法那样，为了实现域外管制法的立法目的，在制定实体法的同时给予法院相应的司法管辖权。我国法院仍然需要根据独立的《民事诉讼法》判断司法管辖权问题。至于将来我国是否应当对域外立法制定相适应的司法管辖权，则属于另一个问题。

(四) 日本

日本对于反垄断法域外管辖问题同样较为谨慎。日本《关于禁止私人垄断和确保公正交易的法律》以及该法的修正及基于该法的其他法律均无明确的域外管辖的规定。日本的执法机关为公正交易委员会，长期以来其在规制卡特尔上一直较为谨慎。其谨慎依据其反垄断法第 6 条对相关垄断案件中的日本主体进行处罚，几乎从不涉及外国主体。[①] 第 6 条所涉国际协议包括出口卡特尔协议和进口卡特尔协议，实践中可将其分为四类：第一类为外国企业与外国企业之间达成对日出口卡特尔；第二类是外国企业和日本企业之间达成出口卡特尔；第三类为外国企业与日本企业之间的进口卡特尔；第四类为日本企业与日本企业之间达成的出口卡特尔。其中。日本除 1972 年三重运赁案外，很少对第一类行为发起调查；对于第二类行为则只对国内企业适用反垄断法；第三

---

① 参见 Masako Wakui, "Extraterritoriality in Japanese Competition Law: Reaching Foreign Entities in the Face of Changing Global Norms", in Nuno Cunha Rodrigues, ed., Extraterritoriality of EU Competition Law: The Application of EU Economic Law outside the Territory of the EU (Springer, 2021) 61-62。

类行为为禁止的重点对象，也主要针对国内企业执法；对于第四类行为，日本同大多数国家相似规定了出口卡特尔豁免制度，但其明确若出口卡特尔基于国际协议签订，无法得到豁免。① 此外，卡特尔除了横向限制，也包括纵向限制等，而日本企业通常属于被限制贸易自由者，只对其进行执法效果有限。公平交易委员会常常要求其修改或删除反竞争的合同条款。②

但日本此种谨慎做法受到了质疑，一是只制裁国内企业难以实现保护国内市场与消费者的目的；二是存在程序问题，未经外国企业的参与作出决定将影响到国外企业的利益，国外企业曾在日本对此提起诉讼，但以对该事项不具有法律利益的缘由被驳回。③

日本逐渐扩大了其惩罚范围，采取了以下措施：一是在 1998 年修订《关于禁止私人垄断和确保公正交易的法律》，将外国公司之间的并购纳入该法禁止并购的范围；二是对于卡特尔等行为，也逐渐基于客观属地原则等进行规制。如 2008 年"船用软管案"（Marine Hose）中，认为日本公司和外国公司参与了全球市场分配及价格固定，认定其违反了第 3 条。虽公正交易委员会未就此进行解释，但有学者基于效果理论和客观属地原则对本案中执法行为进行解释。三是学界也开始倡导效果原则的适用等；四是积极开展与他国的合作等。④

日本最高法院 2017 年最终在"阴极射线管案"（Cathode Ray Tube）中适用了效果原则。该案中，东南亚的阴极射线管厂商形成固定价格协议，而其产

---

① 参见戴龙：《日本反垄断法的域外管辖及对我国的借鉴价值》，《上海财经大学学报》2009 年第 5 期，第 46~47 页。

② 参见 Masako Wakui, "Extraterritoriality in Japanese Competition Law: Reaching Foreign Entities in the Face of Changing Global Norms", in Nuno Cunha Rodrigues, ed., Extraterritoriality of EU Competition Law: The Application of EU Economic Law outside the Territory of the EU (Springer, 2021) 61-62。

③ 参见 Masako Wakui, "Extraterritoriality in Japanese Competition Law: Reaching Foreign Entities in the Face of Changing Global Norms", in Nuno Cunha Rodrigues, ed., Extraterritoriality of EU Competition Law: The Application of EU Economic Law outside the Territory of the EU (Springer, 2021) 63。

④ 参见 Masako Wakui, "Extraterritoriality in Japanese Competition Law: Reaching Foreign Entities in the Face of Changing Global Norms", in Nuno Cunha Rodrigues, ed., Extraterritoriality of EU Competition Law: The Application of EU Economic Law outside the Territory of the EU (Springer, 2021) 64。

品会出售于日本在东南亚的电视制造商。日本电视制造商与阴极射线管母公司对于合同的价格及其他核心条款进行了协商，但东南亚地区的射线管生产商在日本境外继续出售产品于身处东南亚的电视制造商子公司。东南亚地区的日本电视制造商的子公司生产的部分产品将会经由日本电视制造商出售至日本市场。日本公正交易委员会认为这构成对第 3 条的违反，该案最终提交至日本最高法院。最高院支持了日本公正交易委员会的观点，认为《关于禁止私人垄断和确保公正交易的法律》虽未明确规定域外管辖，但出于保护自由市场，"在任何特定的贸易领域的实质性限制竞争"是指破坏了市场竞争的功能，而这样一种对日本市场的侵犯在本案中存在。这是因为本案签订的涉外协议明显破坏了竞争市场，日本市场就是其中之一，因为限制了日本境内的贸易伙伴之间的竞争。这被日本学者认为与效果原则一致。①

（五）德国

德国联邦最高法院于 1973 年审理的"油田管道案"（Oil Field Pipe），涉及德国的主要油田管道生产商与日本油田管道生产商之间签订的影响德国以外市场的卡特尔协议，因德国公司未按照规定向德国卡特尔事先报告而被科以罚款。法院认为与外国有关的限制竞争的结果只有在构成违反国内特定的实体法规则所保护的范围时才可以被视为具有"国内效果"。本案不具有国内效果。

德国以"不干涉原则"和"禁止滥用管辖权原则"作为法院采用利益平衡的主要内容。在 1982 年"莫里斯案"中，美国烟草商意图收购南非烟草公司一半的股份，德国卡特尔局认为这将使美国能够控制德国烟草市场，因此发出禁止令。值得注意的是，德国卡特尔局在实施此举之前通知了相关的美国、英国与南非政府。针对南非政府的反对，德国卡特尔局认为：首先其行使域外管辖权的依据为国际法承认的效果原则；其次对此管辖权限制的只能为"不干涉原则"与"禁止滥用管辖权原则"，若合并被禁止时外国国家的政府利益大大低于合并被执行时外国国家的政府利益，则被认为违反了"不干涉原则"而不能行使域外管辖权。与此同时，卡特尔局还必须平衡对合并进行管制国家的利益、受损害外国企业以及与之相对的外国国家的利益，若行使管辖权将使

---

① 参见 Masako Wakui, "Extraterritoriality in Japanese Competition Law: Reaching Foreign Entities in the Face of Changing Global Norms", in Nuno Cunha Rodrigues, ed., Extraterritoriality of EU Competition Law: The Application of EU Economic Law outside the Territory of the EU (Springer, 2021) 65。

签署国家利益与德国利益相比极其不平衡，则违反了"禁止滥用管辖权原则"而应放弃德国的域外管辖权。在案件到柏林上诉法院时，法院认为应该将禁令的范围仅限制于美国公司与南非公司在德国的子公司之间的合并，否则将违反国际法中不干预其他国内部事务的基本原则，且违反了德国基本法第 25 条的规定。①

（六）其他国家

根据国际经合组织 OECD 于 2017 年发布的"竞争救济的域外效力"圆桌会议报告，加拿大、韩国等国亦存在反垄断执法的实践。在加拿大的报告中，加拿大竞争局报告称在加拿大最高院"谷歌案"（Google Inc. v. Equustek Solutions Inc.）中，主张法院有自由裁量权来发布带有域外效力的禁令，其还特别强调为了保证禁令的效力，可禁止世界任何地方的行为。竞争局还表示，如有必要，其可采取域外补救办法，以确保反竞争行为并没有实质性削弱加拿大的竞争。不过，竞争局会依据个案仔细考虑了它强加的补救措施。根据具体情况而定，这主要关切之一是补救方法具有域外效力时，防止可能发生的冲突。竞争局在评估过程中会考虑其他司法管辖区的利益和政策，并与他们合作。②

在韩国的报告中，其指出在存在《垄断监管与公平贸易法》的域外适用时，救济范围将与被认定非法的行为范围符合比例原则。在 2017 年针对高通的决定中，韩国公平贸易委员会（KFTC）实施了全球补救措施，包括外国专利。具体而言，KFTC 要求高通公司根据要求重新谈判现有的许可协议，包括非韩国专利，并向现代芯片组的供应商提供穷尽的全球许可。这两种补救措施都适用于"总部"设在韩国的所有手机或芯片组公司（向韩国销售手机或供应芯片组给在韩国销售手机的公司）。该命令规定，高通公司"可以要求"重新考虑韩国公平贸易委员会的命令。③

---

① 转引自王晓晔：《欧共体竞争法》，中国法制出版社 2001 年版，第 480~482 页。

② 参见 Koren W. Wong-Ervin & Andrew Heimert, "Extraterritoriality: Approaches Around the World and Model Analysis", https://ssrn.com/abstract = 3518661, visited on April 13th, 2022。

③ 参见 OECD, Roundtable on the Extraterritorial Reach of Competition Remedies - Note by Korea, https://one.oecd.org/document/DAF/COMP/WP3/WD（2017）37/en/pdf, visited on March 25th, 2022。

五、外国的反应及应对

美国自 20 世纪 40 年代之后通过适用效果原则将美国反垄断法适用于发生于域外的案件，引发了相关国家的不满。美国反垄断诉讼的以下特征对于外国被告及国家尤为不利：（1）诉讼耗费时间且尤为复杂；（2）美国反垄断诉讼中私人原告可获取三倍赔偿，且获胜的原告可以从被告处获得高昂的律师费；（3）美国诉讼强制性的证据开示运用非常灵活；（4）原告提起反垄断诉讼可能是基于其政策决断，因为其很少商业利益直接与诉讼相关；（5）法院地与被影响国家和注册国之间与竞争政策相关的公共政策可能产生直接的冲突；（6）发现和执行程序涉及国家之间的敏感关系，不大可能通过明确的国际法解决。域外适用的冲突通常表现为违法者母国与被不正当竞争行为损害国之间的冲突。①

这种冲突在"西屋电气案"（Westinghouse）体现得淋漓尽致。② 该案中，美国电力公司西屋电气在核能工业领域占据领先地位。其与核电产业签订合同时明确约定按照固定的价格供应铀，但其自身并不生产铀，而是从铀原料生产企业处购买。但之后铀价格涨价幅度极大，故西屋电气便向其合作的核电企业声称履行合同已经不再具有可行性因此不再履约。核电企业在美国各地针对西屋电气公司提起了违约之诉，西屋电气公司则主张铀原料生产企业从事了固定价格的行为，促使铀价格的升高。被告涉及 17 家美国公司及 12 家外国公司。在一审法院向所有被告送达传票与诉状之后，9 家来自澳大利亚、加拿大及南非的公司既没有出庭，也未进行抗辩，伊利诺伊州联邦北部法院作出缺席判决。这之后，基于原告以有理由相信缺席被告正在将有关财产转移出美国或计划转移出美国提出的申请，初审法院先后签发了临时禁止令、初步禁令等三个禁令，并再次拒绝了出庭被告延缓针对缺席被告损害赔偿进行听审的请求。这直接导致缺席被告与出庭被告分别在第七巡回法院提起上诉。

澳大利亚、加拿大、南非、英国和北爱尔兰政府提交了法庭之友意见，主要观点包括效果原则本身违反他国主权利益，美国法院未能适用在"廷布莱

---

① 参见 Marek Martyniszyn, "Extraterritoriality in EU Competition Law" in Nuno Cunha Rodrigues, ed., Extraterritoriality of EU Competition Law: The Application of EU Economic Law outside the Territory of the EU (Springer, 2021) 31。

② 参见 In re Uranium Antitrust Litig., 617 F. 2d 1248 (7th Cir. 1980)。

因木材公司诉美洲银行案"中适用的合理性原则等。

外国对美国反垄断法域外适用通常采取以下几种应对方式。首先是外交抗议。20世纪50年代至70年代，美国在反垄断领域适用效果原则的做法引发了许多国家的反对，主要来自于与美国密切来往的盟友，尤其是英国。英国认为美国侵略性主张管辖权违背了国际法并侵犯了其主权利益。[1] 日本政府也认为基于效果原则的美国法域外适用不存在国际法依据。[2] 这种抗议最终演变为专门的阻断法，禁止境内实体配合外国法院或行政机关调查证据、拒绝承认与执行外国法院和行政机关作出的反垄断判决、裁决等以及索赔条款等。英国、澳大利亚、加拿大、荷兰等国均制定了相应的阻断法。再次，外国政府以法庭之友的方式对于反垄断案件中域外管辖问题提出意见。在1978年至2015年期间，欧盟是反垄断领域提出法庭之友意见最多的国家，日本与加拿大紧随其后。[3] 在2004年的"恩帕格兰案"中，加拿大政府、德国、英国、日本、比利时、爱尔兰及荷兰提出的法庭之友意见重点关注域外适用对于他国国内竞争政策的影响。本案对于《对外贸易反托拉斯促进法》予以限制性解释的重要理由便是联邦最高法院会以避免干预他国主权的方式解释适用范围不清晰的法律。源自"立法礼让"原则的法定解释规则告诫法院，要假定立法者制定美国法律时，考虑到其他国家的合法主权利益，从而有助于不同国家可能相互冲突的法律和谐地协同工作。

但是，随着效果原则逐渐被很多国家陆续接受，抗议的激烈程度有所下降。不过各国反垄断域外适用仍存在问题，包括管辖权冲突与法律冲突。管辖权冲突主要体现在跨国并购领域，两个大型跨国企业因为其在世界市场上的影响力，在并购时往往需要向多国进行报告，并得出允许或不允许并购的冲突性结果。法律冲突则是指出口卡特尔问题、纵向协议问题及跨国并购问题上各国不同的态度与差异引发的冲突。[4] 这使得抗议和法庭之友意见，尤其是后者，

① 参见 Willoughby, "Remarks by an English Solicitor", in Perspectives on the Extraterritorial Application of US Antitrust and Other Laws (1979) 56。

② 参见 Comments of the Government of Japan on the draft of the 1995 U. S. Enforcement Guidelines for International Operations, 1。

③ 参见 Martyniszyn, Marek, "Foreign States' Amicus Curiae Participation in U. S. Antitrust Cases", (2016) 61 The Antitrust Bulletin 611, 612。

④ 参见王晓晔：《反垄断法》，法律出版社2011年版，第405~409页。

在将来可能继续发生。

此外，在少数情况下，反垄断法的域外管辖最终升级至 WTO 争端解决机制需要解决之贸易争端。典型案件为"柯达/富士胶片案"。① 该案中，柯达在美国贸易代表署指控富士胶片在日本政府的援助下垄断了相片纸的流通，妨碍其进入日本市场。美国贸易代表署在向日本提出双边政府间协商请求被拒绝后，将争议提交至 WTO 争端解决机构，指控日本政府在贸易自由化、流通政策、大规模零售店规制以及促进销售对策等方面政府法规妨碍贸易自由化的进行，阻碍外国企业进入日本市场。

第三节　环境保护

一、域外立法的必要性

环境领域域外管辖的必要性早已被学界承认。首先，环境变化尤其气候变化给传统的域外管辖权带来了挑战。环境危害后果很少局限在某一个国家境内。例如切尔诺贝利的核灾难证明了现代社会环境危害可能造成的跨越国境的影响。② 全球温室气体浓度是世界各地温室气体排放的累积结果，无法追溯到任何特定的污染者或任何特定国家，③ 一国内部温室气体排放将危及国际环境。④ 因此，每个国家应当颁布旨在遏制温室气体排放的环境法，包括超越具体管辖范围、面向世界任何地方的排放的法律。⑤

---

① 参见 Japan — Measures Affecting Consumer Photographic Film and Paper, DS44, available at https：//www.wto.org/english/tratop_e/dispu_e/cases_e/ds44_e.htm, visited on March 22nd, 2022。

② 参见 Karen A. Klick, "The Extraterritorial Reach of NEPA's EIS Requirement after Environmental Defense Fund v. Massey", (1994) 44 Am. U. L. Rev. 291, 292。

③ 参见 James W. Coleman, "Unilateral Climate Change", (2014) 38 Harv. Envtl. L. Rev. 87。

④ 参见 Environmental Protection Agency, Endangerment and Cause or Contribute Findings for Greenhouse Gases Under Section 202 (a) of the Clean Air Act; Final Rule, 40 C. F. R. 1 (2009), https：//www.epa.gov/sites/default/files/2016-08/documents/federal_register-epa-hq-oar-2009-0171-dec.15-09.pdf (Last visit on April 11, 2022)。

⑤ 参见 Roger R. Jr., Coleman Martella, James W. International Environmental Law: A Guide for Judges (2015) 8。

其次，环境和人权紧密相连，环境领域和人权领域存在重叠。环境退化可能严重损害人权，例如生命权和健康权。如果国家未能对环境损害作出充分反应，也可能侵犯其他公民权利和政治权利，例如获得有效补救的权利。国际人权法是各国行使管辖权，确保本国公司采取措施，避免环境损害的国际法律基础。因此保护人权和环境是相互交织的。①

近年来，全球性和区域性的环保行动得到空前发展，但在很多方面仍显力量不足。例如哈佛法律评论协会1991年的一份研究报告指出："构成国际公共法律体系的习惯性规范和国际协定体系并没有提供全面的环境保护。在那些国际公法不保护环境的领域，国际环境保护的力度只相当于各个国家的国内环境制度的总和。因此，对国际环境法的任何处理都必须考虑国内环境制度如何能增加对全球环境的保护。由个别国家的环境法规构建的国际制度的效力将取决于两个因素。第一，每个国家都必须制定严格的标准，并且必须将其标准的保护范围扩大到受到来自该国的跨界污染伤害的外国公民。第二，每个国家必须有权力在国内执行这些标准。"② 由于环境问题具有固有的跨国性质，最好的方法是通过合作行动来监管。然而，多边制度的缺点明显，包括进展缓慢、采取最低标准以及对执行不力，单方面措施是必要的。由于解决环境问题存在紧迫性，为了追求全球公益，在国际一致行动尚未达成时，国家有必要行使域外管辖权。③

二、国际法原则

(一) 不损害国外环境责任原则

国际社会已经认识到了环境保护的全球性特点，并试图采用国际环境法建立各国在环境问题上的国际责任。国际环境法的基本原则包括国家环境主权原则及不损害国外环境责任原则、预防环境损害原则，国际环境合作原则、共同

---

① 参见 Second Report of the Special Rapporteur on Protection of the Environment in Relation to Armed Conflicts by Marja Lehto, 32-49, paras 67-103。

② 参见 Harvard Law Review Association, "Developments in the Law, International Environmental Law, VI. Extraterritorial Environmental Regulation", (1991) 104 Harv. L. Rev. 1484, 1609-1610。

③ 参见 Nico Krisch, "The Decay of Consent: International Law in an Age of Global Public Goods", (2014) 108 Am. J. Int'l L. 1, 8。

但有差别的保护全球环境责任原则、共有资源共享共管原则，风险预防原则。对国际环境法原则的遵守，尤其是不损害国外环境责任原则、预防环境损害原则，建立了保护国际环境的属地原则。不损害国外环境责任原则（no-harm principle）① 起源于国际法上具有里程碑意义的案件"特雷尔冶炼厂仲裁案"（Trail Smelter Arbitration（United States v Canada））。1935 年，一家加拿大公司（被告）拥有的冶炼厂排放的有害烟雾（二氧化硫）对美国华盛顿州边境的植物生命、林木、土壤和作物产量造成损害（原告）。仲裁法庭认为，"任何国家都无权使用或允许使用其领土，导致对另一国领土或对其财产或人员造成烟尘伤害。"②如果发生跨境环境损害，当伤害源自某一特定国家，然后对另一国家的人或环境造成损害时，受到伤害的国家可以根据客观属地原则管辖外国行为。③

　　欧盟对域外管辖比较谨慎，但欧盟同时是在环境问题上表现得最积极的国家。欧盟有多个有域外效力的环保立法。不过，欧盟法院并不承认这些立法事实上行使了域外管辖。例如欧盟法院在美国航空运输协会案中认为，将外国航班纳入欧盟排放交易并非域外管辖，而是因为这些航班在欧盟成员国内起降，和欧盟有属地联系，因此该立法行使的是属地管辖权。④ 欧盟法院这一判决受到了广泛的批评。因为即使外国航班和欧盟有连接点，该连接点也是临时的、阶段性的，无法证明欧盟与航班在欧盟外的排放有属地联系。同样，欧盟也将碳排放管辖权扩大到在进出欧盟的商船。港口国管辖权是国家主权原则的必然结果，但仅仅因船舶在港口的实际存在并不能赋予港口国无限的领土管辖权。⑤ 因此，认可度更高的是客观属地原则。也就是被禁止行为的某一要素是在法院地国的管辖范围内实施。如果一个结果不仅仅是禁止行为的附带影响，

---

① 参见 Robert V. Percival, "Liability for Environmental Harm and Emerging Global Environmental Law", (2010) 25 Md. J. Int'l L. 37, 39。

② 参见 Trail Smelter Case（United States v. Canada）, Awards of Arbitral Tribunal, 11 March 1941, 3 Reports of International Arbitral Awards, 1905, 1965。

③ 参见 Daniella Dam-de Jong & Saskia Wolters, "Through the Looking Glass: Corporate Actors and Environmental Harm beyond the ILC", (2020) 10 Goettingen J. Int'l L. 111, 136。

④ 参见 C 366/10 Air Transport Association of America, American Airlines Inc, Continental Airlines Inc, United Airlines Inc（ATA and others）v Secretary of State for Energy and Climate Change。

⑤ 参见 Sophia Kopela, "Port-State Jurisdiction, Extraterritoriality, and the Protection of Global Commons", (2016) 47 Ocean Dev. & Int'l L. 89, 93。

而是一部法案中确定责任的基本要素，则管辖权可能会得到客观属地原则的支持。① 但是客观属地原则的适用范围很窄，且需要构成法律责任的要素发生在境内。对于环境保护而言，意味着行为或者直接损害发生在立法国境内。在很多情况下，某些行为可能会对全球造成影响，但是对立法国的直接损害一般难以证明。而且环境领域多需要预防性措施，而非仅仅局限在事后救济。

所以，一些国际公约通过扩大港口国或沿海国的管辖权以补充船旗国对其船舶的责任，确保港口国可以在国际监管中作出重要贡献。《联合国海洋法公约》第 220 条第 1 款规定了扩大的领土管辖权。它将国家的立法管辖权扩大到在其行使主权（领海）和某些主权权利和管辖权（专属经济区）的海区发生的违法行为。② 这也被称为"准属地管辖权"。③ 这种立法管辖权需要与国家在特定海域享有的权限一致。例如，一个国家可以在其港口对违反其在专属经济区的法律行使执法管辖权，前提是这些法律是根据赋予该海域沿海国的管辖权而通过的。相反，若要求外国船只遵守违反《联合国海洋法工业》第 211 条第 5 款的国家规定的标准的法律，而不是国际标准，就不能构成在港口的"准领土"管辖权的基础，因为该条款只承认港口国执行普遍接受的国际规则和标准的预防、减少和控制船只污染的法律和条例。④ 这种域外管辖权同样体现在一国管制港口通行的权利上。通过制定入境要求，特别是超出国际标准的要求，港口国可以规范船舶在其国家管辖范围以外地区的行为。例如《联合国海洋法公约》第 211 条第 3 款规定："凡是为防止、减少和控制海洋环境污染，作为外国船舶进入其港口或内水或停靠其近海码头的条件的国家，应适当公布这些要求，并应将其通报给主管国际组织。"⑤ 从立法用语来看，该段没有像 211 条其他段落（即第五段）那样提到"普遍接受的国际规则和标准"，这意味着各国在制定法律或采取措施规范外国船只入港要求时可以超越国际标准。此外《联合国海洋法公约》还在第 218 条授予了港口国一个极为特殊的

---

① 参见 Jaye Ellis, "Extraterritorial Exercise of Jurisdiction for Environmental Protection: Addressing Fairness Concerns", (2012) 25 LJIL 397, 401。

② 参见 U. N. Convention on the Law of the Sea, 1833 U. N. T. S. 397, article 220 (1)。

③ 参见 Erik Jaap Molenaar, "Port State Jurisdiction: Toward Comprehensive, Mandatory and Global Coverage", (2007) 38 Ocean Dev. & Int'l L. 225, 228。

④ 参见 U. N. Convention on the Law of the Sea, 1833 U. N. T. S. 397, article 211 (5)。

⑤ U. N. Convention on the Law of the Sea, 1833 U. N. T. S. 397, article 211 (3).

"域外管辖权"，它创新地允许该国对其海区外"违反通过主管国际组织或一般外交会议制定的适用国际规则和标准"的船舶排放活动行使域外管辖权。①无论船舶注册所在国是否是规定这种规则和标准的文书的缔约国，甚至无论执行的港口国本身是否是该文书的缔约国。②

（二）保护性原则

常被用来证明环境保护领域的跨国立法的国际合法性的，是保护性原则。气候变化将构成安全威胁。如果没有坚决的反击，气候变化的影响很可能会超过许多国家在未来几十年内应对内部或外部压力的适应能力。这可能导致不稳定和暴力，对国家和国际安全造成新的和未知的危害。实际上，欧盟高级代表共同外交和安全政策和欧洲委员会已经将应对气候变化造成的国际安全威胁视为预防性安全政策的一部分了。③可以说，域外的污染活动会对任何国家的切身利益造成威胁，从而导致保护原则的适用。④

然而，虽然国家的其他利益可以得到保护，但保护原则并不是一个国家为了保护国际社会的共同利益而行使管辖权的主要理由。一般来说，保护管辖原则的适用只能通过保护国家"根本利益"的需要来证明，但对于如何定义这些利益，似乎几乎没有达成共识。⑤因此，保护原则本身具有弹性，可以用来证明对各种行为的域外管辖是合理的。学者在此以加拿大过去依靠保护管辖原则来管理公海的环境问题为例，指出加拿大政府曾以对一国环境的危险构成"对其安全的威胁"为由，拟议的1970年《加拿大北极水污染预防法》是基于"沿海国保护自己免受环境严重威胁的最高自卫权"⑥，将加拿大的管辖权

---

①　参见 U. N. Convention on the Law of the Sea, 1833 U. N. T. S. 397, article 218（1）。

②　参见 L. S. Johnson, Coastal State Regulation of International Shipping（Oceana Publications, Dobbs Ferry, NY, 2004）41。

③　参见 S113/08, 14 March 2008, Climate Change and International Security, Paper from the High Representative and the European Commission to the European Council, 1, https：//www. consilium. europa. eu/uedocs/cms_data/docs/pressdata/en/reports/99387. pdf（Last visit on April 11, 2022）。

④　参见 Christina Voigt, "Up in the Air: Aviation, the EU Emissions Trading Scheme and the Question of Jurisdiction", （2011）14 Cambridge Y. B. Eur. Legal Stud. 475, 502。

⑤　参见 JJ. E. Schutte, Extraterritorial Criminal Jurisdiction（Council of Europe, Strasbourg, 1990）。

⑥　Department of State Press Release No. 121（15 April 1970）, reprinted in（1970）International Legal Materials 608 and 610。

扩展到波弗特海 100 海里。而立法中沿海国有权对其领海范围外的冰封邻水行使管辖权的原则最终被接受，并被纳入 1982 年《联合国海洋法公约》。① 这似乎说明了保护管辖原则基础上的环境保护立法得到了国际社会认可。与效果原则类似，保护管辖原则的适用在全球变暖方面也会引起争议，但加拿大的行动清楚地表明，各国不必总是等待潜在环境损害的结果。相反，随着时间的推移，预防措施可能会被接受。②

学者 Rose 和 Tsamenyi 在讨论港口国的域外管辖权时，也认为反映国家的重要利益，如维护其主权和政治独立的保护管辖原则为港口国行使域外管辖提供了潜在的司法基础。港口国可以根据这一原则，规定进入港口的条件，甚至是寻求保护其领海和专属经济区以外的海洋生物资源的条件，港口国可以对自愿进入其港口的外国船舶行使执法管辖权。③

(三) 普遍管辖

有学者主张在环境领域适用普遍管辖。普遍管辖原则赋予了一个国家必要的监管能力，以履行其作为 "国际社会的代理人" 的作用，保护基本的社会价值。由于气候变化威胁到的社会价值与传统 "核心罪行" 所损害的价值是相同且同样基本的，因此可以提出，各国也有能力立法预防环境损害措施。普遍管辖权不需要国家和受管制的行为之间的联系。是行为或事件本身的严重程度构成了管辖权的基础。普遍管辖原则也许可以为非常严重的环境破坏提供一个合法的基础。④ 这种行为有时被定义为 "生态灭绝"，是指对某一特定领土的生态系统的广泛破坏、或致其丧失，以至于该领土居民的平和状态受到严重

---

① 参见 U. N. Convention on the Law of the Sea, 1833 U. N. T. S. 397, Article 234。

② 参见 Jacques Hartmann, "A Battle for the Skies: Applying the European Emission Trading System to International Aviation", (2013) 82 Nordic Journal of International Law 187, 209。

③ 参见 G. L. Rose and B. Tsamenyi, Universalising jurisdiction over marine living resources crime: A report for WWF International (2013) 68, 77. Available at http://awsassets. panda. org/downloads/wwf_universalised_mlr_crime_jurisdiction_131114_hr_sem. pdf (Last visit on April 11, 2022)。

④ 参见 J. A. Zerk, Extraterritorial Jurisdiction: Lessons for the Business and Human Rights Sphere From Six Regulatory Areas (Working Paper No. 59, Harvard Corporate Social Responsibility Initiative, 2010) 188。

损害。① 例如严重和广泛的大气污染，如果全球平均气温继续上升超过 2 摄氏度，预计将对所有国家造成严重后果。《联合国气候变化框架公约》（UNFCCC）的序言中表达了这种关切的普遍性："地球气候变化及其不利影响是人类共同关心的问题。" 这种损害影响到所有国家的共同利益。

然而普遍管辖多用于严重的国际罪行，并不容易直接拓展到环境保护领域。其次造成严重环境破坏的通常不是单一的严重行为，而是所有人为因素对气候变化的累积影响。普遍管辖原则尚未直接或类比地适用于这种对一个共同体利益的累积威胁。② 虽然目前没有足够的国家实践来证明这是否足以构成环境领域域外管辖的基础，但不应排除这种可能性。③

（四）效果原则

在环境保护领域，域外管辖权也许可以基于效果原则。④ 因为空气污染不分国界，温室气体无论在哪里排放，都会对全世界的气候变化产生影响。欧盟 2008/101/EC 号指令的域外监管就是基于效果原则，根据该原则，当行为只有一部分发生在境内，而其余部分发生在境外，或者该行为的效果发生在主张管辖权的国家境内时，一国将管辖权延伸至域外。效果原则要求行为与结果之间的联系是直接的，它在一定程度上避免了"管辖权蝴蝶效应"。⑤

此外，效果原则考虑了环境领域的特殊性。例如，气候变化当然是一个全球性的挑战，其影响将在任何地方都能感受到。但是，领空外的空中交通排放与领土内的气候影响之间的直接联系将极其难以证明。所以，基于效果原则将环境法域外适用时可能不需要造成实际的效果。因为在环境法中，预防环境损害往往是主要目标，而不是处理损害本身，即仅需要证明航空排放增加的大气

---

① 参见 P Higgins, Eradicating Ecocide: Laws and Governance to Stop the Destruction of the Planet（2010）。

② 参见 Christina Voigt, "Up in the Air: Aviation, the EU Emissions Trading Scheme and the Question of Jurisdiction", (2011) 14 Cambridge Y. B. Eur. Legal Stud. 475, 502-503。

③ 参见 Natalie L. Dobson, "The EU's conditioning of the extraterritorial carbon footprint: A call for an integrated approach in trade law discourse", (2018) 27 Review of European, Comparative and International Environmental Law 75, 87。

④ 参见 Ellen S. Podgor, "Extraterritorial Criminal Jurisdiction: Replacing 'Objective Territoriality' With 'Defensive Territoriality'" (2003) 28 Stud L. Pol. & Soc'y 117, 122。

⑤ 参见 Bruno Simma & Andreas Th. Miller, "Exercise and Limits of Jurisdiction", in James Crawford & Martti Koskenniemi eds., The Cambridge Companion To International Law (CUP, 2012) 134, 141。

中的温室气体浓度会增加气候变化或环境污染风险即可，并不需要已经造成实质的损害，这种预防性的方法也允许一国将其管辖权延伸到域外。①

当域外行为的影响在国内被感受到时，国家可能在效果原则的基础上规范域外行为。而这与世界贸易组织上诉机构判例建议的对《关税及贸易总协定》（下文简称 GATT）的解释相呼应。② GATT 第 3 条排除了歧视一国产品而有利于其他国家产品或国内生产产品的贸易限制。同时，第 20 条规定暂缓执行第 3 条的禁令，豁免（与环境法规相关的）"保护人类……健康所必需"的措施以及"与保护可耗竭自然资源有关"的措施。在 1998 年的虾龟案裁决中，世贸组织上诉机构解释说，它不需要"讨论第 20 条（g）款中是否有隐含的管辖权限制"。这样的调查是没有必要的，"因为有争议的美国立法试图保护海龟所在的一些美国水域，因此属于美国的管辖范围"。上诉机构认为，美国的立法创造了"为第 20 条（g）款的目的，所涉洄游和濒危海洋种群与美国之间的充分联系"。③ 可以看出，世贸组织上诉机构判例可能要求，只有在立法有争议的国家管辖权与寻求保护的环境资源之间存在联系时，违反第 3 条的立法才能根据第 20 条豁免继续存在。

效果原则也体现在欧盟对针对外国的碳排放采取措贸易管制措施上。GATT 第 20 条（b）项和（g）项下一国可以以监管的事项实际存在于其领土内或对领土造成重大影响为由，管制威胁"人类和动物生命和健康"或"保护可耗尽资源"事项。基于此，国家行使管辖权仍然受到习惯国际法的"实质性联系"的要求，即符合效果原则。

三、跨国立法实践

（一）美国环境保护立法
美国国内的环境法规通常未明确说明其有域外效力。④ 如《综合环境反

---

① 参见 Christina Voigt，"Up in the Air：Aviation，the EU Emissions Trading Scheme and the Question of Jurisdiction"，（2011）14 Cambridge Y. B. Eur. Legal Stud. 475，501。

② 参见 Jonathan Remy Nash，'The Curious Legal Landscape of the Extraterritoriality of U. S. Environmental Laws'（2010）50 VA. J. INT'l L. 997，1001。

③ Appellate Body Report，United States-Import Prohibition of Certain Shrimp and Shrimp Products，133，WT/DS58/AB/R（Oct. 12，1998）. Available at https：//www.wto.org/english/tratop_e/dispu_e/58abr.pdf（Last visit on April 11，2022）.

④ 参见 Jonathan Remy Nash，"The Curious Legal Landscape of the Extraterritoriality of U. S. Environmental Laws"，（2010）50 VA. J. INT'l L. 997，1004。

应、赔偿和责任法》（Comprehensive Environmental Response，Compensation，and Liability，下文简称 CERCLA）主要目标是确保国内废物处理造成的污染得到迅速和有效的补救，并确保对非法倾倒垃圾负有责任的人承担支付清理费用的责任。① 虽然 CERCLA 没有特别提到外国公民或公司，但 CERCLA 也没有明确将责任人限制为美国公民。② 大多学者认为，国会的立法目的是清理国内危险废物处理场所，不论造成的污染来自哪个国家。它着重考虑行为的结果是否在美国，即损害和需要采取的补救措施位于美国，而不论损害行为的发生地。③ 此外，还有学者认为 CERCLA 还可以适用于所有美国主体在外国造成的污染。

在美国，少数环境法规条款包含了明确的域外性语言。例如，《国家历史遗产保护法》（National Historic Preservation Act，下文简称 NHPA）第 470a-2 条旨在帮助美国履行其在《保护世界文化和自然遗产公约》（《世界遗产公约》）中的义务。④ 此外，有的法律包含协调该法与其他国家法律冲突的条款，⑤ 也暗示法律有域外效力。如《濒危物种法》（Endangered Species Act，下文简称 ESA）第 7 节要求联邦机构进行充分的生物评估，避免在实施联邦行动时伤害被列入清单的物种或其栖息地。⑥ 这里的栖息地包括美国或外国领土，因此联邦机构对行动的域外影响需要做充分的评估。ESA 的"国会调查结果和宗旨与政策声明"规定："美国作为国际社会的一个主权国家，承诺根据（F）《濒危野生动植物种国际贸易公约》和（G）其他国际协定，在可行的范围内保护面临灭绝的各种鱼类或野生动物和植物。"⑦这表明国会明确打算用

---

① 参见 42 U. S. C. § 9607（a）。

② 参见 42 U. S. C. § 9611（I）。

③ 参见 Katherine Hausrath，"Crossing Borders：The Extraterritorial Application of the Comprehensive Environmental Response Compensation and Liability Act（CERCLA）"，（2005）13 U. BALT. J. ENVTL. L. 1, 25。

④ 参见 16 U. S. C. § 470a-2（2004）. repealed now transferred to 54 U. S. C. § 307101e（2014）。

⑤ 参见 Anna D. Stasch，"ARC Ecology v. United States Department of the Air Force：Extending the Extraterritorial Reach of Domestic Environmental Law"，（2006）36 Environmental Law 1065, 1078。

⑥ 参见 16 U. S. C. § 1536（a）（2）。

⑦ 参见 16 U. S. C. § 1531（a）（4）。

ESA 保护所有濒危或受威胁的野生动物及其生存环境。ESA 的域外适用还可以从根据修订的 ESA "机构间合作" 条款分析推导出来。① 该条款指定内政部长和商务部长有责任管理 ESA 第 7（a）（1）中的联邦机构协商和执法问题。② 这两位部长将执行 ESA 的责任委托给美国鱼类和野生动物管理局和国家海洋渔业局。③ 这两个部门将 "行动" 定义为 "由联邦机构在美国或公海上全部或部分授权、资助或实施的任何种类的活动或计划"；④ 并将 "行动区域" 定义为 "所有将受到联邦行动直接或间接影响的地区，而不仅仅是行动所涉及的直接地区。"⑤ 两个部门的定义赋予 ESA 广泛适用空间，重申了 ESA 主张域外管辖的宗旨和政策。

美国也试图利用进口贸易限制措施将环境标准适用于域外实体。《美国清洁能源安全法案》（American Clean Energy and Security Act）提出，贸易措施可以作为美国应对气候变化的一揽子举措之一。该法案将允许总统在没有 "公平" 国际协议的情况下，有效地将新的 "限额和交易" 制度扩展到外国商品。在这种制度下，进口商必须获得进口产品的 "排放限额"，才能在美国销售。2009 年 6 月 26 日美国众议院以 219 票对 212 票的微弱多数，通过了该法案，但尚未提交参议院讨论或表决。⑥

（二）欧盟的环境保护立法

1. 欧盟排放交易体系（ETS）

2008 年 11 月，欧盟颁布 2008/101/EC 号指令，对指令 2003/87/EC 进行了修订，其目的是通过将国际航空业纳入欧盟排放交易体系（European Union Emission Trading Scheme，简称 ETS），以减少航空造成的气候变化影响。⑦ 该

---

① 参见 James P. Cargas，" Extraterritorial Jurisdiction of the Proposed Federal Waste Export Control Act"，(1992) 7 Am. U. J. Int'l L. & Pol'y 397，424。

② 参见 50 C. F. R. § 402. 01 (a) (2016)。

③ 参见 50 C. F. R. § 402. 01 (a) (2016)。

④ 50 C. F. R. § 402. 02 (2016).

⑤ 50 C. F. R. § 402. 02 (2019).

⑥ 参见美众议院日前通过《美国清洁能源安全法案》，https：//news. bjx. com. cn/html/20090630/221523. shtml（Last visit on April 11, 2022）。

⑦ 参见 Dir 2008/101/EC of the European Parliament and of the Council of 19 November 2008 amending Dir 2003/87/EC so as to include aviation activities in the scheme for greenhouse gas emission allowance trading within the Community. For implementing legislation and communication。

指令的序言写道："为了避免竞争扭曲和提高环境效率，从 2012 年起，（本指令）包括所有抵达和离开共同体机场的航班的排放。"① 根据该指令，从 2012 年起，来自第三国的航空公司也必须获得和交付离开或抵达欧洲机场的航班的排放津贴，包括中国公司在内的全球 2000 多家航空公司都被列入了该体系。

欧盟 2008/101/EC 指令扩展了 ETS 适用范围，规定每个飞机运营商必须监控并报告其运营飞机每年的总排放量，对排放物的报告和监测将包括在欧盟成员国领空以外飞行的航段。② ETS 对温室气体的排放设定了限制，并遵循"限额交易"原则。这意味着对工厂、发电厂和系统中的其他装置可能排放的某些温室气体的总量有一个上限或限制。与此同时，它建立了可交易单位——津贴，并以可用津贴总数的限制确保交易单位具有价值。它还允许使用核证排减量（Certified Emission Reduction（CER））③ 和减排单位（Emission Reduction Unit（ERU））。④ 每年年底，运营商必须交出相当于前一年排放量的配额，包括发生在欧盟成员国领空之外的排放量。如果一家公司减少了排放，它可以保留备用津贴以满足未来的需求，或者卖给另一家缺乏补贴的公司。反之，若在每年 4 月 30 日之前没有交出足够的配额，飞机运营商将有责任支付每排放一吨二氧化碳 100 欧元的超额排放罚款（加上交出配额的义务）。如果飞机运营商不缴纳罚款，欧盟成员国可以要求欧盟委员会对该飞机运营商实施运营禁令，这样的禁令将适用于所有成员国。⑤ 以上规定表明，ETS 通过规定第三国航空公司在欧盟领域之外发生的活动，"内部化"整个飞行距离的义务。

虽然环境问题在性质上经常是跨界的，但各国通常不将其国内环境规则直接适用于在其他国家的行为。在这方面欧盟排放交易体系是个例外。2008/101/EC 号指令受到批评的主要原因是，其适用于所有在欧盟机场降落或起飞的航班的温室气体排放，包括在欧盟境内或飞往欧盟的非欧洲航空公司的排放

---

① Dir 2008/101/EC, Preamble, para 16.

② 参见 Dir 2008/101/EC, Art 14（3）and Annex。

③ 《京都协议书》规定的碳交易机制下产生的一种碳交易标的，碳配额不足企业可购买 CER 用于抵减碳排放。

④ 减排单位（ERU）是基于联合国履约机制（JI）所签发的碳减排单位，可用于兑现国家的减排承诺或者作为温室气体排放交易体系的交易单位，可在交易所二级市场中交易。

⑤ 参见 Dir 2008/101/EC, Art 16（3）。

（某些有限的例外情况除外）。这些航空公司向欧盟当局交出排放限额的义务适用于从整个飞行期间计算的温室气体排放量，甚至包含了在欧洲空域以外发生的航段。这种延伸于领域之外的管辖很难用当今国际法上任何一种域外立法国际习惯法原则来解释。

2. 市场准入

欧盟在 ETS 无法成功实施的情况下开始以环境保护为由，通过一些具有域外影响的单方面的国内措施（Internal Environment Measures with Extraterritorial Implications（IEMEIs））对私人行为者和活动的"外在"环境进行管制。这一点尤其体现在贸易进出口领域。① 欧盟通过市场准入，要求外国生产的产品符合欧盟环保要求才能进入欧盟市场。

在与生物燃料的可持续性有关的产品进口方面，《欧盟可再生能源指令》（Renewable Energy Directive（RED））② 不仅决定了可持续性标准的目的是规范跨境温室气体（GHG）排放和应对气候变化，以及影响第三国的土地使用决策和保护生物多样性；还将此标准适用于进口到欧盟的生物燃料的整个生产过程，包括非欧盟的原产国。这些标准对在特定类型的土地上收获的生物燃料的来源进行了限制，还规定了欧盟单方面设定的温室气体减排的具体数额。③ 目前欧盟已经出台了 RED II，这一加强版本扩大了可持续生物燃料范围，适用于生物燃料、生物液体或生物质燃料，也在土地利用方面提出了更高标准，禁止在生物多样性价值高的土地上生产生物燃料，而第三国生产商必须遵守这些规定，才能进入欧盟市场。④

相同条件的工艺标准体现在出口贸易方面的《报废电子电气设备指令》

---

① 参见 J. A. Zerk, Extraterritorial Jurisdiction: Lessons for the Business and Human Rights Sphere From Six Regulatory Areas（Working Paper No. 59, Harvard Corporate Social Responsibility Initiative, 2010），9。

② 参见 Directive 2009/28/EC on the Promotion of the Use of Energy from Renewable Sources［2009］OJ L140/16（Renewable Energy Directive（RED））No Longer in Force, Date of End of validity: 30/06/2021, Replaced by Directive（EU）2018/2001 of the European Parliament and of the Council of 11 December 2018 on the Promotion of the Use of Energy from Renewable Sources。

③ 参见 Article 17（2）- （5），（2009）. Article 29（1）- （10），（2018）。

④ 参见 Directive 2018/2001/EU on the Promotion of the Use of Energy from Renewable Sources（RED）［2018］OJ L328/82。

（Waste Electrical and Electronic Equipment（WEEE））①。WEEE 指令旨在通过预防电子废弃物的产生，以及通过其再利用、再循环和其他形式的回收来促进可持续生产和消费，着重打击非法出口废旧电子电器产品和在第三国以次优条件处理此类废物的行为。指令规定，从欧盟运往第三国设施的 WEEE 应在与欧盟“同等的条件”下处理，这一用语表面上没有将欧盟的废物处理条件一比一地强加给第三国，但是不是“同等条件”由欧盟单方面决定，② 从而也决定了在第三国进行废物处理的条件，至少是与欧盟处理废弃物相当的条件。

　　对国外的工业施加限制体现在欧盟《预防、阻止和消除非法、不报告和不管制捕捞的条例》（The EU Regulation to Prevent, Deter and Eliminate Illegal, Unreported and Unregulated Fishing，下文简称 IUU）和《欧盟木材条例》（EU Timber Regulation，下文简称《木材条例》）上。IUU 旨在打击非法、未报告和无管制的捕捞活动，这构成了对可持续开发生物资源最严重的威胁之一。它要求渔业产品出口到欧盟的捕鱼活动无论在哪里发生，包括在公海和沿海国家的海洋水域，③ 都必须按照渔船船旗国的合法性要求，并按照国际保护和管理标准进行。④ 虽然该条例没有强加实施欧盟的捕捞标准，但它要求第三国对“无管制”捕捞制定具体的保护措施，并保证遵守国际保护和管理标准。⑤ 实际上，IUU 通过对进入欧盟市场的管控，单方面要求第三国履行国际义务，防止国际法规定的非法捕鱼。⑥同样，《木材条例》规定原产地的经营者必须遵守尽职调查，只有合法采伐的木材和木材产品才能进入欧盟市场，防止非法砍

---

　　① 参见 Directive 2012/19/EU on Waste Electrical and Electronic Equipment（WEEE）[2012] OJ L197/38。

　　② 参见 Directive 2012/19/EU Article 10（3）。

　　③ 参见 Council Regulation（EC）No 1005/2008 of 29 September 2008 Establishing a Community System to Prevent, Deter and Eliminate Illegal, Unreported and Unregulated Fishing [2008] OJ L286/1（IUU Regulation）Recital 7, Amending Regulations（EEC）No 2847/93,（EC）No 1936/2001 and（EC）No 601/2004 and Repealing Regulations（EC）No 1093/94 and（EC）No 1447/1999。

　　④ 参见 Council Regulation（EC）No 1005/2008 of 29 September 2008 Establishing a Community System to Prevent, Deter and Eliminate Illegal, Unreported and Unregulated Fishing [2008] OJ L286/1, Article 12（3）。

　　⑤ 参见 Regulation 1005/2008, Article 2（4）；Article 20。

　　⑥ 参见 Regulation 1005/2008, Recital 1。

伐的木材进入欧盟市场。① 木材采伐的"合法性"并非参照欧盟标准，而是参照木材原产国的合法性标准，并将遵守这些标准的义务延伸至欧洲市场的所有木材供应商。

可以看出当欧盟将国内立法延伸到域外时，不同的 IEMEIs 中包含了不同的"相同条件"要求，显示出不同的强制力。欧盟的 IEMEIs 是新兴的域外管辖模式，且区别于直接的域外管辖。这种具有域外影响的国内措施没有直接将程序性或实体性的环境标准强加给外国行为人，但是它们通过对国内市场准入的属地管辖，促进外国行为者遵守欧盟内部标准，间接地宣称欧盟对这些域外行为人的权力。可以说 IEMEIs 利用欧盟对市场的控制，单方面扩大欧盟立法的空间范围，以此推动国外监管改革，并影响第三国和国际政策。② 这些措施和直接的域外管辖一样，仍然面临管辖权国际合法性问题。③

（三）新加坡的环境保护立法

印度尼西亚种植棕榈等作物燃烧造成的污染已经影响了印度尼西亚、新加坡、马来西亚以及菲律宾和泰国部分地区的数百万人。特别是对新加坡来说，清理印尼造成的雾霾，自 1972 年以来一直是新加坡政府每年需要面对的问题。新加坡的《跨境烟霾污染法案》（Transboundary Haze Pollution Act，下文简称 THPA）④ 第 4 节规定："本法适用于发生在新加坡境外，导致新加坡境内雾霾污染的任何行为或事件。"⑤ 在海外注册或经营但导致新加坡雾霾污染的公司需要承担刑事或民事责任。任何因雾霾遭受人身伤害、身体损害或经济损失的个人或法人团体均可以在新加坡法院对在新加坡没有资产的外国公司提起诉讼。⑥

---

① 参见 Regulation 995/2021, Article 4 and 6。

② 参见 Joanne Scott, "Extraterritoriality and Territorial Extension in EU Law", (2014) 62 American Jouranl of Comparative Law 87。

③ 参见 Ioanna Hadjiyianni, The EU as a Global Regulator for Environmental Protection: A Legitimacy Perspective. Modern Studies in European Law (Oxford: Hart Publishing, 2019) 44。

④ 参见 Transboundary Haze Pollution Act 2014（该法案于 2020 年修订并于 2021 年 12 月 31 日生效）。

⑤ 参见 Transboundary Haze Pollution Act 2014。

⑥ 参见 Transboundary Haze Pollution Act 2014. Civil Liability for Causing, etc., Haze Pollution in Singapore。

四、环境保护域外立法的执行

（一）美国

1. 基本状况

在美国，因为反域外适用推定，法院很少将环境保护法律的空间范围做扩大解释。① 就美国法院的司法实践来看，例如"安隆金属案"（Amlon Metal v FMC）涉及《资源保护和恢复法》（Resource Conservation and Recoveray Act）（RCRA）的域外适用。② RCRA 管理危险废物的生成、运输、处理、储存和处置。英国公司及其美国代理人向美国地方法院提起诉讼，指控美国特拉华州公司 FMC 对运往英国的桶中的铜残留物的成分和特性做了虚假陈述，并要求被告按照 RCRA 赔偿损失。虽然案件涉及运到英国境内的危险物质，但是物质的生成和托运均在美国完成。虽然 RCRA 在立法时仅考虑纯境内案件，但是国会对之后的 1984 年《危险和固体废物修正案》的解释提到："我们应当对危险废物出口到其他国家的运输采取同样坚定的立场。"③ 但是法院认为，RCRA 有出口条款也有私人诉讼条款，国会的解释仅适用于出口条款，而非私人诉讼条款。此外，RCRA 中有多个限制影响外国主权的条款，且没有解决管辖权冲突的内容。基于此，法院认为 RCRA 的立法意图是纯国内性质的，国会没有意愿将法律适用于域外损害。在"米歇尔案"（United States v Mitchell）中，④ 一个美国公民在受雇于巴哈马水族馆时捕获海豚出口到英国。美国政府认为此人违反了《海洋哺乳动物保护法》（Marine Mammal Protection Act（MMPA））对其进行处罚。法院考虑了法律解释的两个原则。第一，法院必须考虑法律的性质。如果将法律的效力严格限制在属地范围内会影响法律的有用性和立法目的，法律将在域外适用。因为 MMPA 是一个保守的法律，其性质"是基于对主权国家对其领土内资源的控制"，美国可以控制美国领土内的资源，外国也有同样的权利。因此，限制 MMPA 的域外效力不会影响法律的

---

① 参见 Anna D. Stasch，"ARC Ecology v. United States Department of the Air Force：Extending the Extraterritorial Reach of Domestic Environmental Law"，（2006）36 ENVTL. L. 1065，1065。

② 参见 Amlon Metals v FMC Corp, 775 F. Supp 668 (S. D. N. Y. , 1991)。

③ 129 Congress Record 27, 691 (1984)．

④ 参见 United States v Mitchell, 553 F. 2d 996 (1977)。

有用性和立法目的。第二，如果法律性质没有要求域外适用，那么反域外适用推定应当被采纳。审查立法的结构、语言、立法历史，法院认为国会没有意图给予法律域外适用效力。

2. "国际公域"例外

然而，美国法院对国内环境法域外适用区分了国际公域和外国主权国家。"环境保护基金诉梅西案"（Environmental Defense Fund v. Massey）① 是美国法院将美国《国家环境政策法》（National Environmental Policy Act, NEPA）适用于美国机构在南极洲的活动的最经典的一个域外适用案例。该案是一个由美国非政府组织——美国环保协会（Environmental Defense Fund, 下文简称 EDF）提起的法律诉讼，以阻止被告美国国家科学基金会（National Science Foundation, 下文简称 NSF）在南极洲的麦克默多站建立运营一个永久性垃圾焚烧厂的决定。案件初审在哥伦比亚特区美国地区法院。EDF 认为被告的焚烧行为违反了 NEPA。而被告声称 NEPA 不适用于发生在域外的联邦行为。在地区法院的裁决中，法院只用了不到一页的理由来处理这个问题，它严格适用"反域外适用推定"，即美国的法律在没有显示出国会明确表达适用于域外的意图的情况下，是局限于本国领土范围内的。② 在试图确定国会的意图时，法院拒绝审查 NEPA 的立法历史。法院虽然承认该法规的语言宽泛，却拒绝以此推测国会故意选择宽泛的语言表明有域外适用的意图。③ 矛盾的是，法院在一个脚注的评论里说："如果 NSF（在域外）需要遵守 NEPA，那么本案的很多问题是可以避免的。"④ 在裁决意见的最后一节，法院还指出如果承认 NEPA 具备域外效力，那么本案的结果可能会不同。⑤

1993 年 1 月，美国哥伦比亚特区巡回上诉法院推翻了地区法院的判决，

---

① 参见 Environmental Defense Fund v. Massey, 772 F. Supp. 1296, 1296-97（D. D. C. 1991），rev'd, 986 F. 2d 528（D. C. Cir. 1993）。

② 参见 Equal Employment Opportunity Comm'n v. Arabian Am. Oil Co.（Aramco），499 U. S. 244, 248（1991）。

③ 参见 Environmental Defense Fund v. Massey, 772 F. Supp. 1296, 1297（D. D. C. 1991）。

④ 参见 Environmental Defense Fund v. Massey, 772 F. Supp. 1296, 1298（D. D. C. 1991）。

⑤ 参见 Environmental Defense Fund v. Massey, 772 F. Supp. 1296, 1298（D. D. C. 1991）。

认为反域外适用的推定不适用于本案，NEPA 适用于美国国家科学基金会在麦克默多站建造废物焚烧炉的决定。① 巡回上诉法院审查了 NEPA 所规范的行为、南极洲的独特地位、NEPA 下的外交政策考虑、NEPA 的法定语言和附带的解释。法院探讨了南极洲作为一个无主权的大陆，不受任何主权国家管辖。而美国在南极洲控制所有的航空运输，开展所有的搜索和救援，并根据美国南极洲计划对研究设施保持独家控制。在不属于主权国家领域的南极洲适用反域外适用推定不适当。② 随后法院审查了将 NEPA 适用于南极洲的外交政策后果，认为美国对于南极洲的政策并不构成美国与外国主权国家之间的法律冲突，在涉及南极洲的问题上遵守 NEPA 不会妨碍美国与其他国家就南极洲问题进行合作。③

在"自然资源保护委员会诉美国海军案"（Natural Resources Defense Council v United States Department of Navy）中，环境组织起诉美国海军，试图禁止海军进行海上测试实验性反潜战技术。由于声呐测试能够对环境和海洋野生动物产生重大影响，原告认为，海军在将来进行更多测试之前必须进行 NEPA 规定的研究决策程序。美国加州中区联邦地区法院认为对域外海军适用 NEPA 没有"不尊重另一个国家的主权"，因为"大多数（如果不是全部）海上试验都是在公海或美国的专属经济区内进行的，这些地区是全球公域，美国对这些地区拥有"实质性的立法控制权"。在这种情况下应用 NEPA 的外交政策影响微乎其微，因为美国享有探索，开发，保护和管理专属经济区内自然资源的"主权"权利。④

以上案例可见，美国环境法在专属经济区、南极洲、公海这些"国际公域"比较容易适用。这是因为这些地域没有外国主权的冲突问题，只要美国有一定的立法控制，美国就可以行使"准主权"权力。⑤

2. 涉及外国主权国家的案例

① 参见 Environmental Defense Fund v. Massey, 986 F. 2d 528（D. C. Cir. 1993）（holding that presumption against extraterritorial application of NEPA does not apply）。

② 参见 Environmental Defense Fund v. Massey, 986 F. 2d 528（D. C. Cir. 1993）at 534。

③ 参见 Environmental Defense Fund v. Massey, 986 F. 2d 528（D. C. Cir. 1993）at 536。

④ 参见 Natural Resources Defense Council v United States Department of Navy, 2002 US Dist LEXIS 26360, 37-39（C. D. Cal. Sept. 17, 2002）。

⑤ 参见 e. g, Calvert Cliffs' Coordinating Comm. v. U. S. Atomic Energy Comm'n, 449 F. 2d 1109, 1122（D. C. Cir. 1971）。

如果行为涉及外国主权国家，美国法院大多严格按照反域外适用推定解释法律，反对将美国国内法适用于外国案件。但是也有少数例外。"帕库塔斯诉科明科金属案"（Pakootas v. Teck Cominco Metals）是有关 CERCLA 域外适用的一个老生常谈的案例。① 科明科公司在加拿大不列颠哥伦比亚省的冶炼厂向美国释放了大量的污染物。在一百年的时间里，该公司向哥伦比亚河倾倒了1340 万吨受重金属污染的沉积物。污染包括铅、砷和汞。这些采矿废物已经污染了 100 多英里长的地表水、地下水和沉积物，以及华盛顿州的罗斯福湖。2003 年 12 月，环保局根据《环境法》发布了一项单边行政命令（Unilateral Administrative Order UAO），命令科明科公司一份补救调查和可行性研究报告（remedial investigation and feasibility study RI/FS），② 以符合 CERCLA 的规定。然而，科明科公司拒绝遵守，认为 CERCLA 是美国国内法律，不适用于在加拿大经营的加拿大公司的行为。于是，来自华盛顿州科尔维尔保留区的两名土著居民以及华盛顿州作为原告向华盛顿地区法院提起诉讼，要求科明科公司承担处置危险物的责任。后来案件通过上诉程序进入到第九巡回上诉法院。上诉法院分析了 CERCLA 的适用范围。法院认为虽然 CERCLA 没有明确的域外适用意图，但当冶炼厂源于国外的污染行为对美国国内造成的不利影响，就推翻了反域外适用推定的适用，这导致 CERCLA 适用于加拿大公司在加拿大的行为。这是利用效果原则将国内法规适用于域外的典型，效果原则为美国环境法的域外适用打开了大门。③

在"冲绳儒艮诉拉姆斯菲尔德"（Okinawa Dugong v. Rumsfeld）案中，④一些自然资源保护主义者组成一个联盟试图阻止在日本冲绳近海建造美国航空站，因为这需要在濒临灭绝的海洋动物物种"儒艮"的水下栖息地钻洞。儒艮在冲绳文化的民俗和传统中具有重要意义，作为天然纪念物受到《文化遗产保护法》（NHPA）的保护。然而日本行政法不允许公民提出公法性诉讼，

---

① 参见 Pakootas v. Teck Cominco Metals, Ltd., 452 F. 3d 1066 (9th Cir. 2006)。

② RI/FS 的目的有两个方面：确定污染的性质和程度以及对人类健康和环境的威胁，并评估替代方案为应对污染而采取的最终清理行动。

③ 参见 Anna D. Stasch, 'ARC Ecology v. United States Department of the Air Force: Extending the Extraterritorial Reach of Domestic Environmental Law' (2006) 36 ENVTL. L. 1065, 1090。

④ 参见 No. C 03-4350 MHP, 2005 WL 522106 (N. D. Cal. Mar. 2, 2005)。

且对诉讼时效要求非常严格。日本抗议者们于 2003 年 9 月在美国联邦地区法院对美国国防部提起诉讼。① 美国国防部以 NHPA 在域外不适用为由提出抗议，但法院拒绝了这一抗议。法院认为国会有域外适用的意图。②

在《濒危物种保护法》（Endangered Species Act，ESA）的域外适用范围上，美国下级法院和最高法院似乎并未达成一致。1989 年。美国明尼苏达州地区法院在"野生动物保护者诉赫尔德"（Defenders of the Wildlife v. Hodel）案,③ 认为根据 ESA 的明确立法用语，可以得出国会打算让该法案适用于域外这一结论。案件进入上诉程序时，被告反对 ESA 的域外适用，因为它有可能干涉外国的主权和干涉美国对外关系。第八巡回上诉法院基于几个理由驳回了内政部长的论点。第一，外国政府可以申请 ESA 的豁免条款；第二，国会将 ESA 的目标放在联邦政府行为上，而不是外国主权国家的行为；第三，国会而不是法院应该考虑外交政策问题。和地区法院一样，上诉法院依旧肯定国会赋予 ESA 域外效力。和该案一样，第八巡回上诉法院在"卢建案"（Defenders of Wildlife v. Lujan)④ 中也毫不含糊地认为，ESA 适用于联邦资助的海外项目。因为 ESA 的整个第 7 节⑤和其余部分都明确表达了国会的意图，例如 ESA 对"濒危物种"进行了广泛的定义，没有地域限制;⑥ ESA 还包含一个"国际合作"的部分，它宣布美国对全球保护濒危物种的承诺将得到财政援助、人员分配、调查和鼓励外国制定自己的保护计划的支持。⑦ 法院同时

---

① 参见 Mitsuhiko A. Takahashi, "Okinawa Dugong v. Rumsfeld: Extraterritorial Operation of the U. S. Military and Wildlife Protection Under the National Historic Preservation Act" (2004) 28 Environs Environmental Law and Policy 181, 190。

② 参见 Anna D. Stasch, 'ARC Ecology v. United States Department of the Air Force: Extending the Extraterritorial Reach of Domestic Environmental Law' (2006) 36 ENVTL. L. 1065, 1081。

③ 参见 Defs. of the Wildlife v. Hodel, 707 F. Supp. 1082 (D. Minn. 1989), aff'd sub nom. Defs. of Wildlife, Friends of Animals & Their Env't v. Lujan, 911 F. 2d 117 (8th Cir. 1990), rev'd sub nom. Lujan v. Defs. of Wildlife, 504 U. S. 555, 112 S. Ct. 2130, 119 L. Ed. 2d 351 (1992)。

④ 参见 Defs. of Wildlife, Friends of Animals & Their Env't v. Lujan, 911 F. 2d 117 (8th Cir. 1990)。

⑤ 参见 16 U. S. C. § 1536 (a) (2)。

⑥ 参见 16 U. S. C. § 1532 (6)。

⑦ 参见 16 U. S. C. § 1537。

考察了 ESA 的立法历史和立法结构，认为国会明显打算将该法案适用于外国项目以及美国和公海的项目。因为"从整体上看，该法案清楚地表明了国会对全球保护工作的承诺"①。

但不幸的是最高院在审理"卢建案"时，② 推翻了第八巡回上诉法院的判决。该案中，原告旨在证明美国联邦机构对濒危物种的潜在影响进行咨询的法律义务不限于美国境内。他声称，根据 ESA，这些机构也有义务就可能的域外影响进行咨询。法院最终没有处理 ESA 的域外适用问题，仅仅因原告不具备诉讼资格就驳回了诉讼。但史蒂文斯大法官在其同意意见中对这一问题作出了说明，他认为 ESA 第 7 节（a）（2）项不适用于在外国的活动，国会立法文本中的任何内容均未表明该部分适用于外国。不过 ESA 在其他部分明确处理了在国外保护濒危物种的问题。例如第 8 节授权总统向"任何外国（经其同意）提供援助……在该国制定和管理……对保护部长根据本标题第 1533 条所列的任何濒危物种或受威胁物种有必要或有益的方案。"③以及第 9 节规定，将濒危物种进口到美国（或从美国出口）或以其他方式"在州际或外国商业中"贩运濒危物种是非法的。④ 从史蒂文斯大法官的意见可以看出，即使反域外适用的推定将适用于本案，但 ESA 仍可能适用于有可能对美国境内的濒危物种产生不利影响的外国项目。⑤

可以看出，美国法院有时愿意突破"反域外适用推定"，将环保立法规定扩展到域外活动和外国行为者。但这些案例通常涉及外国行为对美国境内产生影响，或美国联邦政府在域外的行动。⑥ 大多数情况下去，美国法院和执法者对环境法域外适用问题立场保守，在法律没有明文确定域外效力的情况下去，

---

① 911 F. 2d 117, 123 (8th Cir. 1990).

② 参见 Lujan v. Defs. of Wildlife, 504 U. S. 555, 112 S. Ct. 2130, 119 L. Ed. 2d 351 (1992)。

③ 16 U. S. C. § 1537.

④ 参见 16 U. S. C. § 1538. Prohibited acts。

⑤ 参见 J. A. Zerk, Extraterritorial Jurisdiction: Lessons for the Business and Human Rights Sphere From Six Regulatory Areas (Working Paper No. 59, Harvard Corporate Social Responsibility Initiative, 2010), 184。

⑥ 参见 in particular Lujan v Defenders of Wildlife 504 US 555 (1992) (esp. comments of Justice Stevens) and Pakootas v Teck Cominco Metals Ltd. 452 F 3d 1006 (9th Cir.) 2006。

通常反对将环境法适用于域外行为。①

（二）欧盟

IEMEI 通过欧盟对欧盟共同市场的直接控制获得有效执行。IUU 将非法渔业产品排除在欧盟市场之外，以市场控制确保渔船和船旗国遵守国际标准。如果有关渔船从事非法捕捞，则可能被列入欧盟 IUU 渔船黑名单。目前该名单上已经有 13 艘渔船。② 同时，未能采取行动预防、阻止和消除非法捕鱼的船旗国可能被欧盟委员会认定为"不合作"国家，欧盟市场将不接受其产品和捕捞证书，从而禁止来自黑名单国家的船只捕捞的渔业产品。③ 欧盟在正式将第三国列入不合作国家名单的"红牌"之前，先会以"黄牌"的形式发出正式警告。如果欧盟委员会认为被列入黑名单的原因已经得到纠正，则可以将第三国从黑名单上删除。因此，如果试图和欧盟保持正常贸易联系，黑名单上不合作国家需要改变国内立法和监管框架以符合国际标准，或者欧盟附加的更高的标准。④

《木材条例》规定在欧盟市场出售木材的经营者有尽职调查义务。经营者必须提供有关进口木材的信息，进行风险评估，在发现非法风险时采取风险缓解措施。⑤ 经营者因此必须调查木材来源国的采伐行为，从来源上控制非法砍伐。而经营者对来源的控制，将欧盟法律要求的采伐标准施加到非欧盟成员国的公司。这些域外公司必须向经营者提供有关采伐过程的信息，并承担由于非法采伐失去欧盟市场的危险。⑥

《船舶回收条例》在出口贸易措施中进行了强制性限制，要求船舶回收设施被列入"欧洲授权设施名单"，以接收欧盟弃置的船舶。⑦ 这样一来，如果外国设施想要接收欧盟的船舶，就必须承担欧盟法律赋予的义务，导致欧盟关于船舶拆卸的环保标准扩大到域外设施的全部业务，适用于该设施接收的所有

---

① 参见 e. g. , United States v. Mitchell, 553 F. 2d 996, 1004（5th Cir. 1977）（Marine Mammal Protection Act）。

② 参见 IUU Regulation Article 27。

③ 同上，Arts 31, 33, and 38。

④ 参见 Ioanna Hadjiyianni, The EU as a Global Regulator for Environmental Protection: A Legitimacy Perspective（Hart Publishing, 2019）30。

⑤ 参见 Timber Regulation, Article 6（1）。

⑥ 同上，Article 4（2）, 6（1）（a）。

⑦ 参见 Regulation（EU）1257/2013 on Ship Recycling［2013］OJ L330/1. Art 13。

船舶。但是由于欧盟的要求不适用于来自非欧盟国家的船舶，欧盟《船舶回收条例》在国际上形成了一个不公平的竞争环境。欧盟船舶回收可能面临更高的费用和苛刻的条件。因此，欧盟船舶在弃置前可能会更换船旗，或者船东可能完全避免在欧盟船旗下登记其船舶，以避免回收成本。这些行为都将使该条例失去其预设的效力。

除了强制性贸易条件外，某些 IEMEIs 通过"以激励为基础的市场方法"部分或间接地限制第三国进入欧盟市场的机会。这些措施并没有完全阻断不遵守规定的第三国运营商或产品进入欧盟市场，而是减少了欧盟运营商与这些不遵守规定的第三国运营商或产品进行贸易的动力。例如欧盟《可再生能源指令》（RED）没有将不合规的生物燃料完全排除在欧盟市场之外，但生物燃料产生的能源需要遵守相关规定，欧盟运营商才有资格获得交通用生物燃料的政策优惠。[1] 因此，对欧盟运营商来说，与满足可持续发展标准的生产商进行交易更具吸引力，而那些"不可持续"的生物燃料在欧洲市场上不太具备竞争力。这种政策间接地调节了原产国的生物燃料生产过程。

相比 IEMEIs，欧洲直接的域外管制法实施得并不顺利。例如航空碳排放 2008/101/EC 号指令广泛批评。作为回应，2013 年至 2016 年期间，欧盟缩小了指令适用的地域范围，仅适用于参与该计划的 30 个国家内的航班，且对低排放的航空运营商也实行了豁免。2017 年和 2021 年，欧盟委员会发布一项法规草案，提议修订欧盟排放交易指令，继续将国际航班排除在欧盟排放交易体系之外。但在欧洲议会的坚持下，这种排除被表明是"临时性"的，即在 2023 年之前，航空排放的国际排放只能暂时排除，欧盟委员会需要根据 ICAO 机制的实施进展和第三国在这一问题上的行动，再次决定是否继续暂停航空指令的域外适用或恢复其原有范围。可见，虽然欧盟已经制定了直接管制域外排放的法律，但是由于国际因素，该法令尚未被执行。

（三）新加坡《跨境烟霾污染法案》的执行及效力分析

新加坡《跨境烟霾污染法案》（THPA）规定国家环境局如果认为有必要或适宜预防、减少或控制新加坡的任何雾霾污染，可向直接或间接造成污染的任何实体发出预防措施通知。[2] 总干事或授权官员可向任何人（无论在新加坡

---

[1] 参见 RED 2009 Article 17（1）；2018 Article 29（1）。

[2] 参见 Transboundary Haze Pollution Act 2014，Sec 9。

境内或境外）发出书面通知，要求该人在合理期限内以通知中规定的形式和方式提供所有文件和信息。① 虽然 THPA 明确规定了域外管辖，并不等于清除了新加坡在调查和起诉跨界案件的所有障碍。因为大多数根据 THPA 建立的必要证据都位于印度尼西亚境内，超出了新加坡当局的直接调查范围，证据的收集取决于印度尼西亚的合作。2013 年，新加坡国家环境局曾向印尼政府发出请求，要求提供涉嫌造成或导致雾霾的公司的信息，特别是要求提供特许权地图，显示每个公司拥有哪些土地。但是印尼高级官员回应道："外国各方不应该干涉我们的内政。"② 可见新加坡 THPA 的有效运行在很大程度上需要他国的合作，但是域外管辖领域的合作是否能顺利开展还有待考证。

五、外国的反应及应对

（一）外国对欧盟碳排放交易体系的反应

1. 起诉

针对欧盟欧洲议会和欧洲理事会发布的 2008/l0l/EC 号指令将欧盟排放交易体系扩展到域外的行为，目前还没有一个国家在国际法庭采取法律行动。但是一些域外航空公司在各自政府的支持下，在欧盟成员国启动了司法审查程序。2009 年，美国航空运输协会、美国航空公司、大陆航空公司和联合航空公司向英格兰和威尔士高等法院起诉，请求法院撤销英国为实施 2008/101/EC 指令而采取的有关措施，理由是这些措施违反了《芝加哥公约》《京都议定书》《美欧开放天空协议》以及国际习惯法的基本原则，侵犯了非欧盟国家的主权。2010 年，英格兰和威尔士高等法院请求欧盟法院对 2008/101/EC 指令的合法性做出裁决。美国航空运输协会也在欧盟法院提起了类似的司法审查要求。2011 年，欧盟法院裁定 2008/101/EC 指令不存在违反国际公约和国际习惯法的情形。③

---

① 参见 Transboundary Haze Pollution Act 2014, Sec 10。

② 参见 Singapore Pressures Indonesia to Identify Firms behind Haze, https://www.reuters.com/article/us-southeastasia-haze-idUSBRE95G09F20130618（Last visit on April 11, 2022）。

③ 参见 Case C-366/10 Air Transport Association of America, American Airlines, Continental Airlines, United Airlines v. The Secretary of State for Energy and Climate Change（ATAA Case），[2011] ECR I-000, para 124-125。

2. 各国的联合抗议及"阻断法"

在排放交易体系生效之前，就有几个国家表示反对。包括美国、日本、印度、俄罗斯和中国等 21 个国家发表了联合声明，声称欧盟将域外排放纳入排放交易的计划"不符合国际法，违反了国家主权原则"。① 在印度，当局声称欧盟的计划是"歧视性的"，是"违反国际法的"。② 印度民航部长表示："我们认为欧盟的提议是非法的，因为它试图向航空公司收取超出其领空的费用。"③ 中国则表示，"欧盟的倡议是……对其他国家主权的攻击。我们反对任何未经有关各方同意而采取的单方面和强制性行动。"④ 美国也以类似的方式宣布，如果该计划继续实施，他们将采取"适当行动"予以回应。⑤ 俄罗斯威胁要对欧盟航空公司飞越西伯利亚的航班设置上限。⑥ 国际方面，国际民航组织、国际航空运输协会也对欧盟的做法表示遗憾和失望。

2011 年，美国众议院以压倒性多数投票赞成"禁止美国民用飞机运营商参与欧盟单方面设立的任何排放交易计划"的立法。2012 年，奥巴马总统签署了该法案。⑦ 中国民航总局明令禁止中国境内各航空公司参与排放交易体系。中国民用航空局向各航空公司发出指令，要求："未经政府有关部门批准，禁止中国境内各运输航空公司参与欧盟排放交易体系，禁止各运输航空公司以此为由提高运价或增加收费项目。"⑧

2012 年，包括中国、美国、俄罗斯、日本、印度、南非、巴西、墨西哥、

---

① Appendix to ICAO Working Paper C-WP/13790（30 September 2011）.

② e. g. , ICAO Working Paper, 17 November 2011.

③ 参见 India Leads Group of 26 Nations Against EU Aviation Emission Levy', Bridges Weekly Trade News Digest, Vol. 15, No. 33（5 October 2011）。

④ 参见 Joined Statement by China and Russia, 27 September 2011。

⑤ 参见 D Kahya, "Air Wars: Fears of Trade War over EU Airline Carbon Cap", BBC News （ 21 December 2011 ）, https://www. standardmedia. co. ke/the-standard/article/2000041030/air-wars-fear-of-trade-war-over-eu-airline-carbon-cap（Last visit on April 11, 2022）。

⑥ 参见 P. Clark and C. Belton, Russia Threatens to Cap EU Flights, Financial Times, 22 February 2012, https://www. ft. com/content/90c48008-5d7d-11e1-8bb6-00144feabdc0 （ Last visit on April 11, 2022）。

⑦ European Union Emissions Trading Scheme Prohibition Act of 2011（S. 1956）.

⑧ 参见张泽平：《航空碳排放及其交易的国际法规制——从"欧盟航空碳放案"说起》，载《环球法律评论》2013 年第 1 期，第 168~169 页。

沙特等 32 个国际民航组织非欧盟成员国在莫斯科进行了磋商。① 会议发表了《莫斯科宣言》，宣言并没有明确说域外适用欧盟碳排放交易体系违反国际法，但是宣告了八个针对欧盟的潜在报复性措施。这些措施包括评估欧盟碳交易体系是否符合 WTO 协议、对欧洲航空公司征收税款、制定相应的"阻断法"、结束与欧盟关于新航线的谈判、根据《芝加哥公约》第 84 条申请争端解决。因为国际压力，欧盟一再推迟交易体系的实施。

（二）对欧盟 IEMEIs 的回应

1. RED II 对 RED 的修订

2018 年 6 月 14 日，欧盟委员会、欧洲议会和欧洲理事会就重新制定可再生能源指令（RED II）达成一致。相较于 RED I，RED II 规定了更为严苛的标准，它将第 RED I 及其可持续性标准的范围从生物燃料和生物固体燃料扩展到用于能源和热量产生的生物质能。这些标准同样适用于原料生产国。② 除此之外，该指令包括一个针对生物燃料间接土地利用变化（Indirect land use change，下文简称 ILUC）的政策方法。当生物燃料对原料的需求增加导致农业扩张和森林、湿地和泥炭地等高碳储量地区的转化，造成额外的温室气体（GHG）排放时，就会出现 ILUC。假设一个国家的可再生能源政策试图从农业原料中生产更多的生物燃料。直接的影响是，农民将他们的部分土地从粮食作物生产转移到能源作物。由于粮食产量减少，食品价格就上涨了。不断上涨的粮食价格可能会促使该国或海外的其他农民将森林等非作物土地转变为农业作物生产。③ 这最可能发生在热带国家，那里的原料生产条件最优越，他们使用棕榈油、大豆和玉米生产的生物燃料最容易造成温室气体的负平衡状态。根据 RED II，"高 ILUC 风险"生产的食品/原料燃料将在 2019 年的消费水平上受到更严格的上限限制，并将在 2030 年前逐步淘汰，除非特定批次的燃料被认证为低 ILUC 燃料。

2. 棕榈油出口国和国际组织的反击

---

① 参见《我国签署"莫斯科宣言"反对欧盟单边征收航空碳税》，http://www.gov.cn/gzdt/2012-02/23/content_2075064.htm（Last visit on April 11, 2022）。

② 参见 Webster Emily, "Transnational Legal Processes, the EU and RED II: Strengthening the Global Governance of Bioenergy", (2020) 29 Rev. Eur. Comp. & Int'l Envtl. L. 86, 88。

③ 参见 Michelle Limenta, "Palm Oil for Fuels: WTO Rules and Environmental Protection", (2020) 15 Global Trade & Cust. J. 321, 325。

根据欧盟采用的生物燃料高 ILUC 风险原料的确定标准，棕榈油符合 RED
II 中这一定义。[①] 这意味着欧盟成员国仍然能够进口和使用以棕榈油为原料的
生物燃料，但不能将其作为可再生能源计入其可再生目标。这一措施对棕榈油
出口国产生重大的贸易影响，因为 2018 年欧盟进口的近三分之二（65%）的
棕榈油被用于生物燃料。印度尼西亚和马来西亚这两个东南亚国家，是世界上
最大的棕榈油生产国和出口国。这两个国家都对被称为有科学缺陷的 ILUC 概
念表示担忧，并对欧盟的生物燃料政策表示反对，称这是一种歧视性行为，专
门针对生物燃料的单一来源——棕榈油。2019 年 12 月，印度尼西亚政府在世
界贸易组织（WTO）争端解决中正式对欧盟的 RED II 提出了投诉。[②] 2021 年
1 月 15 日，马来西亚公布了其针对欧盟及部分欧盟成员国涉及棕榈油及棕榈
油基生物燃料政策措施的贸易争端磋商请求。这是 2019 年 12 月印度尼西亚将
欧盟告上世贸组织之后，第二起涉及棕榈油及其产品的贸易争端案件。[③]

除了以上国家行动外，棕榈油生产国理事会（Council of Palm Oil
Producing Countries，下文简称 CPOPC）也在 RED II 进行修订以及通过关于证
明低 ILUC 风险生物燃料和更新高 ILUC 风险原料清单的规则的最后期限即将
到来之前，于 6 月 24 日发表了声明。声明称，使用 ILUC 作为政策工具从一开
始就充满了问题和偏见，这与棕榈油企业的实际商业模式和运营实践不一致。
此外，ILUC 是不确定的，它依赖于一些无法通过经验测试和证明的假设。基
于此，CPOPC 呼吁欧盟采取非歧视性生物燃料政策应对气候变化。[④]

---

① 这是因为只要对耕地的总需求增长（为获得食物），将更多的土地用于为获得生
物燃料的作物生产将导致直接和间接的土地利用变化，这种情况最可能发生在热带国家，
那里的原料生产条件最优越。在这些情况下，用棕榈油、大豆和玉米生产的生物燃料最容
易造成温室气体的负平衡状态。

② Request for Consultations by Indonesia, European Union - Certain Measures Concerning
Palm Oil and Oil Palm Crop-Based Biofuels, WT/DS593/1, G/L/1348, G/TBT/D/52, G/SCM/
D128/1（16 Dec. 2019）.

③ 参见 WTO ｜ 2021 News items - Malaysia initiates WTO dispute complaint against EU
palm oil measures, https：//www. wto. org/english/news_e/news21_e/ds600rfc_19jan21_e. htm
（Last visit on April 11, 2022）。

④ 参见 Cpopc Calls On Eu To Adopt Non-Discriminatory Biofuels Policy To Fight Climate
Change - Cpopc, Council of Palm Oil Producing Countries, https：//www. cpopc. org/cpopc-calls-
on-eu-to-adopt-non-discriminatory-biofuels-policy-to-fight-climate-change/（Last visit on April 11,
2022）。

（三）新加坡 THPA 的双重影响

新加坡将《跨境烟霾污染法案》（下文简称 THPA）基于效果原则管辖印度尼西亚危害环境的行为人和行为。该法案明确授予国家环境局调查和起诉涉及雾霾污染的违规的公司，只要雾霾污染蔓延到新加坡，国环境局就有权追究在印度尼西亚的公司的责任。印度尼西亚批评新加坡通过该法规定不正当地侵犯了印度尼西亚的主权，① 至威胁要审查和终止印度尼西亚和新加坡之间的国际合作。② 然而印度尼西亚在执法方面也受到了 THPA 的影响。2016 年，印尼种植园萨朴纳农业公司（Sampoerna Agro）旗下的子公司被雅加达法院罚款 1.07 万亿印尼盾（合 8162 万美元），这是与印尼森林火灾有关的最大罚款。印尼法院呼应了 THPA，采用了严格责任法，认定该公司无论是否存在疏忽均对其特许经营中发生的火灾负有责任。③ 与之同时，THPA 在其他东南亚国家也造成了影响。例如马来西亚首席大法官 Tun Arifin Zakaria 在 2017 年法律年开幕典礼上发表讲话时表示，他希望修改马来西亚联邦宪法，将享有清洁环境的权利添加到马来西亚人受到宪法明确保障的自由中。④

第四节　反海外贿赂

一、跨国立法的必要性

（一）跨国贿赂的国际影响

跨国贿赂指一国的公司通过公司代表人、公司雇员、海外的子公司或者第

---

① 参见 Singapore Cannot Enter Indonesia's Legal Domain on Forest Fire Issues：Forestry Minister - MINA News Agency，https：//en. minanews. net/singapore-cannot-enter-indonesias-legal-domain-on-forest-fire-issues-forestry-minister/（Last visit on April 11，2022）。

② 参见 Indonesia reviewing haze-linked collaborations with Singapore，says minister：Report，The Straits Times，https：//www. straitstimes. com/asia/se-asia/indonesia-reviewing-haze-linked-collaborations-with-singapore-says-minister-report（Last visit on April 11，2022）。

③ 参见 Mahdev Mohan，"A Domestic Solution for Transboundary Harm：Singapore's Haze Pollution Law"，（2017）2 BHRJ 325，332。

④ 参见 Chief Justice moots making clean environment a stated right | Malaysia | Malay Mail Available at https：//www. malaymail. com/news/malaysia/2017/01/13/chief-justice-moots-making-clean-environment-a-stated-right/1292029（Last visit on April 11，2022）。

三方代理机构，向外国公职人员实施贿赂，以谋求商业利益的行为。跨国贿赂腐蚀外国政府机关，损害经济发展，破坏世界民主秩序，并影响国际关系的良好发展。① 从道德层面看，跨国贿赂与公众的道德期望和价值相冲突；从商业角度看，侵蚀公众对自由市场体系诚信的信心，导致劣币驱逐良币；从风险上看，海外贿赂行为将对国内公司的形象造成损害，并可能引起高额诉讼、合同被取消和海外资产被没收的风险；在外交上，公司贿赂也给国家造成了难题，降低了国家的国际声誉。②

腐败行为的特点是"向底层进发"（race to bottom），即涌向那些对腐败规制最宽松、透明度和问责程度最低的法域。如果一国的管辖权被严格限定在其领土内，那么对跨国贿赂的打击将是十分有限。③ 跨国公司通过在海外行贿规避纯粹的国内反腐败法律。④ 由于各国对贿赂的定义和惩治力度不同，公司可以在惩治力度低的国家设立子公司或者寻求代理人，从而规避本国的惩罚。而当一个国家单方面坚定地执行禁止行贿外国公职人员的法规时，那个国家的公司在国际市场上可能处于不利地位，造成劣币驱逐良币的现象。⑤ 伴随全球化发展，贿赂行为将形成"全球性的恶果"（Global bad）。⑥

（二）缺乏有效的国际合作机制

禁止国际性贿赂需要集体行动，这一点仅凭国内立法难以解决。为了解决国际贿赂中长期存在的结构性问题，出现了两种解决思路，一种是在国际层面加强合作，督促其他国家加强反贿赂执法，另一种侧重于国内单边规制，扩大

---

① 参见 Philip M. Nichols，"Are Extraterritorial Restrictions on Bribery a Viable and Desirable International Policy Goal under the Global Conditions of the Late Twentieth Century"，(1999) 20 Michigan Journal of International Law 465-471。

② 参见 1977 Legislative History - House Report. https：//www. justice. gov/sites/default/files/criminal-fraud/legacy/2010/04/11/houseprt-95-640. pdf。

③ 参见 Kanan Aliyev，"The Role of OECD Convention on Combating Bribery of Foreign Public Officials in International Business Transactions in the Fight against Corporate Bribery in International Business Transactions"，(2018) 4 Baku State University Law Review 262。

④ 参见 V. N. Balasubramanyam, M. Salisu & David Sapsford，"Foreign Direct Investment and Growth in EP and IS Countries"，(1996) 106 Econ. J. 92, 98。

⑤ 参见 Evan P. Lestelle，"The Foreign Corrupt Practices Act, International Norms of Foreign Public Bribery, and Extraterritorial Jurisdiction"，(2008) 83 Tulane Law Review 546-547。

⑥ 参见 Rachel Brewster，"Stepping Stone or Stumbling Block: Incrementalism and National Climate Change Legislation"，(2010) 28 Yale L. & Pol'y Rev. 304。

本国反贿赂法的适用范围。①

作为打击跨国贿赂的手段，国际合作存在着固有的问题。一方面，国际层面缺乏有效的执行手段；另一方面，国际层面不允许国家监督其他国家的主权行为，同时国家政府内部信息不对外国公开。由于缺乏监管和信息领域的国际合作，国家间很难识别所有不合规的现象。② 国际组织的工作组的执法模式仅限于对相关成员国进行批评。期望各成员国对公约以同样水平遵守国际公约并不现实。③ 因此，域外管辖成为了必要的治理途径。

（三）受贿国家无力整治

有的国家缺乏积极监督腐败和执行刑事禁令的能力，无法自行遏制腐败。④ 有学者认为，让东道国自行处理公共腐败问题是不现实的，因为有的经济体已经被腐败所扭曲的社会和市场效应严重影响。⑤ 贿赂行为经常腐蚀那些负责监督此类行为的政府机构，期望东道国在资本输出国不监督其公司、雇员和代理人的情况下有效处理腐败问题不切实际。⑥ 即使国家有能力执行反腐败法律，它们也可能缺乏意愿，因为在一些国家，公共部门对贿赂的需求强烈。⑦ 对于那些凌驾于法律之上的人来说，如果不增加对犯罪或腐败行为的制裁力度，就不会改变他们从事犯罪或腐败行为的倾向。⑧ 有的国家出现系统性

---

① 参见 William Maguson, "International Corporate Bribery and Unilateral Enforcement", (2013) 51 Columbia Journal of Transnational Law 374。

② 参见 William Maguson, "International Corporate Bribery and Unilateral Enforcement", (2013) 51 Columbia Journal of Transnational Law 375。

③ 参见 Kanan Aliyev, "The Role of OECD Convention on Combating Bribery of Foreign Public Officials in International Business Transactions in the Fight against Corporate Bribery in International Business Transactions", (2018) 4 Baku State University Law Review 272。

④ 参见 Rob Jenkins & Anne-Marie Goetz, "Constraints on Civil Society's Capacity to Curb Corruption: Lessons. from the Indian Experience" (1999) 30 Ids Bull. 39。

⑤ 参见 Bill Shaw, "The Foreign-Corrupt Practices Act and Progeny: Morally Unassailable", (2000) 33 Cornell Int'l L. J. 691。

⑥ 参见 Philip M. Nichols, "Regulating Transnational Bribery in Times of Globalization and Fragmentation", (1999) 24 Yale J. Int'l L. 257, 279。

⑦ 参见 Norman D. Bishara, Governance and Corruption Constraints in the Middle East: Overcoming the Business Ethics Glass Ceiling, (2011) 48 Am. Bus. L. J. 251- 53。

⑧ 参见 Francesca R. Jensenius & Abby K. Wood, "Caught in the Act but Not Punished: One Elite Rule of Law and Deterrence", (2016) 4 Penn St. J. L. & Int'l Aff. 687。

腐败，国家本身无力遏制这些腐败行为，只有通过域外的管辖，才可以治理其本国的腐败。①

（四）囚徒困境

国家禁止国际性贿赂也会影响本国企业的商业竞争。如果一国禁止其公民行贿外国官员，该国管辖范围外的其他公司可以继续行贿以换取政府采购合同。这将使得该国企业一定时期内处于竞争劣势，且无法达到消除国际性贿赂的目标。② 因此，在其他国家不对海外贿赂行为进行的规制的情况下，一国的决策者出于保护本国利益，也不会贸然决定打击海外贿赂。③ 比如，美国公司曾表示强烈抗议，认为其他发达国家缺乏反腐法律的执行，使他们处于不利地位。④

美国《反海外腐败法》（FCPA）颁布后的前20年，执行数量非常有限。美国国内商业社会的反对声较大，认为FCPA将美国企业置于国际竞争上的不利地位，无法与其他国家的企业竞争，尤其那些来自不认为商业贿赂是犯罪的国家。因此美国国内缺乏执行FCPA的政治意愿，学界将FCPA称为"沉睡的法"。⑤ 美国70年代的FCPA设立的初衷完全在于规制美国的本土企业，而忽略了全球化的大浪潮和国内企业对于严苛管辖下的不满情绪。1988年，对FCPA噤若寒蝉的公司开始寻求海外机会，并不断对国会进行游说。这时，美国国会发现，单方面的反海外腐败会导致美国本土企业在国际市场中处于劣势地位。里根总统任期内委任美国审计总署出具的一份关于FCPA的报告指出，55%以上的公司认为遵守法案所付出的代价超过了所得到的好处，超过30%的受访企业认为反贿赂条款是导致美国公司失去海外业务的原

---

① 参见 Kevin E. Davis et al. , "Transnational Anticorruption Law in Action: Cases from Argentina and Brazil", (2015) 40 L. & Soc. Inquiry 668。

② 参见 David A. Gantz, "Globalizing Sanctions Against Foreign Bribery: The Emergence of a New International Legal Consensus", (1998) 18 Northwestern Journal of International Law &Business 461。

③ 参见 William Maguson, "International Corporate Bribery and Unilateral Enforcement", (2013) 51 Columbia Journal of Transnational Law 373-374。

④ 参见 Maya Steinitz & Paul Gowder, "Transnational Litigation as a Prisoner's Dilemma", (2016) 94 N. C. L. REv. 790。

⑤ 参见袁剑瑜：《美国反海外腐败法的域外管辖问题研究》，华东政法大学2020年硕士学位论文，第3~4页。

因之一。①

如果只有本国公民或企业被禁止行贿外国公职人员，而外国公司的行贿行为不受制裁，达不到治理国际性贿赂的效果。如果外国公司也受反国际贿赂法规约束，其行贿外国公职人员的行为也将遭受惩处，它们就在一定程度上和本国企业处于相同的竞争地位。此时，外国公司就可能会选择减少行贿以规避损失。在这种模式下，一国政府可以提供对国际贿赂犯罪的单方面公共监管，而无须进行多边合作，以单边规制起到代替多方国际合作的效果。② 事实上，经合组织《反贿赂公约》的明确目的之一是"确保公司在国际贿赂方面面临基本相似的规则和惩罚，无论它们自己的来源国是什么，而且通过联合努力形成的法律网络将缓解有效的执法和法律互助"。③ 为了实现这些目的，该条约也明确鼓励各国对外国贿赂主张广泛的管辖权。④

（五）反对与质疑

虽然反海外贿赂有其必要性，但是也存在一些质疑。贿赂行为不会威胁到人类生存的"根本原则"。对待贿赂行为，各国文化都有不同的认识，而这应当属于各国的"道德自由"范畴，国内法不应对发生在外国的贿赂行为横加干涉。⑤ 通过国内立法对海外贿赂进行域外管辖，将本国对贿赂的认识强加给其他国家，是道德帝国主义的表现。⑥

不过，这种观点也受到质疑。贿赂行为是一种为全世界各个民族所唾弃的罪行。不论对贿赂的宽容度如何，基本上各个国家都将贿赂行为视为不道德行

---

① 参见 United States Securities and Exchange Commission，SEC Report on Questionable and Illegal Corporate Payment and Practice。

② 参见 William Maguson，"International Corporate Bribery and Unilateral Enforcement"，（2013）51 Columbia Journal of Transnational Law 376。

③ H. Lowell Brown，"Extraterritorial Jurisdiction Under the 1998 Amendments to the Foreign Corrupt Practices Act：Does the Government's Reach Now Exceed Its Grasp？"（2001）26 N. C. J. Int'l L. & Com. Reg. 266-267.

④ 参见 OECD Anti-Bribery Convention，art. 4。

⑤ 参见 Steven R. Salbu，"Bribery in the Global Market：A Critical Analysis of the Foreign Corrupt Practices Act"，（1997）54（1）Washington and Lee Law Review 275-276。

⑥ 参见 Elizabeth Spahn，"International Bribery：The Moral Imperialism Critiques"，（2009）18 Minnesota Journal of International Law 163。

为，甚至犯罪。① 为了维护世界金融体系以及本国的合法利益，弥补打击跨国贿赂罪行的漏洞，与其将对贿赂的域外管辖视为"道德帝国主义"的工具，不如将之视作改变国际上贿赂横行局面的"催化剂"。②

二、域外管辖的国际法原则

(一) 属地管辖

属地管辖原则是反贿赂立法域外适用的基础。《关于打击国际商业交易中行贿外国公职人员行为的公约》（Convention on Combating Bribery of Foreign Public Officials in International Business Transactions，简称《OECD 反贿赂公约》）第 4 条规定，缔约方应采取必要措施，对全部或部分在其领土内发生的行贿外国公职人员的犯罪行为确立管辖权。③当行为链条中的一环在国内发生时，国家可以对其他未在国内发生的相关行为进行域外管辖，属于对属地主义的拓展。④《欧洲反腐败刑法公约》（Criminal Law Convention on Corruption）第 17 条也规定，当罪行全部或部分地发生在其领土内时，缔约国应当立法对此取得管辖权。⑤

(二) 属人原则

《联合国反腐败公约》第 42 条第 2 二款规定：如果犯罪系由该缔约国国民或者在其领域内有惯常居所的无国籍人实施，缔约国可以对此种犯罪确立其管辖权。⑥《OECD 反贿赂公约》第 4 条规定：有权对其国民在境外的犯罪行为进行起诉的每一缔约方，应依照相同原则，采取必要措施，设定对行贿外国

---

① 参见 Daniel Patrick Ashe，"The Lengthening Anti-Bribery Lasso of the United States"，(2005) 73 Fordham Law Review 2939-2940。

② 参见 Daniel Patrick Ashe，"The Lengthening Anti-Bribery Lasso of the United States"，(2005) 73 Fordham Law Review 2919。

③ 参见 Convention on Combating Bribery of Foreign Public Officials in International Business Transactions，art. 4 (1)。

④ 参见马倩：《跨国公司商业贿赂的管辖权问题研究》，苏州大学 2012 年硕士学位论文，第 15 页。

⑤ 参见 European Criminal Law Convention on Corruption- No. 173，art. 17 (1) (a)。

⑥ 参见《联合国反腐败公约》第 42 条。

公职人员起诉的权利。① 《欧洲反腐败刑法公约》第 17 条规定：当犯罪行为人是本国国民、国家官员或国内议会成员时，缔约方应当采取措施，对此类案件取得管辖权。② 根据《美洲国家反腐败公约》（Inter-American Convention Against Corruption）第 4 条，各缔约国可以对《公约》所涵盖的、由其国民或惯常居住在其境内的人实施的犯罪行为确立管辖权。③

属人原则在反腐败领域呈扩大化趋势。当跨国公司的母公司与其子公司之间的资产关联程度足以影响到子公司的独立法律人格和独立承担相应责任的能力时，可能将母公司和子公司各自具有的独立法律人格抛到一边，将两者视为单一的经济体，将一国法律适用到其境外的母公司或子公司。美国经常适用经济单一体原则对跨国公司行使管辖权。④ 国际法协会在 1972 年的纽约大会上，确立了行为归属理论，认为如果国内子公司的行为是由于国外母公司的指示而进行的，或者说在前者的行为是归属于后者的情况下，可以承认受害国有域外管辖权。⑤

（三）效果原则

1977 年美国司法部发布的《反垄断法国际实施指南》中明确规定，一旦外国交易对美国商业发生了实质性的可预见的后果，不问其发生在什么地方，均受美国法律管辖。⑥ 美国 1977 年《反海外腐败法》（FCPA）经过 1998 年的修改，采用了效果原则确定对涉外腐败犯罪的管辖权。它规定对在美国领域外发生的腐败犯罪，只要能够预见并对美国的商业利益产生实质性影响，即使非美国人或公司所为，美国法院也有管辖权。⑦ 非洲联盟的《预防和打击腐败公

---

① 参见 Convention on Combating Bribery of Foreign Public Officials in International Business Transactions, art. 4 （2）。

② 参见 European Criminal Law Convention on Corruption- No. 173, art. 17 （1）（b）（c）。

③ 参见 Inter-American Convention Against Corruption, art. 5 （2）。

④ 参见关晓卉：《美国〈反海外腐败法〉的域外效力及对中国的启示》，复旦大学 2009 年硕士学位论文，第 23 页。

⑤ 参见王新生：《试论反垄断法域外适用的效果原则》，载《长沙电力学院学报（社科版）》2002 年第 4 期，第 30 页。

⑥ 参见王晓晔：《效果原则——美国反垄断法的域外适用》，载《国际贸易》2002 第 1 期，第 43 页。

⑦ 参见 H. Lowell Brown, "Extraterritorial Jurisdiction under the 1998 Amendments to the Foreign Corrupt Practices Act", （2001）26 North Carolina Journal of International Law and Commercial Regulation 334。

约》第 13 条在规定了属地和属人原则的同时也规定"虽然罪行发生在该国管辖范围以外，但是该国认定此罪行的重大利益、危害、损害结果或后果影响到该缔约国……本国享有对腐败和相关犯罪的管辖权"。①

三、各国立法实践

（一）美国

美国《反海外贿赂行为法》（FCPA）目的是规制美国企业和个人的海外行贿行为。1998 年修订后管辖范围进一步扩大，管辖主体拓展至除美国人以外的一切外国主体。FCPA 仅规制行贿，对受贿并不处罚。

FCPA 管制的行贿者包括三类。第一类是根据美国 1934 年《证券交易法》在美国证券交易所注册的所有企业，② 除了美国本国企业外，还包括大量外国公司。FCPA 借此将其管辖权拓展至域外主体。任何在美国上市的公司，或其管理人员、董事、职员或代理人或代表该公司行事的股东的任何美国人，如果在美国境外提供、支付、承诺支付或授权第三方支付或提供金钱或任何有价值的事物给予外国官员、政党、党务工作者或者任何外国政府职位候选人，以图达到行贿目的，都是违法行为。③ 行贿目的包括利用外国官员的身份影响决定、促使官员违反法定义务作为或不作为、获取不正当利益、诱导外国官员利用影响力影响行为或决定。

第二类是以上公司之外的任何"国内相关主体"，包括其管理人员、董事、职员、代理人或代表该国内业务行事的股东。④ "国内相关主体"包括美国公民、国民或居民，以及任何主要营业地点在美国，或根据美国法律组成的公司、合伙公司、团体组织、股份公司、商业信托、非法人组织或个人独资企业。⑤ 任何美国人在美国境外行贿，都是违法行为。⑥

第三类是所有其他外国主体在美国境内的行为。和第一、二类主体相比，

---

① 转引自程宝库：《商业贿赂——全球治理的立法与实践》，法律出版社 2006 年版，第 344 页。

② 参见 15 USC § 78dd-1（a），78l。

③ 参见 15 USC § 78dd-1（g）（1）。

④ 参见 15 USC § 78dd-2（a）。

⑤ 参见 15 USC § 78dd-2（h）（1）。

⑥ 参见 15 USC § 78dd-2（i）（1）。

第三类主体和美国没有任何属人联系，因此在管辖范围上添加了属地要求，也就是此类主体的行贿行为需要发生在美国境内才受到 FCTA 的管控。①

（二）英国

英国 2010 年《反贿赂法》（UKBA）是英国第一部较为系统地规制贿赂的立法，国内贿赂和海外贿赂罪行都被规定在 UKBA 中。其第一条和第二条分别规定了行贿罪和受贿罪。第 6 条规定了贿赂外国官员罪，禁止向包括国际组织官员在内的外国公职人员行贿。第 7 条为商业组织预防贿赂失职罪，要求商业组织自行确保包括其雇员、分支机构在内的关联人不得对他人行贿。UKBA 对行贿罪、受贿罪及贿赂外国官员罪，确立了以属地主义为基础、属人原则为补充的管辖制度，而对商业组织预防贿赂失职罪设置了十分宽泛的类似于普遍管辖的制度。

UKBA 第 12 条规定了贿赂犯罪的国内管辖权和域外管辖权。英国对贿赂犯罪的域外管辖以拓展的属地主义为基础。第 1 条规定的行贿罪、第 2 条规定的受贿罪及第 6 条所规定的贿赂外国官员罪，只要行为的任何一部分以作为或不作为的方式发生在英格兰、威尔士、苏格兰或北爱尔兰境内，即可认为整个行为发生在英国的上述地区内，英国从而获得管辖权。②

根据该法第 12 条第 2、3 款的规定，对于发生在英国境外的贿赂行为，如果行为人在实施行为时"与英国有密切联系"，并且相同行为假如发生在英国境内也可构成普通行贿罪、受贿罪和贿赂外国官员罪，则可针对该罪在英国任何地方提起诉讼。而这里所指的"与英国有密切联系"是指该行为人与英国有一定的属人联系，包括行为人是英国公民，英国海外属地的公民，英国海外公民，根据《1981 年英国国籍法》受英国管辖的人，根据《1981 年英国国籍法》受到英国保护的人，通常居住在英国的居民，英国法律规定的法人，苏格兰的合伙企业。③

对第 7 条所规定的商业组织预防贿赂失职罪，UKBA 突破了传统的属人和属地管辖原则，规定了较为普遍的管辖权。按照该条规定，如果发生了第 7 条所规定的犯罪，无须考虑构成该罪的作为或者不作为是在英国境内还是在其他

---

① 参见 15 USC § 78dd-3 (a) (1)。

② 参见 UK Bribery Act 2010, art. 12 (1)。

③ 参见 UK Bribery Act 2010, art. 12 (2) (3)。

任何地方实施。即使第 7 条中犯罪的作为或者不作为的行为发生在英国境外，但针对该罪的诉讼可以在英国任何地方提起。① 不过，这里的"相关商业组织"，与英国有着或多或少的属人或属地联系。根据 UKBA，这种商业组织包括：（a）根据英国任何地区的法律设立和开展商业业务的组织（无论其业务地点在何处）；（b）在英国任何地区内开展业务或者部分业务的任何其他法人（无论在何处设立）；（c）根据英国任何地区的法律设立和开展商业活动的合伙企业（无论地点在何处）；或者（d）在英国任何地区内开展商业活动或者部分商业活动的任何其他合伙企业（无论在何处设立）。② 因此，英国对商业组织预防犯罪失职罪并未采取传统的普遍管辖。

（三）加拿大

加拿大 1998 年《反贿赂外国公共官员法》（Corruption of Foreign Public Officials Act，以下简称 CFPOA）禁止贿赂外国官员的行为。第 5 条规定了在境外实施贿赂的管辖问题。如果满足该条在主体和客体方面的要求，加拿大将对此域外罪行拥有管辖权。

首先，行为人须满足如下主体条件：（a）加拿大公民；（b）《移民和难民保护法》第 2（1）条中定义的永久居民，并且在该行为或不行为发生后，仍在加拿大境内；或（c）根据加拿大联邦或某省的法律成立、组建或以其他方式组织的公共机构、公司、社团、事务所或合伙企业。其次，客体条件是在加拿大境外实施的贿赂外国公共官员罪行，或阴谋实施、企图实施与贿赂外国公共官员有关的事后行为或为其提供咨询。③ 对该行为人在境外的贿赂罪行，可以在加拿大任何地方提起诉讼，如同该罪行是在该地区犯下的一样。④ 可见，加拿大反海外贿赂域外管辖遵循的是属人原则。

在未出台 FCPOA 之前，加拿大并没有成文法来规定贿赂罪行的域外管辖。但加拿大依靠判例法确定了"实质性联系"要求。在"利布曼案"（R. v. Libman）案，加拿大最高法院认为，被告在加拿大境外获得了收益，但将资金汇入加拿大决定了加拿大拥有审判被告的管辖权，因为这些罪行与加拿大有

---

① 参见 UK Bribery Act 2010, art. 12（5）（6）。
② 参见 UK Bribery Act 2010, art. 7（5）。
③ 参见 Corruption of Foreign Public Officials Act, art. 5（1）。
④ 参见 Corruption of Foreign Public Officials Act, art. 5（2）。

真正的实质性联系。换言之，构成犯罪的活动有很大一部分发生在加拿大。①
在后来的"卡里加尔案"（R. v. Karigar），法院援引了"利布曼案"所确立
的规则，认为使一项罪行受加拿大法院管辖的必要条件是，构成该罪行的活动有
很大一部分发生在加拿大，即犯罪与加拿大之间有"真实和实质性的联系"。②

（四）德国

德国 2019 年新修订的《刑法典》根据 1998 年 9 月 10 日通过的《国际贿赂
防治法》和《欧洲联盟贿赂法》，将对贿赂的管辖权扩展至外国或国际组织的法
官、公务员及军人。总的来说，德国《刑法典》对本国官员的贿赂罪行、欧洲
官员的贿赂罪行以及其他外国或国际组织官员的贿赂罪行都拥有域外管辖权。值
得一提的是，德国《刑法典》的域外管辖条款不仅打击行贿，也打击受贿。

根据《刑法典》第 5 条，在国外实施的与国内有特殊联系的犯罪行为，
都适用德国刑法。根据其中第 18 项，对于第 108e 条所规定的向民选官员行贿
及民选官员受贿罪，如果犯罪人在犯罪时是德国议会议员或德国国民，或犯罪
行为是针对德国议会议员或犯罪时为德国国民的人实施的，那么，该罪行适用
《刑法典》规制。③ 第 108e 条中所规定的"民选官员"，包括了欧洲议会官
员、国际组织权力机关官员以及外国立法机构官员。④ 由此可见，只要这些人
与德国有着属人联系，德国《刑法典》就可以对之适用。

《刑法典》第 30 章公职犯罪一章，对欧洲公共官员、欧盟法院法官或仲
裁员等外国主体的受贿作出了规定。与前述规定相对应，这里所规制的主体与
德国没有属人联系。公职人员、欧洲官员或被赋予特殊公共服务职能的人，以
及法官、欧盟法院成员或仲裁员，不得为自己或第三方的利益而接受好处，否
则将被判处相应的刑罚。⑤ 公职人员、欧洲官员或被赋予特殊公共服务职能的
人，以及法官、欧盟法院成员或仲裁员，不得为自己或第三方的利益而索贿、

---

① 参见 R. v. Libman (1985), 62 N. R. 161 (SCC)。

② R. v. Karigar, 2017 ONCA 576.

③ 参见 German Criminal Code. Section 108e "Taking of bribes by and giving of bribes to
elected officials"。

④ 参见 German Criminal Code. Section 5 "Offences committed abroad with specific
domestic connection"。

⑤ 参见 German Criminal Code. Section 331 "Accepting benefits"。

受贿，并因此违反或将违反其官方职责，否则将被判处相应的刑罚。①

四、反海外贿赂法的执行

对海外贿赂域外执法的状况，大致可以分为积极执法、中等执法和限制执法三种类型。其中，积极执法包括德国、意大利、韩国和美国等国；中等执法包括澳大利亚、加拿大、法国、日本和英国等国；限制执法包括阿根廷、巴西、墨西哥等国。②

（一）美国

1. 概述

自从美国通过《反海外腐败法》以来，美国对海外贿赂的起诉非常积极。③ 2010 年 10 月的经合组织第三阶段评估报告显示，美国一直以来都在大力执行《反海外贿赂法》，美国的案件起诉率稳步上升，超过 15 名个人被指控并被判处 3 至 15 年的监禁。在 38 个案件中，对公司的刑事罚款从 32000 美元到 2.188 亿美元不等。④ 在 2010 至 2012 两年中，美国证券交易委员会在 33 起诉讼中追回了近 3.4 亿美元，而司法部的诉讼在 31 起案件中导致了近 7.5 亿美元的处罚。在目前的法规结构下，如果执法需要在外国获取信息，时效可原时效基础上延长三年。因此，由于大多数 FCPA 案件将涉及一些外国证据，有效时效超过五年。自第三阶段审查以来，美国一直在大力追究违反 FCPA 会计条款的行为，美国国税局的刑事调查特工也协助进行了几起涉及违反 FCPA 的刑事调查。⑤ 美国不但将海外贿赂行为定为犯罪予以惩罚，并积极追回支付的贿赂款。⑥

---

① 参见 German Criminal Code. Section 332 "Taking bribes"。

② 参见 Heidi Frostestad Kuehl, "The Fight Song of International Anti-Bribery Norms and Enforcement", (2019) 40 (2) University of Pennsylvania Journal of International Law 479。

③ 参见 generally Rachel Brewster, "Enforcing the FCPA: International Resonance and Domestic Strategy", (2017) 103 Va. L. Rev. 1161。

④ 参见 generally OECD, United States: Follow-Up To The Phase 3 Report Recommendations (Dec. 20, 2012)。

⑤ 参见 OECD, United States: Follow-Up To The Phase 3 Report Recommendations (Dec. 20, 2012) 3, 5, 6, 15-18。

⑥ 参见 Jim Zarroli, Trump Used To Disparage An Anti-Bribery Law: Will He Enforce It Now?, NPR (Nov. 8, 2017), https://www.npr.org/2017/11/08/561059555/trump-used-to-disparage-an-antibribery-law-will-he-enforce-it-now [https://perma.cc/NKK8-CA2P]。

2. 过度执法倾向

美国通过条文扩张解释，极大扩展 FCPA 域外适用范围。而公司一旦被认定存在违反 FCPA 的行为，将付出惨痛的代价，被判处高额的罚金。除缴纳民事刑事罚款之外，各公司往往还需要在认罪协议、暂缓起诉协议中承诺，持续配合美国政府的后续调查和针对个人的起诉。[①]

在 2010 年前后，美国司法部和美国证券交易委员会作出了数十亿美元的合并处罚。据统计，在所有海外贿赂案件中，美国提起的诉讼超过 75%。[②] 司法部于 2007 年 2 月宣布，英国石油和天然气设备公司维科（Vetco）的三家英国全资子公司对违反和共谋违反 FCPA 条款的行为认罪。提交给美国得克萨斯州南部地区法院的指控文件以该子公司在美国的雇员参与了贿赂计划这一事实作为管辖权的前提。[③] 2007 年 6 月，司法部宣布，法国公民克里斯蒂安-萨普西恩（Christian Sapsizian）承认违反了 FCPA，参与了向哥斯达黎加政府官员支付 250 多万美元的贿赂，帮助其雇主阿尔卡特公司从哥斯达黎加国有电信部门竞标一份电信合同。萨普西恩面临最高 10 年的监禁，以及超过 75 万美元的罚款和没收。司法部对萨普西恩的同僚和共谋者、哥斯达黎加公民埃德加-巴尔韦德-阿科斯塔提起另一指控。萨普西恩和阿科斯塔案件的管辖权是以非法付款的收益通过美国金融系统这一事实为前提的。[④]

2001 年，美国公司贝克休斯公司（Baker Hughes Incorporated）因向印度尼西亚税务官员支付不当款项而被提起 FCPA 诉讼。美国证券交易委员会和司法部联合对贝克休斯公司的审计师 KPMG-SSH（KPMG 在印度尼西亚的分支机

---

① 参见刘育峰、刘玉翠：《美国〈反海外腐败法〉的域外适用及对中国公司的启示——空客公司等天价罚款案例解析》，载《国际石油经济》2020 年第 8 期，第 35 页。

② 参见 Mousoudakis, M., Dowdle, J., Leal, S., & Searle, D., "Changing landscape of international anti-bribery and corruption compliance"（202）24 Currents：Journal of International Economic Law 43。

③ 参见 Press Release, Dep't of Justice, Three Vetco International Ltd. Subsidiaries Plead Guilty to Foreign Bribery and Agree To Pay $ 26 Million in Criminal Fines（Feb. 6, 2007），http：//www. usdoj. gov/opa/pr/2007/February/07_crm_075. html；see Judgment, United States v. Vetco Gray Controls Inc., No. 4：07-cr-00004（S. D. Tex. Feb. 6, 2007）。

④ 参见 Press Release, Dep't of Justice, Former Alcatel Executive Pleads Guilty to Participation in Payment of $ 2. 5 Million in Bribes to Senior Costa Rican Officials To Obtain a Mobile Telephone Contract（June 7, 2007），http：//www. usdoj. gov/opa/pr/2007/June/07_crm_411. html。

构）以及被指控直接参与非法活动的 KPMG-SSH 的合伙人提起诉讼。美国证券交易委员会没有指控该合伙人或该公司的任何其他人在美国境内参与非法付款；相反，美国证券交易委员会将管辖权建立在非法活动的预期"效果"将在美国发生这一事实之上。KPMG-SSH 及其合伙人同意作出判决，禁止他们进一步违反 FCPA 的规定。①

3. 司法上的克制态度

根据《OECD 反贿赂公约》，如果两个缔约国对同一非法行为拥有管辖权，双方应当进行协商，以确定哪方行使管辖权是最适当的。据此可以推断，国际社会并不希望美国单方面监管全球腐败犯罪行为，而希望国际反腐败行动基于国家的合作和协调。②

美国执法机关和法院均需根据反域外适用推定原则解释空间范围不清的美国法律。与美国执法机关扩张解释 FCPA 的做法不同，美国法院适用 FCPA 总体上遵循"合理性"原则，也就是要考虑利益平衡，所以整体比较克制。③美国法院和司法部对反腐败法域外适用的解释分歧反映在几个案例中。在 2012 年的"美国诉潘克什·帕特尔案"（United States v Pankesh Patel）案，被告从英国伦敦向美国邮寄了一个包裹，其中载有一份涉及腐败交易的采购协议的原始副本。司法部认为，根据 FCPA 第 78dd -3 条的规定，构成贿赂犯罪的行为发生在美国，美国法院就有管辖权，可以对此案适应 FCPA。司法部认为，该邮寄属于构成贿赂犯罪基础的其他行为。但是法院认为邮寄送达地点并非被告的行为。被告的行为仅包括邮寄邮件行为。只有在邮寄行为本身在美国境内发生，才能认定为构成贿赂的行为发生在美国，因此拒绝管辖。④

2015 年的"美国诉瓦西里耶夫案"（United States v Vassiliev），⑤ 被告乌

---

① 参见 Lucinda A. Low et al. , "The Foreign Corrupt Practices Act：Coping with Heightened Enforcement Risks", in Practising Law Inst. , Corporate Law And Practice Course Handbook Series 133（2007）。

② 参见陈宇：《从 Petrobras 案看美国〈反海外腐败法〉的域外管辖问题》，载《河北法学》2020 年第 5 期，第 181 页。

③ 参见陈宇：《从 Petrobras 案看美国〈反海外腐败法〉的域外管辖问题》，载《河北法学》2020 年第 5 期，第 179~180 页。

④ 参见 United States V. Pankesh Patel, Court Docket Number：09-CR-338-RJL。

⑤ 参见 The DOJ Gets Benchslapped In Foreign Bribery Case, fcpaprofessor. com /the-doj-gets-benchslapped-in-foreign-bribery-case（accessed on 3 March 2022）。

克兰公民瓦西里耶夫（Vassiliev）和西多伦克（Sidorenko）在 2005—2010 年期间向联合国下属的国际民用航空组织（总部在加拿大）的官员毛里西奥·西西利亚诺（Mauricio Siciliano）行贿。该官员是委内瑞拉公民。① 司法部认为，美国政府每年向联合国国际民用航空组织捐款占总捐款的 25%，美国在该组织拥有国家利益，属于《美国诚实服务法》项下的联邦项目。涉案三人谋划过程中至少有 33 份电子邮件通过了位于美国的谷歌服务器进行传递，因此贿赂相关行为发生在美国境内。上述三人的行为违反了《美国诚实服务法》和 FCPA，因此美国政府具有刑事管辖权。② 但是法官认为该案与美国的联系过于微弱。仅仅利用美国服务器传递信息，并不代表行为本身发生在美国。本案在本质上是一个违反加拿大法律的案件，认为起诉行为不符合美国的外交政策。

2018 年的"美国诉霍斯金斯案"（U. S. v. Hoskins），美国第二巡回法院认为不应扩大 FCPA 对外国公民的域外适用范围。针对非居民的外国国民，不是美国发行人或国内发行人的官员、董事、股东、雇员或代理人，也没有直接在美国领土内采取犯罪行动的情形，不能适用 FCPA。因此，不能将 FCPA 适用于为法国阿尔斯通公司工作的英国公民。③ 该案进一步限制了 FCPA 的适用范围。

4. 自我报告制度与和解制度

当今 FCPA 实践的一个重要措施是自我报告制度。司法部和证交会鼓励自我报告违反 FCPA 的行为；他们在确定 FCPA 事项的适当解决方案时，高度重视自我报告，以及合作和补救努力。公司主体对这些激励措施作出了积极的反应。从 2011 年到 2016 年，司法部提起 FCPA 诉讼的大多数公司都自愿报告了违反 FCPA 的行为。在以不起诉协议（NPA）解决案件的 13 家公司中，有 10 家公司自行报告了其违规行为。④

---

① 参见 United States v. Patel，No. 09 -338（D. D. C. Dec. 11，2009）。

② 参见 Mike Koehler，The FCPA 's Jurisdiction Thicket，fcpaprofessor. com /into-the-fcpas-jurisdictional-thicket（accessed on 3 March 2022）。

③ 参见 U. S. v. Hoskins，Docket No. 16-1010-cr。

④ 参见 Rachel Brewster；Christine Dryden，"Anticorruption Enforcement：Analogies between International Trade & Anti-Bribery Law"（2018）57 Virginia Journal of International Law 244。

涉案公司很少对 FCPA 域外管辖权提出异议。一般而言，涉案公司会向司法部和证交会主动报告存在违反 FCPA 的行为，与司法部和证交会达成和解协议以结束案件，极少通过诉讼挑战管辖权。① 此外，在 FCPA 执法案件中，很少有企业选择庭审。大多涉案企业选择支付相应和解金与执法机关达成和解。对于被指控的个人，也只有少数人会选择庭审。②美国目前的做法是，不通过审判而是通过各种类型的和解协议来解决大多数 FCPA 案件。司法部通过认罪协议、延期起诉协议（DPA）和不起诉协议（NPA）来解决大多数 FCPA 问题。③ 这种和解协议作为诉讼的替代性手段，对受指控的企业和个人来说未尝不是一件好事，因为这就避免了企业被卷入刑事审判，大大缩短时间的损耗，很大程度上保护了其经济利益。④

2004 年是美国 FCPA 案件数量飙升的一个节点，这也是司法部开始采用 NPA 和 DPA 来解决违反 FCPA 案件的年份。不起诉协议（NPA）和延期起诉协议（DPA）的广泛使用使得大多数 FCPA 案件通过在执法机构和有关公司和个人之间谈判达成和解协议，不再进入法院系统。美国执法机构脱离法院的监督，对 FCPA 进行宽泛解释，为扩张执法创造条件。美国执法使用 NPA 和 DPA 作为对实体和个人提出指控的替代选择之后，由于缺乏有关的判例法，执法机构借助在双方谈判中的主导地位，掌握了对 FCPA 的解释权，并制定一系列的标准来确定如何对外国国民和公司行使管辖权，这是导致 FCPA 案件快速上升了一个重要的原因。⑤ 但是执法的肆意扩大导致了案件数量的不断攀升。因此，NPA 和 DPA 成为了"事实上的判例法"（de facto case law）。在没有司法限制的情况下，执法部门可能因为众多外在的因素（例如设定了较高

① 参见陈丹丹：《美国〈反海外腐败法〉域外管辖权的合理性研究》，上海交通大学 2012 年硕士学位论文，第 18~20 页。

② 参见骆凯：《FCPA 域外管辖权之批判分析》，华东政法大学 2021 年硕士学位论文，第 28 页。

③ 参见 OECD Phase3 Report On Implementing The Oecdanti-Bribery Convention In The United States 32（2010）。

④ 参见 Peter Leasure，"Combatting the Global Crime of Bribery：A Report on Canadian Foreign Official Anti-Bribery Policy"（2017）24（4）Journal of Financial Crime 506。

⑤ 参见陈宇：《从 Petrobras 案看美国〈反海外腐败法〉的域外管辖问题》，载《河北法学》2020 年第 5 期，第 177 页。

的执法目标，政府的财政依赖于罚款）肆意扩大执法，带来负面效应。①

5. 执法合作加强

在跨国反腐败领域，美国政府与其他国家联合执法已成为趋势，比如在美国 2017 年的执法案件中，80% 的和解金额都来源于跨国联合执法。② 现今FCPA 执行中最明显的趋势之一就是美国主管机关和其他国家的主管部门之间的合作不断加强，以及随之而来的多国调查数量不断上升。司法部比以往更多地接触外国司法部，与其分享证据并获取证人。欧盟成员国，包括德国和英国，在一些重大腐败案件的法律执行中与美国合作。③ 如"蒂尔达公司案"（Tilda Company AB）中，美国执法机构收到了来自荷兰、挪威、瑞典、拉脱维亚等国司执法机构提供的司法协助。而在 2006 年，西门子公司就在其阿拉伯联合酋长国、印度尼西亚、苏丹等多国其贿赂行为分别与美国司法部和德国检察机关达成和解协议。④

（二）中度执法国家

虽然英国有适用范围最广、最严格的反贿赂法，但是英国执法很长时间并非十分积极，仅在近几年执法情况有所好转。英国也建立了一些有利法律执行的制度。根据英国 1998 年的《公共利益披露法》（PIDA），英国加大力度保护举报人，特别是披露公司包括外国贿赂在内的不当行为的雇员。

法国自 2000 年成为《OECD 反腐败公约》的缔约国以来，仅启动了 33 项诉讼，并作出了 5 项定罪。法国对被《公约》其他缔约国制裁的公司缺乏相应的回应，而且为反腐败调查提供的资源有限。⑤

日本也没有充分重视域外反腐败法的实施，主要因为缺乏侦查、调查和起诉外国贿赂案件的资源。日本未建立任何没收外国贿赂所得的机构，也没有将贿赂作为洗钱的前提罪行。经济产业省在执行外国贿赂法方面发挥着举足轻重

---

① 参见骆凯：《FCPA 域外管辖权之批判分析》，华东政法大学 2021 年硕士学位论文，第 39-40 页。

② 参见袁剑瑜：《美国反海外腐败法的域外管辖问题研究》，华东政法大学 2020 年硕士学位论文，第 55 页。

③ 参见 Michael B. Bixby, "The Lion Awakes: The Foreign Corrupt Practices Act - 1977 to 2010", (2010) 12 (1) San Diego International Law Journal 113。

④ 参见陈瑞华：《西门子的合规体系》，载《中国律师》2019 年第 6 期，第 75 页。

⑤ 参见 generally OECD, Phase 3 Report On Implementing The Oecd Antibribery Convention In France 5 (Oct. 12, 2012)。

的作用，但是他们发布的信息是模糊的或不明确的。日本也没有采取措施确保税务检查员识别和报告潜在的外国贿赂行为。日本将犯罪时效从 3 年提高到 5 年，并已采取措施，允许税务部门与执法部门和司法部门共享税务信息。① 但是效果如何还不清楚。②

（三）限制执法国家

有的国家执法并不积极。例如巴西成为经合组织《反贿赂公约》缔约国以来的 14 年中，只有 5 起反贿赂案件。在这 5 起案件中，只有 3 起正在审理，另外 2 起远未进入起诉阶段。巴西执法的一个可能的障碍是时效较短，以及缺乏对举报人的保护。巴西没有就如何正确调查外国贿赂以及如何冻结和/或没收资产对执法部门进行相关培训。对于掩盖外国贿赂的虚假会计行为的执法工作也偏弱。③

墨西哥没有对外国贿赂进行起诉或定罪的案例，也没有通过关于没收外国贿赂所得的法律。墨西哥成立了"打击腐败特别检察官办公室"，在调查外国贿赂时可以使用"特殊调查技术"，如窃听和秘密行动。但是整体看，墨西哥的法律和执法都比较薄弱。④

五、外国的反应和应对

美国作为反贿赂域外立法的发起者，自其 FCPA 通过之后，美国的域外管辖对许多国家造成了影响。一方面，多国对此进行效仿，相继制定自己的域外适用条款；另一方面，美国过于积极的域外管辖也让一些国家不堪其扰，选择切断与 FCPA 的属人联系，或出台自己国家的相关法律，限制美国的域外取证。

（一）效仿

经过近 30 年的努力，美国在反域外贿赂方面取得了一些成效。一方面，

---

① 参见 OECD, Japan：Follow-Up To The Phase 3 Report Recommendations 4（Feb. 5, 2014）。

② 参见 OECD, Phase 3 Report On Implementing The Oecd Anti-Bribery Convention In Japan 5（Dec. 16, 2011）。

③ 参见 OECD, Phase 3 Report On Implementing The Oecd Anti-Bribery Convention In Brazil 5，6，45-63（Oct. 16, 2014）。

④ 参见 OECD, Mexico：Follow-Up To The Phase 3 Report Recommendations 3，4，5（June 16, 2014）。

美国通过国际组织形成《美洲反腐败公约》《经合组织公约》《联合国反腐败公约》等一系列具有重大影响力的国际公约。另一方面，大量的欧盟国家以及 OECD 的成员国都已经采纳了 FCPA 的内核，或采取新立法的方式，或对原有的刑法典进行修改和补充，建立了自己的反域外贿赂法。

（二）退市

虽然很多国家选择追随美国制定自己的反域外贿赂法，但是美国执法部门的选择性执法和过于积极的域外管辖备受诟病。一方面，FCPA 的域外管辖和美国在清算系统和金融市场的支配地位是分不开的；另一方面，国际法实践中也未曾有一例其他国家挑战 FCPA 的管辖权的情形。受罚公司迫于美国强权的压力，不愿也无力对不合理的管辖权提出疑问。① 但是有的公司会为了减少风险，考虑从美国证券交易所退市。例如戴姆勒案中，美国政府指控德国公司戴姆勒及其三个子公司在 1998 年至 2008 年，通过现金、高尔夫俱乐部礼物、度假和奢侈跑车等价值数千万美金的物品，向 22 个国家的政府官员行贿，获得价值数亿美金的合同。戴姆勒向美国政府支付 1.85 亿美金和解费。此外，美国证交会有权决定哪位戴姆勒经理可以领导公司的一个部门，也可以派遣自己的员工前往德国，以便密切监督公司经理的工作。和解之后，该公司宣布从纽约证券交易所退市。②

在过去，需要资本注入的非美国公司对于是否在美国发行证券可能没有什么选择，因为美国市场提供了其他国家市场无法提供的资本和融资市场。但现在，很多国家已经发展了国际资本市场。如果外国公司需要规避被美国 FCPA 高额处罚的风险，可以选择不在纽约证交所上市。③ 至少有四家公司（西门子、戴姆勒、沃尔沃和 ABB）在因违反 FCPA 而被起诉后不久就从纽约证券交易所退市。④

---

① 参见袁剑瑜：《美国反海外腐败法的域外管辖问题研究》，华东政法大学 2020 年硕士学位论文，第 59 页。

② 参见陈宇：《从 Petrobras 案看美国〈反海外腐败法〉的域外管辖问题》，载《河北法学》2020 年第 5 期，第 174 页。

③ 参见 William Maguson, "International Corporate Bribery and Unilateral Enforcement", (2013) 51 (2) Columbia Journal of Transnational Law 416。

④ 参见 Thomas Gorman & William McGrath, "The New Era of FCPA Enforcement: Focus on Individuals and Calls for Reform", Sec Actions Blog (Aug. 31, 2011, 9: 00 PM), http: //www.secactions.com/? p=3570。

第五节　个人数据保护

一、域外管辖的必要性

个人数据指的是单独可以识别出特定自然人的数据或者与其他数据结合后能够识别出自然人的数据。[①]"可识别性"是各国个人数据立法中对个人数据加以界定的关键标准。[②] 基于个人数据的可识别性，对个人数据的收集、存储、分析和使用不可避免地会对特定自然人产生影响，甚至危害社会安定与国家安全。

个人数据的滥用，往往导致对自然人隐私权等人格权益以及财产权的侵害，例如个人数据泄露招致电话骚扰、身份信息冒用等。[③] 如果个人数据泄露的数量达到一定规模，还会上升为社会安全问题。[④] 例如2011年，索尼发生重大数据泄密事件，用户的姓名、电子邮箱地址、密码、信用卡号等均被曝光，牵连7700万用户，损失成本高达1.71亿美元，PSN服务关闭23天。[⑤]美国云计算公司的股票随之下跌，社会经济亦受到影响。此外，个人数据不仅是数据主体人格的外在标志，也是大数据时代重要的生产要素和数据资产，一些特定种类的个人信息还有可能涉及国家安全。[⑥] 例如，一国人口基因数据如果被境外机构窃取，用于研究该国人口特殊基因，研制生物武器，将严重威胁公众安全和国家安全。[⑦] 因此，保护个人数据具有重大意义。

---

① 参见程啸：《论大数据时代的个人数据权利》，载《中国社会科学》2018年第3期，第107页。

② 参见谢永志：《个人数据保护法立法研究》，人民法院出版社2013年版，第5~6页。

③ 参见郭瑜：《个人数据保护法研究》，北京大学出版社2012年版，第7~12页。

④ 参见齐爱民、盘佳：《数据权、数据主权的确立与大数据保护的基本原则》，载《苏州大学学报》（哲学社会科学版）2015年第1期，第66页。

⑤ 同上。

⑥ 参见孙莹主编，《个人信息保护法条文解读与适用要点》，法律出版社2021年版，第9页。

⑦ 参见李爱君：《数据权利属性与法律特征》，载《东方法学》2018年第3期，第70页。

（一）信息技术对属地管辖带来挑战

在信息化处理的语境下，个人数据的产生速度与数量大幅增加，个人数据的储存方式向虚拟化转变，个人数据的提取和分析效率提高，数据处理不当引发的不利后果远超从前。① 在全球化时代，个人数据处理活动很容易产生"涉外因素"。人员跨境活动、接受跨境服务都会使个人数据产生跨境流动，侵犯个人数据的行为愈发呈现出"跨境"的特征，美国公司谷歌被曝泄露欧盟用户个人信息即是其中典型代表。②

信息技术的发展对以属地管辖为原则的管辖模式提出了挑战。从地理意义上来说，数据的位置难以确定。③ 云计算技术的使用，使得个人信息的收集和存储具备了打破国界的天然属性。④ 网络的无国界性和个人数据流通的自由性造成了数据处理行为地和损害结果发生地的分离，由此在境外发生的个人数据处理活动也可能对境内个人数据安全产生影响。⑤ 现实中，各国互联网产业的不均衡发展也意味着一国数据很可能掌握在他国企业手中。欧盟境内数据主体的个人数据大部分为美国和中国科技公司所掌握。⑥ 在此情形下，一旦对处理本国数据主体个人数据的行为加以规制，几乎不可避免地影响到境外的数据控制者和处理者。

同时，在属地管辖的基础上，大量活跃于全球的互联网公司得以通过特定的公司架构规避法律适用。⑦ 例如在"谷歌新西兰公司案"（A v. Google New

---

① 参见郭瑜：《个人数据保护法研究》，北京大学出版社 2012 年版，第 7~12 页。

② 参见 Emily Birnbaum, "Google 'leaked' personal data to other companies, rival claims"（The Hill, 9 April 2019）〈https://thehill.com/policy/technology/459857-google-leaked-personal-data-to-other-companies-rival-claims/〉。

③ 参见 Jennifer Daskal, "The Un-Territoriality of Data",（2015）125 Yale L. J. 326, 328。

④ 参见齐爱民、王基岩：《大数据时代个人信息保护法的适用与域外效力》，载《社会科学家》2015 年第 11 期，第 103 页。

⑤ 参见孙莹主编：《个人信息保护法条文解读与适用要点》，法律出版社 2021 年版，第 9 页。

⑥ 参见 Edoardo Celeste, "Digital Sovereignty in the EU: Challenges and Future Perspectives", in Federico Fabbrini et al.（eds）Data Protection Beyond Borders: Transatlantic Perspectives on Extraterritoriality and Sovereignty（1st ed, Bloomsbury Publishing 2021）226。

⑦ 参见 Dan Jerker B Svantesson, "Extraterritoriality and targeting in EU data privacy law: the weak spot undermining the regulation",（2015）5（4）Int. Data Priv. Law 226, 229。

Zealand Ltd）中，原告对谷歌新西兰公司提起了诽谤诉讼，谷歌新西兰公司以自己并非适格被告抗辩，因为最终拥有并运作搜索引擎的是其母公司，即位于美国的谷歌公司。① 法院认为，新西兰谷歌公司或许可以影响谷歌公司，但这并不足以认定新西兰谷歌公司与发布行为之间具有足够的联系。② 此外正如新西兰谷歌公司所指出的，虽然它受到法院命令（例如删除相关检索结果）的约束，但却没有能力执行。③ 可见，个人数据保护法的域外适用亦是为了避免境外数据控制者规避法律。④

（二）国家间个人数据保护水平存在差异

个人数据保护水平与一国的法律体系、社会文化和经济发展水平紧密相连，这导致各国在立法上有显著的差异。以欧美数据保护为例。从对个人数据权利的认识来看，欧洲国家基于历史传统等原因高度重视基本人权，认为赋予自然人个人数据权旨在保护隐私权等基本人权和自由，关涉人性的尊严与人格的自由发展。⑤ 美国推崇言论自由且网络信息产业最为发达，理论界认为个人数据之所以受到保护，根本原因在于它是一种财产，即个人对他们的个人信息拥有所有权，并且如同财产的所有人那样，有权控制对其个人信息的任何使用。⑥ 在个人数据的保护模式上，欧美的做法也存在差异。欧盟强调以政府为主导通过立法实现对个人数据的保护，主张对个人数据这一基本权利提供更多的法律保护。⑦ 美国则在个人数据保护领域采用政府引导下的行业自律模式，以民间组织为主导实现对个人信息的保护，政府只在部分涉及公共事务的范围内进行立法。⑧ 在个人数据权利的内涵上欧美亦存在分歧。例如欧盟数据保护

---

① 参见 A. v. Google New Zealand Ltd［2012］NZHC 2352, para. 32。

② A. v. Google New Zealand Ltd［2012］NZHC 2352, para. 32。

③ 同上，paras. 40-46。

④ 参见 Christopher Kuner, "Data Protection Law and International Jurisdiction on the Internet (Part I)", (2010) 18 Int'l J. L. & Info. Tech. 176。

⑤ 参见 James Q. Whitman, "The Two Western Cultures of Privacy: Dignity versus Liberty", (2004) 113 Yale LJ 1151, 1165。

⑥ 参见 Jerry Kang, "Information Privacy in Cyberspace Transactions", (1998) 50 Stan L Rev 1193, 1246。

⑦ 参见 Matthew Humerick, "The Tortoise and the Hare of International Data Privacy Law: Can the United States Catch up to Rising Global Standards", (2018) 27 Cath UJL & Tech 77, 99。

⑧ 参见齐爱民：《大数据时代个人信息保护法国际比较研究》，法律出版社 2015 年版，第 162 页。

法下确立的被遗忘权，国际认同度有限。① 在此情况下，外国法往往无法为数据主体提供其本国数据保护法下同等的保护，这也促使一国主张个人数据保护域外管辖。

（三）个人数据保护国际规则的欠缺

目前关涉个人数据保护的国际规则主要包括 1980 年经济合作与发展组织（OECD）制定的《隐私保护和个人数据跨境流动指南》（2013 年修订）、1990 年联合国制定的《联合国计算机处理的个人数据文档规范指南》，和 2004 年亚太经合组织（APEC）制定的《APEC 隐私框架》。上述文件仅有软法色彩，不具有法律拘束力。② 2012 年正式启动的、以《APEC 隐私框架》为基础构建起来的《跨境隐私规则体系》（CBPR）则仅约束自愿加入的成员经济体的企业，对体系外的企业没有约束力。③ 相较于国家单边扩张法律域外效力，制定个人数据保护的国际条约是更好的协调方式。但联合国很难促成这一结果，目前只得寄希望于欧洲委员会于 1981 年通过的《个人数据自动化处理中的个人保护公约》。④ 虽然该公约致力于全球数据保护规则的统一化，积极吸收包括非欧洲委员国家加入公约，但截至目前为止，欧洲委员会国家以外的缔约国非常有限。

另一方面，双边层面的合作也呈现出"规则碎片化""理念差异化"和"谈判成本高"的特点。⑤ 以欧盟与美国两大经济体在数据保护方面的合作为例，双方仅在诸如《欧盟——美国双边司法互助协定》《旅客订座记录协定》《环球银行金融电信协会协定》等跨境数据交换协定中制定特殊的数据保护条款，条款分布呈现"碎片化"特征，且不同领域的数据保护标准各不相同。在个人数据跨境传输方面，美欧先后达成了《安全港协议》和《隐私盾协

---

① 参见 Google v. Commission Nationale de Plnformatique et des Libertis（CNIL）（Case C-507/17），para. 59。

② 参见冯硕：《网络个人信息保护国际合作的障碍与选择——以软法为路径》，载《网络法律评论》2016 年第 2 期，第 132~133 页。

③ 参见弓永钦、王健：《APEC 跨境隐私规则体系与我国的对策》，载《国际商务》2014 年第 3 期，第 30 页。

④ 参见 Ana Gascon Marcen, "The Extraterritorial Application of European Union Data Protection Law", (2019) 23 SYIL 413, 416。

⑤ 参见俞胜杰：《〈通用数据保护条例〉中的域外管辖问题研究》，华东政法大学毕业论文，2020 年，第 46~47 页。

议》，但两份协议相继被欧盟法院裁定为无效。①

综上可见多边规则多为软法且缺乏普遍约束力，双边规则存在规则碎片化、理念差异化和谈判成本高的特点。在外部规则无法对本国个人数据提供有效保护的情况下，一国只得通过法律域外适用对外推行其数据保护标准，从而实现保护国内个人数据权利的效果。

（四）保证数据领域公平竞争的需要

追求域外适用的法域往往制定了更高的个人数据保护标准。如果其个人数据保护法仅在域内适用，便只有其域内的数据控制者和处理者需要遵守相关法律，相应地负担更高的数据合规成本。与之相对，由于免于遵守相关法律，域外的数据控制者和处理者在相关市场上则更具竞争优势。② 因此，规定个人数据保护法的域外管辖也是为了维护数据领域的公平竞争，避免使本国企业因遵守个人数据保护法而处于不利境地。③

二、国际法原则

个人数据保护法域外效力通常根据以下原则。第一，根据客观属地原则，争议行为的构成要素之一（例如损害结果）位于境内即足以确立管辖权。④ 对于个人数据这类保护性立法而言，可以很自然地主张有关行为对境内主体产生直接的损害，因而落入客观属地原则所涵盖的范围。⑤ 以 GDPR 第 3 条第 2 款规制的情况为例，虽然数据控制者、处理者位于欧盟境外，但数据处理活动针对的数据主体位于欧盟境内，即可以此认为其符合客观属地原则。⑥

---

① 参见 Maximillian Schrems v. Data Protection Commissioner（Case C-362/14），Data Protection Commissioner v. Facebook Ireland Limited and Maximillian Schrems（Case C-311/18）。

② 参见 Dan Jerker B. Svantesson，"Extraterritoriality in the Context of Data Privacy Regulation"，（2013）7 Masaryk U JL & Tech 87，96。

③ 参见 Ana Gascon Marcen，"The Extraterritorial Application of European Union Data Protection Law"，（2019）23 SYIL 413，415。

④ 参见 Dan Jerker B. Svantesson，"The Extraterritoriality of EU Data Privacy Law"，（2014）50 StanJ Int'l L 76，81。

⑤ 参见 Julia Hörnle，Internet Jurisdiction Law and Practice（OUP 2021）257。

⑥ 同上。

第二，个人数据保护法中可以通过扩张属人连结点的方式主张域外管辖。① 有学者认为欧盟《通用数据保护条例》（以下简称"GDPR"）提出的"营业场所标准"即对属人连结点进行扩张，放宽对企业注册地的限制，要求数据处理者或控制者在欧盟存在稳定的安排和活动，由此确立了域外适用规则。②

第三，消极属人原则允许一国基于其与受不法行为侵害者的联系主张管辖权。欧盟《通用数据保护条例》第三条将监控欧盟居民的数据处理活动纳入管辖范围。中国《个人数据保护法》管制任何在境外分析、评估境内自然人行为的数据。此类管辖权基础可认为是消极属人原则的体现，或至少是该原则的变体。③ 因为消极属人原则通常要求被域外行为损害的个人是立法国的国民，但是数据保护的对象是所有位于立法国境内的人。

第四，保护原则指一国对于侵害其主权、国家安全等根本利益的行为具有管辖权。有学者提出，保护原则可以作为个人数据保护域外管辖的国际法基础。以欧盟为例，保护个人数据事关基本人权，欧盟可以主张这构成其公共政策，涉及根本利益，借此将其纳入保护原则的范围。④ 也确有学者认为 GDPR 以保护欧盟内自然人利益为宗旨，不论数据控制者或处理者在欧盟之内还是欧盟之外，也不论处理行为是在欧盟之内还是之外发生，均适用欧盟法律，这是保护管辖的体现。⑤

第五，效果原则也为个人数据保护法的域外效力提供了根据。无论数据保护立法上采用何种连结点（例如位于境内的设备或数据主体），总可以论证数据处理活动对一国产生了影响。因此，可以认为 GDPR 第 3 条也属于效果原则

---

① 参见张新新：《个人数据保护法的域外效力研究》，载《国际法学刊》2021 年第 4 期，第 130 页。

② 参见何叶华：《论数据保护法的域外效力》，载《北京理工大学学报》（社会科学版）第 23 卷第 5 期，第 166 页。

③ 参见 Dan Jerker B. Svantesson, "The Extraterritoriality of EU Data Privacy Law - Its Theoretical Justification and Its Practical Effect on U. S. Businesses", (2014) 50 StanJ Int'l L 76, 85.

④ 参见 Julia Hörnle, Internet Jurisdiction Law and Practice (OUP 2021) 258.

⑤ 参见张新宝：《我国个人信息保护法立法主要矛盾研讨》，载《吉林大学社会科学学报》2018 年第 58 卷第 5 期，第 51 页。

的体现。①

三、各国立法实践

(一) 中国

就个人数据保护一般性立法而言，中国制定了《中华人民共和国个人信息保护法》(《个人信息保护法》)。此外，《民法典》②《刑法》③《网络安全法》《消费者权益法》④ 等法律也涉及个人信息保护的问题。同时，不同行业及领域的各类个人信息保护也有针对性的规定，例如《商业银行法》《个人存款账户实名制规定》《电信与互联网用户个人信息保护规定》等。

《个人信息保护法》于 2021 年 8 月 20 日经十三届全国人大常委会第三十次会议表决通过。⑤ 该法作为个人信息保护领域的专门立法，对个人信息处理的原则和规则进行了规定，涵盖了个人信息处理的不同环节、不同个人信息种类及处理方式。为充分保护中国境内个人的权益，经借鉴有关国家和地区的做法，《个人信息保护法》被赋予了必要的域外适用效力。⑥ 第 3 条第 2 款规定："在中华人民共和国境外处理中华人民共和国境内自然人个人信息的活动，有下列情形之一的，也适用本法：(一) 以向境内自然人提供产品或者服务为目的；(二) 分析、评估境内自然人的行为；(三) 法律、行政法规规定的其他情形。"

该法在中国境外针对一般主体适用，包括任何组织和个人。本法的域外适

---

① 参见 Dan Jerker B. Svantesson, "The Extraterritoriality of EU Data Privacy Law-Its Theoretical Justification and Its Practical Effect on U. S. Businesses" (2014) 50 StanJ Int'l L 76, 85。

② 《民法典》在人格权编中专章规定了隐私权和个人信息保护的问题，明确了"个人信息"的定义和范围，确立了个人信息处理的基本原则，确立了自然人对其个人信息的查阅、复制等权利，规定了信息处理者的个人信息保护义务。此外，《民法典》侵权责任编中的部分条款也可适用于个人信息保护。

③ 《刑法》第 253 条规定了侵犯公民个人信息罪。

④ 《消费者权益保护法》第 14 条明确规定消费者"享有个人信息依法得到保护的权利"。

⑤ 《中华人民共和国个人信息保护法》，〈http：//www. gov. cn/xinwen/2021-08/20/content_5632486. htm〉。

⑥ 全国人大常委会法制工作委员会副主任刘俊臣于 2020 年 10 月 13 日在第十三届全国人民代表大会常务委员会第二十二次会议上作的《草案说明》。

用以境外个人信息处理者处理中国境内自然人的个人信息为前提。基于"保护中国境内个人权益"的立法目的,此处的境内自然人包括境内的中国公民,也包括境内的外国人和无国籍人。①

对"以向境内自然人提供产品或者服务为目的"可从两个层面理解:第一,具有明确可识别的、向境内自然人提供产品或者服务的目的。辨别该目的时应当综合考虑的因素包括但不限于:所提供商品或服务的介绍中是否指明中国人民共和国名称;是否向境内搜索引擎运营商支付互联网服务费用,以便境内信息主体访问其网站;是否已针对境内信息主体发起了营销和广告活动;是否使用境内的地址或电话号码;是否使用中国域名;宣传材料是否使用中文;结算货币是否使用人民币等等。第二,无法明确识别信息处理者目的,但事实上向中国境内自然人提供了产品或服务,也应认定为其符合该项所要求的"以向境内自然人提供产品或服务为目的"。②

"分析、评估境内自然人的行为"字面含义较广,结合语境分析,应当是指通过数字画像等技术手段形成的针对境内自然人行为的详细、全方位的分析、评估,而非任何意义上的分析、评估。在适用时应当适当限缩。③

(二) 欧盟

欧盟以自决权和一般人格权为权利基础,采取对各所有个人数据制定统一的保护标准和数据处理原则,采用一揽子保护的统一立法模式。欧洲在个人数据保护方面大致经历了如下四个发展阶段:一是在 20 世纪 70 年代欧盟成员国国内立法阶段,瑞典、德国等建立了本国统一的个人数据保护法。二是在 1995 年《数据保护指令》阶段,各成员国在个人数据保护上求同存异,并在保护标准上不断调和、折中。三是在 2009 年,欧盟基本人权宪章写入欧盟宪法,在欧盟层面确立个人数据保护的基本人权地位。四是 2016 年 5 月出台《通用数据保护条例》(GDPR)并于 2018 年开始实施,确立了欧盟范围内个

---

① 参见江必新,李占国:《中国人民共和国个人信息保护法条文解读与法律适用》,中国法制出版社 2021 年版,第 11~12 页。龙卫球主编:《中华人民共和国个人信息保护法释义》,中国法制出版社 2021 年版,第 14 页。

② 参见孙莹主编,《个人信息保护法条文解读与适用要点》,法律出版社 2021 年版,第 10 页。

③ 参见孙莹主编,《个人信息保护法条文解读与适用要点》,法律出版社 2021 年版,第 10 页。

人数据保护的统一标准、基本原则和法律制度，实现欧盟范围内个人数据保护标准的统一化、标准化和个人信息一站式监管。①

《通用数据保护条例》第 3 条划定了条例适用的地域范围：

第三条　地域管辖范围

1. 在欧盟境内设立了营业场所（establishment）的数据控制者或处理者，只要个人数据处理行为发生在该营业场所开展活动的情境中，无论该数据处理行为是否发生在欧盟领域内，均适用本条例。

2. 当数据处理活动涉及以下情形时，本条例适用于非设立于欧盟境内的数据控制者或处理者对位于欧盟境内的数据主体的个人数据所进行的数据处理行为：

（a）为欧盟境内的数据主体提供货物或服务，而不论数据主体是否被要求付费；

（b）对数据主体在欧盟境内的行为进行监控。

3. 本条例适用于非设立于欧盟境内但根据国际公法的规定适用成员国法律的数据控制者所进行的个人数据处理行为。

欧盟数据保护委员会（EDPB）针对 GDPR 第 3 条的适用发布了指南。② GDPR 第 3 条第 1 款和第 2 条第 2 款分别确立了"营业场所"和"目标指向"两项主要适用标准，第 3 条第 3 款则规定了如果根据国际公法应当适用成员国法律，该数据处理行为也应适用 GDPR。③ 上述条款旨在界定何种处理活动应适用 GDPR，而非判断 GDPR 是否针对某一主体适用。

对于 GDPR 第 3 条第 1 款，首先应认定何为"营业场所"。GDPR 没有直接定义"营业场所"，但序言部分指出营业场所意味着基于稳定的组织安排得以进开展实际有效活动，无论是以分支机构还是以子公司的形式存在，该组织安排的法律地位不影响营业场所的认定。④ 在欧盟法院的实践中，"营业场所"的含义是很宽泛的，包括一切通过稳定安排开展的真实有效的活动，即

---

① 个人信息保护课题组：《个人信息保护国际比较研究》（第二版），中国金融出版社 2021 年版，第 71 页。

② 参见 Guidelines 3/2018 on the Territorial Scope of the GDPR（Article 3）Version 2.1。

③ 参见 Guidelines 3/2018 on the territorial scope of the GDPR（Article 3）Version 2.1, 4。

④ 参见 GDPR, Recital 22。

使是最低限度（minimal）的活动。① EDPB 认为在数据控制者的活动以网络服务为主的情况下，"稳定安排"的门槛很低，欧盟境内的一个雇员或代理机构也可以构成"稳定安排"，只要他开展的活动具有相应的稳定性。

一旦确认数据控制者或处理者在欧盟境内设立了"营业场所"，便应继续判断相关数据处理活动是否发生"在该营业场所开展活动的情境中"，至于该数据处理活动是否在欧盟境内进行则在所不问。② 根据第 3 条第 1 款的规定，案涉数据处理活动是否是由欧盟境内的营业场所开展的并不重要，只要数据处理活动是在欧盟境内营业场所开展活动的情境下进行的，数据处理者和控制者就要遵守 GDPR 的规定，对此应结合个案具体情况进行分析。为了有效保护数据主体利益，对"营业场所开展活动的情境下"不宜作限缩解释。③ 但对"营业场所"的解释也不宜过宽，避免将与非欧盟实体的数据处理活动关联不大的营业场所纳入 GDPR 的范围。判断数据处理活动是在欧盟境内营业场所开展活动的情境下进行可以考虑如下因素：一是欧盟境外的数据控制者或处理者与其欧盟内营业场所的关系。如果事实证明欧盟境外数据控制者或处理者的数据处理活动与欧盟内营业场所的活动密不可分，则可以适用 GDPR。二是从欧盟获得的收益。如果欧盟内营业场所的营利活动与欧盟外的数据处理活动密不可分，也得将欧盟外的数据处理活动认定为"在欧盟内营业场所活动的情境中进行"。

值得注意的是，数据控制者和处理者各自独立，GDPR 对二者的义务也作了分别规定。如果数据控制者和处理者之一在欧盟境内未设营业场所，即使二者存在联系也不必然导致 GDPR 对其同时适用。如果欧盟内的数据控制者委托欧盟外的处理者处理数据，控制者应当遵守 GDPR 的规定。处理者并不直接受到 GDPR 的管辖。只是由于数据控制者应根据 GDPR 的规定同处理者签订协议，处理者因而间接地应遵守 GDPR 的规定。如果欧盟外的数据控制者委托欧盟领域内的处理者处理数据，不能将该处理者视为境外控制者设在欧盟境内的"营业场所"，处理者仅仅是服务提供者。在此情况下，如果数据控制

---

① 参见 Weltimmo v. NAIH（Case C-230/14），para. 31。

② 参见 Guidelines 3/2018 on the Territorial Scope of the GDPR（Article 3）Version 2. 1, 5。

③ 参见 Weltimmo v. NAIH（Case C-230/14），para. 25；Google Spain v. AEPD and Mario Costeja González（Case C-131/12），para. 53。

者的活动在欧盟境外开展且不涉及第 3 条第 2 款规定的情况，数据控制者不受 GDPR 管辖，仅处理者由于在欧盟境内开展活动，应遵守 GDPR 的规定。①

对于 GDPR 第 3 条第 3 款的适用，EDPB 推荐遵循如下步骤：首先确定数据处理活动是否关涉欧盟境内数据主体的数据；其次判断该数据处理活动是否涉及向欧盟境内数据主体提供货物、服务或监控该数据主体的行为。②

"欧盟境内的数据主体"并不涉及对数据主体的国籍、住所等法律地位的判断，而仅指该主体在地理意义上位于欧盟境内，即使该主体的国籍或住所地在欧盟以外也不妨碍 GDPR 的适用。判定数据主体位于欧盟境内的时间点应以引发数据处理活动的时间为准。③ 此外，只有当提供货物、服务或监控活动"有意（intentionally）"针对欧盟境内的数据主体时才可以适用 GDPR 第 3 条第 2 款的规定。如果数据处理活动仅针对欧盟外的数据主体，只不过该数据主体进入欧盟后该处理活动仍在持续，该数据处理活动并不适用 GDPR。④

所谓"提供货物或服务"不以数据主体付费为条件。从客观上来看，该条限定于"提供货物或服务"这一行为，例如公司基于雇佣关系处理员工数据，则不属于 GDPR 第 3 条第 2 款（a）项规定的情形。⑤ 从主观角度来看，根据 GDPR 序言部分的规定，该条款暗含者数据控制者和处理者对向欧盟主体提供货物或服务的"预见（envisage）"。在欧盟可以访问控制者、处理者或中介的网站，可以访问某一邮箱地址或其他联系方式，或者使用控制者所在第三国的通用语言，仅凭上述事实是不足以确定这一意图的。如果本可以使用其他语言却使用了在成员国内通用的语言或货币，或者提到了欧盟内的顾客或

---

① 参见 Guidelines 3/2018 on the Territorial Scope of the GDPR（Article 3）Version 2.1, pp. 10-13。

② 参见 Guidelines 3/2018 on the Territorial Scope of the GDPR（Article 3）Version 2.1, p. 5。

③ 参见 Guidelines 3/2018 on the Territorial Scope of the GDPR（Article 3）Version 2.1, p. 5。

④ 参见 Guidelines 3/2018 on the Territorial Scope of the GDPR（Article 3）Version 2.1, p. 15。

⑤ EDPB 指南举例：一家在欧盟境内没有营业场所的美国公司，其雇员临时出差到欧盟，美国公司处理该员工数据的行为不属于第 3.2（a）条规定的范围，因为这是基于雇佣合同的内部安排而不属于提供货物或服务的范畴。

使用者，则可以表明数据控制者预见了向欧盟内的数据主体提供货物或服务。① EDPB 认为，关于布鲁塞尔条例第 15 条第 1 款（c）项下的指向活动（direct activity）的理解②可以用于解释"向欧盟数据主体提供货物或服务"的主观意图。

"监控"行为的判断要点是其是否跟踪了欧盟境内数据主体并对其进行了特征分析。③ 虽然 GDPR 序言第 24 条仅提到了利用互联网进行的跟踪，但 EDPB 认为利用其他设备进行的监控也属于第 3 条第 2 款（b）项规制的范围。监控行为包括对数据主体进行地理定位、利用 cookies 或其他追踪技术（如指纹）进行在线追踪、对个人健康状况的监测和定期报告等。

第 3 条第 2 款不要求数据控制者或处理者位于欧盟境内，但其数据处理活动应当与其针对欧盟数据主体提供货物、服务以及监控活动存在联系。

除了明确的地域管辖条款以外，欧盟还通过其跨境数据传输规则扩大其数据保护法的域外影响力。有学者认为，这也是欧盟个人数据法域外管辖的一部分。④ GDPR 第五章确立了向第三国或国际组织转移个人数据的规范。⑤ 在 GDPR 框架下，欧盟委员会根据相关因素评估第三国是否能够为个人数据提供充分的保护，评估后颁布实施法案。欧盟数据得以向通过了欧盟"充分性认定"的国家，无须其他特别授权。⑥ 若第三国不能提供充分保护，数据控制者或处理者则需提供适当的保障，如约束性企业规则、标准数据保护条款等。⑦

以跨境数据传输为基础的域外效力虽然没有直接将境外主体纳入欧盟个人数据保护法的管辖范围，但以充分适当保护为前提的传输机制迫使第三国或境外企业为欧盟数据提供为欧盟所认可的保护，从而以间接的方式向境外推行了欧盟的个人数据保护标准。

---

① 参见 GDPR, Recital 23。

② 参见 Pammer v. Reederei Karl Schlüter GmbH & Co and Hotel Alpenhof v. Heller（Joined cases C-585/08 and C-144/09）。

③ 参见 GDPR, Recital 24。

④ 参见 Christopher Kuner, "Extraterritoriality and International Data Transfers in EU Data Protection Law", (2015) 5 (4) Int. Data Priv. Law 235, 238。

⑤ 参见 GDPR, Chapter V。

⑥ 参见 GDPR, Art. 45。

⑦ 参见 GDPR, Art. 46。

四、法的效力和执行

(一) 自愿执行

由于中国《个人信息保护法》刚通过不久，还没有太多执行案例。本章主要考察欧盟 GDPR 的执行问题。欧盟 GDPR 的执行比较顺畅。基于如下原因，数据处理者和控制者通常会主动遵守 GDPR 的规定。首先，高额罚款的威胁促使数据处理者和控制者遵守 GDPR。[1] 根据 GDPR 第 83 条第 6 款，违规主体将被处以二千万欧元的行政罚款，若相对人是企业也可处以其上一财政年度全球营业总额 4% 的行政罚款，该数额甚至可能高于二千万欧元。[2] 因为欧盟巨大的共同市场，大多公司不会选择失去欧盟市场，便会主动遵守欧盟法律。

其次，公司出于声誉考虑会选择遵守 GDPR。[3] 例如在"脸书-剑桥分析风波"中，扎克伯格即宣布不只为了欧盟用户，脸书将在其全球市场上推行 GDPR 标准。[4] 微软也宣布其将为全球用户提供 GDPR 级别的隐私保护。[5] 事实上许多公司已经根据 GDPR 的要求更改或澄清了用户协议，寻求用户的明确同意。[6] 在 CNIL 基于 GDPR 违规处罚谷歌的案件中，谷歌虽然针对 CNIL 罚款提起了上诉，行业专家认为这亦是为了在未来适用 GDPR 寻求指引。[7] 可

---

[1]　参见 Ana Gascon Marcen, "The Extraterritorial Application of European Union Data Protection Law", (2019) 23 SYIL 413, 415。

[2]　参见 GDPR, Art. 83.6。

[3]　参见 Adele Azzi, "The Challenges Faced by the Extraterritorial Scope of the General Data Protection Regulation", (2018) 9 J Intell Prop Info Tech & Elec Com L 126, 135。

[4]　参见 Mishaal Rahman, "Amidst data scandal, Facebook will voluntarily enforce EU's new privacy rules 'everywhere'" (4 April 2018) 〈https: //www. xda-developers. com/facebook-voluntarly-enforce-eu-privacy-law/〉。

[5]　参见 Julie Brill, "Microsoft's commitment to GDPR, privacy and putting customers in control of their own data" (21 May 2018) 〈https: //blogs. microsoft. com/on-the-issues/2018/05/21/microsofts-commitment-to-gdpr-privacy-and-putting-customers-in-control-of-their-own-data/〉。

[6]　参见 Rachel F. Fefer and Kristin Archick, "EU Data Protection Rules and U. S. Implications" (Congressional Research Service, 14 April 2020) 〈https: //sgp. fas. org/crs/row/IF10896. pdf〉。

[7]　参见 Jessica Davis, "Why Google's Fine and Appeal are Good for Enterprise IT" (28 January 2019) 〈https: //www. informationweek. com/security-and-risk-strategy/why-google-s-gdpr-fine-and-appeal-are-good-for-enterprise-it〉。

见其确实准备遵守 GDPR 项下的义务。但相对而言，声誉问题对大型企业影响更大，对小企业则不然。①

再次，个人数据保护规则的趋同化降低了境外主体遵守 GDPR 的合规成本。欧盟立法引发了多国效仿，美国联邦和州立法即受到了 GDPR 的影响。② 华盛顿隐私法案大量借鉴了 GDPR 的规定，包括管辖范围、数据控制者和处理者的区分、强制风险评估等。③ 所以对以美国公司为代表的外国公司来说，遵守 GDPR 的规定有时与其国内法下的义务是重合的。④

（二）强制执行

GDPR 第 27 条要求欧盟境外的数据控制者和处理者在欧盟境内指派一个代表。⑤ 序言部分的第 80 段提到，如果数据控制者或处理者不遵守规定，其指定的代表应接受强制执行。⑥ 此外，EDPB 在《指南》中也明确指出，设立代表的根本目的在于"使执法者能够像对数据控制者或处理者那样，对代表发起执法活动"。⑦ 但从 GDPR 第 30 条和 58 条第 1 款（a）项来看，只有当代表本身是责任主体时才能要求其承担责任。如果代表并非责任主体，要求代表承担境外数据控制者或处理者的法律责任是否合法是存疑的。⑧

---

① 参见 New Rules, Wider Reach: the Extra-territorial Scope of the GDPR (Slaughter and May, June 2016)〈https://prodstoragesam.blob.core.windows.net/highq/2535540/new-rules-wider-reach-the-extraterritorial-scope-of-the-gdpr.pdf〉.

② 参见 Muge Fazlioglu, "Chapter 10 The United States and the EU's General Data Protection Regulation", in Elif Kiesow Cortez (ed), Data Protection Around the World (Springer 2021) 245.

③ 参见 Mitchell Noordyke, "The state Senate version of the Washington Privacy Act: A summary" (26 May 2019)〈https://iapp.org/news/a/the-state-senate-version-of-the-washington-privacy-act-a-summary/〉.

④ 参见 Muge Fazlioglu, "Chapter 10 The United States and the EU's General Data Protection Regulation", in Elif Kiesow Cortez (ed), Data Protection Around the World (Springer 2021) 245.

⑤ 参见 GDPR, Art. 27.

⑥ 参见 GDPR, Recital 80.

⑦ 参见 Guidelines 3/2018 on the Territorial Scope of the GDPR (Article 3) Version 2.1, p. 28.

⑧ 参见 Başak Erdoğan, "Chapter 9 Data Protection Around the World: Turkey", in Elif Kiesow Cortez (ed), Data Protection Around the World (Springer 2021) 224.

即使上述路径可行，利用境内代表执行仍然存在些许困难。① 首先，运营者们很难找到一个愿意承担潜在责任的代表机构。其次，代表机构或许难以对境外运营者施加影响，也缺少履行制裁义务的经济和物质能力。最后，即使违背在欧盟境内指定代表机构的义务会招致罚款，仍然会有运营者选择无视这一规定以及相应的制裁。但是，相比其他法律，要求域外公司设置本地代表机构使得欧盟 GDPR 的执行相对便利。

即使运营者没有在欧盟境内设立营业机构，只要其有财产位于欧盟境内即可对其执行。为保证最终执行，可以事先申请资产冻结令以避免执行对象向欧盟境外转移财产。如果外国运营者在欧盟境内没有足够的财产以供执行，有学者建议以"摧毁市场"的手段制裁该运营者，例如禁止其在欧盟境内从事交易活动。② 这一措施的有效性取决于该市场对于运营者的重要程度。欧盟数据监管机构还可以向法院申请禁令，屏蔽境外运营者的网站或相关链接。③

五、外国的反应

作为个人数据保护立法领域的典型代表，欧盟立法引发了各国效仿。④ 这一影响体现在两个层面：第一，各国提高数据保护规则水平，向欧盟标准靠拢。欧盟的跨境数据规则是扩展其域外效力的手段之一。GDPR 跨境个人数据传输保障机制之一是"充分性认定"（adequacy decision）程序，即在确保第三国的数据保护标准与欧盟标准相当的前提下，将个人数据从欧盟传输到第三国。⑤ 为了通过欧盟的"充分认定程序"，日韩即在近年对本国数据保护规则

---

① 参见 Adele Azzi, "The Challenges Faced by the Extraterritorial Scope of the General Data Protection Regulation", (2018) 9 Journal of Intellectual Property Information Technology & Electronic Commerce Law 126, 133。

② 参见 Dan Jerker B. Svantesson, "The Extraterritoriality of EU Data Privacy Law", (2014) 50 StanJ Int'l L 53, 98。

③ 参见 Robert Madge, GDPR's global scope: the long story (13 May 2018) 〈https://medium.com/mydata/does-the-gdpr-apply-in-the-us-c670702faf7f〉。

④ 参见 Jordan L. Fischer, "The Challenges and Opportunities for a US Federal Privacy Law", in Federico Fabbrini et al. (eds), Data Protection Beyond Borders: Transatlantic Perspectives on Extraterritoriality and Sovereignty (1st ed, Bloomsbury Publishing 2021) 27。

⑤ 参见 GDPR, Art. 45。

加以修订，并得到了欧盟的认可。① 可以预见，越来越多的国家将提高数据保护的标准以满足 GDPR 的要求。②

第二，确立个人数据保护域外管辖。1995 年欧盟《数据保护指令》中的管辖范围即得到了他国效仿。佛得角于 2001 年颁布的数据保护法照搬了欧盟《数据保护指令》的域外管辖条款。③ 安哥拉于 2011 年颁布的数据保护法也采用了欧盟《数据保护指令》的域外管辖模式。④ 自 GDPR 颁布后，中国、印度⑤、巴西均在其个人数据保护立法中确立了域外管辖，但具体规则有所区别。

第三，在数据保护方面寻求国际合作相对比较容易。在 ICO 处罚 AIQ 一案中，英国的执法得到了加拿大的积极配合。⑥ 2018 年 4 月 5 日起，加拿大隐私监管机构（OPC）与不列颠哥伦比亚省信息与隐私监管机构（OIPCBC）对脸书和 AIQ 发起了联合调查，调查二者是否违反了加拿大《个人信息保护与电子文档法》与不列颠哥伦比亚省《个人信息保护法》。ICO 在对调查 AIQ 违反数据保护法的期间，同加拿大及不列颠英属哥伦比亚省的数据监管机构合作密切，各方共享信息，ICO 还通过加拿大数据执法机构向 AIQ 施压，迫使其合作并最终令其承认违法处理数据。英加的密切合作得益于二者相似的法律传统

---

① 参见 Joint Statement by Haruhi Kumazawa, Commissioner of the Personal Information Protection Commission of Japan and Věra Jourová, Commissioner for Justice, Consumers and Gender Equality of the European Commission Tokyo（17 July 2018）。

② 参见 Manuel Klar, "Binding Effects of the European General Data Protection Regulation（GDPR）on U. S. Companies",（2020）11 Hastings Sci & Tech LJ 101, 154。

③ 参见 Data Protection Act of Cape Verde（No. 133/V/2001）, Art. 2（2）; see also Joho Luis Traga and Bernardo Embry, "An Overview of the Legal Regime for Data Protection in Cape Verde",（2011）1（4）Int. Data Priv. Law 249, 252。

④ 参见 Jodo Luis Traqa and Bernardo Embry, "The Angolan Data Protection Act: First Impressions",（2012）2 Int. Data Priv. Law 40, 41。

⑤ 印度 2018 年《个人数据保护法》规定：法案也应适用于不在印度境内的数据受托人或者数据处理者处理个人数据的情形，但前提是此类处理：（1）在与印度进行的业务有关，或者与向印度境内的数据主体提供商品或者服务的系统性活动有关；或者（2）与印度境内数据主体的画像活动有关。

⑥ 参见 Information Commissioner's Office: Investigation into the use of data analytics in political campaigns（A Report to Parliament 6 November 2018）〈 https://ico. org. uk/media/action-weve-taken/2260271/investigation-into-the-use-of-data-analytics-in-political-campaigns-final-20181105. pdf〉（accessed on 10 April 2022）。

与数据保护理念，AIQ 同时违反了加拿大《个人信息保护与电子文档法》也是加拿大同英国积极配合的原因之一。①

第四，有的国家选择妥协。以欧美在跨境数据传输领域的合作为例。欧盟以获得"充分性认定"为跨境传输数据的标准，由于美国未能通过欧盟"充分性认定"程序，转而通过与欧盟签订双边协议的方式为美国企业获得数据跨境传输资格。美国作为谷歌等众多互联网巨头的所在国，虽有捍卫国家主权的意图但也希望和欧盟这一主要经济体保持积极的合作关系。② 因此美国愿意通过协议安排提高数据保护标准。而欧盟在保护个人数据的同时也倾向于与美国加强合作，在《安全港协议》因被认定无效后同美国达成《隐私盾协议》，尽管《隐私盾协议》几乎是前者的翻版，美国仅作出了有限的让步。而在《隐私盾协议》被认定无效后，欧美又展开了新的磋商。2022 年 3 月 25 日，欧盟委员会和美国就跨大西洋数据隐私框架达成原则性协议。③ 可见在欧盟扩张其个人数据保护法管辖范围的进程中，不仅美国作出了让步，欧盟自身也有所妥协。

但是，一国个人数据保护法的域外执行仍然可能会招致他国的对抗。④ 在 Google Inc. v. Equustek Solutions Inc. （以下简称"Equustek"）案中，加拿大最高法院命令谷歌移除其全球范围内搜索引擎上某一违反知识产权的网页的链接。⑤ Equustek 是一家加拿大 IT 公司，其竞争者因在网站上盗用 Equustek 的商标而违反了知识产权法。由于谷歌未能在其浏览器上删除该网站链接，Equustek 起诉了谷歌并要求其在全球范围内删除该链接。法院支持了 Equustek 的请求，谷歌向加拿大最高法院提起上诉。2017 年 6 月，加拿大最高法院认为在全球范围内移除该网站链接对避免 Equustek 的损失而言是必要的，因而

---

① 参见俞胜杰：《〈通用数据保护条例〉中的域外管辖问题研究》，华东政法大学毕业论文 2010 年，第 93 页。

② 参见 Patrick A. Wallace, "The Long Arm of the EU: The Reach of Brussels' Data Protection Regime into the United States", (2019) 26 Geo Mason L Rev 1331, 1355。

③ 参见 Ryan Browne, "EU and U. S. agree to new data-sharing pact, offering some respite for Big Tech", (25 March 2022) 〈https://www.cnbc.com/2022/03/25/eu-and-us-agree-new-data-transfer-pact-to-replace-privacy-shield.html〉。

④ 参见 Federico Fabbrini & Edoardo Celeste, "The Right to Be Forgotten in the Digital Age: The Challenges of Data Protection beyond Borders", (2020) 21 German LJ 55, 62-52。

⑤ 参见 Google Inc. v. Equustek Solutions Inc., [2017] 1 SCR 824。

作出了有利于 Equustek 的上诉判决。① 然而谷歌随后向美国北加利福尼亚地区法院申请禁令，请求阻止在美国执行加拿大禁令，主张该禁令违背了美国第一修正案所赋予的言论自由权与国际礼让原则。2017 年 11 月，美国地区法院认定加拿大法院的决定在美国无效。②

　　虽然上述案例并非关涉个人数据保护，但也暗示着在互联网语境下个人数据保护法域外执行所面临的挑战。以遗忘权的域外执行为例，在 Google v. CNIL 案中，法院并未否认自己发布全球禁令的权利。③ 假设欧盟法院要求谷歌在全球范围内删除相关个人数据，谷歌未必不会向美国法院申请禁令，以言论自由与国际礼让为由避免执行欧盟判决。而美国法院，也很可能如 Google Inc. v. Equustek Solutions Inc. 案中一般发布禁令阻断欧盟判决效力。

　　个人数据保护法的域外效力推动了他国提高本国数据保护水平的立法进程，而域外管辖条款本身也引发了他国效仿。目前看来，在个人数据保护领域，域外管辖条款已具有相当程度的普遍性。共同法律理念也促使国家之间加强个人数据保护合作，对他国域外执法采取积极配合的态度。即使各国数据保护水平仍存在差异，基于对数据保护与数据流通二者的价值权衡，国家之间仍体现出妥协合作的意图。

---

　　①　参见 Google Inc. v. Equustek Solutions Inc.，[2017] 1 SCR 824，paras. 42，54。

　　②　参见 Google Inc. v. Equustek Solutions Inc，Case No. 5：17-cv-04207-EJD。

　　③　参见 Google v. CNIL（Case C-507/17），para. 72。

第六章 域外管辖体系重构

第一节 域外管辖的体系缺陷

一、域外管辖的现实困境

基于对主要国家在出口管制、反垄断、环境保护、反海外贿赂、个人数据保护五个领域域外立法和执行的实践研究，可以得出以下结论。

第一，跨国立法的必要性通常体现在以下三点。首先，这些领域是受全球化影响最为严重的领域。全球化对贸易、经济、商事活动和环境造成了跨越领土边界的影响，同时要求国际社会采取相应的跨越边境的手段进行治理。其次，虽然国际合作是最有效的治理手段，但是国际协同行动进展缓慢。例如反贿赂领域，虽然腐败是国际社会公认的犯罪，但不是每个国家对贿赂的定义和范围相同。由于各国文化观念的不同，国际合作相对困难。在环境保护领域更是如此。虽然环境保护是国际社会的共识，但是由于碳排放关系国家经济发展利益，发达国家和发展中国家对碳排放的要求不同。根据国际气候条约，国际航空部门缺乏实施减少温室气体排放措施的政治和法律压力。自 1998 年以来，国际民航组织也举办了一些关于减少国际航空二氧化碳排放的研讨会，但尚未采取具体措施。国际民航组织成员国未能就适用于国际航空二氧化碳排放的监管标准、排放收费或会计达成一致。由于多边行动的失败，国家有必要单方面采取行动，利用跨国立法管辖权。再次，外国通常对产生域外影响的行为监管不力。如果某行为对行为地国没有产生负面效应，对此行为进行监管意味着利用本国资源保护外国利益。如果行为人通过针对外国市场的行为获得利益，通常会对行为地有利，比如增加行为地税收，提高本国公司的国际竞争力等。有时外国政府没有能力监管该行为，例如在反贿赂领域有的发展中国家的监管能力不足。在这些情况下，跨国立法管辖权便成为保护本国利益的必要手段。

第二，各国的域外立法通常会遵循国际法原则。但是国家对这些原则的解释并不相同。例如保护性原则，由于国际法并未定义何为国家根本利益，有的国家对之做灵活性解释，认为凡是保护本国重要利益的立法都符合保护性原则。这样一来，所有的反垄断、反贿赂、出口管制、环境保护跨国立法都可以被解释为基于保护性基础。事实上，有的保护性原则在立法实践中的运用十分勉强。例如美国声称对古巴进行单边经济制裁基于"保护性原则"，但是并无任何证据证明古巴可能会危及美国的国家安全或者核心利益。而且，保护性管辖传统上仅适用于危害国家安全犯罪领域，如果将其扩大到市场经济和环境保护领域，则明显超出了传统范围。再如属人原则，美国基于"实际控制"，欧盟基于"单一经济体"理论，英国基于"联系"扩展了属人原则的范围，通过境内的控股公司、关联企业等管制域外经济实体。这一做法在法理上和国际公司法角度都受到广泛质疑。此外，虽然越来越多的国家开始接受效果原则，但是对于"效果"的定义，效果"度"的把握，以及因果关系的确定，都存在很大区别。

第三，大多域外立法并非只遵循一个国际习惯法原则。当立法国认为其有重要利益需要进行域外规制，通常会基于多个潜在的立法基础制定域外管制法。比如欧盟在控制跨境航空碳排放领域的跨国立法，立法基础包括：（1）保护欧盟环境和人权（保护性管辖），（2）保护国际社会普遍利益（普遍管辖），（3）进出欧盟的航班和欧盟建立属地联系（属地管辖）。英国针对海外商事贿赂的立法，遵循了（1）属地原则（作为或不作为行为任何一部分发生在英国），（2）属人管辖（行为人与英国有密切联系），（3）普遍管辖。欧盟《通用数据保护条例》对个人数据进行域外管辖遵循的国际法原则包括：（1）属地原则，（2）消极属人原则，（3）保护原则，（4）效果原则。一般而言，一个管辖权基础受到质疑不影响该立法整体的合法性。

第四，各国在实践中较少刻意考虑域外立法的限制和利益平衡问题主要有以下几个原因。第一，国家决定对域外实体或行为立法管辖，主要考虑国家对域外事项是否有真实的利害关系。如果真实联系存在，国家认为有必要管治域外行为，便会行使域外立法管辖权。在国际法没有明文限制的情况下，国家会从本国利益出发，而忽略外国利益的平衡问题。第二，国家通常只会在存在国际习惯法原则的前提下进行域外立法。如果习惯法产生于各国的长期实践，一且满足习惯法原则，立法者便假设域外管辖合法，而无须单独考虑其他国家利益平衡的问题。即使美国在《第四次对外关系法重述》中明确采纳了"合理性原则"，但是在实践中很多域外措施的制定并未考虑该原则。该原则更多被法院用来解释法律。第三，有域外效力的立法有一般效力，也就是适用于所有法律中规定的情形。而利益平衡需要对比相关国家的联系程度，政府利益，公共政策等具体问题，需要在个案中考虑。因此只有在司法机关或执法机关在个案中适用法律时才能针对个案具体情形进行利益平衡考量。

缺乏对利益平衡的考量在实践中带来域外立法被滥用的风险。特别是在域外立法的国际习惯规则原则化、抽象化的前提下，国家多从自身利益出发进行域外立法活动，采用新颖的法律解释方法，或者创造新的连接点，扩大域外立法权。

第五，域外立法得到有效实施，需要依靠立法国境内的司法机关和执法机关紧密配合，根据立法意图正确执行法律。立法国执行域外管制法可以通过几条路径。其一，利用高额罚款、声誉损害等后果促使被监管实体自觉遵守法律。其二，要求域外实体在境内设置代表处，作为进入内部市场的条件。① 其三，利用本国的经济实力和对本国市场及市场主体的控制，用"剥夺市场""剥夺资金""拒绝出口"的方式迫使域外实体遵守本国的域外管制法。

但是，司法机关和执法机关在境内执行域外管制法存在几个难题。有效执行的前提是行为人和立法国有联系。行为人必须在立法国境内，或者有财产在立法国境内。司法或者执法机关可以对行为人或者其财产行使强制措施。或者行为人在立法国有经济利益，比如希望进入立法国的市场，使用立法国的金融服务产品，使用立法国的商品或技术等。执法机关可以依靠对本国市场的管控在境内有效执法。也可能出现行为人本人和本国没有关系或者立法，但是行为人的母公司或者控股公司在本国有利益。立法国也可以对受本国控制的关联实体执法，达到对域外行为人施加压力的目的。立法者可以在立法时设置一系列的措施，要求域外行为人在本地建立便于执法的联系。例如 GDPR 要求域外实体在欧盟成员国建立代表机构。② 此外，立法国也可能寄希望于外国协助执

① 参见 Adele Azzi, "The Challenges Faced by the Extraterritorial Scope of the General Data Protection Regulation", (2018) 9 J Intell Prop Info Tech & Elec Com L 126, 133。

② 参见 Adele Azzi, "The Challenges Faced by the Extraterritorial Scope of the General Data Protection Regulation", (2018) 9 J Intell Prop Info Tech & Elec Com L 126, 133。

行，这就需要建立国际执法互助，或者司法协助。但是如今在域外管制法领域的国际合作十分欠缺。

第六，除非立法国根本无力执法，使得域外管辖仅有宣言的效力，或者某个领域域外立法已经成为国际共识，域外立法一旦被强力执行通常会引发其他国家的反应。这些反应通常是负面的，因为域外立法影响了行为地的利益，在很多时候也涉嫌违反现有的国际框架。以上对域外管制法的执法实践的研究揭示，几乎在所有领域，域外管辖都引发过冲突。但是，由于国际法的模糊性和不确定性，大多国家并不会直接提起国际诉讼或者国际仲裁。在域外立法冲突领域，大多国家使用外交抗议或者制定阻断法或者反制法这样的法律手段，对抗其认为不适当的域外管辖立法或措施，形成了法律上的冲突和外交上的争端。在反对国和立法国实力相当或者诸多国家联合反对的情况下，立法国有可能采取暂缓生效或者暂缓执行的措施，缓解外交压力。例如，美国曾在欧盟的强烈反对下，暂缓了《赫尔姆斯-伯顿法》《达玛托法》对欧盟实体生效；欧盟在外国的联合反对下，暂缓对外国航班执行 2008/101/EC 指令。但是，如果反对国为弱国小国，则很难起到任何效果。因此，很多国家适用国内单边立法的方式阻碍外国不当域外立法的实施，例如制定反制法和阻断法。

当今国际法并无法合理协调域外管辖权。国际上域外管辖权的行使呈现无序性、冲突性、失衡性的特点。无序性表现为缺乏统一、清晰的国际法标准，导致一些国家不当地扩大域外管辖权。[1] 冲突性表现为越来越多的国家倾向采用单边立法的方式管治跨国事务，同时制定阻断法阻止外国域外立法在本国发生效力，造成域外立法之间、域外立法与阻断法之间的冲突。[2] 失衡性表现为强国过度行使域外管辖权，而弱国无力反制强国的"长臂管辖"。[3] 域外管辖问题已经成为当今国际法必须面对的一个紧迫问题。

---

① 参见肖永平：《"长臂管辖权"的法理分析与对策研究》，载《中国法学》2019 年第 6 期，第 40 页。

② 参见徐伟功：《论次级经济制裁之阻断立法》，载《法商研究》2021 年第 2 期，第 193～195 页。

③ 长臂管辖做广义解释，即包括国家对其领域外的事务和行为的管制行为，包括立法、司法和执法，而不限于国际私法语境中对域外被告基于最低限度联系行使司法管辖权。参见肖永平：《"长臂管辖权"的法理分析与对策研究》，载《中国法学》2019 年第 6 期，第 39 页。

二、"宽松立法加限制执行"模式

造成域外管辖乱象的原因，是在没有形成多边共识的前提下，各国根据自身利益和经济政治实力，单边进行域外规制。这种单边行为在长期的共同实践中便形成了国际习惯法。由于国际习惯法反映的是国家的事实行为，而国家单边行为考虑得更多的并非国际整体利益而是国家自身实力，国际习惯法在域外管辖问题上形成了"宽松立法加限制执行"模式（以下简称"宽松立法"模式），以严格的属地执行间接限制域外立法。该模式的逻辑如下：第一，将域外立法权视为国家在本国领域内行使主权，避免过多干涉。第二，将法的执行与国家对领域的控制权紧密相连，禁止国家将执行法律的行为延伸到域外。第三，利用域外执行的困难削弱域外立法的效力，使域外立法无法在实践上造成侵犯外国主权的实际后果，间接迫使国家自行约束域外管辖权。基于该模式，国际法对域外立法的直接规范甚少。即使国际习惯法为立法管辖设立了许可性连接点，但是对于这些连接点的内涵、外延、范围、解释、排他性等问题均无清晰的规定。① 简而言之，国际法域外立法管辖问题上的规则基本缺失。

然而，"宽松立法"模式并未达到协调域外管辖的目的，因为它忽视了国家实力对执行的巨大影响。直接后果是实力强大的国家在属地执法的限制下，仍然可以利用国家的经济力量执行域外管辖权；而实力较弱的国家无法有效进行域外治理且无力应对其他国家的"长臂管辖"。国家实力差异通过执行传导至立法，造成域外立法在事实上"按实力分配"。强国越来越频繁地利用单边域外立法挑战他国主权，遏制他国发展，影响他国经济运行；而弱国却很少以域外立法的方式参与全球治理，维护国家利益。因此，改变现状的根本方法是，以多边主义为基石，以"限制立法加协助执行"为模型，建立新型域外管辖模式（以下简称"限制立法"模式），排除国家实力的干扰，在国家间平等分配域外管辖权。

（一）"宽松立法"模式的理论逻辑

国际法中的管辖权被划分为立法管辖权（prescriptive jurisdiction）和执行

① 参见 Cedric Ryngaert, Jurisdiction in International Law（2nd ed., Oxford University Press, 2015）101-142。

管辖权（enforcement jurisdiction）。① 国际常设法院在"莲花号"案中，对域外立法管辖确立了"法无禁止即许可"的原则：除非存在国际法禁止性规定，国家可以对域外的个体和行为自由地行使立法管辖权。② 虽然国家在此后的长期实践中，逐渐对立法管辖权建立了国际习惯法的许可性原则，包括属地原则、属人原则、保护性原则、普遍性原则和效果原则。③ 但是这些原则的解释和适用非常灵活，④ 是否具有详尽性、排他性亦无共识。⑤ 域外立法管辖权问题在国际法上基本处于无严格法律规范的状态。

法的制定与执行之间存在一个双向反馈链条。立法是执行的前提和基础，执行效果形成立法反馈，立法以解释、补充、修订、废止及制定新法等方式给予执行回应。学界大多注意的是国家如何从司法和行政两条渠道增强执法能力，⑥ 却忽视了执行对立法的反向制约。国际法对执行管辖设立了严格的属地标准：如果没有国际法的明确许可，国家不得在另一个国家的领域内行使权力。⑦ 由于域外立法的监管对象在域外，由立法国权力机关执行法律存在很大障碍。⑧ 司法管辖受到适格原告、正当程序、方便法院、送达取证、判决执行等程序问题的制约，难以系统性地发挥效力。行政执法包括行政调查、行政征收、行政检查、行政处罚、行政强制等行为，这些行为也只能在本国领域内进行，难以对域外行为人有实质威慑力。此外，国际上缺乏有效的行政国际合作

---

① 由于司法管辖也有监督法律实施以及惩罚违法行为的作用，这里把司法管辖和执法管辖统称为执行管辖权。参见 T Mouland, "Rethinking Adjudicative Jurisdiction in International Law", (2019) 29 Washington Law Review, pp. 184-188。

② 参见 PCIJ, SS Lotus, PCIJ Reports, Series A, No 10 (1927), pp. 18-19。

③ 参见 Jennings, R and Watts, A, Oppenheim's International Law (9th ed, OUP, 1992), pp. 456-458, 参见徐崇利：《美国及其他西方国家经济立法域外适用的理论与实践评判》，载《厦门大学法律评论》2001 年第 1 期，第 249~282 页。

④ 参见曹亚伟：《国内法域外适用的冲突及应对——基于国际造法的国家本位解释》，载《河北法学》2020 年第 12 期，第 86~87 页。

⑤ 参见 Erich Vranes, Trade and the Environment, Oxford: Oxford University Press, 2009, p. 100。

⑥ 参见肖永平：《"长臂管辖权"的法理分析与对策研究》，载《中国法学》2019 年第 6 期，第 62~63 页。

⑦ 参见 PCIJ, SS Lotus, PCIJ Reports, Series A, No 10 (1927), pp. 18-19。

⑧ 参见 Dan Jerker B. Svantesson, "A Jurisprudential Justification for Extraterritoriality in (Private) International Law", (2015) 13 Santa Clara Journal of International Law, p. 532。

机制，法院也往往因为"公法禁忌"而拒绝在公法领域提供国际司法互助，①使得域外执行存在困难。

执行困难导致违法成本降低。当域外行为人的违法行为不会受到处罚，而遵守法律的行为人可能承受更高的经济成本、更低的行动自由等不利后果时，域外行为人将不会自愿遵守法律。② 这便导致域外立法出现"法律落空"的现象，亦即因为国家权力部门无法有效执行法律，造成立法者立法意愿无法实现的结果。由于域外立法并无实际执行力，大多数国家并不介意只有宣告效力的外国"长臂"立法。而法律得不到有效实施，进而频繁被行为人忽视或违反，将对立法国的法治状况和声誉造成负面影响。美国法理学家隆·富勒教授将执行困难形容为法治的"八大灾难"之一。③因为执行困难，域外立法给立法国造成的负面影响超过正面收益，同时也超过对其他国家的负面影响，因此，立法国相比其他国家更有动力约束自身的域外立法行为。"宽松立法"模式的基础就在于将执行的地域性反向作用于立法，迫使国家在缺乏国际法规则限制的情况下，谨慎行使域外立法管辖权。

（二）"宽松立法"模式的现实困境

虽然利用属地执行间接约束域外立法在理论上可行，但是实践上却导致了国家域外管辖权的失衡。主要原因在于，"宽松立法"模式忽视了各国执法能力的差别。在缺乏国际合作和行政互助的情况下，国家只能借助本国的司法和行政机关执行域外管制法。在全球化时代，国家机关对本国市场和市场主体的监管与控制，可以通过国家力量的外溢，直接或者间接地影响域外的经济活动参与者。虽然执行管辖严格遵循属地原则，但是境内措施依靠国家的市场、金融、经济和科技实力，依然可以对域外行为人施加合规压力。国家实力决定了执行能力。由于执法可以反向作用于立法，依靠国家实力的执行模式，也反向将国家实力差距引入立法领域，造成国家在域外立法实践上的不平衡。域外管

---

① 参见 Andreas E Lowenfeld，"Public Law in the International Arena：Conflict of Laws，International Law，and Some Suggestions for Their Interaction"，（1979）163 RECUEIL DES COURS，pp. 322-326。

② 参见 Hans Kelsen，General Theory of Law and State（Cambridge：Harvard University Press，2011）42。

③ 参见 Lon L. Fuller，The Morality Of Law（2d ed. New Haven，Conn.：Yale University Press，1969）39。

辖权被异化成为强国实行单边主义、霸权主义的工具，失去了本应有的全球治理功能。下文对比超级强国、普通强国和弱国的国家实力和域外管辖状况。

1. 超级强国的域外管辖

作为唯一超级大国的美国利用金融霸权、技术霸权和市场霸权，建立了以美国为中心向外辐射的权力网络。

美国执行域外管制法最有效的武器是金融霸权。美元在全球贸易中占据重要地位，2020 年 10 月美元结算占国际贸易总值的 37.64%。① 美元是世界上最重要的储备货币，占世界外汇储备的 59.02%。② 2019 年美元占外汇交易比重约 85%。③ 美元业务对金融机构的重要性不言而喻。

美国外资监控办公室通过对美国银行和清算系统的控制，借助美元的强势地位，将监控能力逐层传递到外国金融机构，从而达到对外国相关个人和机构的管制目的。外国金融机构在此威慑下不得不进行尽职调查、合规管理，协助执行美国的域外管制法。如果违法，为了维持美元业务，外国金融机构往往会通过缴纳罚款并提供合规补救方案达成执法和解。④ 例如，2019 年 UniCredit 集团的德国、奥地利和意大利银行，因为对 OFAC 制裁目标在外国各方之间的交易提供美元结算义务向 OFAC 支付了总计 6 亿美元的罚款。⑤ 2014 年法国银行 BPN Paribas 因同样原因支付了 89 亿美金罚款。⑥ 利用金融执行域外管制法不是每个国家都可以采用的手段，需依赖一个国家的金融实力，包括其金融机构在全球体系中的地位，以及其货币在国际支付系统中的比重。⑦ 利用美元执

---

① 参见 https：//www. statista. com/statistics/1189498/share-of-global-payments-by-currency/ （last visited on 15 May 2021）。

② 参见 https：//data. imf. org/? sk = E6A5F467-C14B-4AA8-9F6D-5A09EC4E62A4 （截至 2021 年 3 月 31 日，2021 年 5 月 15 日最后访问）。

③ 参见 BIS 2020 July Report （SWIFT 2019 年 Q4 数据）。

④ 参见郭华春：《美国经济制裁执法管辖"非美国人"之批判分析》，载《上海财经大学学报》2021 年第 1 期，第 135 页。

⑤ 参见 U. S. Treasury Department Announces Settlement with UniCredit Group Banks, https：//home. treasury. gov/news/press-releases/sm658 （last visited on 15 May 2021）。

⑥ 参见 OFAC, "Treasury Reaches Largest Ever Sanctions-Related Settlement with BNP Paribas SA for ＄963 Million" （30 June 2014）, www. treasury. gov/press-center/press-releases/Pages/jl2447. aspx （last visited on 16 May 2021）。

⑦ 参见刘建伟：《美国金融制裁运作机制及其启示》，载《国际展望》2015 年第 2 期，第 115 页。

法，给予了美国之于其他国家的非对称的域外执法权。

美国域外执法的第二个武器是科技实力。美国的研发支出占全球总额的26%；新兴技术领域53.8%风险投资进入美国；美国拥有全球31%知识和技术密集型产业；全球高科技制造业31%位于美国。[①] 国际流通的科技商品或者服务很多会涉及源自美国的产品或技术。而美国禁止任何个人或实体将含有美国产品或者技术的商品出售给被列入特别指定国民清单（Specially Designated Nationals，即 SDN）的实体，违反出口管制的外国公司亦可能被纳入 SDN "黑名单" 而成为制裁对象。因此，外国公司不得不自发遵守美国管制法。例如，瑞士国际航空通信公司为民用航空运输业提供商业电信网络和信息技术服务，允许其成员使用通过位于美国的交换机路由消息的应用程序向其他行业方发送消息，使用起源于美国的软件共享用户管理登机和行李管理等流程，并使用托管在美国服务器上的全球行李遗失追踪和匹配系统。由于成员中包括被指定为 SDN 的航空公司，国际航空通信公司被指控为被制裁实体提供起源于美国的软件和服务，最终支付了 800 万美元与OFAC 达成执法和解协议。[②]

美国第三个执法武器是市场。美国是世界上最大的进口国，拥有世界上最大的资本市场和消费市场。2019 年，美国公司对外直接投资达到 5.96 万亿美金，很多外国公司由美国公司投资或控股。美国政府通过市场准入和实际控制两种方式就可以监管与美国市场有直接或间接联系的外国公司。美国政府将所有可以施加行政措施的实体作为直接管辖对象，包括与美国有属人、属地联系的实体，以及受美国实体控制的域外合伙、协会、公司或其他组织。[③] 对于后者，美国政府可以通过对位于美国的公司进行惩罚，迫使美国公司通过公司内部治理的途径督促海外子公司或者关联企业遵守美国域外管制法。例如，英国健康保险公司 Bupa 的海外关联企业对指定为 SDN 的公司在美国境外购买的保

---

① 参见 Report shows United States leads in science and technology as China rapidly advances，https：//www. sciencedaily. com/releases/2018/01/180124113951. htm （last visited on May 26, 2021）。

② 参见 Settlement Agreement between the U. S. Department of the Treasury's Office of Foreign Assets Control and Société Internationale de Télécommunications Aéronautiques SCRL，https：//home. treasury. gov/system/files/126/20200226 _ sita. pdf. （last visited on 15 May 2021）。

③ 参见 31 CFR § 535. 329 - Person subject to the jurisdiction of the United States。

险提供了传输保单文件、维护保单记录和处理保费支付等支持服务，Bupa 美国分支机构因此向 OFAC 支付了 128704 美元罚金。① 中国江苏国强工具有限公司被美国公司 SBD 收购后继续向伊朗出口货物。虽然 SBD 将与受美国制裁的国家/地区停止业务往来作为并购完成的条件之一，且要求中国江苏国强工具有限公司完成多项遵守经济制裁规定的培训，SBD 仍然被视作违反了美国的出口管制法而支付了 1869144 美元罚款。②

基于强大的金融、技术和市场实力，美国政府只需要控制美国市场并对美国的实体行使权力，便可以触及全球大多个人和实体。美国的经济实力决定了其强大的执法能力，而强大的执法能力又造成美国有更强的域外立法动机。美国有世界上最完备最宽泛的域外管制法，涵盖银行、证券、商事贿赂、反恐融资、环境保护、进出口管制、竞争垄断、知识产权等方方面面。执法能力与立法动机互相强化，形成了美国治理世界的单极霸权格局。

2. 普通强国的域外管辖：以欧盟为例

普通强国，如欧盟，没有形成美国那样的霸权地位，但是也拥有巨大的市场和强大的经济实力。欧盟拥有世界上最大的共同市场，因此欧盟执行域外管制法的方法通常依靠市场准入。③ 如，欧盟木材进口需要外国销售商达到尽职调查标准，确保供应链透明度。④ 欧盟《海上排放指令》适用于所有进出欧盟成员国港口的外国商船。⑤ 欧盟《通用个人数据保护条例》适用于目标市

---

① 参见 Bupa Florida Settles Potential Civil Liability for Apparent Violations of Multiple Sanctions Programs, https：//home. treasury. gov/system/files/126/20141029 _ bupa. pdf. (last visited on 25 May 2021)。

② 参见 Stanley Black & Decker, Inc. Settles Potential Civil Liability for Apparent Violations of the Iranian Transactions and Sanctions Regulations Committed by its Chinese-Based Subsidiary Jiangsu Guoqiang Tools Co. Ltd, https：//home. treasury. gov/system/files/126/20190327_decker. pdf. (last visited on 26 May 2021)。

③ 参见 Chad Damro, "Market Power Europe", (2012) 19 Journal of European Public Policy 682-699。

④ 参见 Reg. 2173/2005 on the establishment of the FLEGT licensing scheme for imports of timber into the European Community 2005 O. J. (L347) 1。

⑤ 参见 Regulation (EU) 2015/757 of on the monitoring, reporting and verification of carbon dioxide emissions from maritime transport, and amending Directive 2009/16/EC, [2015] OJ L 123/55, Art 1, 2, 4, 8, 9。

场为欧盟的外国公司。① 以上立法案例均将遵守欧盟管制法作为域外实体进入
欧盟市场的前提。

欧盟虽然将一些管制法的效力延伸到域外，但是大多基于域外行为与欧盟
领土有较强的属地联系。欧盟认为域外管辖有违反国际法的嫌疑，建立属地连
接点则可以认为立法是属地性质，没有进行域外管辖。如欧盟法院在"美国
航空运输协会案"中认定，欧盟制定 2008/101 号指令并未行使域外管辖权，
而是根据领域原则对在欧盟境内起降的外国航空器进行立法管制。② 这个解释
受到了学术界的批评。即使航空器与欧盟有属地联系，但是欧盟实行排放交易
的范围包括欧盟境外的航程以及相应的排放，因此在 2008/101 号指令上，欧
盟事实上行使了域外管辖权。③ 但是由于航空是不可分的、连续的行为，即使
部分行为发生在域外，也可与欧盟内部的行为视作一个整体。属地连接点可以
作为欧盟域外管辖合法性的有力依据。

在金融管制、公司并购和竞争法领域，欧盟基于"效果原则"制定域外
管制法。但是欧盟对"效果"的要求很高。欧盟《市场基础设施条例》规定，
只有当非欧盟居民在域外签订合同对欧盟产生"直接、实质性和可预见"
（direct, substantial and foreseeable）的效果时，合同才受到《条例》管辖。④
此外，欧盟很少仅仅基于"效果"行使管辖权。如《欧盟并购条例》虽然适
用效果原则，但是只有企业在欧盟内部出售商品或者提供服务达到指定门槛时
才能视作对欧盟有"直接、实质性和可预见性"的效果。⑤ 而在竞争法领域，

---

① 参见 Regulation (EU) 2016/679 on General Data Protection Regulation, ［2016］OJ L
119/1, Art 3 (2)。

② 参见 Case C-366/10 Air Transport Association of America, American Airlines,
Continental Airlines, United Airlines v. The Secretary of State for Energy and Climate Change
(ATAA Case) ［2011］ECR I-000, para 124-125。

③ 参见 Natalie L. Dobson, Cedric Rynaert, "Provocative Climate Protection: EU
'Extraterritorial' Regulation of Maritime Emissions", (2017) 66 International and Comparative
Law Quarterly 327-328。

④ 参见 Regulation (EU) No 648/2012 on OTC Derivatives, Central Counterparties and
Trade Repositories, ［2012］OJ L 201/1, Arts. 4 (1) (a) (iv) and 11 (4)。

⑤ 参见 Regulation (EC) No 139/2004 on the control of concentrations between
undertakings (the EC Merger Regulation), ［2004］OJ L 24/1, Art 54。

欧洲法院要求域外做出的违反竞争法的决定或者行为，只有在欧盟内部得到"实施"才属于在欧盟境内产生效果。①

可见，欧盟的域外管辖事实上并未完全偏离传统属地原则，可以视作对属地管辖的延伸。② 换句话说，欧盟域外管辖的手臂并未伸得过长。欧盟没有像美国那样，为了保证对外国实体制裁的效果而将域外管制法延伸到与本国没有联系的实体。例如，虽然欧盟也通过了伊朗制裁条例，但是条例仅对欧盟境内和取得欧盟国籍的个人或实体发生效力，不涉及与欧盟没有属人或者属地联系的第三国实体。③

欧盟域外立法的力度和执行能力息息相关。欧盟的域外管制法通常趋向保守，并要求相关域外实体和欧盟建立物理上的联系。属地联系的重要作用是保证立法得以实施。在域外实体违反合规要求时，如果该实体或者相关行为与欧盟存在属地联系，欧盟权力机关很容易便能对其实施有力的执法措施，包括起诉、罚款、撤销许可等。即使域外实体与欧盟没有直接属地联系，欧盟也可以要求想进入欧盟市场的实体在欧盟设立代表机构或者办事处。④ 由于欧盟内部市场巨大，许多外国实体面对合规和放弃欧盟市场的选择，往往会选择遵守欧盟法律以获得市场准入。⑤ 除了市场，欧盟没有更多的执法手段。因此，在属地联系之外，欧盟的域外监管非常克制，并通常集中在国际公益领域，如环境保护和基本人权。在这些领域行使域外管辖，即使立法技术上有"长臂"之嫌，也有一定的道德合法性。因为执行能力的区别，欧盟域外管制法的量与度均与美国不可同日而语。

---

① 参见 Joined Cases 89/85，104/85，114/85，116/85，117/85 and 125/85 to 129/85 Ahlström Osakeyhtiö and Others v. Commission（Woodpulp I）［1988］ECR 5193 at paras. 16-18。

② 参见 Joanne Scott，"Extraterritoriality And Territorial Extension In EU Law"，（2014）62 The American Journal Of Comparative Law 90。

③ 参见 Reg. 267/2012 concerning restrictive measures against Iran，［2012］OJ L88/1，art 49。

④ 参见 Regulation（EU）2016/679 on General Data Protection Regulation，［2016］OJ L 119/1，Art 27。

⑤ 参见 Anu Bradford，The Brussels Effect：How the European Union Rules the World（OUP，2020）26-30。

3. 弱国的域外管辖

虽然越来越多的国家尝试使用单边立法的方式监管域外行为，但是这些国家大多是有一定经济实力或者市场规模的国家，如加拿大、英国、德国、法国、澳大利亚、中国。弱国虽然也可以通过控制市场准入而执行域外管制法，但是由于弱国的市场较小、经济实力较弱，利用市场执行法律的效果不佳。以竞争法为例，发展中国家为了保护本国民族工业，有动机以市场准入为武器，要求域外企业遵守本国竞争法。与此同时，许多发展中国家为了发展经济，通常采取税收优惠等政策，鼓励外商投资。但如果弱国过度利用市场准入进行域外管辖，可能会造成外国投资者放弃该国市场，无法达到引资的目的。因此弱国被建议只需要管制境内的垄断行为，另外依赖强国管制域外垄断行为。① 该理论的逻辑是，大多产生域外效果的垄断行为都是国际性的，影响多个国家的国内市场，其中往往也包括美欧等强国。域外执行对弱国而言难以实施，而且可能对经济造成不良影响，那么弱国就应当"搭便车"，依赖强国执法惩罚甚至拆分相关实体，并从中受益。虽然"搭便车"的做法可能并不能解决所有问题，比如无法制约回避了强国市场的域外垄断行为，但是考虑到弱国的国家实力和经济能力，这种做法无疑是最有效率的选择。

权衡利弊，弱国往往没有十分强烈的域外立法动机，即使赋予一些国内法律域外效力，也会建立更多的连接点缩减法律的适用范围。弱国的域外管制法通常包括两类：一类适用属人原则；② 一类适用于刑事犯罪。前者可以通过相关责任人与立法国建立的社会、家庭、经济、文化等千丝万缕的联系，形成威慑效应，促使其主动遵守法律。后者大多通过当今并不完善的刑事司法合作等方式执行。③ 而且弱国的域外管制通常存在于针对本国国民的犯罪和危害国家安全等领域，有明显的防御色彩。除此之外，许多弱国在竞争法、环境保护、

① 参见 Marek Martyniszyn，"Competitive Harm Crossing Borders：Regulatory Gaps And A Way Forward"，（2021）Journal of Competition Law & Economics 13。
② 如肯尼亚的《电脑与网络犯罪法案》和乌干达《最高服务税法》适用于身处域外的本国国民或者居民。菲律宾的 2018《营商便利和有效的政府服务提供法》适用于本国政府所有或者控制的位于域外的公司。
③ 如菲律宾《进一步加强反洗钱法的法案》强调本法规制的域外犯罪行为需要通过国际合作进行调查。

气候变化、网络安全等有域外治理需求的领域，仍避免给予国内法域外效力。①

4. 小结

国家在制定域外立法之初便会将执行作为考虑因素之一。执行的效果会给予立法正面或者负面的反馈，为未来法的制定和修订提供指引。这种"立法-执法-立法"的闭环链条，从长期看可能导致大多国家的域外立法与执行能力相当。从国家实践来看，美国的经济科技霸权给予美国强大的域外执法能力，对域外众多实体产生威慑效应。而法的有效执行，给予立法正向反馈，增强立法者的域外监管意愿，导致出台更多"长臂"法规。欧盟的实力弱于美国，但是有巨大的市场可以依靠，因此欧盟的域外立法多要求有一定的属地连接点，以便执行的需要。而大多市场较小且经济实力较弱的发展中国家并没有有效的措施执行域外立法，从而缺乏域外管辖的动机。由于国家实力决定执行能力，"执法-立法"链条被简单异化成"实力-立法"链条，国家力量失衡通过执法传导至立法。"宽松立法"模式利用属地执法协调域外立法管辖权，造成的最终结果是超级大国、强国和弱国域外管辖实际权力的失衡。

（三）"宽松立法"模式下应对方法的局限

由于执行能力的差别，"宽松立法"模式导致了域外管辖权的失衡。美国的过度域外管制行为不仅引起了主权冲突，也对跨国实体造成了巨大的经济风险。在"宽松立法"模式下，各国应对美国过度域外管辖的方法也存在巨大局限。由于国际法对域外立法的限制基本缺失，挑战域外立法在国际法上的合法性有很大难度。此外，美国的执法模式并未违反属地原则，而是将国家力量作用于美国市场和市场主体，并通过美国的金融和市场的影响力传导至域外。当今的威斯特伐利亚体系无法限制主权国家在其境内的执法权。因此，国际法对平衡域外管辖权再难有所作为。其他主权国家只能依靠国内的法律、经济和政治手段，试图削弱美国的域外管辖权。现有的主要应对措施包括制定阻断法、制定反制法、改变经济政策，但是这三种方法在当今的国际法模式中均难

---

① 如越南《网络信息安全法》第二条，《第75号法令》（《竞争法》）仅适用于在越南境内从事的网络信息安全相关活动和经营活动；巴基斯坦《2017年气候变化法案》仅管辖巴基斯坦境内活动。

起到预想效果。

1. 阻断法的局限

阻断法的作用是直接禁止美国域外管制法在本国领域内发生效力。① 如1996 年欧盟针对美国次级制裁出台的《反对第三国立法域外适用条例》（以下简称《阻断条例》）拒绝承认附录中所列举的美国法规在欧盟境内的效力，禁止承认和执行美国法院或者行政机关的相关裁决或决定，禁止欧盟境内主体遵守美国次级制裁，并允许因为美国次级制裁遭受损失的当事方向造成损害的实体追偿。② 中国商务部于 2021 年公布的《阻断外国法律与措施不当域外适用办法》（以下简称《阻断办法》），采取了类似措施阻断美国法的效力。③此外，加拿大、法国、荷兰、澳大利亚等国也通过立法阻断美国法院的证据开示制度，阻碍美国通过司法管辖权执行域外管制法。④

但是阻断法的实际效果存疑。1996 年，欧盟的《阻断条例》以及一系列外交抗议对美国产生了政治压力，迫使美国与欧盟达成协议，限制对古巴的制裁法《赫尔姆斯-伯顿法》和对伊朗和利比亚的制裁法《达马托法》对欧盟境内实体生效。美国政府在实践上也对一些欧盟企业给予豁免。⑤ 因此，欧盟阻断法在长达二十多年的时间里并未在实践上得到适用。2018 年美国宣布退出

---

① 参见廖诗评：《国内法域外适用及其应对——以美国法域外适用措施为例》，载《环球法律评论》2019 年第 3 期，第 178~179 页。类似立法除了下文分析的欧盟与中国相关法律法规之外还有英国《保护贸易利益法》；加拿大《外国域外措施法》；墨西哥《保护商务和投资反对违反国际法的外国政策法》。

② 参见 Council Regulation（EC）No 2271/96 of 22 November 1996 protecting against the effects of the extra-territorial application of legislation adopted by a third country, and actions based thereon or resulting therefrom,［1996］OJ L 309/1, Arts 4, 5, 11；参见徐伟功：《论次级制裁之阻断立法》，载《法商研究》2021 年第 2 期，第 195~197 页。

③ 具体分析参见廖诗评：《〈阻断外国法律与措施不当域外适用办法〉的属事适用范围》，载《国际法研究》2021 年第 2 期，第 44 页往后。

④ 加拿大 1977《商业信息保护法》；加拿大安大略省 1947《商业记录保护法》；法国 1980《关于个人或官员向外国自然人、法人提供经济、商业、工业、财政或技术性文件或情报的第 80-538 号法律》；荷兰 1956《经济竞争法》；澳大利亚 1976 年《外国程序（禁止提供某些证据）法》和 1984《外国程序（过度管辖）法》。

⑤ 参见 Reuters, Austria Charges Bank after Cuban Accounts Cancelled, 27 April 2007 https：//www. reuters. com/article/austria-bawag/austria-charges-bank-after-cuban-accounts-cancelled-idUSL2711446820070427（accessed on 29 April 2021）。

伊朗核协议之后，欧盟重启《阻断条例》，但是实际效果不容乐观。1996 年制定《阻断条例》之时，美国针对金融交易的制裁尚未成熟。但在过去的二十多年中，欧盟跨国公司与美国的金融系统和市场之间的联系更为紧密，金融制裁可能对欧盟实体造成《阻断条例》无法对抗的昂贵代价。2018 年 6 月 4 日，法国、德国、英国和欧盟外交与安全政策部门的首脑致信美国政府，要求美国承诺不对与伊朗有业务往来的欧盟银行和公司实施次级制裁。① 这表明欧盟仍希望《阻断条例》可以起到谈判筹码的作用，而非依赖《阻断条例》在实践上产生对抗美国域外管辖的效果。② 在其他实施类似阻断法的国家，很多相关企业被置于两难境地，承受到来自美国或者所在国的惩罚。③

　　阻断法的困境在于，它的实施效果仍然受制于国家力量对比。④ 从法律层面看，虽然美国可能接受 "外国主权强制" 抗辩，但是实证研究表明，美国对外国阻断法形成的主权强制并不宽容。站在制定阻断法的国家的角度来看，虽然阻断法通常允许例外豁免，⑤ 但是阻断法的目的决定了不会轻易给予豁免。国家对待外国强制的态度形成了 "胆小鬼博弈"（Chicken Game），退让的一方会直接导致本国法律的失效。在双方均难以给予豁免的情况下，相关实体必须在违反美国域外管制法还是违反所在地阻断法中作出选择，相应的代价是接受美国或者所在地的处罚。相关实体必须比较它在两个国家的经济利益，以及两国的惩罚力度，两害相权取其轻。很多实体，特别是金融机构，因为无

---

　　① 参见 Iran：Bruno Le Maire et ses Homologues Européens Demandent Une Exemption de Sanctions à Washington En Savoir Plus Sur RT France，https：//francais. rt. com/international/51349-iran-bruno-maire-ses-homologues-europeens-demandent-exemption-sanctions-washington（accessed on 29 April 2021）。

　　② 参见 Jürgen Basedow，"Blocking Statutes"，in Jürgen Basedow，Giesela Rühl，et al（eds.）Encyclopedia of Private International Law，Cheltenham：Edward Elgar，2017，pp. 213-214。

　　③ 如法国案例 In re Advocate Christopher X，Cour de Cassation Chambre Criminelle Du 12 Decembre 2007 no. 07-83228；墨西哥政府对美国主体在墨西哥的酒店遵守美国的古巴制裁法予以罚款，参见 BBC，"Mexico fines US hotel in Cuba row"，http：//news. bbc. co. uk/1/hi/world/americas/4778268. stm（accessed on 29 April 2021）。

　　④ 参见霍政欣：《国内法的域外效力：美国机制、学理解构与中国路径》，载《政法论坛》2020 年第 2 期，第 187 页。

　　⑤ 参见徐伟功：《论次级制裁之阻断立法》，载《法商研究》2021 年第 2 期，200页。

法承受美国金融制裁或失去美国市场和技术的风险，会理性选择违反所在地的阻断法。① 其次，阻断法通过惩罚本地公司发挥作用，而惩罚本地公司既不符合政府利益，也不符合阻断法的初衷。因此，阻断法本身便存在逻辑悖论。这也注定了各国在利用阻断法惩罚本地公司时可能会比美国更注意拿捏分寸。比如，中国《阻断办法》对未履行报告义务或者不遵守阻断法禁令的行为人的惩罚措施包括警告、责令改正和罚款。② 而美国对违反其域外管制法的惩罚措施包括高额的罚款和刑事监禁。这便导致当地公司更可能倾向遵守美国法而接受本地的惩罚。由此可见，阻断法对美国法域外执行的限制作用有限。

2. 反制法的局限

反制法是以与反制对象相同或相似的方式，应对外国的立法与措施。③ 具体到域外管辖，反制法不直接禁止当地实体遵守外国的域外管制法，但是制定相应的有域外效力的国内法，管制域外的实体或行为。④ 反制法的主要作用在于效果对等和政治威慑。⑤ 美国的域外管辖给外国实体制造了法律和经济风险，外国的反制法也将美国实体置于同等风险；美国以域外管辖推行本国价值，外国以反制法间接对抗。效果对等的结果便是以反制法作为谈判的筹码，对美国施加政治压力。中国的《反外国制裁法》《不可靠实体清单规定》便是直接针对美国对中国实体经济制裁的反制法；《出口管制法》以及《中国禁止出口限制出口技术目录》也包含有反制效果的规则。

反制法的局限与阻断法类似。反制法的作用是通过"对等"进行反击。但是"对等"包括立法上的对等和效果上的对等，而效果上的对等，仍然与国家实力相关。前文已经论述了美国可以凭借金融、技术、市场实力，执行美国域外管制法，而大多国家并没有同等实力保证本国法律的域外执行。因此，

---

① 参见李庆明：《论美国域外管辖：概念、实践及中国因应》，载《国际法研究》2019年第3期，第22页。

② 参见《阻断外国法律与措施不当域外适用办法》第13条。

③ 参见廖诗评：《国内法域外适用及其应对——以美国法域外适用措施为例》，载《环球法律评论》2019年第3期，第175~176页。

④ 我国许多学者建议制定我国法域外适用体系。参见韩永红：《美国法域外适用的司法实践及中国应对》，载《环球法律评论》2020年第4期，第175~177页。

⑤ 参见龚柏华：《中美经贸摩擦背景下美国单边经贸制裁及其法律应对》，载《经贸法律评论》2019年第6期，第7页。

即使其他国家制定相同内容的反制法，实施效果依然与美国法大相径庭。如中国《出口管制法》第 48 条规定："如果特定国家或地区滥用出口管制措施，损害（中国）国家安全和国家利益，中国可根据情况对该国家或地区采取相应的措施。"第 44 条明确《出口管制法》有域外效力，可以追究实施违法行为的域外实体的法律义务。但是，对等措施如何实施，域外实体的责任如何追究，立法中却没有明确规定。中国可以依靠市场力量对违反《出口管制法》的域外实体实施次级制裁，但是市场的触角无法像金融一样全球传导，而且如果实施不当可能会导致外资撤离和加速产业转移，不仅无法达到制裁的效果还可能对本国产业发展产生不利影响。其次，执行效果又会反馈给立法，导致反制法的内容也无法完全对等。如中国《不可靠实体清单规定》管辖的属人范围是"中国企业、其他组织或者个人"。[①]《规定》对不可靠外国实体的处理措施依靠的是市场控制，包括禁止或限制从事与中国有关的进出口活动、在中国境内投资、相关人员或交通工具入境、相关人员的工作、停留或居留。[②] 这些规定与中国的国家实力和执行能力相适应。但是《规定》既不限制域外实体的商事行为，又没有除了市场之外的处罚措施，从内容到效果，均无法做到与美国的域外制裁法实质性的"对等"，也难以达到有效的政治威慑。

3. 经济措施的局限

第三个方法是使用经济措施避开美国金融、科技和市场的力量。[③] 这些措施包括在国际结算中使用其他货币替代美元，绕开美元金融系统；[④] 重整产业链，并提高科技创新能力，减轻对美国产品和技术的依赖。[⑤] 这是对抗美国法域外执行更根本的方法，使用经济手段直接抗衡美国的经济实力。例如，欧盟设立了替代性贸易结算支持机制（INSTEX），用欧元代替美元对与伊朗的经贸活动提供支持。2020 年欧元（37.82%）超过美元（37.64%）成为首要全球

---

①　《不可靠实体清单规定》第 12 条。

②　参见《不可靠实体清单规定》第 10 条。

③　参见李庆明：《论美国域外管辖：概念、实践及中国因应》，载《国际法研究》2019 年第 3 期，第 18~19 页。

④　参见杨永红：《次级制裁及其反制——由美国次级制裁的立法与实践展开》，载《法商研究》2019 年第 3 期，第 176~177 页。

⑤　参见马雪：《美国对俄罗斯金融制裁的效力、困境及趋势》，载《现代国际关系》2018 年第 4 期，第 39 页。

贸易支付货币，为减轻对美元的依赖奠定了基础。① 但是，INSTEX 的实际作用需要检验，而且 INSTEX 的应用暂时并没有完全铺开到各个领域。除欧盟之外，其他国家绕开美元在国际经济活动中的支配地位则需要更长的时间。中国近年也成立了用于促进人民币跨境支付的特殊目的公司——跨境银行间支付清算有限责任公司（Cross-border Interbank Payment System）。中国与伊朗于 2021 年 3 月宣称将达成一项 25 年全面合作协议，据称将使用人民币作为结算货币。② 但是该系统恐难广泛适用，而适用该系统的域外实体也有顾虑受到美国次级制裁。此外，因为美国在高科技行业的知识产权和研发领域仍占支配地位，即使各国重整产业链，从其他国家进口相关商品或服务，也很难回避源自美国的技术和知识产权。经济措施的实质是平衡国家实力，但由于美国在各领域仍在全球处于领先地位，经济措施可以作为长期战略，却难以在短期发挥立竿见影的效果。

由于"宽松立法"模式缺乏对域外立法的限制，而对域外执法的属地要求无法制约国家依靠实力执行法律，各国应对外国过度域外管辖的措施集中在阻止外国国家力量的外溢。阻断法直接阻止外国法律在本国的效力，反制法通过对等施加政治压力，而经济措施直接针对外国的经济力量。但是三种方法的效果均取决于国家实力的对比。由于域外管辖权失衡的根本原因便是国家实力的差别，利用国家实力扭转管辖权失衡的应对方法自然面临困境。

4. 其他争端解决方式的局限

受到外国不当域外管辖的国家可以利用国际争端解决机制解决管辖权冲突。但是至今将域外管辖冲突提交到国际争端解决机构的非常少。国际司法争端解决是法律化程度最高的争端解决方式，具有客观性、公正性、可预见性和非政治性的特点，判决具有稳定性和可持续性。但是由于司法争端解决对相关国家主权产生约束，同时灵活性不足，而且域外管辖问题的国际法本

---

① 参见 https：//www. statista. com/statistics/1189498/share-of-global-payments-by-currency/（last visited on 10 May 2021）。

② 参见路透社：《中国和伊朗将签署 25 年合作协议 包括中国对伊朗能源等关键领域投 资》，https：//www. reuters. com/article/iran-china-enr-deal-0327-idCNKBS2BJ02Q （last visited on 15 May 2021）。

身存在较大的模糊性和任意性，因此国家通常不倾向选择此种方式解决争端。

较多的域外管辖争议是通过外交方式解决。外交方式程序灵活，在实践中的作用有目共睹。但是局限性也非常明显。外交方式依赖实力而非规则解决争端。如果争议双方势均力敌，域外管制法受到了另一个强国的反对，或者诸多国家的联合抗议，外交方式可能奏效。如果受到域外管制影响的是弱国，程序的缺失可能造成弱国失去保护屏障。[1]

第二节　域外管辖的新理论模型："限制立法加协助执行"

由于"宽松立法"模式存在结构性的缺陷，平衡域外管辖权需要直接限制立法，从源头上遏制国家过度以单边立法的方式行使域外管辖权。联合国国际法委员会已经将域外管辖列为长期国际立法工作之一，可以以此为契机对域外管辖的立法采用"限制立法加协助执行"模式，推进域外管辖的法治化。

"限制立法"模式有以下优势。首先，它直接划分国家之间的治理权限，从多边主义立场平衡国家利益和主权冲突。单边域外管辖造成的冲突，本质是平等主权国家治理权限的领域性和现代社会经济活动全球化之间的矛盾。国家有必要对一些发生在域外却涉及本国甚至国际利益的行为进行治理，但是这就可能涉及其他国家的属地管辖权。国际法可以采取适当的标准，为国家的域外立法管辖权划定边界，把各国立法权限限定在合适的范围里，平衡国家利益。

其次，"限制立法"模式以统一的标准平等分配域外立法权，并排除国家实力对管辖权的干扰。"限制立法"模式统一域外立法的连接点、立法的程度与范围以及对管辖权运用的限制。国家不论实力强弱均有同等的权力进行域外治理。该模式有利于国际关系民主化和法治化，也有利于抑制强国利用单边立法推进霸权。

再次，"限制立法"模式设立统一的域外立法管辖权规则，有助于各主权国家在域外立法问题上达成共识。这是进一步推进有效国际行政互助的前提。

---

[1]　参见徐宗立、曹倩倩等：《国际争端解决机制的观察与思考》，载《法治政府建设》2016年第4期，第48页。

只有国家在域外管辖权问题上有基本互信，才可能从司法上，甚至行政上，协助执行法律。而建立国际间在公法问题上的司法和行政互助，才能缓解大多国家特别是小国域外管制法的执行难题。"限制立法"模式有望做到国家对域外行为适度立法，并在其他国家的协助下有效执行。这有助于开创国际治理的新局面。

此外，"限制立法"模式可以协助国家有效解决域外管辖权争端。当今的国际法模式对域外立法管辖权的规则宽松，限制性规则缺失，且国际法基本规则如主权平等、国际礼让等过于模糊，增加了利用国际争端解决机制解决域外管辖权争端的难度。外国域外管辖是否属于"国际不法行为"在缺乏清晰国际法规则的前提下难以准确定性。① 而"限制立法"模式直接针对这个问题，可以令国际争端解决机制更有效的解决域外管辖争端。

最后，"限制立法"模式符合中国利益。当今中美经贸摩擦加剧，域外管辖权成为中美博弈的工具。"宽松立法"模式使域外管辖效力与国家实力正相关。中国经济体量庞大，是世界第一大制造国、贸易国、外汇储备国以及按购买力平价计算最大的经济体。② 但是短期内中国的经济实力和科技实力不及美国，"宽松立法"模式在中美"法律战"中将中国置于不利地位。③ 而限制立法模式直接规范域外立法管辖权，排除国家实力对域外管辖的干扰，有利于博弈中实力较弱的一方。另一方面，中国坚持多边主义立场，反对霸权，倡导国际关系民主化、法治化，并以构建人类命运共同体为目标。这与"限制立法"模式体现的多边主义、平等原则高度契合。

虽然"限制立法加协助执法"在理论上是最有效的模式，但是建立域外立法管辖权的统一国际法规则并非易事。1935 年哈佛法学院主持的项目成果《关于犯罪管辖权的哈佛研究公约草案》从未被纳入正式国际立法议案。④

---

① 参见廖诗评：《国内法域外适用及其应对——以美国法域外适用措施为例》，载《环球法律评论》2019 年第 3 期，第 174~175 页。

② 参见 Wayne M. Morrison, "China's Economic Rise: History, Trends, Challenges, and Implications for the United States", Congressional Research Service Report, RL33534, 25 June 2019, pp. 9-12。

③ 参见霍政欣：《国内法的域外效力：美国机制、学理解构与中国路径》，载《政法论坛》2020 年第 2 期，第 187 页。

④ 参见 Draft Convention on Jurisdiction with Respect to Crime, 29 AJIL 439（1935）。

2006 年联合国国际法委员会第五十八届会议工作报告将域外管辖权问题列入了长期工作方案。① 方案中建议的立法框架包括以下几点：第一，列举了实施域外立法管辖权的许可性原则，包括涉及域外管辖权的属地原则、客观属地原则、效果原则、国籍原则、被动属人原则和保护性原则，要求任何域外立法必须符合至少一项原则才符合国际法。② 第二，订立详细的主张域外管辖权的指导意见，如不同类型的立法对域外事项与立法国联系程度的要求，各种管辖权原则可能为域外立法提供的立法权限和程度，以及在不同领域行使域外立法权的问题。③ 第三，域外管辖权应当受到国际法基本原则的限制，如主权平等、国家领土完整、不干涉内政以及礼让原则。④ 第四，法律冲突的协调方法；第五，争端解决的程序和机制。

联合国国际法委员会提供的立法框架符合"限制立法"模式，有望为域外管辖权提供国际法蓝本。但是，工作方案中的立法框架只是一个原则性的立法模型，具体内容仍需要进一步细化和完善。例如，应对提供各许可性原则的定义和具体的认定标准，如"效果"和"国籍"；应当考虑列举的许可性原则是否穷尽，是否应该结合全球治理的需要在某些情况下给予例外；应当避免使用过于宽泛模糊的限制性原则，而是采取更加客观且有具体判断标准的限制性原则，如比例原则；更加清晰地规定法律冲突的解决规范；对外国主权强制、行为地法优先、艰难清晰抗辩等传统法律冲突解决方法的运用给予具体指导。⑤

---

① 参见国际法委员会年鉴 2006 年，第二卷第二部分，国际法委员会提交大会的第五十八届会议的工作报告，A/CN. 4/SER. A/2006/Add. 1（Part 2），https：//legal. un. org/ilc/publications/yearbooks/chinese/ilc_2006_v2_p2. pdf，附件五，第 279 页。

② 参见国际法委员会年鉴 2006 年，第二卷第二部分，国际法委员会提交大会的第五十八届会议的工作报告，第 42~43 段。

③ 参见国际法委员会年鉴 2006 年，第二卷第二部分，国际法委员会提交大会的第五十八届会议的工作报告，A/CN. 4/SER. A/2006/Add. 1（Part 2），第 44 段。

④ 参见国际法委员会年鉴 2006 年，第二卷第二部分，国际法委员会提交大会的第五十八届会议的工作报告，A/CN. 4/SER. A/2006/Add. 1（Part 2），第 45 段。

⑤ 参见 Erich Vranes, Trade and the Environment, Oxford：Oxford University Press, 2009, pp. 129-154。

第三节　重构域外管辖理论框架

一、域外立法管辖的理论基础重构

考虑到域外立法管辖权的特点，域外立法应当遵循优化的"法无授权即禁止"原则。根据该原则，域外立法不应当有硬性的连接点，而应仅设立一个指导性的原则。域外管辖给予一个国家规则外国行为保护本国利益的目的。当外国行为可以对国家利益发生实质影响，而外国没有兴趣保护他国利益时，单边域外立法可以得到各国的谅解。因此，域外立法管辖应当基于"真实联系"原则。为了防止域外立法不当扩大，同时也应当引入国际法限制性原则，保护域外立法的"度"不会不当侵犯他国主权，规范域外立法权的行使。

利用真实联系原则建立域外立法的理论基础，国家无须执着探求国际法存在哪些原则，以及这些原则应当如何解释，而是可以随着国际关系的变化以及跨国治理的需要，进行合理有效的域外立法，避免法律的滞后性。如果国家创造性地设立连接点，而该连接点有一定的合理逻辑，符合国际社会的预期，或者有利于维护国际社会共同遵守的国际法准则，域外立法不应被认为违反国际法。

真实联系原则为域外立法设立了相对灵活的标准，这一标准不再局限于受管辖的人物或事项与国家形式上的联系，而注重内在的实质关联，纠正基于僵化连接点制定的域外管制性法律在实践中产生的偏差。例如，基于国籍原则制定的域外管制法，可能因为行为人更换国籍而失效，或者将与立法国建立了非国籍实质性联系的行为人排除在外；基于效果原则制定的跨国法律，可能适用于在立法国产生非故意的、间接性效果的域外行为，损害法律对于行为人的可预测性。真实联系原则对立法管辖连接点的本质属性提出了要求，是对许可性标准的进一步规范。但是，真实联系原则的灵活性可能导致立法权的不当扩大。因此，在确立了真实联系的基础上，还应当运用国际法一般性原则对域外立法进行限制，保护立法国和行为地国之间的利益平衡。

国家在行使域外立法管辖权时应当遵守两个步骤。第一，通过真实联系原则，建立域外立法的管辖权基础。第二，通过限制性原则，防止立法权的滥用，维护国家间的利益平衡。

（一）真实联系原则

1. 真实联系原则概述

真实联系原则要求域外立法与受立法管制的人物或事项之间有实质的、真实的联系。[1] 一国在涉及其合法利益时便应当享有域外管辖权。[2] 真实联系便是确定一国是否对规制事项具有合法利益的最直观的标准。

事实上，传统的领域原则、属人原则、普遍管辖原则、保护性原则、效果原则、消极属人原则，通常可以认为形式上符合真实联系原则。[3] 这些熟知的管辖连接点从不同角度证明了真实联系的存在。换句话说，真实联系原则是一个总括原则（catch-all principle），它用一个直接的、统一的模型，确定域外立法权的许可条件。[4] 但是，真实联系是否真正存在，则需要根据个案的具体情况进行分析。例如，国家有权对海外的税收居民征收所得税，但是跨国征税需要探查域外纳税义务人和国家的实质性关系，包括义务人在境内的停留时间、工作状况、家庭联系、社会生活等，而非仅仅考虑一个人是否拥有本国国籍。相反，在跨国人员流动日益频繁的今天，国籍在很多情况下并不能反映一个人和国家之间的实质性联系。

在传统的五种许可性原则之外，国家可以根据实际需要，认定某事项与本国有真实联系，从而获得域外立法管辖权。真实联系原则可以灵活地根据国家需要以及国际权利义务的发展而发展。同时，真实联系原则也为新的域外立法连接点设立了原则性的规范，防止域外立法管辖的不适当扩大。如美国的 1996 年《赫尔姆斯-伯顿法案》（Helms-Burton Act 1996，以下简称《赫伯法》）将古巴禁运扩大到与美国无关的外国公司；1996 年《伊朗-利比亚制裁法》（Iran-Libya Sanctions Act 1996）、2006 年《伊朗制裁法》（Iran Sanctions Act 2006）、2012 年《伊朗自由与反扩散法》（Iran Freedom and Counter-Proliferation Act 2012）对与伊朗进行管制行业贸易的非美国实体实施

---

① 参见 J Crawford，Brownlie's Principles of Public International Law（8th ed OUP 2010）457。

② 参见 RY Jennings，"Extraterritorial Jurisdiction and the United States Antitrust Law"，（1957）33 BYIL 146, 153。

③ 如美国《外国关系法重述（第四次）》第 407 条将真实联系作为域外立法的基本原则，第 408~413 条列出传统许可性原则，作为存在真实联系的范例。

④ 参见 Natalie L. Dobson，Cedric Rynaert，"Provocative Climate Protection：EU 'Extraterritorial' Regulation of Maritime Emissions"，（2017）66 ICLQ 295, 326。

实际制裁。这些立法均无法证实真实联系的存在，因此被大多数国家和学者明确反对。① 许多国家认为这些法案为国际投资和贸易无理地设置了障碍，并进行了相应的阻断立法。② 相反，美国的 2002 年《萨班斯-奥克斯利法案》（Sarbanes-Oxley Act 2002）适用于证券在美国注册或上市的任何上市公司。虽然这些公司在美国没有经营活动，但是与美国的证券市场建立了实质联系，因此该法案较少受到质疑。

2. 真实联系的确定

确定真实联系需要探究两个要素。第一，域外事项必须与立法国有联系。首先，联系必须是客观而非主观的。立法者不应主观认为外国事项影响本国经济、政治、商业和社会利益，便得出存在真实联系的结论。③ 立法者需要有切实的证据，证明域外事项切实地影响到了本国社会秩序和经济利益。如美国认为古巴因为政治体制和意识形态威胁美国的政治利益和社会利益，颁布《赫伯法》对与古巴有贸易往来的外国公司进行次级制裁。该结论是主观臆测而非基于客观事实。并无证据证明古巴对美国的国家安全构成任何实质性威胁，古巴的政治体制和美国有实质性联系，或者外国公司与古巴在美国境外的贸易投资往来会对美国构成影响和威胁。

其次，联系必须是已经存在的，而非尚未发生的。比如，针对立法国成立的外国恐怖活动组织构成立法国及其国民的安全风险，因此立法国可以针对境外恐怖组织立法保护本国安全。相比之下，外国公司成立不针对立法国的电子商务业务，因为互联网的无国界性存在与立法国居民交易的可能。在交易未发

① 参见 Malcolm Shaw, International Law 693（CUP, 2008）。

② 如加拿大的 1996 年《外国域外措施法》（Foreign Extraterritorial Measures Act 1996, ch. 28）；墨西哥的 1996 年《贸易保护和投资法》（Law for the Protection of Trade and Investment 1996）；欧盟理事会 2271/96 免受第三国通过的域外适用法律的影响保护条例（Council Regulation 2271/96 Protecting against the Effects of the Extraterritorial Application of Legislation Adopted by a Third Country）；欧盟委员会委派条例（2018）/ 1100 修改理事会法规（EC）2271/96 的附件以防止第三国采用的域外适用法律的影响以及以此为依据或由此产生的行动（Commission Delegated Regulation（EU）2018/1100 of 6 June 2018 amending the Annex to Council Regulation（EC）No 2271/96 protecting against the effects of extra-territorial application of legislation adopted by a third country, and actions based thereon or resulting therefrom, C/2018/3572,［2018］OJ L 1991/1。

③ 参见 FA Mann, "The Doctrine of Jurisdiction in International Law", （1964-I）111 RCADI 1, 28。

生时，立法国不宜宣称该公司因为电子商务业务与立法国建立了联系。

再次，联系应当是直接而非间接的。如美国声称外国人在伊朗、利比亚的投资，会对美国对两国的制裁政策产生实质性的影响，因此对这些外国公司进行次级制裁。但是，外国公司的商事行为多基于商业利益，无政治目的。商业行为直接影响的是双方当事人的商事利益，以及行为地的经济利益，对于行为地之外的任何影响都是遥远的、间接的、难以证明的。[1] 因此，间接、非故意的效果也无法证明真实联系。

第二，联系必须是真实的。真实首先表现在质的方面，意思是联系必须是实质性的，而不是形式上的、表面上的。例如国际法院在诺特博姆（Nottebohm）案中的判决认为，国际法上的属人联系需要以社会联系、真实意思和情感、对等的权利与义务为基础。[2] 换言之，个人需要与国家建立实质性的联系。[3] 适用真实联系标准可以有效地消除基于国籍的僵化属人原则带来的问题，如持一国国籍的公民长期居住在海外而与国籍国没有实质联系，或者行为人通过变更国籍回避相关国家的管辖权。

其次，在量的方面，联系必须是长期的、持续的，而非零星的、偶然的。例如，美国《萨班斯-奥克斯利法案》（Sarbanes-Oxley Act）适用于所有在美国上市的外国公司。因为公司选择在美国上市，则与美国建立了长期的稳定的关系。美国的《海外反腐败法》（Foreign Corrupt Practices Act 1977）适用于外国的自然人和法人，前提是在腐败行为发生时这些外国实体身在美国境内。[4] 如果外国人在海外行贿赂行为，即使事后去美国也无法形成真实联系。还有欧盟的排放交易体系适用于在欧盟起降的非欧盟的航空器运营方。[5] 而航班的路线运营安排，也形成了长期的持续的联系。如果一架不在欧盟起降的航空器因为

---

① 参见徐崇利：《美国及其他西方国家经济立法域外适用的理论与实践评判》，载《厦门大学法律评论》2001 年第 1 期，第 282 页。

② 参见 Nottebohm（Liech v. Guat），1955 ICL 4（Apr 6），p. 23。

③ 参见 Cf. Robert D. Sloane, " Breaking the Genuine Link: The Contemporary International Legal Regulation of Nationality", （2009）50 Harvard International Law Journal 1。

④ 参见 15 USC §78dd-2（h）（1）。

⑤ 参见 Directive 2008/101/EC amending Directive 2003/87/EC so as to include aviation activities in the scheme for greenhouse gas emission allowance trading within the Community, [2009] OJ L 8/3, para 16。欧盟法院在 ATAA 案中认为欧盟对起降于欧盟的航线行使立法管辖权是根据领域原则，这个解释无法证明欧盟对在境外排放行使管辖权的合法性。

特殊原因要在欧盟成员国境内迫降，这种偶然的联系无法为欧盟创造立法管辖权。

最后需要说明的是，真实联系不是最密切联系。与一个事项存在最密切联系的，往往只有一个国家。而国际法并没有限制只有一个国家能对某一事项行使立法管辖权。相反，由于一个事项可能涉及多个国家的利益，或者国际社会的共同利益，国际法允许多个国家对同一事项行使立法管辖权。因此，探求真实联系不要求对比相关事项与不同国家之间联系的密切程度。只要事项与立法国有实质性联系，即存在立法管辖权基础。下文将以国际公益作为范例解释真实联系原则在实践中应当如何适用。

（二）域外立法管辖权的限制

即使域外立法基础满足，也就是国家和域外事项有"真实联系"，也不代表国家应当域外立法管辖相关事项。或者域外立法是合理适度的。国家应当在确定国家有权立法之后，继续考量是否立法符合国际法一般性原则，包括主权平等、国际礼让、合理性和比例原则。主权平等是一切跨国行为必须遵循的核心原则。国际礼让要求国家域外立法时必须考虑别的国家的尊严和利益，尊重外国法律和外国的属地管辖，必要的时候约束本国域外立法的冲动。合理性要求域外立法必须合理，域外立法权不能滥用。但是如何确定域外立法是否合理是一个难题。因为适度原则提供了更加切实可用的评价标准，因此建议适度性原则应当作为确定域外立法是否合理的基本原则

1. 目的合法性

比例原则要求，国家域外立法必须为了实现合法的目标，使用合适的手段，不过度侵犯另一个国家的利益。[①] 域外立法首先需要实现合法目的。基于立法国与受管制的事项之间的实际联系，立法国享有立法利益。但是这不代表立法的目的一定"合法"。判断域外立法的合法目的需要探讨以下几个问题。

第一，"合法"合的是什么法？立法国与其他国家有不同的国内法。如果立法仅仅要求域外立法目的符合立法国的法律标准，则可能无法平衡其他国家的利益。立法国也无法考虑受影响的国家的国内法律标准，因为一项域外立法往往会影响多个国家，而这些国家的国内法不尽相同。所以"合法"应当从

---

① 参见 Emily Crawford，"Proportionality"，in Wolfrum Rüdiger ed.，Max Planck Encyclopedias of International Law（Oxford University Press，2011）para 1。

国际法角度出发。大多数国家的宪法明确表示要尊重国际法规范，因此国际法标准是各国国内法的共同点。但是，各国宪法对国际法的地位定性不同。大多国家仅明示给予本国签署的国际条约等同于国内法律的地位，① 而有的国家在宪法中同时承认国际法一般原则的法律地位。② 而且国际法本身亦有较强的模糊性。因此，域外立法的"合法性"不应当做教义性的狭义解释，而应当理解为广义的"合理和正当"。目的合法性要求域外立法符合国际法所确立的、国际社会维护的或者普遍接受的价值。例如，一个世界贸易组织（WTO）成员国认为外国进口商品较本国商品有价格优势，对本国工业造成了冲击，便立法要求外国出口商品至本国的公司提高劳动力成本以保护本国公司的竞争力。虽然立法管制的事项与本国有一定联系，但是立法目的违反了 WTO 的原则，以及国际社会普遍接受的市场经济和自由竞争原则，因此不能认为是合法目的。

第二，国际共同价值并非要求立法国维护国际利益。主权国家可以立法保护本国的单边利益，只要这个利益同时被国际社会大多国家接受。比如保护性管辖旨在保护立法国最核心的、根本的利益，如主权独立、领土完整、国家安全。③ 一个国家的主权利益不是国际社会的共同利益，而是各个国家都接受的、普遍维护的自身利益。从这个角度看，域外立法不要求以利他为目的。维护立法国本国单边的利益也符合国际法。

第三，国际共同价值是一个抽象的概念，每个国家对其内涵和外延的界定不需要一致。国际社会可能对国家有权维护某一类利益达成共识，但是没有对此类利益的概念作出更详尽的定义，而是认为国家对哪些问题属于此类利益有自裁自决的权力。例如，国际社会普遍允许国家安全例外，但是没有对国家安全概念作出国际一致的明确定义。国家可以自行认定什么问题属于本国的国家

---

① 如美国联邦宪法第 VI 条，法国宪法第 55 条，日本宪法第 98 条，阿根廷宪法第 31 部分。

② 如德国基本法第 25 条规定"国际法基本原则是联邦法律的一部分"；大韩民国宪法第 6 条规定"根据宪法缔结、公布的条约及普遍得到承认的国际法规具有与国内法同等的效力"；俄罗斯宪法第 15 条第 4 款规定"普遍承认的国际法规则和俄罗斯联邦签订的国际条约和协定是联邦法律体系的一部分"。

③ 参见马忠法、龚文娜：《法律域外适用的国际法依据及中国实践》，载《武陵学刊》2020 年第 5 期，第 78 页。

安全问题。① 因此，一国出于保护本国国家安全的目的而制定的域外立法，符合合法目的。② 虽然立法国对国家安全的定义可能比其他国家更宽泛，以至于该国定性为危害国家安全的行为，可能在其他国家并不构成国家安全性质的问题，但是这种区别不影响目的的合法性。

第四，立法可能会有多个目的。如果目的之一是为了维护国际社会的共同价值（合法目的），但是也有其他经济目的，如贸易保护（非法目的），这样的立法整体上能否认为合法？例如，欧盟《通用数据保护条例》第 3（2）条规定，该《条例》适用于在欧盟境内没有经营场所的外国企业，在向欧盟境内的数据主题提供商品或服务的过程中，直接收集、处理欧盟境内数据主题的个人数据的行为。③ 欧盟立法者所声明的立法目的，是保护自然人的基本权利和自由，包括个人信息权。④ 然而，有学者分析指出，欧盟的目的是借个人数据保护为名，打压外国高科技巨头，帮助欧盟企业参与互联网竞争。⑤ 这种情况该如何确定立法目的的合法性？

首先需要确定立法的真实目的。立法目的可能根据三种要素推断：立法表述、立法背景、立法效果。表述是在法律中，或者立法机关的官方文件中，对立法目的进行的陈述。这是推断立法目的的主要因素。通常来讲，确定立法目的标准是立法者真实意愿的客观反映，而立法机关的明文表述，是确定目的的出发点。如果没有有力的反证，立法机关表述的意图应当认作立法目的。立法背景包括立法的法律依据、议案、征求意见稿、白皮书、讨论会等，都可以作为辅助证据，证明立法的真实意图与立法机关的表述不一致。立法效果一般不应作为证明立法真实意图的直接证据，因为效果往往在法律实施之后才会呈现，且可能和立法前的预测并不完全一致。

如果立法有多个真实目的，那么第二步则需要确定立法的主要目的。主要

---

① 参见 Onuma Yasuaki, "International Law in and with International Politics", (2003) 14 European Journal of International Law 105, 114。

② 如《香港国安法》第 38 条规定，域外的外国人实施的危害我国和香港安全的行为违法。

③ 详细分析参见俞胜杰、林燕萍：《〈通用数据保护条例〉域外效力的规制逻辑、实践反思与立法启示》，载《重庆社会科学》2020 年第 6 期，第 62~79 页。

④ 参见《通用数据保护条例》第 1（1）和 1（2）条。

⑤ 参见刘泽刚：《欧盟个人数据保护的野后隐私权治变革》，载《华东政法大学学报》2018 年第 4 期，第 54~64 页。

目的可以独立存在，单独成为立法理由；次要目的是实现主要目的时的附带目的。如果没有主要目的，立法者不会因为要实现次要目的而专门制定法律。合法性只要求主要目的合法。如果在主要目的之外，立法者还有别的考量，这些不应该作为判断立法目的是否合法的因素。以此标准反观欧盟《通用数据保护条例》。该条例表述的立法目的是保护个人数据，而市场竞争问题只是学者的推测，且无法通过立法背景文件来证实。因此可以认为欧洲数据保护立法符合目的合法性原则。

2. 适当性原则

适当性要求域外立法是有助于实现合法目的的有效手段。① 如果手段无助于实现立法目的，那么使用该手段对其他国家利益的侵犯则是无意义的。禁止使用该手段，将有助于各国总体利益的最大化；而运用该手段，导致的是总体利益的减损。适当性主要考察立法国的合法目的是否和他国的利益存在真实冲突。真实冲突意味着立法国合法目的的达成必然要以他国利益的减损为代价。当减损他国利益的手段并不能帮助实现立法国的合法目的时，立法国与他国的利益并不存在真实冲突，因此域外立法便不是合适的选择。②

运用适当性原则需要考虑以下几个因素。第一，手段在何种程度上有助于实现目的？对于程度的判断有两种方法。第一种是"实现说"，亦即手段可以实现立法目的。另一种是"协助说"，亦即手段无须实现目的，只要对实现目的有一定帮助即是合适的手段。学者普遍建议，对适当性的衡量标准不应过高。如果域外立法的目的过于宏大，或者旨在解决一个非常困难的问题，该目的在现实中暂时难以实现。过于严格的适当性标准将会惩罚有雄心的立法者。③ 例如，欧盟为了应对气候变化，立法规制境外温室气体排放。④ 由于一国的国内立法无法单方面达到改变全球气候变化的目的，严格的适当性原则将导致所有与环境相关的域外立法直接违反比例原则。这就从客观上

① 参见韩秀丽：《寻找 WTO 法中的比例原则》，载《现代法学》第 2005 年第 4 期，第 180 页。

② 参见 Kai Möller, "Proportionality: Challenging the Critics", (2012) 10 International Journal of Constitutional Law 709, 713。

③ 参见 Erich Vranes, Trade and the Environment 148 (OUP, 2009)。

④ 参见 Natalie L. Dobson, "'Climate Change Jurisdiction': A Role for Precaution?", (2018) 8 Climate Law 207。

禁止国家以单边域外立法的方式保护环境。在国际统一行动难以达成的情况下，很难说这个结果符合国际社会的共同利益。因此，采用"协助说"更加合理。

第二，如何判断手段能否有助于实现立法目的？第一个方法是将立法前和立法后做比较，考察立法后情况是否有了改善。但是需要注意的是，这是一个静止、孤立的考察方法，没有考虑到事物的变化往往是多个因素共同作用的结果。有的变化是出于其他原因，比如经济的增长或停滞、国际关系的改变、疫情等突发事件，而非因为立法；有的变化是多个原因相互作用的结果，而立法只是原因之一。因此，要确定是否域外立法有助于实现立法目的，仅仅将立法前后做比较难得出科学的结论。第二个方法是将有立法和无立法做对比，也就是在考虑了同等变量的前提下，假设没有立法会发生的情况，用来和立法之后的情况比较。这个方法虽然更科学客观，但是没有立法可能导致的情形，不是事实结论，而是基于对于事物变化的模拟和推断。因此使用该方法需要依赖可靠的科学模型，以提高结论的准确性。

在域外立法领域，需要注意的是域外立法多少会存在执行的问题。虽然立法管辖权可能超越国界，但是执法管辖权遵守严格的属地原则。如果盲目立法而不考虑执法，或者国家没有相应的实力和国际协助来辅助执法，域外立法很多时候不能协助实现立法目的。但是，这并不是说立法不能对立法目的在某个程度上有辅助作用。禁止性的域外立法通常即使无法在其他国家的法院和行政机关直接适用，也可能产生间接效果。例如，违法行为人主动放弃立法国的国内市场；违法的行为人严格控制自己的旅行地，不进入立法国或者与立法国有引渡协议的国家；法院采纳外国的禁止性域外立法，作为被告对违反合同责任的抗辩理由。[①] 在这些情况下，无法直接执行的域外立法如果能以间接方式协助实现立法目的，也可以认为符合适当性原则。

3. 必要性原则

必要性原则要求使用对其他国家权利影响尽可能小的手段达到目的。如果还有其他的手段达到相同的目的，而该手段对其他国家权利的影响较域外立法

---

① 参见 Regazzoni v KC Sethia［1958］AC 301；Ralli Brothers v Compania Naviera Sota［1920］2 KB 28；Foster v Driscoll［1929］1 K. B. 470（CA）。

更小，则立法国应当采取其他手段而非域外立法。①

必要性原则的核心在于寻找"合理的其他手段"。② 是否适用其他手段需要考察三点。首先，其他手段对于目的实现是否与域外立法同样有效。③ 其次，其他手段是否需要消耗更多资源，或者产生更多成本。最后，其他手段是否会给第三国添加额外的义务和负担。④ 德国法学派主张采取统一的规范的方法，即只有与原手段同等效力、同等成本、同等义务的手段，才能作为"合理的其他手段"。⑤ 但是这种方法没有考虑效力、成本或义务的大小，与对他国的负面影响的程度之间的比较。如果其他手段对于实现立法目的的有效性不如域外立法，但是相关领域域外立法对于相关国家主权的影响更大，相比之下使用其他手段整体收益更高。同理，如果其他手段会产生额外的成本或者对第三国添加额外负担，但是这些成本或负担相比域外立法对他国利益的影响较小，也不足以证明域外立法对其他国家主权的有限侵犯是必要且无法避免的。因此不应采取德国法学派一刀切的方法，而是需要综合考量有效性、成本、对他国的影响等因素，找寻整体成本最低或者利益最大的方法。⑥

国家希望规制发生在外国而对本国有影响的行为，除了直接进行域外立法，还可以考虑以下几个方法。第一，行为地国对此行为的规范。如果行为地国对相关行为订立了法规，而该法规可以完全实现立法国的目的，立法国应当避免对相同的行为立法；如果行为国的法规在一定程度上有助于实现立法目的，但是留有重要的漏洞，立法国可以针对此漏洞补充立法。比如国家在刑事

---

① 参见 Erich Vranes, Trade and the Environment 149 (OUP, 2009); Kai Möller, "Proportionality: Challenging the Critics", (2012) 10 International Journal of Constitutional Law 709, 713。

② 参见 GATT Panel Report, United States Section 337 of the Tariff Act of 1930, L/6439, adopted 7 November 1989, BISD 36S/345。

③ 参见 Kai Möller, "Proportionality: Challenging the Critics", (2012) 10 International Journal of Constitutional Law 709, 713-714。

④ 参见 Kai Möller, "Proportionality: Challenging the Critics", (2012) 10 International Journal of Constitutional Law 709, 714。

⑤ 参见 Dieter Grimm, "Proportionality in Canadian and German Constitutional Jurisprudence", (2007) 57 University of Toronto Law Journal 383, 393。

⑥ 见下文严格比例原则。该方法也被 WTO 争端解决机制适用过。见韩秀丽:《寻找 WTO 法中的比例原则》，载《现代法学》2005 年第 4 期，第 182~183。

领域往往立法惩罚本国人在外国的犯罪行为。① 这不代表此种行为在外国不视为犯罪，而是因为如果本国不进行域外立法，在外国犯罪的持本国国籍的行为人可能通过回国而规避惩罚。② 如果一国和大多数国家有基于双重可诉原则的引渡协议，则此类域外立法可能没有必要。但是在没有全球范围内的引渡协议的情况下，域外刑事立法有其必要性。此外，如果行为地国对某行为无规范，则立法国可能有必要进行域外立法。比如行为地国很多时候对威胁外国主权和安全的行为采取漠不关心的态度。除非有国际条约义务，一般不会立法惩罚相关行为。③ 因此，国家可以基于保护性原则，立法惩罚发生在外国，但是足以威胁本国根本利益的行为，如危害政治独立、领土完整、国家安全的罪行。④

第二，第三国对此行为的规范。如果行为地国对相关行为没有规范，而第三国有相关立法，立法国需要考虑第三国的立法是否有助于实现立法目的。值得注意的是，第三国的立法权限低于行为地国。行为地国对发生在本国的行为有绝对的立法权，他国不能干涉，但是第三国对此行为立法同样受到国际法限制，需要考虑立法的利益平衡。如果第三国的立法违反了国际法，那么即使该法可能帮助立法国实现立法目的，也不能算是"合理的其他手段"。立法国可以在国际法权限内自行立法。

第三，国际法对此行为的规范。如果存在有效的国际条约与国际合作可以帮助实现立法目的，域外立法便无必要。如果不存在有效的国际条约，立法国应当考虑通过多边协商达成共识，通过订立国际条约达成立法目的。如果短期内有望达成共识，则应当避免单边域外立法；如果短期无法达成共识，可以考虑单边立法，该法可以在达成国际条约之后失效；如果推动国际合作对于立法国而言将会存在较高的成本，则应比较成本和收益。如果国际立法成本大于单边立法收益，则适合单边立法；反之亦然。

---

① 如我国《刑法》第 8 条规定："中华人民共和国公民在中华人民共和国领域外犯本法规定之罪的，适用本法。"

② 参见 Cedric Ryngaert, Jurisdiction in International Law（2nd ed., Oxford University Press, 2015）106。

③ 参见 Harold G. Maier, "Jurisdictional Rules in Customary International Law", in Karl M. Meesen ed., Extraterritorial Jurisdiction in Theory and Practice（Kluwer Law International 1996）69。

④ 霍政欣：《国内法的域外效力：美国机制、学理解构与中国路径》，载《政法论坛》2020 年第 2 期，第 174 页。

4. 严格比例原则

严格比例原则，也称狭义比例原则，是比例原则的最后一个要素。此时已经可以确定，立法国的立法目的和行为地国的主权存在真正的冲突，且没有单边域外立法之外的更加温和的解决方式。此时需要比较的是，对行为地国主权的干涉，较立法国无法实现立法目的，这两个风险哪个更大。换句话说，通过限制行为地国的主权而实现合法目的是否适度。①

严格比例原则的适用分为三个步骤。第一，考察立法目的无法实现带给立法国的损失或风险（D1）；第二，考察域外立法带给行为地国的损害（D2）；第三，比较 D1 与 D2，选择带来最小损害结果的方法。② 这个公式看似客观，但是在实践操作中仍有较大的主观随意性。因为比较相互冲突的利益和风险的大小，需要认定和预测被保护利益的重要性和利益损害的程度。损失大小通常涉及直接损失和间接后果。③ 直接损失包括域外立法保护的利益的损失，和立法给其他国家的利益带来的损失；间接后果则包括主权、尊严、社会心理、法律信仰、民族自信等因素，很难用数字量化。因此严格比例原则难以客观。④

其次，有的利益也许能用数字衡量，但是数字衡量可能会得出道义上的悖论。⑤ 严格比例原则如果仅仅要求所得大于所失，则容易以牺牲善与正义为代价，陷入功利主义的陷阱。⑥ 因此有学者指出，严格比例原则不应当用于立法审查，而实践上很多国家的国内法适用比例原则审查立法的合宪性也很少真正适用严格比例原则。⑦

但是，这些难点并不代表着严格比例原则可以被忽略。严格比例原则的目

---

① 参见 Kai Möller, "Proportionality: Challenging the Critics", (2012) 10 International Journal of Constitutional Law 709, 715。

② 参见 Sobek Montag, "Proportionality Tes", in Alain Marciano & Giovanni Battista Ramello eds., Encyclopedia of Law and Economics, Springer, 2018, at https://doi.org/10.1007/978-1-4614-7883-6_721-1 (Last visited on Mar 8, 2021)。

③ 参见陈征：《论比例原则对立法权的约束及其界限》，载《中国法学》第 2020 年第 3 期，第 162 页。

④ 参见 Erich Vranes, Trade and the Environment 150 (OUP, 2009)。

⑤ 参见 Kai Möller, "Proportionality: Challenging the Critics", (2012) 10 International Journal of Constitutional Law 709, 715-716。

⑥ 参见 John Rawls, Justice as Fairness 131 (Harvard University Press, 2001)。

⑦ 参见陈征：《论比例原则对立法权的约束及其界限》，载《中国法学》第 2020 年第 3 期，第 162 页。

的并不是得出一个科学的结论，而是从程序上对决策的公正性进行尽可能地理性控制。① 在此程序中，立法者需要全面考虑基于理性的相关论点，合理论证为什么在利益冲突时，一项利益比另一项有优先权。并在比例原则的规范结构中保留权衡余地。② 也就是说，当满足了域外立法是有助于实现合法目的的必要手段之后，立法者不应当立即立法，而应整体权衡。国家之间利益平衡的核心在于立法不失度。失度表现在虽然域外立法是维护立法国利益的必要手段，但是立法对别国的负面影响超出了可以接受的范围。由于国际法中国家利益的不可量化，需要考量经济、政治、国际关系各种因素，域外立法问题留有较大权衡余地。

以严格比例原则权衡国家利益，应当以属地原则优先为出发点。属地原则是国际法上管辖权的基本原则，而域外立法属于例外。严格比例原则应当倾向于行为地管辖权优先。如果某一行为在行为地国属于受宪法或其他法律保护的权利，则立法国通常不应当立法惩罚该行为。只有在有充足理由的时候，才应当认为域外立法合乎比例。"充足理由"的寻找可以采取动态平衡的方法，综合考虑立法目的的重要性、紧迫性，对比域外行为与国家联系的紧密程度。首先，立法国立法保护的利益越重要，域外立法越可能符合严格比例原则。如保护性管辖目的是保护本国的根本利益。根本利益涉及国家的生存发展，包括维护主权、政治独立、领土完整、国家安全。以此为目的，国家有权进行域外刑事立法，规制行为地国不认为是犯罪的行为。③ 由于大多国家认可国家根本利益的重要性，因此对保护国家主权和安全的保护性管辖通常没有异议。如果保护的利益仅为国内一些实体的经济利益，域外立法需要更加谨慎。其次，立法国与被管制事项的实质联系越大，域外立法越可能符合严格比例原则。例如，欧盟对从成员国境内起降的非欧盟航空器，以及所有进出欧盟成员国港口的外国船商船，航行全程温室气体排放实施欧盟排放标准。虽然部分航行发生在欧盟境外，但是欧盟是航行的出发或者目的地，没有和欧盟的属地关联就没有相

---

① 参见 Kai Möller, "Proportionality: Challenging the Critics", (2012) 10 International Journal of Constitutional Law 709, 719-724。

② 参见陈征：《论比例原则对立法权的约束及其界限》，载《中国法学》第 2020 年第 3 期，第 163 页。

③ 参见 Cedric Ryngaert, Jurisdiction in International Law (2nd ed., Oxford University Press, 2015) 114-119。

关排放发生。而且整个航程的排放是一个整体，难以分割。因此欧盟相关立法符合严格比例原则。① 相反，美国依据是"物项"或者"技术"的来源地，管制外国公司对相关货物的转售，对违反法律的公司实施"次级制裁"。这就是过度立法的典型例子。虽然美国与立法管制的行为有一定的联系，但是该联系并非十分紧密，无法构成对他国主权干涉的理由。②

二、域外管辖的冲突与协调

在经过真实联系和利益平衡考察之后制定的域外立法通常是合理适度的。但是仍然无法避免域外管辖的冲突。在执行过程中，每个国家的法院和执法机构应当考虑以下几个原则，尽可能协调冲突，并提高域外立法的有效性。

（一）反域外适用推定

如果法律没有明文规定，司法机关或者执法机关需要遵守反域外适用推定，假设法律仅适用于本国领域内的实体和行为。国内法仅在两种情况下可以适用于域外。第一，法律明文规定该法律可以适用于域外实体或者域外行为。法院和执法机关需要严格按照法律规定的条件执行域外管制法，不得任意扩大法律的适用范围。如果法律语言明确需要在"合理的"情形下将法律适用于域外行为，司法机关和执法机关需要进行个案中适用法律的合理性审查。第二，如果法律没有明文规定其适用的空间范围，法院和执法机关需要推定立法意图，对法律的空间范围作出解释。立法意图的推断需要考虑几个因素：立法的背景，包括立法历史、准备性文件、征求意见稿等；立法机关出具的解释说明性文件；法律的上下文等。

（二）外国主权强制

如果行为人所在地或者行为人的国籍国强行要求行为人为一定行为，对违反当地法律法规的行为予以严重惩罚，行为人可以在立法国寻求免除因为遵守国籍国或者行为所在地法律而违反立法国法律的责任。③立法国的法院或者执

---

① 参见 Natalie L. Dobson, Cedric Rynaert, "Provocative Climate Protection: EU 'Extraterritorial' Regulation of Maritime Emissions"（2017）66 ICLQ 295。

② 参见徐崇利：《美国及其他西方国家经济立法域外适用的理论与实践评判》，载《厦门大学法律评论》2001年第1期，第272页。

③ 参见 Henry C. Pitney, "Sovereign Compulsion and International Antitrust: Conflicting Laws and Separating Powers",（1987）25 Columbia Journal of Transnational Law 403。

法机关可以行使自由裁量权，判断是否接受行为人提出的外国主权强制抗辩。

为了适用外国主权强制规则，行为人必须证明三个要件。第一，相关外国必须对行为人存在控制。控制可能是人身控制，如行为人位于外国领域内、行为人持外国国籍、行为人在外国实际居住、公司在外国登记成立；控制也可能是对行为人财产和利益的控制，如行为人在外国有财产，行为人在外国运营，行为人在外国有长期商业利益等。通常人身控制的权重大于财产控制。换言之，存在人身控制更可能说服法院适用外国主权强制原则。第二，外国强制性规范是真正旨在实施的规范，且有给予行为人严厉处罚的现实可能性。如果外国制定对抗性强制性规范的目的是给予行为人逃避法律义务的借口，而非存在现实的实施意图，无法适用外国主权强制。第三，存在"强制"，也就是行为人没有其他的合法选择，只能被迫违法，且违法行为出于"善意"的。如果行为人面临两国对抗性法律，比较两国可能给予的处罚，以及他在两个国家的利益大小和潜在损失，选择违反一国法律，则较难证明违法是出于强制，而非权衡利弊之后的理性选择。当然，存在"强制"也会造成行为人作出选择。如果行为人面临的不是比较两国经济损失和商业利益这样的同类利益，而是面临外国严厉的行政处罚或刑事处罚，行为人在两国的损失性质完全不同，正常理性人面临此种情况会自然得出当然必须遵守外国法的结论，则可以适用外国主权强制原则。

如果外国主权强制被接受，可以使违反本国域外管制法的行为人不承担法律责任。如果行为人违反本国域外管制法的行为造成了本国私人实体或个人的损失，本国受害人可以提出民事诉讼。但是行为人不应当承担惩罚性赔偿，而仅应当承担普通赔偿责任。①

（三）政府利益分析

在出现多个国家的域外管制法适用于同一个行为，且发生冲突的前提下，法院和执法机关有权直接适用本国的域外管制法，因为这个法律属于本国的"国际性强制性规范"。但是出于国际礼让、公平、合理的考虑，也可以根据政府利益分析，衡量相关国家的立法，并选择适用最合理适当的法律规范相关行为。进行政府利益分析时，执法者应当比较立法意图、国家和行为的联系程

---

① 参见 John Leidig, "The Uncertain Status of the Defense of Foreign Sovereign Compulsion: Two Proposals for Change", (1991) 31 Va J Int'l L 321, 342。

度、国家利益受行为的影响程度，确定对个案中相关行为有真实监管利益的法律。如果冲突仅是虚假冲突，也就是仅由一个国家有真正的合法利益需要保护，就应当适用这个国家的法律。如果两个国家都有真正的利益，而一个国家是法院地，那么法院地的利益优先。如果两个外国都有真正的利益，法院地没有重要利益，那么法院地可以行使自由裁量权。在行使自由裁量权时，法院可以使用最密切联系原则，考虑哪个国家和行为的关联更为密切。相关连接点包括行为发生地、行为的后果或者影响发生地、当事人的国籍或者其他属人联系等。而在确定最密切联系原则时，通常需要根据属地主义优先的原则，给予行为发生地较高的权重。

（四）合作执行域外立法

国际框架应当允许或鼓励各国建立域外立法的执法合作机制，在平等互利的基础上提供执法协助，帮助对方的域外管制法得到有效执行。执法互助的行使可能包括代为调查、代为取证、送达文书、遣返行为人、承认执行外国判决、共享信息和文件、相互承认行政决定、代为执行行政处罚等。

国家间应当探索司法管辖冲突的解决途径。为了更好地执行域外立法，国家可能会建立配套的司法管辖规则，扩大本国司法机关的司法管辖权，以便可以审判需要适用域外立法的案件。这种方式可能造成司法管辖的冲突。海牙国际私法学会应当研究"平行诉讼"或"司法管辖冲突"的原则，期待可以结合先受理原则、方便法院原则建立国际性司法管辖冲突的解决框架。

国家间也应当探索构建更加完善的适用外国域外管制法的国际私法原则。例如，仿照欧盟《罗马 I 条例》第 9 条第 3 款的规定，允许法院出于国际礼让、保护第三国公共秩序和根本利益的目的，适用第三国的强制性规则，包括第三国的域外管制法。如果两个第三国的域外管制法发生直接冲突，法院应当基于最密切联系原则、法院地政府利益、商事安全、当事人的利益等因素，考虑给予哪国强制性规范优先权。

各国应当考虑加入海牙 2019 年《承认和执行外国民商事判决公约》。公约要求成员国法院承认和执行外国法院判决，包括适用域外管制法的私人诉讼判决。加入此公约有助于适用域外管制法的私法判决被外国法院承认和执行。

三、不当域外立法的应对及争端解决

对于外国不当域外立法，可以根据具体情况选择合理合法的方式应对。各国可以建立对于外国不当域外立法的多元应对机制，包括法律方式和非法律方式。法律方式包括外交方式、立法阻断、对等反制、诉诸第三方争议解决机构。

(一) 外交方式

如果外国的域外管辖被认为是不适当的、不合理的、侵犯了本国利益，国家首先应当进行合理协商，在采取其他单边措施之前，通知相关国家，以和平、平等的非法律方式解决争端。国家可以单独或者和其他受不当域外立法影响的国家一起，提出外交抗议，或者和相关国家进行谈判，以期在共识的基础上解决争端。

(二) 制定阻断法或反制法

如果外交手段无法解决争端，在外国域外立法违反国际法基本原则的前提下，国家可以单边适用反措施减少不当域外立法对本国和本国人民和实体利益的损害，同时以此方式督促外国改正不当立法的行为。反措施包括制定阻断法、制定反制法或者其他对等反制措施。

(三) 第三方争端解决

国家也可以利用第三方国际争端解决机构解决争端。如果域外立法措施可能对自由贸易产生影响，国家可以将争端提交 WTO 争端解决机构。国家也可以在合意的基础上将争端提交给国际司法机构、常设国际仲裁机构或者临时国际仲裁机构解决争端。

第七章 建设中国的域外管辖法律体系

第一节 中国域外管辖体系的历史发展

中华人民共和国的域外管辖制度的发展大致经历了三个阶段。第一阶段（1947—1979 年），中国完全反对域外管辖。共产党领导的中华人民共和国彻底摧毁帝国主义对中国的控制，恢复国家的独立和主权。中国宣布废除资本主义国家在中国的一切特权，包括可以追溯到 1849 年的治外法权，提出了"另起炉灶""打扫干净屋子再请客"的外交方针。"另起炉灶"意味着同旧中国的屈辱外交彻底决裂，不承认旧中国同其他国家建立的外交关系，要在新的基础上同世界各国建立新的外交关系。"打扫干净屋子再请客"，就是要在彻底清除旧中国遗留下来的帝国主义在华特权和残余势力之后，再请客人进来，以免敌对者进来捣乱。① 在此期间，主张域外管辖权被彻底排除在中国的政策之外。从国际环境看，以美国为首的资本主义阵营对中国采取封锁、禁运、孤立政策；中苏关系恶化，最终分崩离析。中国采取自力更生的政策作为回应，与其他国家几乎没有互动。② 从国力来看，中国经济停滞不前，落后于世界水平，中国无实力行使域外管辖权。从宣传的角度来看，中国支持主权平等和不干涉内政。中国努力摆脱西方列强的域外干预，也不会将域外权力强加于其他国家。

第二阶段（1978-2017 年）始于中国改革经济体制和实行对外开放政策。2001 年，中国加入世界贸易组织（WTO），标志着中国正式融入国际经贸体

---

① 参见 James J. Sheehan, Extraterritoriality and Imperial Power in Nineteenth-Century China and Japan（Oxford: Oxford University Press, 2012）179。

② 章百家：《改变自己，影响世界——20 世纪中国外交基本线索刍议》，载《中国社会科学》2002 年第 1 期，第 11~12 页。

系。改革带来了经济的快速增长。2010 年，中国的 GDP 总量超过日本，成为世界第二大经济体，世界最大的出口国，也是外国直接投资的重要目的地。① 然而，虽然中国的经济飞速发展，中国的综合国力并不强，在全球的影响力都有限。在此大背景下，中国秉持和平共处五项原则，忠实支持相互尊重主权和互不干涉内政的原则，继续对域外管辖持否定态度，② 很少制定具有域外效力的法律法规。③ 但是，由于中国已融入全球市场，发生在国外的经济活动可能会对中国的市场造成冲击。为了管理经济活动，中国制定了一些经济领域的域外管制法律。例如，2007 年制定的《反垄断法》《企业破产法》均含有域外管辖条款。但是中国对域外管辖的整体否定态度，使得有域外效力的法律被低调处理。而且在实践上，中国对域外管辖条款适用得较少。这些有域外效力的法律并未得到充分的重视。2015 年前后，"整体国家安全观"的提出，促使一些有域外效力的国家安全立法出台，包括《反间谍法》《反恐怖主义法》《网络安全法》等。但是，这些法律的域外适用问题也没有引起国内法较大的关注。

第三阶段始于 2018 年。自 2017 年，特朗普政府指责中国强制技术转让、侵犯知识产权，并将中美贸易逆差归咎于中国的贸易政策，④ 对中国和中国实体发起了直接制裁。此前，因为美国制裁的许多其他国家，如伊朗、俄罗斯、委内瑞拉、朝鲜等与中国有着密切的政治和经济联系，许多中国实体也受到美国二级制裁的打击。例如，2018 年中兴通讯因违反美国对伊朗制裁被罚款 14 亿美元，⑤ 华为也因类似指控被美国当局调查。

---

① 参见 Rhys. Jenkins，How China is Reshaping the Global Economy Development Impacts in Africa and Latin America（Oxford：Oxford University Press2019）16。

② 参见石佳友．我国证券法的域外效力研究，载《法律科学（西北政法大学学报）》，2014 年第 5 期，第 131 页。

③ 参见孙南翔：《美国法律域外适用的历史源流与现代发展——兼论中国法域外适用法律体系建设》，载《比较法研究》2021 年第 3 期，第 179 页。

④ 参见 Yueran Zhang，Xiaolei Zhang，and Jijun Yang，"The Extraterritorial Abuse of US Long-arm Jurisdiction and China's Countermeasures"（2021），International Trade 36。

⑤ 参见美国司法部：《中兴通讯同意认罪并支付超过 4.304 亿美元，违反美国制裁，向伊朗发送美国原产物品》（2017 年 3 月 7 日）。于 2022 年 1 月 16 日访问。https：//www. justice. gov/opa/pr/zte-corporation-agrees-plead-guilty-and-pay-over-4304-million-violating-us-sanctions-sending。

美国域外立法对非美国实体的影响使中国警觉。党的十九届四中全会通过的《中共中央关于坚持和完善中国特色社会主义制度、推进国家治理体系和治理能力现代化若干重大问题的决定》明确指出，要加快推进我国法域外适用的法律体系建设，健全现行法律域外适用的标准和程序，强化涉外执法司法实践，提升我国司法实践的国际影响力。这实际上意味着中国将建立系统、全面的域外管辖制度，更加积极地应对国际局势的变化，更加主动地参与国际治理。在此宏观政策下，中国对域外管辖的态度发生了明显的转变。中国不再低调处理域外管制立法，而是在较短的时间内制定了一系列由域外效力的法律，如《香港国安法》《出口管制法》《个人信息保护法》《反域外制裁法》。对于外国法不当域外适用问题，中国也采用了直接的反制措施，包括商务部制定的《阻断办法》《不可靠实体清单》以及后来的国家层级法律《反外国制裁法》。

第二节　中国域外立法分类研究

一、保护国家安全

中国高度重视国家安全，在此领域已经制定了一系列具有域外效力的国家安全的法律。这些法律的域外适用依靠的是保护性原则、消极属人原则或普遍性原则。例如，《反恐怖主义法》（2018）第 11 条规定："对在中华人民共和国领域外对中华人民共和国国家、公民或者机构实施的恐怖活动犯罪，或者实施的中华人民共和国缔结、参加的国际条约所规定的恐怖活动犯罪，中华人民共和国行使刑事管辖权，依法追究刑事责任。"《反间谍法》（2014）第 6 条规定："境外机构、组织、个人实施或者指使、资助他人实施的，或者境内机构、组织、个人与境外机构、组织、个人相勾结实施的危害中华人民共和国国家安全的间谍行为，都必须受到法律追究。"《网络安全法》（2016）第 75 条规定："境外的机构、组织、个人从事攻击、侵入、干扰、破坏等危害中华人民共和国的关键信息基础设施的活动，造成严重后果的，依法追究法律责任。"《数据安全法》（2021）第 2 条规定："在中华人民共和国境外开展数据处理活动，损害中华人民共和国国家安全、公共利益或者公民、组织合法权益的，依法追究法律责任。"

在国家安全领域的立法最有代表性的立法当属 2020 年的《中华人民共和

国香港特别行政区维护国家安全法》。《香港国安法》适用的地域范围很广泛。第一，该法适用了属地原则，适用于"任何人在香港特别行政区内"实施的违反本法禁止的犯罪行为。行为（主观属地）或结果（客观属地）任何一项发生在香港就能认为是在香港的犯罪。此外，香港属地范围也被扩张解释。香港注册的船舶或航空器被视为香港领土的延伸。① 第二，该法适用属人原则，其效力涵盖所有"香港人"在域外实施的犯罪行为。"香港人"包括香港居民、香港成立的公司、团体、法人或非法人组织。② 第三，该法明确规定了保护性原则，也就是说只要是针对香港实施分裂国家罪、颠覆国家政权罪、恐怖活动罪、勾结外国或境外势力危害国家安全罪这四种危害国家安全的罪行，不论行为人的国籍或者行为地，《香港国安法》都应当适用。③

国家安全领域的域外立法主要在刑法领域。但是和《刑法》第 8 条相比，国家安全立法有以下几个重要特征。首先，《刑法》的域外效力和犯罪的严重程度有关。只有按《刑法》最低刑为三年以上徒刑的域外行为我国《刑法》才能适用。国家安全立法则无此要求。第二，《刑法》采用了"双重可诉原则"，也就是按行为地法律也要受处罚的针对中国及其国民的犯罪才适用我国《刑法》，但是国家安全立法则没有"双重可诉"的限制。国家安全法律的域外效力仅和行为性质有关。只要行为危害国家安全和核心利益，我国法律就可以管辖。这是因为危害国家安全的犯罪和普通犯罪不同。首先，危害或者威胁国家安全的行为危害的利益更大，影响更广。国家安全是国家生存和发展的重要保障，也是人民安全健康的前提。如果国家安全受到威胁，影响的将不是数个个体或群体的利益，而是整个国家和全体人民的利益。其次，危害国家安全可能造成难以弥补的损失，因此在国家安全领域预防有时比惩罚更加重要。再次，每个国家对国家安全的定义均不同。界定哪些利益是要保护的核心利益，以及如何实施这种保护，都是各国权力范围内的事。中国由于历史原因，对国家安全的定义很宽泛，包括政府安全、国家主权、国家统一、领土完整、人口、经济和社会安全；④ 被视为危险的行为也很广泛，包括协助和教唆；对国家安全犯罪惩罚通常很严厉。但是，有的被中国认为可以危害国家安全的行

---

① 参见《香港国安法》第 36 条。
② 参见《香港国安法》第 37 条。
③ 参见《香港国安法》第 38 条。
④ 参见《国家安全法》（2015 年）。

为，在外国并不被视为犯罪。如果严格采用双重可诉原则，并不能很好地实现维护我国法律语境中国家安全的目的。最后，由于国际关系错综复杂，有的危害他国的安全的行为并不被行为地所禁止，有的甚至受到行为地法律的许可或者鼓励。因此在国家安全领域适用"双重可诉"原则并不可行。

二、对外制裁法

我国域外立法领域一个最新的趋势是单边对外制裁领域的相关立法。2021年6月中国出台了《反外国制裁法》，这是第一部国家层面的对外制裁法。标题"反"制裁表明，我国根据该法对外国进行单边制裁以外国的违法行为为前提。在外国国家违反国际法和国际关系基本准则，对我国及公民、组织采取歧视性限制措施、干涉我国内政的前提下，① 我国可以使用单边制裁作为反制手段。此立法背景下的歧视性限制措施主要指外国针对中国和中国实体的一级制裁。因此，《反外国制裁法》是一部以反制外国非法单边制裁、维护国家安全为目的的对外制裁法。根据该法，参与制定、决定、实施本法禁止的歧视性限制措施的个人，不论其国籍、住所、行为地，都应当受到本法规定的反制措施的制裁。② 制裁还可能扩展到受制裁者的配偶和直系亲属，高级管理人员和实际控制人，受制裁者管理、控制、设立、运营的组织。③

《反外国制裁法》规定了其他组织和个人的义务。第12条规定："任何组织和个人均不得执行或者协助执行外国国家对我国公民、组织采取的歧视性限制措施。"该条款未限定责任人的范围，根据立法意图可以解释为针对所有主体，不论其国籍、住所、行为地。受害人可以向人民法院寻求私法救济。但是公权力是否可以直接追究责任则不清楚。

至于《反外国制裁法》是否授权我国权力机关对外国组织和个人进行次级制裁，也缺乏清晰规定。该法第11条明显将义务承担者限制在我国境内行为人。但是第14条提出："任何组织和个人不执行、不配合实施反制措施的，依法追究法律责任。"理论上，该条可以包括任何第三国的实体。如果第三国实体违反我国对外直接制裁，将被追究法律责任。但是这一条究竟能否授权次

---

① 参见《反外国制裁法》第3条。
② 参见《反外国制裁法》第4条。
③ 参见《反外国制裁法》第5条。

级制裁，仍然存在几个障碍。第一，"依法追究法律责任"作何理解。我国《反外国制裁法》属于一部行政性法规，违反该法将受到行政处罚。但是该法并未言明何种类型的处罚，处罚额度，以及处罚是否包括同样的制裁措施。第二，第6条授权的制裁措施包括不予签发签证、不准入境、注销签证、驱逐出境；查封、扣押、冻结在我国境内的资产；禁止或限制我国境内的组织、个人与其交易、合作等。该条款主要要求境内行为人的配合实施，并没有给域外行为人施加义务。因此，违反《反外国制裁法》制裁措施的只能是境内行为人。当然第6条第4款提出国务院有关部门可以采取"其他必要措施"制裁受制裁者，这一条属于"兜底条款"，可以根据需要做扩大解释，为日后将对外制裁扩展为次级制裁提供了可能性。

此外商务部《不可靠实体清单规定》授权工作机制对危害中国重要利益、违反正常市场交易原则，对中国企业采取断供等歧视性措施的外国实体采取惩罚措施，也可以算作一部对外制裁法规。[1] 受制裁的外国实体将被限制或禁止从事与中国有关的进出口活动、在中国境内投资、其相关人员或交通工具入境、相关人员在中国境内工作或居留，并可能被罚款。[2] 但是《不可靠实体清单规定》明显没有授权次级制裁。第12条规定，只有"中国企业、其他组织或者个人"需要经申请和批准才能和该外国实体交易，而没有给予第三国实体相同的义务。

此外，中国的《出口管制法》具有混合性质。一方面，该法属于经济监管领域的法律；另一方面，出口管制属于维护国家安全、对外制裁的重要手段。我国《出口管制法》的立法目的之一也是保护国家安全。第44条规定："中华人民共和国境外的组织和个人，违反本法有关出口管制管理规定，危害中华人民共和国国家安全和利益，妨碍履行防扩散等国际义务的，依法处理并追究其法律责任。"该条款清楚地列举了保护性原则作为域外立法的国际法基础。此外，第48条规定："任何国家或者地区滥用出口管制措施危害中华人民共和国国家安全和利益的，中华人民共和国可以根据实际情况对该国家或者地区对等采取措施。"这一条和《反外国制裁法》类似，表明该法可以基于对等原则对损害我国利益的外国进行制裁。

---

[1]　参见中华人民共和国商务部令［2020］4号。

[2]　参见《不可靠实体清单规定》第10条。

最后,《阻断办法》虽然不属于对外制裁的法律,但是其主要的目的是阻断外国制裁措施,包括针对中国实体的直接制裁和间接制裁。但是《阻断办法》是否适用于域外却并不清楚。《阻断办法》对"中国公民、法人或其他组织"施加了对不当外国措施的报告义务、① 豁免申请义务,② 并对违反以上义务的主体进行行政处罚。③ "中国"在此应当理解为国籍,因此《阻断办法》可以根据国籍原则产生域外效力。位于中国境外的行为人有义务遵守阻断法。但是第 9 条允许中国受害实体对遵守禁令范围内的外国措施在中国法院对"当事人"提起损害赔偿之诉。这里的"当事人"并没有被限定为"中国公民、法人或其他组织"。因此有理由认为,承担民事赔偿责任的当事人包括域外当事人。换言之,阻断办法对域外行为人施加了民事责任。这一条规定属于司法管辖和法律适用混合的规定。如果域外行为人因为遵守外国制裁法造成我国实体损失,我国法院对我国实体提起的赔偿之诉有管辖权,同时也应当适用《阻断办法》要求外国当事人承担责任。

和外国相比,我国制裁法有以下特点。第一,我国制裁法都是"反措施"性质。换言之,我国对外实施制裁措施是以外国对我国进行不当行为为前提,而我国仅以制裁作为手段反制外国违反国际法的行为。第二,我国制裁法的域外效力存疑。相关法律均未明确承认其域外效力,相反,很多条款明确将适用范围和义务主体限定在境内。但同时又存在几个"效力不明"条款。这些条款根据立法意图,可能被扩大解释而具有域外效力。从这个角度看,我国立法者对于单边制裁措施仍然较保守,特别是对于次级制裁非常谨慎,同时又不愿意完全排除域外管辖的可能性。出于灵活性和实用性的目的,我国"域外效力不明"的制裁法规则得以形成。

三、经济监管

自 1979 年对外开放,中国市场的国际化日益加深。融入国际市场意味着外国企业在域外的商业行为可以通过市场和金融的联通,对我国市场、个人和商业实体造成影响。《反垄断法》(2007) 第 2 条规定:"中华人民共和国境外

---

① 参见《阻断办法》第 5 条。
② 参见《阻断办法》第 8 条。
③ 参见《阻断办法》第 13 条。

的垄断行为，对境内市场竞争产生排除、限制影响的，适用本法。"但是该域外管辖条款较为简单，对法律域外适用的前提条件规定为对境内市场竞争产生排除、限制影响，却没有说明"排除、限制影响"究竟指什么事实效果，影响的程度问题，域外行为和影响之间的因果关系应当怎么确定，例如影响是否包括间接影响，行为是否需要是造成影响的唯一原因或者主要原因。

此外，随着我国企业的"走出去"热潮，我国企业在境外投资设立外国子公司也日益增多。为了明确破产程序的域外效力、避免债务人跨境转移资产，我国《企业破产法》（2007）第5条规定："依照本法开始的破产程序，对债务人在中华人民共和国领域外的财产发生效力。"但是，对外国财产如何执行，外国法院是否可以承认我国破产程序的效力显然不是我国单边立法可以自己决定的。

经济领域域外立法的较新例子是新《证券法》（2019）。由于证券业的全球化，许多企业在众多交易所交叉上市。很多国内投资者在国外市场进行交易。同时，全球化使各国金融市场一体化、不可分割。将一国证券法的管辖范围局限在本国境内，不能有效保护国内投资者，也不能维护国内证券市场秩序。中国资本市场不断开放，走向世界，与国际接轨。中国需要一部有效的法律来规范扰乱中国市场和损害中国投资者权利的海外活动。2019年《证券法》第2条规定"在中华人民共和国境外的证券发行和交易活动，扰乱中华人民共和国境内市场秩序，损害境内投资者合法权益的，依照本法有关规定处理并追究法律责任。"但是和《反垄断法》一样，该条规定过于简单，并没有说明什么样的效果属于"扰乱市场秩序""损害投资者权益"，以及是否危害的严重程度也应当是考察因素之一。

因此我国虽然在市场监管领域存在有域外效力的法律，但是都有着共同的缺陷，那就是适用标准不清楚，规定过于简单。而市场的域外监管，多根据效果原则。可效果原则是国际习惯法中争议最大的、存在最大不确定性的原则。"效果"的间接性质，可能导致该原则被滥用，造成域外管辖的争端。美国和欧盟均通过一系列司法判决对效果原则的认定标准进行指导和细化。我国的立法过于简单，也应当通过法律解释的方式，对效果原则的具体内容提供适用标准。

第二，我国改革开放的重大成就是中国积极融入国际市场，积极吸引外资，不断扩大对外开放。经济和市场是我国国际化程度最高，和国际接轨程度最强的领域。市场的链条和金融的触角使得经济行为的影响突破了传统的地理界限，为域外监管提出了要求。相比市场需要，我国经济领域域外立法从质到量均有不足。除了垄断、破产、证券之外，公司法、金融法、保险法、价格法、外商投资法、劳动法、会计法、产品质量法均有不同程度的域外效力需求。

对于立法缺位，我国行政部门曾在执法实践中将没有明确规定域外效力的国内法适用于域外行为。例如我国发展改革委员会物价监管局对韩国六家公司对液晶面板的价格垄断进行处罚，适用的是我国《价格法》。① 但是我国《价格法》并没有明确规定具有域外效力。执法者扩大法律空间范围的做法可能导致行政权力的不当扩张，并不符合法治要求。法律的缺位与监管的必要性形成矛盾，应当通过完善域外立法，或者完善法律空间效力的解释规范来解决。

四、其他领域

在其他领域，我国也有域外立法。例如，最新出台的《个人数据保护法》效仿欧盟《通用数据保护条例》对该法的域外适用进行了比较详尽的规定，使得该法适用于对以向境内自然人提供产品或服务为目的，或为进行用户画像，在中国域外处理境内自然人个人信息的境外数据处理行为。② 《中华人民共和国海洋环境保护法》第 2 条规定："在中华人民共和国管辖海域以外，造成中华人民共和国管辖海域污染的，也适用本法。"在海外贿赂领域，我国《刑法》第 164 条明文处罚"为谋取不正当商业利益，给予外国公职人员或者国际公共组织官员以财物的"。此外，我国《刑法》可以根据客观属地原则、属人原则、消极属人原则、保护原则、普遍原则适用于外国犯罪行为。③

第三节　中国域外管制法的执行

一、我国执行域外立法的现状

由于执法的属地限制和司法的程序限制，我国的域外管制法在实践上运用得不多。执法部门仅在境内才能执行法律，因此执法大多依赖对本国市场、边

---

①　参见傅攀峰：《中国法域外适用的立法现状及其完善》，2022 年《法治蓝皮书：中国法治发展报告》，社会科学文献出版社 2022 年版。

②　见第五章第三节。

③　参见《刑法》第 6~9 条。

境管控措施。对于在中国市场有商业利益的外国行为人，这种执法方式比较有效。如果执法机关对行为人或者其财产或利益有直接控制的权力，执法会比较积极。我国执行《反垄断法》的案例显示，行政机构比较积极地应用该条款对外国实体的限制竞争行为进行监管。此外，中国行政部门在执法时可能会拓展法律的空间效力。例如，虽然《价格法》（1997）没有域外管辖条款，2013年国家发改委依据《价格法》（1997）对三星、LG和台湾四家企业的液晶面板国际卡特尔进行处罚，将该法运用于域外行为。① 但是执法机关的解释法律权限是什么，应当受到什么限制，则并没有相应规则。积极执法有可能导致行政权力不受制约地扩大，违反法治精神。

相比之下，中国法院较少执行具有域外效力的法律。有限判决主要存在于刑法中。例如，中国法院在汕头市人民检察院诉纳伊姆案中逮捕和起诉在马来西亚水域进行海盗和武装抢劫的印度尼西亚帮派成员；② 以及糯康案。③ 这种做法基于国际法许可的惩罚严重国际犯罪的普遍原则。④ 其次，中国是《制止危及海上航行安全非法行为罗马公约》和《联合国海洋法公约》的缔约国，这一做法符合中国的条约义务。我国刑事法院也使用其他方法对外国犯罪行为人进行管辖。例如陈秀珍等组织他人偷越过境案中，⑤ 外籍人员陈秀珍在印尼和中国境内行为人邵宏霖合作组织他人偷渡到外国。由于刑法规定组织他人偷渡的法定最低刑为有期徒刑二年，根据《刑法》第8条我国无法对在域外实施犯罪行为的外籍行为人行使管辖权。但是由于两被告构成共同犯罪，其中一名被告的行为地在我国境内，可以依据属地原则管辖，对另一名共同被告则可以视为在中国境内进行犯罪，也是用属地原则。值得注意的是，以上案件都涉

① 参见《境外6家企业实施液晶面板价格垄断被查处》，2022年1月15日访问。http：//www. gov. cn. govweb / banshi /2013-01/04/ content_2304387. htm；John H. Knox，"A Presumption Against Extraterritoriality"（2010）The American Journal of International Law 104, 351-396。

② 参见汕头市人民检察院诉纳伊姆案，汕头市人民法院，汕中法民易初字第22号（2000）。

③ 参见（2012）昆刑一初字第162号；（2012）云高刑终字第1765号刑事附带民事裁定。

④ 参见 Anthony J. Colangelo，"The Legal Limits of Universal Jurisdiction"（2005）47 Virginia Journal of International Law 1, 2。

⑤ 参见（2010）沪高刑终字第186号。

及域外行为人在域外进行的犯罪活动，而我国执法机关不能跨国执法。因此，刑事程序的前提是被告人在中国境内被抓获，或者根据双边或多边刑事执法合作协议由外国将被告引渡到中国。

在经济管理领域，域外管制法被法院适用得不多。例如《反垄断法》2007 年就已经制定，在实施的十五年间仅查到三个司法案例。① 这并不一定是因为法院不愿意对域外行为适用中国法，毕竟该法条很明确地规定了其域外效力。主要问题是民事司法执行需要私人主体推动，而我国商事主体对域外行为人很少提起反垄断私人诉讼。此外，由于适用经验较少，我国法院对《反垄断法》第 2 条的理解也出现偏差。例如在爱立信有限公司等与 TCL 集团股份有限公司等滥用市场支配地位纠纷案和西斯威尔滥用市场支配地位纠纷案中，最高法院知识产权法庭对《反垄断法》的域外适用进行了探索。但是两个判决均错误地将实体法域外适用问题作为司法管辖权的法理依据，并且没有对《反垄断法》域外适用地效果原则的含义和适用标准作出有借鉴意义的解释。其他经济社会监管领域的域外适用规则未查到相关案例。

虽然我国国家安全领域的域外立法较多，但是至今为止还没有查到相关案例。最近出台的几部反制外国不当制裁的法律法规也未出现适用案例。这种情形让有的观察者认为中国在安全领域和单边制裁问题上的域外管辖主要目的是宣誓，或者威慑，而非真正旨在实施。中国在国家安全和单边制裁方面的域外管辖主要基于保护性原则。而保护性域外管辖和的执行通常有难度。首先，保护性管辖较容易被外国认为和政治目的有关，从而拒绝提供刑事协助。其次，由于国家对外国的安全问题通常并不关心，因此保护性管辖针对的行为只要行为本身的性质不违反外国的法律，外国就不会立法处罚。

二、我国执行域外立法的障碍

因此，中国域外立法的实施面临几个障碍。第一，对于没有明确域外效力的法律，行政机关和司法机关的解释权限和标准并不清晰。中国没有美国那样成熟的"反域外适用推定"规则，导致执行法律的机关可能对法律空间效力

_____

① 参见华为技术有限公司诉交互数字技术公司、交互数字通信有限公司等滥用市场支配地位纠纷案，（2013）粤高法民三终字第 306 号；瑞典爱立信有限公司等与 TCL 集团股份有限公司等滥用市场支配地位纠纷管辖权异议上诉案，（2019）最高法知民辖终 32 号；西斯威尔滥用市场支配地位纠纷案，（2020）最高法知民辖终 392 号。

的解释过宽或过窄。

第二，因为司法被动性、司法管辖权的限制以及我国管制法较少给予私人主体诉权，司法权力很少被用于执行域外立法。但是由于域外立法的强管制效力，以及可能对外国主权产生影响，一味利用行政机关强行执法容易对国际礼让构成挑战。而司法机关为维护私人权利适用相关域外管制法因为维护利益并非直接和国家利益相关，则更可能维护国际礼让。

第三，执行域外立法需要国家机关对行为人或其利益有实际控制。因为我国没有美国拥有的经济和金融霸权，域外执法主要通过市场控制和国际执法合作。我国在刑事领域和证券监管领域即存在依靠国际执法合作实现域外管辖。但是，我国单边执法的能力有限。虽然中国拥有世界最大的内部市场之一，可以给予我国执法机关一定的执法能力，但是对于在我国没有利益的域外行为人，我国并不存在对其行使权力的方法。此外，我国在单边制裁领域的立法多是出于应对美国和欧盟等国家和地区对我国实施单边制裁，在此情形下单边执法的有效性极大根据行为人在相关国家的利益对比。如果行为人在我国有更大的经济利益，则更可能遵循我国的域外管制法。

域外执法因此是一个现实性大于理论性的问题。客观比较分析我国和美国等国家的经济实力和内部市场，完全依赖经济实力的执法无法实现我国域外管辖的目的。我国可能的应对方式是更大程度地寻求国际合作，以合作方式扩大域外执法的有效性。

第四节　中国应对域外立法冲突的措施

针对域外不当立法，特别是对华制裁或者限制贸易，中国采取的措施主要是阻断法和反制法。过去中国常用外交方式而非法律方式解决国际争端，因此中国对于不当域外措施的法律应对方法，是国际关系法治化的体现。

根据阻断法和反制法，如果外国违反国际法，不当禁止或限制与中国公民或实体有关的经济活动，[1] 或者对中国公民或实体采取歧视性限制措施，[2] 中

---

① 参见《阻断外国法律与措施不当域外适用办法》商务部令 2021 年第 1 号，第 2 条。

② 参见《反外国制裁法》第 3 条。

国将采用阻断法、反制法等反制措施。阻断法采取强制报告、禁止遵守、追回损失等措施，禁止行为人遵守外国制裁法。反制法采取直接制裁、扩大性制裁、禁止遵守、追回损失等措施，直接惩行为人及相关个人或实体，并包含阻断法的功能。由于上文已经分析这些措施的内容和实用性，此处不做赘述。

但是中国没有很完善的协调域外管制法冲突的机制。在对抗性质的法律冲突出现时，司法和执法机关存粹依靠自由裁量权。阻断性法律将行为人置于两难境地。如果行为人不得已需要遵守外国制裁法或者金融禁令，中国法院或者行政机构直接适用阻断法或《反外国制裁法》追究行为人的责任，还是考虑到行为人的行为出于"胁迫"而给予行为人豁免，则依靠自由裁量权。法律没有提供裁量可能考虑的因素和标准。

如果中国制定的域外管制法和行为地法发生冲突，根据《涉外民事关系法律适用法》中国的强制性规定直接适用。① 换言之，中国法院在民事诉讼中不考虑相关国家的利益平衡问题。在域外立法本身可能侵犯他国主权的前提下，忽视利益平衡可能并不符合国际礼让原则。域外立法在个案中的适用是否"适度"需要法院综合案情进行判断，而非在不考虑案情的前提下全部直接适用中国的域外立法。此外，行政机关如何处理这个立法冲突，法律则完全没有规定。

第五节 中国域外管辖制度之评析

一、域外立法

(一) 域外立法的合法性

尽管中国曾坚决反对"域外管辖"，但情况正在发生变化。中国已经通过了一系列具有域外效力的法律法规，这些法律涵盖国家安全、对外制裁、经济法规、环境保护、个人隐私等方面。总体而言，中国严格适用国际法，在处理域外管辖权时采取了保守的态度。虽然"莲花号案"判决表明，在没有国际法禁止性规则的情况下，国家有行使域外立法管辖权的自由，但中国严格根据习惯国际法的许可性原则行使域外立法管辖权。如果仔细观察中国现行具有域

---

① 参见《涉外民事关系法律适用法》第 4 条。

外效力的法律，通常可以找到国际习惯法上的管辖依据，主要体现在国家安全领域的保护性原则，刑事领域的国籍原则、经济领域的效果原则、个人权利保护方面的消极属人原则。

中国域外管辖立法比较特别的例子是对外制裁法。《反外国制裁法》授权中国对于外国参与决定的对华"歧视性限制措施"的个人或组织进行制裁。符合保护性原则。但同时，该法的制裁措施扩展到以上个人的配偶和直系亲属。这种扩大的制裁，较难用保护性原则来证明其合法性。第12条将管辖范围扩大到执行外国歧视性限制措施的"任何组织和个人"，并给予受害者在中国法院寻求救济的权利。换言之，《反外国制裁法》适用于非直接侵害中国国家安全的域外个人和实体。从主观意图上看，这些实体很多时候遵守外国法律，而并没有意愿威胁中国的利益。从行为效果来看，单一的商事行为大多不能达到威胁中国核心利益的程度，因此也较难适用保护性原则。以上域外措施的主要目的是有效反制外国对中国的歧视性措施。并非所有的措施都严格符合域外管辖的国际习惯法原则，但是它们仍然可以作为国际法中的反措施而合法化。① 根据《国家对国际不法行为的责任条款草案》受害国为了促使违反国际义务的责任国恢复履行相关义务，可以采取与受到损害相当、不违反国际法强行规则的临时措施。② 因此，《反外国制裁法》中有域外效力的规定符合国际习惯法的"反措施"。

反制外国制裁的域外立法具有明确的政治目的。它们是保卫中国免受外国势力侵害的工具。与以往外交事务完全由外交部处理的情况不同，中国现在已通过法律手段影响外交事务。这体现了政治合法化的趋势。将政治事务和国际争端交由法律规范，而不是由有关部门随意处理，通过法律明确风险和责任，将使国际商事活动的参与者能够预测和降低风险。但从另一个方面看，这些反制法律显示出明显的政治意愿，许多规定是原则和原则的陈述，而不是法院可以直接实施，或个人可以遵循的详细规则。关于何时、如何以及对谁实施制裁，存在很多模棱两可的问题。

---

① 参见 Alland, Denis, "The Definition of Countermeasures", in James Crawford, Alain Pellet, and Simon Olleson（eds）The Law of International Responsibility（Oxford：Oxford University Press, 2010）1127-1136。

② 第三部分第二章。

（二）域外立法的范围

中国的域外立法大多集中在国家安全领域。最近出台的对外制裁法以及商务部反外国歧视性措施的《阻断法》和《不可靠实体清单》，作为外国歧视措施的反制，其目的也和国家安全相关。此外《出口管制法》也包含保护国家安全、反制外国制裁的目的。相比之下，我国在别的领域的域外立法较少。特别是在经济领域，虽然随着我国融入国际市场，我国对域外经济监管的需求与日俱增，但是并没有与我国经济实力相适应的域外经济管制法。除了《反垄断法》《证券法》《企业破产法》等少许法律，我国在劳动标准、环境保护、知识产权、消费者保护等领域均未有相关规定。此外，我国在国家安全领域的域外立法更加积极。立法者不但借鉴外国相关经验，更勇于探索中国自己的域外立法经验。但是在其他领域，中国显得更加保守。域外管辖条款通常简单，而且有很强的借鉴外国经验的痕迹，缺乏中国独特的经验。

可见中国的域外立法体系首先希望实现防御功能，其次是经济监管，最后才是社会性监管。中国提出建立"国内法域外适用体系"的一个重要动因也是因为全球地缘政治局势紧张，贸易保护主义、单边主义、逆全球化抬头，我国面对外部环境日趋复杂，国家间利益分化和冲突加剧，中国需要法律工具来保障国家安全和发展利益。[1]其次，自2015年"整体国家安全观"的提出，中国加快建立国家安全法治体系，制定了一整套国家安全法律法规。和其他领域的立法行为相比，国家安全领域的立法体现了整体化、系统化、全面化的特点。再次，国家安全的重要内容是抵御外部风险和挑战，因此域外管辖是国家安全应有之义。

虽然国家安全的重要性不容置疑，但是随着中国经济实力和综合国力的增强，中国更加积极主动地参加全球治理，并在某些领域成为领导者和制度制定者，而非仅仅是国际制度的追随者。中国在数字经济、国际贸易、环境保护、气候问题、卫生健康、跨国投资等领域将发挥更大的推动甚至引领作用。在此背景下，中国应当重视域外管辖的另一面，也就是在全球多边共识无法短期达成的情况下，利用域外立法的便利性以及强大的市场经济实力，进行单边域外治理。这个方式已经被美国在反贿赂领域，以及欧盟在环境保护和人权保护领

---

[1]　参见沈红雨：《我国法的域外适用法律体系构建与涉外民商事诉讼管辖权制度的改革——兼论不方便法院原则和禁诉令机制的构建》，载《中国应用法学》2020年第5期。

域适用。中国考虑长远的国际战略目标，应当更加重视在经济和社会领域的域外治理问题。

（三）立法质量有待提高

中国域外立法大多十分简单，仅提供原则性、政策性的条款，缺乏具体的可操作性的规范。例如《反垄断法》《证券法》《海洋环境保护法》均采用了"效果原则"适用于域外行为。但是何为"效果"或"影响"却没有可供实践参考的说明或者适用标准。这便导致了实践中对法律的解释可能被任意扩大或者缩小，损害了法的可确定性。《网络安全法》（2016）第75条规定："境外的机构、组织、个人从事攻击、侵入、干扰、破坏等危害中华人民共和国的关键信息基础设施的活动，造成严重后果的，依法追究法律责任。"《数据安全法》（2021）第2条规定："在中华人民共和国境外开展数据处理活动，损害中华人民共和国国家安全、公共利益或者公民、组织合法权益的，依法追究法律责任。"与之相对应的是我国法律对于司法和执法机关在实践中如何适用域外管制法也没有提供很好的指引。换言之，法院和执法机关在考虑域外行为对本国影响时，是否除了确定影响是否存在，还需要考虑影响的严重程度？法院和执法机关在执行域外管制法之前是否需要考虑和外国国家的"利益平衡"？

域外管辖权面临立法国与其他国家之间不可避免的利益冲突，而国际法没有提供明确的规则解决这一冲突。[1] 作为域外立法的初学者，中国在如何考察权利平衡方面经验不足。因此，中国的相关法律在很大程度上模仿了其他国家的法律和实践。例如，中国《个人数据保护法》的域外适用条款明显借鉴了欧盟《通用数据规则》;[2] 中国《阻断法》模仿了欧盟《阻断条例》;中国的《不可靠实体清单》《证券法》和《出口管制法》都借鉴了美国的立法;[3] 中国的反垄断法域外适用原则与美国相似。[4] 没有连贯的基本原则来指

---

① 参见 Cedric Ryngaert, Jurisdiction in International Law (2nd ed. , OUP, 2015) 146。

② 关于 GDPR 地域范围的指南 3/2018（第 3 条），对在欧盟的数据主体应用"目标标准"可以由不在欧盟设立的控制者或处理者进行的处理活动触发，这些活动涉及两种不同的和替代类型的活动，前提是这些处理活动涉及给在欧盟的数据主体。

③ 参见 Milosz Morgut, "Extraterritorial Application of U. S. Securities Law" (2012) 23 European Business Law Review 547, 552。

④ 参见 Felix I Lwssambo, "Extraterritorial Competence of the United States, the EU, and China Competition Laws", in Palgrave Macmillan (ed.) Mergers in the Global Markets (Cham: Palgrave Macmillan, 2020) 133, 133-165。

导中国的域外立法。法治的要素不仅包括存在可以执行和遵守的明确法律，还包括立法活动的可预见性。因此中国应当制定《对外关系法》，对域外管辖权作出明确的原则性指导，包括管辖权依据、管辖权限制、法律冲突的协调、争端解决等。基于原则性框架，完善各个部门法和特别法中的域外效力条款。

二、域外立法的执行

虽然中国积极建立域外管辖制度，但目前的工作主要在立法。在司法和执法上仍存在很多不足。就司法执行而言，首先，中国法院在司法管辖权上表现出明显的谨慎态度。如果中国法律对外国行为人进行规范，但被告与中国没有相关关系来证明管辖权（如住所地、代表人地、缔约或履行地、侵权行为地、可支配资产在中国境内），中国法院不能仅仅因为其认为有必要实现立法目的而行使管辖权。其次，即使中国法院拥有管辖权，他们在适用法律时也非常谨慎。在法律或立法解释中没有明确主张域外效力的情况下，中国法院事实上采取了"反域外效力推定"的保守做法。并且和美国实践不同，中国法院很少在立法没有明确表明域外效力的前提下，根据立法意图将表意不明的立法解释为有强制性域外效力。换言之，立法条文的明文规定是管制性法律具有域外效力的唯一途径。再次，最近的几个适用《反垄断法》的知识产权案例表明，中国法院对"域外管辖"或"法的域外效力"这一概念的认识仍然有待提高。最高法院在小米案和OPPO案中，均将实体法的域外效力等同于法院的涉外管辖权。虽然出于保护立法意图的目的，法院有必要对域外管制法范围内案件行使管辖权，以便保证该法的适用，但是我国现阶段的《民事诉讼法》及其司法解释并不包括此类规则。我国立法者可以考虑改革《民事诉讼法》涉外编时，加入有中国特色的"必要法院"原则（forum necessitatis），允许中国法院根据实体法的立法意图，对属于域外管制法管辖的案件行使司法管辖权。我国2023年《民事诉讼法》修订增加了"其他合理联系"为新连接点，为实现域外立法意图行使司法管辖权提供了法律依据。

相比司法，中国的行政机关更愿意对海外行为者执行中国法律。例如，在反垄断领域，大部分中国反垄断法域外适用的案件是由中国反垄断机构（国家发改委、国家市场监督管理总局和中华人民共和国商务部）而非法院处理的。最近的一个例子是中国政府利用《反外国制裁法》对美国国防承包商雷神技术公司和洛克希德马丁公司因向台湾地区出售武器而实施新的制裁。① 和司法执行不同，执法机关可能会对立法进行扩大化解释，将没有明文规定有域外效力的法律适用于域外实体或行为。执法机关在执法时并没有具体的规范可以遵循，导致执法的任意性。

　　尽管中国行政机关在执行中国域外管制法方面更加积极，但它们并不能在域外行使执法管辖权。中国行政机关的强制性措施，包括监督、检查、调查、取证、强制措施、扣押资产、处罚、限制旅行和入境等，只能在国内行使权力。可以说，这些强制执行措施只能在中国境内对位于中国的实体实施，对境外实体仅在以下两个情况下可能产生影响。首先，如果外国实体由中国个人或实体控制，例如股东、联营公司、负责人，中国执法机关可以直接向这些中国实体施加压力，要求中国实体通过内部治理控制外国实体在域外的活动。其次，如果外国实体在中国有商业利益，中国执法机关可以有效阻止这些实体进入中国市场，获取中国产品和技术。由于中国是世界第二大经济体，这一措施将对旨在中国谋求商业利润的海外公司有效。但是，如果该法拟规范的海外行为人在中国没有直接利益，则执法将很困难。

三、完善中国域外管辖体系之路径

　　上一章对国际域外管辖框架进行了理论重构。虽然国际法委员会有意愿进行域外管辖领域的国际立法，但是国际框架的建立通常困难，且无法短期完成，因此虽然长远看有着重要的理论意义但是很难立刻产生实际效果。在不存在国际域外管辖体系的前提下，每个国家都需要利用现有的国际法规确定符合本国国情和对外政策的域外管辖制度。这个制度通常需要兼顾两个方面的问题：第一，本国如何规制与本国利益相关的域外行为；第二，本国如何应对外国制定的涉及本国利益的域外立法。

　　中国域外立法的体系建设，首要任务是加强域外立法的体系化、科学化。首先，需要制定《对外关系法》从原则上给域外管辖建立一个制度框架。2023 年 6 月 28 日，全国人民代表大会常务委员会通过了《对外关系法》，其

---

① 参见 Wenbin Wang, "According to the 'Anti-Foreign Sanctions Law', China has implemented countermeasures against the infringing acts of U. S. companies", 2022 February 21, 2022, http：//www.mfa. gov. cn/web/sp _ 683685/wjbfyrlxjzh _ 683691/202202/t20220221 _ 10644053. shtml。

中对域外管辖进行了原则性的规定。第 32 条规定："国家在遵守国际法基本原则和国际关系基本准则的基础上，加强涉外领域法律法规的实施和适用，并依法采取执法、司法、行政措施，维护国家主权、安全、发展利益，保护中国公民、组织合法权益。"第 39 条规定："中华人民共和国根据缔结或者参加的条约和协定，或者按照平等互惠原则，同外国、国际组织在执法、司法领域开展国际合作。国家深化拓展对外执法合作工作机制，完善司法协助体制机制，推进执法、司法领域国际合作。国家加强打击跨国犯罪、反腐败等国际合作。"但是草案未对具体的域外管辖基本原则设定，跨国司法和执法合作方案，单边司法执法管辖原则和机制，以及管辖冲突的协调和争议解决提供任何指导。换言之，《对外关系法》过于原则化、抽象化，而缺乏可以落地实施的规则。并不满足上文提到的为域外管辖提供制度框架的目标。

　　合适的制度框架需要对域外立法的管辖权基础、限制性原则、法律冲突的协调、外国不当立法的应对等问题作出规定。这个框架是一个逻辑自洽的有机整体。例如，管辖权的基础和限制是对我国域外立法的规范，使得我国的域外管辖合理适度，符合国际法一般原则和国际礼让。同时也是对判断外国立法是否适当的标准，而我国将基于这个标准对外国不适当立法采取应对措施。其次，有针对性地将域外效力扩展到重要经济和社会法领域，使得我国的域外立法不仅仅主要关注防御和国家安全，更应当积极发挥域外立法的国际治理功能。在遵循一致基本原则前提的基础上，采取分类立法的方式，在特定领域特别法中添加域外效力条款，逐渐形成完整的域外立法体系。再次，需要提高立法的质量，对域外适用的前提条件制定有操作性的解释规范。

　　另一个重要的工作是加强执行机制的建设。第一，我国立法机关应当通过《对外关系法》对法院和执法机关对国内成文法的域外效力的解释规则提供指导。阐明法的域外效力是严格遵循"法无明文许可则禁止"的原则，还是允许司法和执法机关根据一定的标准将域外效力不明的法律按照立法意图进行解释。第二，《对外关系法》还需要阐明司法和执法机关执行域外立法时是否需要行使"合理性"的判断标准，在比较了中国和外国相关利益的前提下执行域外管制法。还是将"合理性"审查统一赋予立法机关，而法院和执法机构只能严格执行法律而没有自由裁量权。第三，《对外关系法》还需要确立域外立法冲突的协调规则，包括外国主权强制规则，以及域外立法冲突时的法律适用规则。第四，我国在制定域外管制法的同时需要考虑执行问题。除了政治性宣告的必要性之外，尽量避免在无法执行的情况下制定域外管制法，因为这样反而会损害我国法律的公信力。第五，我国应当加强执法领域的国际合作，利用双边或多边协议的形式，在如反垄断、反贿赂等有共同利益的领域实现提供信息、协助调查、协助执法、承认对方的判决或决定。第六，我国在民事诉讼制度上，也应当考虑在域外管制法领域引进集团诉讼、惩罚性赔偿等有利于诉讼原告的制度，鼓励当事人作为"私人检察官"对违反域外管制法的行为在我国法院积极寻求救济，给予法院适用域外管制法的机会。

在应对外国不当域外立法问题上，我国的阻断法和反制法已经发挥了一定的效果。很多商事实体将不会轻易遵守外国制裁法而损害我国及我国实体的利益。但是阻断法的最终效果和国家的经济实力紧密相联。由于美国在经济、金融和科技上的实力在中国之上，严格执行阻断法可能造成一些实体选择放弃中国市场。因此，我国应该采取多元的、灵活的机制应对外国不当域外立法的问题，特别是充分利用外交手段和第三方争端解决机制，结合单边阻断法和反制法的宣言效力和外交压力，以及通过外国实体对外国立法者制造的政治压力，解决域外立法争端。